한국고대전쟁사 1
전쟁의 파도

임용한

서울마포고등학교, 연세대학교 사학과, 동 대학원 석사
경희대학교 대학원 사학과 문학박사
현재 경희대학교 · 광운대학교 · 충북대학교 · 공군사관학교 출강, 충북대학교 연구교수, 경기도 문화재 전문위원

저서 : 『조선국왕 이야기』(1 · 2), 『전쟁과 역사』(1 · 2 · 3), 『조선전기 수령제와 지방통치』, 『배낭 메고 돌아본 일본역사』, 『조선전기 관리등용제도 연구』, 『난세에 길을 찾다』, 『경제육전과 육전체제의 성립』(공저), 『광무양안과 진천의 사회경제변동』(공저), 『광무양안과 충주의 사회경제구조』(공저), 『서울을 읽자』(공저), 『역사의 길목에 선 31인의 선택』(공저), 『역사를 속인 위대한 거짓말』(윌리엄 위어 저, 공역)
홈페이지 : cafe.daum.net/historyins

한국고대전쟁사 1 전쟁의 파도

임용한 지음

2011년 10월 28일 초판 1쇄 발행

펴 낸 이   오일주
펴 낸 곳   도서출판 혜안
등록번호   제22-471호
등록일자   1993년 7월 30일

주   소   ⓤ121-836 서울시 마포구 서교동 326-26번지 102호
전   화   3141-3711~2 / 팩시밀리 3141-3710
E-Mail   hyeanpub@hanmail.net

ISBN 978-89-8494-433-6 03910

값 18,000원

한국고대전쟁사 1
전쟁의 파도

임용한 지음

혜안

서문

"중장기병은 고구려에게만 있는 독보적인 병종이다." 지금부터 꼭 10년 전, 『전쟁과 역사 삼국편』을 처음 출간했을 때 제일 많이 받았던 질문이다. 심지어는 백제, 신라에도 없었다고 믿고 싶어하는 분들이 정말 많았다. 그러나 중장기병은 백제, 신라는 물론이고 중국, 페르시아, 심지어 로마에게도 있었다.

"살수대첩에서 고구려군이 강을 막았다 터트려 수나라 대군을 몰살시켰다." 이 시기에 단기간에 강을 막았다 터트린다는 것은 불가능하다. 설사 다른 방법으로 물을 모았다 흘려보냈다고 해도 물이 내려올 때 강에 들어가 있는 병력은 얼마 되지 않는다. 여울목을 따라 건넌다면 아무리 많이 들어가도 4열 종대 이상은 불가능하고 4열로 200m를 늘어섰다고 해도 한번에 강에 들어가 있는 병력은 800명에 불과하다.

이런 오류는 하나의 잘못된 정보에 불과한 것일까? 그렇지 않다. 고구려가 독보적인 무적의 병종을 장착해서 승리했다고 하는 것과 고구려와 수·당이 서로 똑같은 편성을 가지고 싸웠고, 서로의 전술과 무장을 벤치마킹하면서 싸웠다고 하는 것은 국제교류에 대한 인식과 경쟁에서 승리하는 방법에 대한 전혀 다른 교훈을 던져준다.

더욱 나쁜 것은 "중장기병은 최강이다", "수나라는 숫자만 채운 형편없는 군대였다"는 식의 설명은 역사적 사실에 대한 분석과 종합적 사고의 기회를 차단해 버린다는 것이다. 무적의 병종은 존재하지 않는다. 역사상 수많은 장군들을 괴롭혔던 문제는 "어떤 병종이 더 강한가"가 아니라 "각각의 병종을 어떻게 활용하느냐"였다.

우리는 수나라 군대가 오합지졸이라고 오랫동안 비웃었다. 그 사이에 왜 수나라와 당나라가 자기 제국의 운명을 걸고 그토록 지독하게 고구려를 침공했는가라는 물음과 그 배후에 놓여 있는 한국과 중국, 만주라는 삼각관계로 진행되는 국제관계의 기본 구도를 간과했다. 그 구도를 이해하지 못함으로 해서 고려는 거란전쟁이라는 참화를 대비하지 못했고, 현세의 우리는 조선의 외교정책을 이해하지 못해 그것을 굴욕적인 사대주의로 설명했고, 그것이 만들어 낸 강박적인 열등감에서 아직도 헤어나오지 못하고 있다.

이런 것을 좀 바로잡아 보자는 것이 전쟁사 집필을 시작했던 이유였다. 그렇기 때문에 전쟁의 기술과 전투 방식에 대한 전문적인 지식까지는 없어도 가능하리라고 생각했다. 그것이 전쟁사 전공자도 아닌 내가 겁 없이 전쟁사에 도전할 수 있었던 이유였다. 지금에야 말이지만 처음 생각했던 제목도 '전쟁으로 보는 한국역사'였다. 어디까지나 전쟁보다는 역사에 초점이 맞추어져 있었다. 우리의 사고를 제약하는 몇 가지 기본적인 인식들이 해결되면 전쟁사 전공자들도 늘어나고, 전문적인 분야는 진짜 군제사 전공자들에게 맡겨야 한다고 생각했다.

그런데 책을 집필하는 중에 같은 제목의 책이 간행되어 버렸다. 하지만 그 책의 간행과 무관하게 그 제목을 사용할 수 없게 되었다. 막상 집필을 시작하자 두 가지 사실이 나를 놀라게 했다. 첫째 우리 학계에서 전쟁사에 대한 기본적인 이해, 특히 전쟁과 전략, 전술에 대한 이해가 너무나 부족했다. 둘째, 그러한 부족함이 전투와 전쟁이라는 범주에 그치지 않고, 그 시대의 제도와 주요 사건에 대한 이해와 해석에도 광범위하게 영향을 미치고 있다는 것이었다.

그러다 보니 전쟁에 대한 비중과 밀도가 높아졌다. 역사 분야에서도 처음

의도와 다르게 전쟁사뿐 아니라 여러 가지 주제에 대해서 새로운 문제와 해석을 제기하게 되었다. 학문세계가 그렇지만 필자의 주장에 대해 동의하고 격려하는 분도 있고, 비판하는 경우도 있다. 그러나 어느 경우든 지난 10년 사이에 전쟁사 연구가 많이 활성화되었고, 필자의 주장이-긍정이든 비판이든- 여러 책과 논문에 채용되는 것을 보면 나름대로 기여를 했다는 생각이 든다.

게다가 이 책 덕분에 나 자신도 여러 가지 요구와 논쟁에 휘말리다 보니 전쟁사와 군제사 논문까지 집필하게 되었고, 이제 절반은 군제사 전공자가 되어 버렸다. 개인적으로는 고마운 일이기는 하지만, 정식으로 군제사 연구를 하다 보니 처음에 썼던 『전쟁과 역사 삼국편』에 대한 아쉬움이 커져 갔다. 주 내용이 삼국항쟁에서 수당전쟁과 삼국통일로 한정되어 있는 것도 그렇고, 1권을 쓸 때는 생활이 빠듯했던 시절이라 현장에 가보지 못하고 쓴 부분도 꽤 있었다. 무엇보다도 아쉬운 것은 당시에는 전쟁과 군제에 대한 지식이 진짜 건전한 상식선에 머물러 있었다는 것이다. 독자의 입장에서는 오히려 그것이 장점이 되었던 것도 같지만, 개인적으로는 미안함과 아쉬움이 커져 갔다.

그 사이에 고대사에 관한 엄청난 연구와 발굴이 이루어졌고, 전쟁사 논저도 상당히 증가했다. 이 새로운 성과들은 과거에는 알 수 없었던 더 많은 이야기와 새로운 장면을 밝혀주었다.

그래서 온전한 고대 전쟁사를 써야 하겠다는 결심을 하게 되었다. 그러다 보니 분량이 3권으로 늘어났다. 출발점을 고조선부터로 앞당겼고, 통일전쟁 이후 부분은 백제부흥군과 나당전쟁을 추가하고, 후삼국의 항쟁도 대폭 보완했다. 현지 답사와 중국과 만주지역 답사도 크게 보강했다. 동서양의 전쟁사를 참조하여 우리 역사 기록의 약점이라 할 수 있는 전투의 장면, 장비와 무기에 대한 서술도 가능한 한 충실하고 구체적으로 재현하기 위해 노력했다.

전쟁사를 이해하려면 시각자료와 지도는 필수다. 이전 책에서는 여러 가지 사정으로 그것이 너무 부족했다. 이번에는 작정하고 최대한의 노력을 했다. 그동안 국내 저서에서는 거의 소개되지 않았던 자료들도 상당히 있다. 특히 이 부분에 대해서는 대학의 선배님이시자 혜안의 사장님이신 오일주 선배님께 진정으로 감사를 표하고 싶다. 지난 수년간 국내는 물론이고 국외 자료까지 대단한 자료를 직접 수집해 주셨다. 이 자료는 사진만이 아니라 전쟁사 공부에도 큰 도움이 되었는데, 내 개인의 노력으로는 절대로 그렇게 하지 못했을 것이다. 그뿐 아니라 현장 사진도 수년 동안 거의 매주 전국을 누비며 직접 촬영하신 것이다.

이 밖에도 감사해야 할 분이 너무나 많다. 어느덧 20년이 넘는 세월 동안 함께 공부하며 도움과 제언을 아끼지 않으신 윤훈표, 김인호 교수, 1권의 편집만 예닐곱 번을 바꾸며 고생해 주신 혜안의 김태규, 김현숙, 오현아 님, 인터넷과 메일을 통해 서평과 질문, 토론을 아끼지 않으신 많은 분들, 만주 답사를 함께한 파주청년봉사단장 최승태 군과 단원 여러분, 전적지 답사에 함께해 주신 한국역사고전연구소 회원분, 그리고 언제나 내편이 되어주는 집사람과 아이들에게도 이 자리를 빌려 감사를 드린다.

2011년 3월 임용한

글싣는 차례

서문 4

제1장 쇠와 불 10
1. 전쟁의 조건 12
2. 상처뿐인 영광 25

제2장 혼강의 건너편 30
1. 약속의 땅 32
2. 동부여의 이단아 40
3. 골짜기의 평화 48
4. 졸본에서 국내성으로 63
5. 대소, 3대에 걸친 악연 74
6. 용기 있는 자에게만 허용되는 승리 79
7. 환도산성 90

제3장 삼국의 풍운 98
1. 악전고투 100
2. 서쪽의 해, 동쪽의 달 121
3. 새로운 숙적 142
4. 전쟁 영웅의 비극 157
5. 성장의 조건 164

6. 넘어야 할 산은 아직도 많다 179
7. 심화되는 위기 189
8. 폴리스를 넘어서 202

제4장 새로운 군대와 전술 210

1. 병종별 특징 212
2. 전투방법과 전술 234

제5장 동상이몽 252

1. 정복왕 258
2. 평양 천도와 북위와의 전쟁 270
3. 계림의 수탉 281
4. 운명의 망치 294
5. 숙명적 만남 307
6. 전격작전 311

제6장 최후의 승자 324

1. 반쪽의 성공 326
2. 막다른 선택 340

주 360

기원전 4000년 무렵의 중국 서북부.

울창한 숲으로 둘러싸이고 강줄기가 넉넉하게 감아도는 작은 마을에 생선 굽는 냄새가 퍼지기 시작했다. 저녁은 하루 중 제일 즐거운 시간이다. 어두워지면 아무런 일도 할 수 없었기에 하루 중 밤은 꽤 길었다. 주민들은 모닥불을 피워놓고 도기로 만든 작은 악기를 불며 하루를 마감했다. 이 악기는 오카리나와 비슷하게 생겼지만, 음색은 오카리나보다 여리고, 넓은 사막에서 석양을 배경으로 한 명의 원주민이 서 있는 듯한 어딘가 고독하고 외로운 느낌을 주었다. 신석기시대, 인간이 차지한 공간보다 대자연의 품이 훨씬 넓었던 시대였기에 모든 사람들이 늘 무언가에 대한 두려움과 고독감을 지니며 살았는지도 모른다.

그러나 아침이 되면 사정은 달라졌다. 마을은 활기차고, 사람들은 더 나은 생활을 추구하고 있었다. 사람들은 이제 막 토기를 좀더 단단하게 만들려면 모래 대신 고운 점토로 반죽해서 모닥불이 아닌 가마에 넣어 구우면 된다는 사실을 발견했고, 네 귀퉁이에 기둥을 세우고, 다시 재목으로 기둥을 연결하고 서까래와 대들보를 얹어 지붕을 만드는 획기적인 건축술을 발명했다. 땅에 박아 세운 기둥 뿌리가 흙에 포함된 습기 때문에 썩지 않도록 기둥 바닥에 자갈을 채우는 기법도 알았다. 하지만 이런 집은 마을 전체에서 서너 채밖에 되지 않았다. 대부분의 사람들은 여전히 구형 주택, 땅을 둥글게 혹은 네모나게 파고, 그 위에 인디언 오두막집 같은 원뿔이나 사각뿔 텐트를 세운 움집에 살았다.

나중에 반파 마을이라고 불리게 될 이 마을은 풍족했다. 움집 밖에 아궁이를 만들어 음식을 조리했고 그 옆에는 반쯤 묻어 고정시킨 커다란 옹기들이 장독대처럼 놓여 있었다.

반파 마을은 당시로서는 크고 유복하고, 신기술을 보유한 선진 촌락이었다.

제1장 쇠와 불

　세상은 문명의 여명기로, 사람들이 이런 수준의 뉴타운을 조성하고 살아보기 시작한 지는 얼마 되지 않았음이 분명했다. 왜냐하면 마을에서 발생한 사망자들을 마을 밖에 묻어야 한다는 사실을 아직 모르고 있었기 때문이다. 이별은 슬픈 것이고, 사람들은 그들의 추억을 가까이에 두고 싶었기에 사람이 죽으면 집 옆에 묻었다. 외지에서 들어온 사람이 죽으면 그 자리에 묻거나 마을 안에 있는 쓰레기장에 묻었다. 매장지가 부족해지고, 마을 안에 벌레와 악취가 가득하고, 전염병이 크게 돈 다음에야 이들은 마을 밖, 가능하면 수원을 오염시키지 않는 높은 지역에 시신을 매장해야 한다는 사실을 깨닫게 될 것이다.

　반파 마을은 새로운 기술과 건축술을 실험하고, 이제 막 깨어나기 시작한 문명의 힘을 체득해 가는 활기차고 역동적인 마을이었다. 그런데 이 마을의 구성물 중에서 가장 규모가 크고 많은 노력과 기술이 투여된 작품은 무엇이었을까? 그것은 마을의 거주구역을 크게 빙 둘러감고 있는 해자였다. 깊고 가파르게 파인 해자는 비에 무너지지 않도록 배수구까지 마련한 걸작이었고, 마을 전체의 집을 짓는 것보다 몇 배의 노고가 들어간 작품이었다. 그러나 얼마 후 사람들은 이 해자 공사를 크게 후회하게 된다. 그들이 개발한 건축술과 부와 여력을 방호 시설에 투자했더라면 해자 안쪽으로 강력한 울타리를 세우고, 이중의 목책을 만들거나 목조의 성채 군데군데 망루를 조성할 수도 있었다. 그러나 반파 주민들은 아둔하고 낭비적이며 폭력적으로 보이는 이 노력을 거부했다. 그 결과는 비참했다. 6천년 후 반파 마을을 발굴한 고고학자들은 집집마다 가재 도구가 그냥 놓여 있으며, 마을 여기저기 시체가 어지러이 널려 있는 것을 발견했다. 반파 마을은 누군가의 습격으로 하루아침에 멸망했던 것이다.

1 전쟁의 조건

인간의 삶에는 지성과 폭력, 문명과 야만이 늘 공존한다. 집단이 집단을 정복하는 전쟁도 문명이 시작되던 시기, 인간이 공동체를 이루고 마을을 세우기 시작하던 시기부터 함께 시작되었다. 문명 이전에도 폭력과 약탈은 틀림없이 존재했겠지만, 야생과 동굴에서 벌어진 전쟁은 흔적을 찾기가 어렵다. 건설과 파괴의 능력도 언제나 공존한다. 집단을 조직하고 마을을 건설할 능력이 발달하면, 집단을 동원해서 마을을 정복하는 능력도 함께 발달했다.

문명의 단계처럼 전쟁도 단계가 있다. 문명과 사회가 발달하면 정복할 수 있는 범위와 욕구도 넓어진다. 기원전 109년 그렇게 발전하고 뻗어나온 파괴의 신이 대륙의 동쪽 끝, 더 이상 갈 곳이 없는 바닷가의 땅까지 왔다.

고조선(고조선이라는 명칭은 15세기에 건국한 조선과 구분하기 위해 옛날 조선이라는 의미로 '고'자를 붙인 것이다. 원래의 국명은 조선이었다. 여진족의 여진이라는 명칭도 조선이라는 발음을 만주어의 음으로 표기한 것이다)과 한나라의 전쟁은 우리 땅에서 벌어진 최초의 본격적인 침략전쟁이자 국제전이었다.

『사기』의 저자 사마천은 이 전쟁의 계기가 조선의 우거왕(위만조선을 세운 위만의 손자)이 조선 동쪽의 여러 부족과 한반도의 국가가 한漢나라와 교통하는 것을 차단하여 한나라의 분노를 샀기 때문이라고 서술했다. 이것은 전통적인 중국의 천하관과 전쟁관에 의한 왜곡이다. 이 시기 한반도와 만주의 국가들은 워낙 지역과 부족 단위로 흩어져 있어서 조공하고 말 것도 없었다.

한나라의 조선 침공은 한나라의 주체할 수 없는 팽창욕과 조선의 성장이 빚어낸 결과였다. 우거왕 때 조선이 성장하면서 주변의 진번과 임둔 등을 복속시켰다. 조선 영역이 치안이 안정되고 물자유통이 활발해지자 조선으로 이주하는 한나라 사람들이 크게 증가했다. 이것이 한나라의 물욕을 자극했다. 조선은 중국과 만주, 한반도를 잇는 동서 교통의 요지에 있었고 꽤 넓은 지역에 안정된 치안을 확보했다. 야생의 땅이 통째로 삼킬 만하고 구미가 당기는 커다란 덩어리로 변한 것이다. 게다가 이미 한나라 사람들이 꽤 많이 살고 있으니 한나라 영토로 만들 수 있는 기반도 조성되었다.

『사기』의 조선전에서는 조선과 한나라 간에 전쟁이 터진 직접적인 계기를 다음과 같이 설명하고 있다. 기원전 109년 한나라는 섭하라는 인물을 조선에 사신으로 파견했다. 조선 동남부 국가들이 한나라와 통교하려는 것을 차단하지 말고, 한나라에 조공을 하라고 요구하기 위해서였다. 그러나 우거왕은 한나라의 조서를 접수하는 것조차 거부했다. 그러자 섭하는 다짜고짜 조선 국경으로 달려가더니 자신을 마중나온 조선의 고위 인사(부족장이나 소국의 왕이었을 것이다) 장長이라는 사람(장은 성이 아니라 지위를 표시하는 말일 수도 있다)을 살해하고 한나라의 요새 안으로 도망쳤다. 명백한 도발이었다. 영웅심 넘치고 언제나 공격적이었던 한무제는 이 무도한 행위를 질책하기는커녕 섭하를 칭찬하고 요동의 동부도위로 임명했다.

한나라 때는 지방에 대한 통제가 느슨했다. 지방관이 되면 거의 반독립적인 제후나 영주와 같은 권력을 누렸다. 섭하는 한무제의 성격을 잘 알았던 모양이다. 일부러 약소국을 괴롭히고 전쟁을 일으키는 야비한 방법으로 한 지역의 왕 같은 존재가 되었다.

그러나 한무제나 섭하는 이 약소국의 힘을 과소평가했다. 조선의 힘은 요동군의 군사력을 상회했다. 조선군은 요동을 공격해서 섭하를 죽였다. 놀란 한무제는 거국적으로 조선

죄수들이 차던 형구
왼쪽은 강제노역에 동원된 죄수들에게 채운 것으로, 기다랗게 튀어나온 부분에 얼굴에 씌우는 새장 모양의 형틀을 고정시켰다(산서성 함안 양릉박물관). 오른쪽은 역시 진대에 죄수들의 목과 발에 채운 형구다.

침공군을 편성했다. 군사의 주공급원은 죄수였다.

　진·한 시대에는 유달리 강제노역형이 많았다. 진시황의 여산릉 공사에는 30만~40만의 죄수가 동원되었다고 한다. 한나라 때도 능묘 공사는 엄청난 규모였다. 죄수의 처지는 끔찍했다. 1964년 중국 하남성 낙양 부근의 마을에서 집단 매장지가 발굴되었다. 수합된 유골만 522구였는데, 이것도 전체 묘지의 일부였다. 조사를 해보니 이들은 후한시대인 1세기경에 강제노역을 하다가 사망한 죄수들의 공동묘지였다.[1] 이들은 손이나 발에 족쇄를 차거나 목에 항쇄를 차고 얼굴에는 나무로 만든 새장처럼 생긴 형틀을 둘러썼다. 족쇄 무게는 한 개당 1kg이 넘어서(1.3~1.6) 이런 형구를 차고 일을 하면 며칠 지나지 않아 피부가 문드러지고 썩었을 것이다.

　한나라 때에 왜 이렇게 강제노역이 발달했는지는 의문이다. 이 시대에 강력범죄가 그렇게 많았을 리도 없다. 유골을 분석하니 대부분이 건장한 청장년 남자들인 것으로 봐서는 전쟁포로, 반란군, 탈영병, 패잔병, 산적 등이 주대상이었던 것 같다. 죄수의 관리와 행정체제는 철저해서 죄수가 죽으면 이름과 죽은 날짜 등을 벽돌에 새겨서 함께 매장했다. 수형 생활은 가혹하고 폭력이 난무했다. 벽돌에 새긴 기록을 보면 3일에 한 명씩 사망자가 발생하기도 했다. 시신 중에는 타격으로 인한 골절상이 수십 군데씩 되는 유골도 있고, 사고사나 병사가 아니라 타살된 사체도 수십 구였다.

　서안과 낙양 강변에 있는 수백 개의 거대한 고분군(문화혁명 때 고분의 상당수가 파괴되어 현재는 몇몇 유명한 고분들만 남아 있다)과 황제들의 엄청난 지하궁전은 이들의 희생으로 축조된 것이다. 그 중 제일 큰 한무제의 무릉은

한무제의 무릉

높이가 45m다. 지금은 흔적이 없지만 한나라 때는 능 옆에 궁전을 짓고, 수백 명의 하인들이 무제가 살아 있을 때와 똑같이 행동하며 궁을 관리했다.

산동에서 발해만으로 오는 항로

이렇게 끔찍한 생활을 했으니 노역형을 면제해 주는 대신 전쟁터로 나가라고 하면 너도나도 자원했을 것이다. 이해 가을 육상과 해로로 원정군이 발진했다. 누선장군(누선은 대형 전함이라는 뜻) 양복은 5만을 거느리고 제나라를 출발해서 발해로 상륙했다. 산동반도에서 출발해 요동반도로 상륙한 것으로 추정된다.

이 루트는 앞으로 중국과의 전쟁에서 무수히 사용되는 항로여서 잠깐 설명이 필요하다. 이 항로는 산동반도(주로 북쪽의 등주)에서 요동반도 끝에 위치한 대련, 여순을 잇는 경로다. 이 중간에 묘도, 장도, 북장산도, 남장산도 등 군도가 징검다리처럼 놓여 있고 수심이 10m도 안 되는 곳이 있을 정도로 낮고 잔잔하다.

초보적인 항해 기술로도 건널 수 있으며, 무엇보다도 바람을 기다릴 필요 없이 아무 때나 항해할 수 있다는 것이 최대의 장점이다. 그야말로 바다 한가운데 놓인 내륙수로(강)와 같은 길이다.

좌장군 순체가 거느린 육상군은 요동을 지나 고조선으로 들어갔다. 병력은 알 수 없는데, 5만 명인 양복의 병력보다 많았고 주력은 요동에서 징병한 병사들이었다. 하지만 이들은 고조선군의 저항선에 부딪혀 패배했다. 사기가 떨어진 요동 군사들이 무수히 도망치자 순체는 이들을 잡아 모조리 처형했다.

조선군은 멋진 승리를 거두었지만 한나라군의 양동작전, 즉 양복 함대의 접근을 놓쳤다. 양복은 숫자로 밀어붙인 순체와는 전혀 다른 스타일의 장수였다.

한군의 왕검성 공격도 이 전황도는 왕검성을 요양으로 비정하고 작성했다.

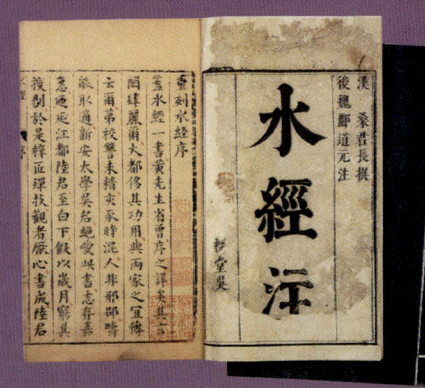

● 왕검성의 위치

왕검성의 위치는 고조선의 영역과 한사군의 위치를 확인하는 데 중요한 관건이 된다. 고조선의 위치를 판정하는 데 결정적인 기준이 되는 지명이 패수(浿水)다. 패수는 연과 고조선의 국경이며, 고조선은 패수의 동쪽에 있었다고 한다. 『사기』 지리지에서는 낙랑군이 있던 자리가 조선이 있던 곳이며, 패수는 서쪽으로 흘러서 바다로 들어간다고 했다. 한편 『수경(水經)』에서는 패수가 낙랑군 유방현에서 발원해서 동남으로 임패현을 지나 동으로 흘러 바다로 간다고 했다. 5~6세기경에 살았던 북위 사람 역도원(酈道元)이란 인물은 패수에 대한 상반된 기록에 의문을 품고 북위를 방문했던 고구려 사신에게 직접 패수에 대해 질문을 했다. 그러자 고구려 사신은 패수는 고구려 수도의 남쪽에 있고, 서남으로 흘러 낙랑군 조선현의 옛 터를 지난다고 했다고 한다(수경주 패수조). 당시 고구려의 수도는 평양의 안학궁이었으므로 이 진술대로라면 패수는 분명히 대동강이다.[2]

그런데 패수는 원래 고유명사가 아니라 강을 뜻하는 말이었다는 설도 있다. 만주어로 강을 뻴라ᄈᆡ라고 하고, 솔론어로는 벨라(ᄈᆡᆯᅡ), 오르촌어에서는 삐얄라(삐ᅣᆯᅡ)라고 했다. 이 말을 중국인들이 패수라고 적었을 가능성이 있다. 그렇다면 패수는 한 곳이 아니라 여러 곳일 가능성이 있고, 시대에 따라 위치가 바뀌었을 가능성도 있다. 패수의 위치가 시대에 따라 달라졌을지도 모른다는 가능성은 일찍이 정약용도 지적한 바가 있다.³

이 밖에도 여러 가지 가능성이 존재한다. 고조선 시대만 해도 중국인의 만주 진출은 매우 적었고 정보도 부정확했다. 따라서 초기에는 지명들이 혼동을 일으키고, 후대에 압록강에 온 사람들이 이곳을 예전의 기록에 나오는 패수라고 이해하고 명명했을 수도 있다. 즉 고조선 시대의 패수는 전혀 다른 강일 수도 있다는 것이다. 한사군 중의 하나였던 낙랑도 이해할 수 없을 정도로 넓은 범위에서 출몰하는데, 문명의 여명기에 낙랑이 선진지역을 의미하는 국명이 되면서 여기저기서 남용되었을 가능성이 있다.

또 이 시대는 아직 부족과 씨족 단위가 사회의 기본단위이다 보니 후대처럼 확고한 국경이 없이 여기저기 이동하고 분화하기도 하는데, 이렇게 나뉘어진 부족들은 여전히 옛날의 명칭을 사용했다. 부여만 해도 북부여, 동부여, 졸본부여가 있고, 심지어는 한반도 중부에 자리잡은 백제도 남부여라고 했다.

이처럼 여러 가능성이 있다 보니 패수에 대해서는 압록강설, 청천강설, 대동강설이 있고, 요동의 대릉하(요하)로 보는 견해도 있다. 왕검성 위치도 이에 따라 변해서 대릉하 근처의 요양, 해성으로 보기도 하고, 한반도에 있다면 평양이 유력하다고 보는 견해도 있다.

그런데 고조선이 연나라와 접경하고 있었다는 진술에 의거하면 고조선이 한반도 안에 있었다거나 왕검성이 평양이라고 보기가 어렵다. 연나라의 동쪽 국경은 잘해야 북경에서 요동 사이의 지역 정도였다고 보이기 때문이다.

한나라군의 왕검성 공략 경로도 요양설에 무게를 둔다. 한나라군은 한 부대는 요동으로 가고, 한 부대는 발해만(여순·대련 지역)에 상륙해서 합류하게 되어 있었다. 만약 고조선이 평양에 있었다면 한나라 수군은 연안을 따라 좀더 남하했어야 한다. 그리고 두 부대가 만나기 전에 요동으로 간 육상군이 고조선의 수비대와 조우했다는 사실도 주목해야 한다. 그렇다면 고조선군과 한나라군의 접전지는 발해만 서쪽이 되어야 정상이다. 그리고 왕검성은 이곳에서 그리 멀지 않은 곳에 있었다. 그렇다면 왕검성은 도저히 평양일 수 없다.

이 밖에도 여러 가지 증거와 추론이 있어서 이 유추만으로 왕검성의 위치와 고조선의 영역을 확정하기는 어렵다. 하지만 이 글에서는 일단 군사적 관점에서 본 추론에 비중을 두고 고조선이 요동에 있었다는 전제 하에서 서술하고자 한다.

진시황 병마용갱에서 출토된 진용 복장은 일관성이 있고, 신발은 모두 사각형의 가죽신이다.

발해만으로 상륙한 양복은 조선군이 온통 순체군 쪽으로 몰려간 덕분에 자신과 왕검성 사이에 조선군이 없다는 사실을 발견했다. 원래 계획대로라면 양복은 순체의 군을 기다려 합류해야 했지만 그는 이 기회를 놓치기 싫었다. 그는 과감하게 제나라 군사 7천을 거느리고 왕검성을 습격했다. 조선군이 양복군의 상륙을 깨닫고 병력을 재배치하기 전에 정예병만을 이끌고 신속하게 진군한 것이다. 제나라군 즉 산동인은 춘추전국시대부터 체격이 좋고 강병으로 소문난 군대였다. 게다가 요동은 고향에서 멀리 떨어진 낯선 땅이어서 요동병처럼 도망칠 곳도 없었다.

양복의 대담한 작전은 성공해서 왕검성 앞까지 쉽게 도달했다. 그러나 이번에는 병력이 너무 적었다. 우거왕은 양복의 군사가 적은 것을 탐지하자 성을 나와 양복군을 타격했다. 양복은 여지없이 패배했고 간신히 산속에 들어가 숨었다.

순체와 양복의 연이은 패배는 가히 충격적이었다. 기원전 2세기 한나라가 동서로 마구 치고 나온 데는 이유가 있었다. 그들은 군사적 자신감에 넘쳤다. 전술과 무장 모든 면에서 최첨단의 군대였기 때문이다.

춘추시대에 중국은 수백 개의 나라로 쪼개져 있었다. 그것이 전국시대를 거치면서 몇 개로 압축되고, 마지막으로 진시황의 진나라가 통일을 완수했다. 중국도 무수한 정복전쟁 끝에 하나의 제국으로 탄생한 것이다. 그런데 진시황의 통일은 군사적으로 보면 완성이 아니라 한계에 부딪힌 것이라고 할 수 있다. 진시황의 병마용갱에서 발견된 진나라의 군대는 제국의 엄청난 무장과 군사 재정, 그리고 전술을 과시하고 있지만, 그들의 제국이 왜 거기까지였는가도 명확히 보여준다.

진용을 분석해 보면 진시황의 군대는 여러 종족으로 구성된 혼성군대였다. 그럼에도 불구하고 갑옷과 허리띠, 머리끈, 그리고 사각형으로 재단한 즉 대량제작이 가능하도록 단순하면서도 튼튼하게 제작한 군화에 이르기까지 장비는 잘 표준화되어 있고 구조는 간결하면서도 효율적이었다.

무기는 거의 약탈당했지만, 잘 규격화된 청동제 무기를 들고 있었다. 군수산업의 역량과 재정도 엄청나서 6천 내지 8천, 오늘날로 치면 10개 사단에 맞먹는 병사의 무기를 제사용으로 제작해서 땅 속에 묻었다. 진시황의 시대는 이미 청동기시대를 지나 철기시대에 들어가 있었다. 그럼에도 불구하고 진용 병사들이 청동기로 무장한 이유는 철기는 녹이 슬어 부식되기 때문인 듯하다. 그래도 청동 무기의 수준이 높은 것으로 봐서는 이때까지 청동기도 함께 사용된 것

병마용갱에서 출토된 말

이 말들도 중국 내지 말보다는 아주 좋은 말로서, 중국 내지 말과 서역말의 중간 정도 된다. 전체적으로 유선형을 이루면서도 목이 약간 짧고 몸통이 굵다. 다리는 아랍종보다 짧지만 튼튼해 보인다. 전투 때 휘날리는 것을 방지하기 위해 말들은 갈기를 짧게 깎고 꼬리는 땋아서 묶었다.

중국 전국시대의 전차 복원도

이 아닌가 싶기도 하다. 하지만 청동은 재료가 귀하고 비싸서 청동기로는 제대로 무장한 군대를 많이 만들어 낼 수가 없었다. 철기시대의 도래로 이런 대군단의 편성과 정복전쟁이 가능해진 것이다.

하지만 철기는 진나라만 소유했던 것이 아니다. 전국시대의 모든 국가가 제조했다. 진나라 군대를 천하무적으로 만든 숨은 비밀이 말馬이다. 병마용갱의 멋진 출토품 중 하나가 말 인형이다. 처

한고조 유방의 능에서 출토된 토용 기병   전차는 보이지 않는다.

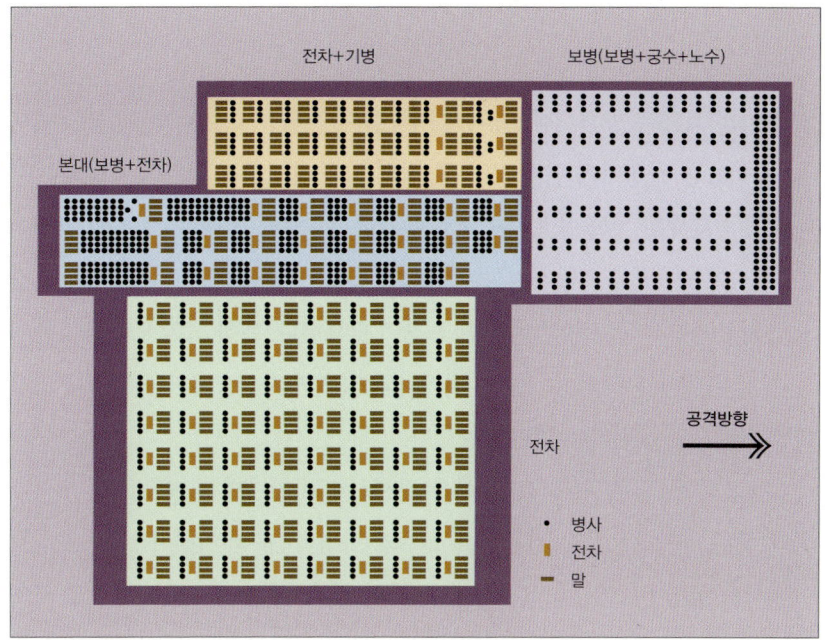

진용 배치도

음 이 말들을 발굴했을 때 중국의 군사전문가들은 꽤 신기해했다. 중국 본토에서는 보지 못한 독특한 품종이었기 때문이다. 조사 결과 중국 본토와 최고의 명마를 생산하는 중앙아시아 초원의 경계에 위치한 감숙성 지역에서 생산되는 품종으로 추정되었다.[4] 몸통이 굵고 다리도 튼튼해 보이는 이 말은 모르는 사람의 눈에도 힘과 지구력이 좋아 보인다. 진나라 근처에서만 생산되는 이 힘 좋은 말들이 무적 진나라 군대의 숨은 비결이었는지도 모른다. 이 시대의 중국군은 기병이 거의 없고 전차가 주력이었기 때문이다.

병마용은 진나라 군대의 전술배치도 잘 보여준다. 전체 4개의 갱 중 전투부대는 1호와 2호 갱이다. 편제는 보병과 전차의 혼성군이며 좌익에 약간의 기병이 있다. 전체적으로 진형은 L자형 대형을 이루고 있는데, 전차부대는 L자의 튀어나온 쪽에 자리잡고 있다.

춘추전국시대의 전투는 기마전과 유사하다. 우익이 적의 좌익을 공격하고, 좌익은 적의 우익을 맞아 수비하는 방식이었다. 먼저 적의 중앙부를 함락시키는 쪽이 이긴다.

우익의 목표는 공격이다. 공격의 성공을 결정하는 요소는 적 대형의 파괴다. 이 목표를 달성하기 위해 공격, 즉 적의 진을 파괴하는 임무를 담당하는 부대가 전차부대. 이들을 L자형으로 우익에 돌출시킨 이유는 전차의 약점이 공간을 많이 차지하고 방향전환이 어렵기 때문이다. 그러므로 돌격선을 직선으로 확보해야 하고 전방에 충분한 공간이 필요했다. 특히 적의 모서리나 측면을 치기 위해서는 미리 우측으로 튀어나와 있으면 사선으로 직진하거나 약간의 회전만으로 돌진하는 것이 가능했다.

L자형의 좌익, 즉 L자의 l 부분은 직사각형의 일자형 대형으로 전열과 대형의 좌우 바깥쪽으로는 경무장한 궁수와 노병弩兵을 배치했다. 그리고 진형 안에서도 궁병은 모두 서 있고 노수는 앉아 있다. 궁병과 노병이 교대로 사격하기 위해서다. 좌익 군단의 일차적 임무는 수비이므로 적이 돌진해 오면 사격으로 최대한 피해를 입힌다. 적이 정면으로 올 수도 측면으로 올 수도 있으므로 전면과 측면 양쪽에 궁수와 노수를 배치한다. 이들은 사격을 하다가 적이 근접하면 빠르게 보병들 뒤로 빠진다. 그래서 이들은 모두 가벼운 경장이다.

적의 전차대가 근접해서 궁수와 노수가 빠지고 백병전이 벌어지면 안쪽의 중장갑 보병이 전차대를 상대한다. 여기에도 궁수와 노수가 있는데 이들은 갑옷을 입는다. 맨 뒤쪽에는 보병을 거느린 전차와 기병이 있다. 이들은 최후 저지선으로, 전차도 중형전차다. 적군이 중갑보병도 뚫고 들어오면 적과 충돌하고, 보병이 제법 잘 저지하면 우회기동을 해서 측면이나 후방에서 공격한다. 적이 보병을 뚫지 못하고 도주하면 추격한다. 우익에서 출진한 아군 전차부대가 적을 교란하거나 승세를 잡으면 적진을 강타할 수도 있다.

이것은 아주 기초적인 고찰이고 더 다양한 전술이 있다. 특히 1호 갱의 보병군단과 2호 갱 전차군단의 협력작전은 고대 전술의 최고봉이라고 할 수 있다. 하지만 여기서 이 부분까지 논의할 필요는 없을 듯하다. 결론만을 말하면 고대 중국의 전쟁은 대략 이런 식으로 진행되므로 전차부대를 활용하려면 일단 전투 공간이 넓어야 하고 전차부대와 보병부대 간의 복잡한 협력작전보다는 강력하고 명쾌하며 선 굵은 작전이 효과적이었다. 진나라 군대의 무시무시한 군기, 그리고 무조건 적의 목을 벤 수대로 포상한다는 잔혹한 정책은 이런 전술적 배경에서 나온 것이었다.

하지만 전차와 힘 좋은 말에 의존하는 진나라 군대는 중원에서는 천하무적일지라도 한반도와 같은 산악지대에서는 다른 중국 군대와 다를 바가 없었다. 스텝 지역도 감당이 안 된다. 이곳은 전차가 좋아하는 평원이지만 여기에는 세계 최고의 말과 기마술을 자랑하는 유목기병이 있었다. 그들의 기동성과 스피드 앞에 전차는 무용지물이었다. 그래서 천하의 진시황도 스텝 지역의 정복은 꿈도 꾸지 못했다. 오히려 만리장성을 쌓아 그들과 단절하려고 했다.

서역인과 서역의 준마

진나라에서 한나라로 바뀌는 짧은 기간에 중국 군대는 커다란 변모를 한다. 전차가 급속히 사라지고 기병이 주력이 되었다. 정확히 한 세대 차이에 불과한 한고조 유방의 능에서 출토된 진흙군대를 보면 전차는 완전히 사라지고 기병이 떼를 이루고 있다. 이제 중국은 진나라 국경 밖의 세계에서도 싸울 수 있는 조건을 갖춘 것이다.

만리장성 밖, 스텝 지대로 향한 한무제의 탐욕스런 정복전쟁은 이렇게 시작되었다. 그러나 기병이라고 다 같은 기병이 아니었다. 전역 초기에 한나라 기병은 훨씬 우수한 기마술과 좋은 말을 갖춘 흉노 기병에게 형편없이 고전했다. 100명의 한나라 기병이 3명의 흉노 용사에게 거의 전멸을 당한 적도 있다.[5] 그러나 제국의 능력은 다양했다. 한나라는 흉노의 분열을 이용해서 흉노족 일부

제1장 쇠와 불 23

를 끌어들여 용병으로 사용하고, 그들의 말 사육법과 훈련법을 배웠다. 서역으로 원정대를 파견해 한혈마汗血馬(피땀을 흘리며 하루에 천리를 뛴다는 명마)로 상징되는 최고의 말을 수입했다. 이 효과는 굉장했다. 한나라 시대에 만든 말 인형을 보면 진시황 병마용에서 보이는 투박한 말들이 머리가 작고 엉덩이는 커서 몸 전체가 유선형으로 흘러내리는 서역의 준마로 바뀌어 있다. 이 말들은 일단 체격이 크고, 힘이 좋고 빨랐다.

한나라 군대는 엄청나게 강해졌다. 기원전 110년대를 기점으로 흉노는 커다란 타격을 입고 서쪽으로 이동해 갔다. 이 승리는 중국 역사상 유목민족에게 거둔 최대의 승리였다.

그로부터 10년 뒤 한무제는 동진을 시작했다. 흉노전쟁의 종결로 전쟁실업자가 된 흉노 용병—한나라 편에서 싸웠던—도 요동으로 이동배치되어 이 전역에 투입되었다는 전설도 있다. 사방으로 겁 없이 영토 확장을 추구하고, 마중나온 조선의 장수를 베어버리고 싸움을 거는 한나라의 흉폭함은 이런 군사적 자신감에서 나온 것이었다. 기원전 2세기 한나라 군대는 최고의 무장, 전술, 그리고 전투 경험으로 다져진 세계 최강의 군대였다. 그러나 그 자신감은 요동의 초라한 군대에게 여지없이 무너졌다.

흉노 정벌에 참여한 여자 기병

한무제의 흉노 정벌에는 흉노족 기병이 큰 역할을 했다. 기병이 약했던 한나라는 귀순한 흉노족을 흉노 정복에 이용했다. 이 용병 중에는 여성도 있었다. 사진의 여전사는 얼굴 형태로 보아 한족이 아닌 몽골리안이고, 타고 있는 말도 서역의 준마다. 이런 여군을 뮬란武郞이라고 불렀다(중국 산서성 서안 양릉 박물관).

2 상처뿐인 영광

자신만만하던 한나라군이 조선군에게 연속으로 패전했다. 조선군의 분전은 놀라운 것이었다. 설마 싶지만 조선의 여러 지역은 아직 청동기시대였다. 국가의 동원력과 조직력은 제국과는 비교가 되지 않는 부족연맹 정도의 단계였다. 계급 간의 격차도 커서 순장 풍속이 유행하고 있었다. 하지만 정말로 조선 군대가 청동기만이었다면 한나라 군대와의 전쟁이 가능했겠냐는 의문이 든다. 세계 전쟁사에는 칼과 창으로 총과 대포를 이긴 경우도 있으니, 무기만으로 승패를 논할 수는 없다. 하지만 청동기의 경우는 일단 원료인 구리와 주석이 철광석에 비해 엄청나게 적어서 제조하는 무기의 양이 절대적으로 부족해진다는 한계가 있다. 그나마 중국과 요동 지방은 좀 낫지만 한반도는 원료인 구리와 주석이 한중일 3국 중에서도 제일 적다. 출토되는 유물 중에서 청동무기는 거의가 장식용이고, 실전용이라고 할 만한 무기는 극소수다.

1980년대 이후 발굴이 축적되면서 고조선 지역에서도 철갑편과 초기 철기시대의 유물이 발견되고 있다.[6] 이것은 문헌으로도 증명이 된다. 우거왕의 조부 위만이 연나라에서 왔고, 연나라 주민이 이미 상당히 이주했다면 철기도 꽤 보급되었을 것이다. 나중에 우거왕이 강화의 조건으로 한나라에 말을 5천 필이나 바치려고 한 것으로 봐서 말과 기병도 상당수 보유했음에 틀림없다. 이런 기반이 있었기에 조선의 군대가 한나라 군대와 대등하게 싸울 수 있었던 것이다.

좌장군과 누선장군이 모두 패배하자 무제는 다시 위산衛山이라는 인물을 파견했다. 위산은 우거왕을 설득해 강화협정을 맺는 데 성공했다. 조선도 잘 싸우고 잘 버티고는 있었지만 장기전은 부담이 되었다. 국가적 결속력이 약한 연맹체 국가일수록 이런 장기전과 초토화 작전에 분열하기가 쉬웠다. 우거왕은 태자를 한나라 조정에 보내기로 하고, 화해의 조건으로 말 5천 필과 군량까지 준비했다. 그런데 강화협정 장소까지 태자를 호위해서 따라온 군대가 무려 1만이었다. 고조선군의 위용을 본 위산은 위장항복일지 모른다는 걱정이 들었다. 겁이 난 그는 조선군에게 병기를 패수 건너에 두고 오라고 요구했다. 그러자 조선군도 한나라의 계략일지도 모른다는 불안감이 들어 강화를 취소하고 철군해 버렸다. 이 보고를 받은 한무제는 위산을 처형했다.

여기까지는 한나라의 일방적 실패였다. 하지만 이런 해프닝이 벌어지는 사이에 장기전의 효과가 나타나기 시작했다. 순체와 양복도 조금씩 군세를 회복했다. 마침내 순체는 패수의 조선 수비대를 격파하고 왕검성의 서북쪽을 포위했다. 순체가 진군하자 양복도 사기가 올라 남쪽을 점령하고 성을 포위했다. 하지만 몇 달이 지나도록 왕검성은 굳건했고, 우거왕은 항복하지 않았다. 하지만 물 밑으로는 모종의 협상이 진행되고 있었다. 왕검성에서는 양복에게 밀정을 보내 강화 협상을 시작했다(『사기』에는 항복 논의라고 했지만 이는 중국인의 입장에서 본 것이고 강화로 보는 것이 정확할 것이다). 조선은 순체보다는 양복의 부대와 협상하고 싶어했다. 순체는 연나라의 통치자로 내정되어 있었고, 병사들도 연과 요동 출신들인데다가 패수 전투에서 승리를 거두어 한껏 자신감이 올라 강공을 주장했다. 이에 비해 양복은 이전에 고조선 군대의 무서움을 체험한 적이 있고 양복군의 병사가 거의 제나라 병사들이다 보니 장기전에 싫증을 내고 빨리 강화를 맺고 싶어했기 때문이다.

그러나 이것은 사마천이 중국의 입장에서 본 견해다. 조선군이 순체를 버려두고 양복과만 항복 조건을 논의한 것은 그저 양복을 선호해서였을 수도 있지만, 일종의 이간책일 가능성도 있다. 우연이든 고의든 고조선의 양복 편애는 묘한 효과를 거두었다. 순체와 양복은 서로 공을 다투고 불화가 심해져 합동공격조차 되지 않았다. 왕검성의 포위전은 대책 없이 길어져만 갔다.

이러한 상황을 보고받은 한무제는 너무나 한심해서 제남 태수 공손수를 특파했다. 공손수가 현지에 도착하자 순체가 먼저 기선을 잡았다. 그는 양복의 비협조로 성을 공격하지 못하고 있으며 양복이 조선과 결탁해서 한나라를 공격할지도 모르겠다고 말했다. 공손수는 이 말에 넘어가 양복을 순체의 군영으로 불러 체포하고 양복의 군사를 순체에게 넘겼다. 순체가 전군을 장악하자 강공이 시작되었다. 그러나 순체의 큰소리와 달리 양복군을 흡수했어도 전황은 바뀌지 않았다. 해가 바뀌고 여름이 되도록 왕검성은 끄떡 없었다. 하지만 끈질긴 한나라군의 공세는 왕검성 안에 있는 강화파의 약한 심장을 흔들었다. 마침내 노인路人, 한음韓陰, 장군 왕협王唊 등이 성에서 도망쳐 한나라에 항복했다. 이 과정에서 노인은 사망했다. 이들의 직위는 정승이라고 했는데, 이것은 중국식 이해고, 연맹을 구성하는 주요 부족장급 인사였을 것이다.

왕검성 내부의 분열은 점점 더욱 심화되었다. 마침내 니계상尼谿相이라는 지위에 있던 삼參이라는 인물이 자객을 보내 우거왕을 죽이고 한나라군에 투항했다. 이들의 투항은 개인적 투항이 아니라 가족과 부하들까지 거느린 투항이었음이 분명하다. 수비대의 일부가 빠져나가고 지도자까지 잃은 왕검성은 타격이 클 수밖에 없었다. 그래도 왕검성은 버텼다. 우거왕이 죽자 대신 성기成己가 지휘를 맡아 항전을 계속했다. 그러나 여기서 또 내분이 발생했다. 이번에는 성기와 우거왕 일족 사이에 갈등이 생겨서 우거왕 일족이 한군에 투항했다. 순체는 우거왕의 아들 장長과 노인의 아들 최最를 성 안으로 들여보내 성 안에 남아 있는 자기 세력을 설득했다. 이 공작은 성공했다. 마침내 성 안에서 반란이 일어나 성기가 죽임을 당하고, 왕검성은 항복하고 말았다.

한나라는 조선 땅에 임둔, 낙랑, 진번, 현도의 4군을 세우고 우거왕을 죽인 삼과 한음, 왕협, 우거왕의 아들 장, 노인의 아들 최를 각각 제후로 봉했다.

순체는 조선 정복이란 대업을 완수하고 감개무량하게 개선했지만, 한무제는 지휘부 분열의 책임을 물어 순체를 처형시켜 버렸다. 처형의 방법도 제일 모욕적인 기시棄市―처형 후 시체를 길거리에 버려두고 사람들에게 전시시키는 방법―였다. 부하들을 철저히 이용해 먹고 버리는 한무제의 성격으로 볼 때, 중간에 위산을 파견할 때부터 한무제는 지휘부의 전쟁수행 방식을 맘에 들어하지 않았던 것 같다. 그러나 중간에 군대를 물릴 수도 없고 장수를 교체해 봤자 현지에 적응하려면 시간이 걸리고 경험 부족으로 또 패전할 수도 있다. 그래서 일단 기존의 지휘부로 전쟁을 종결짓게 한 후 돌아오자마자 화풀이를 한 것이다. 실제로 순체가 양복을 구금하고 강공책으로 선회한 것도 자신이 보고를 받고 승인한 것이었다. 양복은 사형은 면했지만 직위를 박탈당하고 평민으로 떨어졌다.

이 전쟁의 결과는 묘해서 항복한 자들은 제후가 되었지만 정작 항복을 받아낸 한나라의 장수들은 몰락하고 말았다. 그러나 배신자들의 삶이 마냥 평안하지만은 않았다. 우거왕 살해에 결정적 공을 세운 니계상 삼은 홰청후澅淸侯(제나라 지역, 현재의 산동성 일대)로 책봉되고 1,000호를 예속민으로 받았다. 그러나 기원전 99년 한나라에서 도망친 고조선의 포로를 숨겼다는 죄로 투옥되었다가 병사했다.

조선의 멸망으로 압록강 북쪽 만주평원에 조선족의 나라를 세울 수 있었던 첫 번째 기회가 사라졌다. 그것은 조선의 잘못이라기보다는 상대가 너무 강한 탓이었다. 기병을 도입한 한나라의 군대는 문명의 시작 이래 그들을 가두었던 황하 유역의 농경지를 벗어나 만리장성 밖의 스텝과 평원 지대를 정복할 수 있는 힘과 의지를 갖추었음을 과시하고 증명했다.

하지만 이것은 끝이 아니라 시작이었다. 강한 적의 등장은 좌절과 도전이라는 상반된 대응 태도를 동시에 생산한다. 좌절한 집단은 운명을 받아들이고 적의 문명 속으로 동화되어 들어간다. 그러나 어떤 집단은 이 시련을 도전과 응전의 기회로 삼고 그들 자신을 변화시켜 간다. 어떤 경우든 후자의 집단만이 자신들의 역사를 간직할 자격이 있다. 그래서 이제부터 긴 투쟁과 전쟁의 역사가 시작된다.

● **고조선의 철검**

왼쪽의 철검과 검집은 고조선에서도 철검을 사용한 증거다. 검의 형태는 오른쪽의 경주 사라리에서 출토된 청동검과 유사하다. 청동기에서 철기로 이행하는 과도기적 모습을 보여주고 있다.

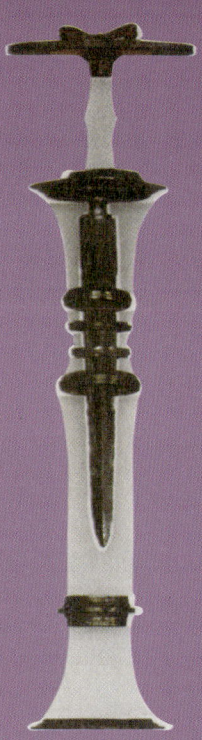

● **중국 전국시대 연나라의 투구와 신라의 투구**

고조선에 연나라 유민이 많이 이주하고 그 철기가 연나라의 영향을 받았다고 보면 고조선도 왼쪽의 연나라 투구와 같은 모양의 투구를 사용했을 가능성이 있다. 고대 그리스군의 투구와 유사한 머리 전체를 감싸는 이러한 형태의 투구는 튼튼하고 머리 전체를 잘 보호한다는 장점이 있다. 그러나 무겁고 시야가 좁아져 좌우를 거의 전혀 볼 수 없었다. 기사의 결투와 같은 단조로운 형태의 전투를 벌이는 기병이나 그리스 중장보병대같이 밀집대형끼리 대결하는 전투에서는 이런 투구가 유용하지만, 후대에 전술이 복잡해지고 기병과 기동전이 감행되는 전투에는 적당하지 않았다. 오른쪽은 신라의 열린 투구다.

말을 타고 강 언덕에 올라선 대소는 좁은 산곡 사이로 파고 들어가는 하얀색의 무리를 씁쓸한 눈으로 바라보았다. 막 행렬의 꼬리 부분이 모퉁이를 돌아 사라지고 있는 중이었다. 부여군의 도하를 견제하기 위해 강 기슭에 포진했던 주몽의 병사들도 방패를 접고 철수를 시작하고 있었다. 저 속에 분명 주몽도 있을 거다. 그놈 성격상 강변을 먼저 떠났을 리가 없다. 대소는 눈에 힘을 주어 강 건너편을 쏘아보았으나 강폭이 넓고 주몽군이 불태워버린 배와 뗏목의 연기가 자욱해서 식별하기가 쉽지 않았다.

하루만 시간이 더 있었더라도 아니 오전중에 조금만 대담하게 진군했더라도 저들을 섬멸할 수 있었다. 주몽 일행이 강에 막혀 꼼짝하지 못하고 있다는 보고를 받고, 언제나 용의주도하고 조심성이 많았던 대소는 그들이 배수진을 치고 결사전을 벌이거나 돌파를 시도할 것을 우려해서 부여군을 정돈하고 세 방향으로 나누어 천천히 접근시켰다. 그런데 주몽은 사전에 강가의 주민을 포섭해서 도강 준비를 해두었고, 부여군이 꾸물거리는 사이에 강을 건너버렸다.

호랑이 새끼를 놓쳐버린 것인가? 새삼스레 화가 치밀어 올랐지만 대소는 감정을 드러내지 않았다. 그는 차분한 표정으로 철군 준비를 지시했다. 아무

제2장 혼강의 건너편

튼 주몽은 부여를 떠났고 이제 다시는 돌아오지 못할 것이다. 그들이 들어간 산악지대는 야만적이고 거친 부족들이 우글대며, 산은 가파르고 평야는 좁아 살기가 쉽지 않은 곳이다. 예전에 이 지역으로 이주해 간 무리들이 있었지만 그들도 다시는 돌아오지 않았다. 대소는 맹수 같은 녀석을 우리에서 몰아낸 것으로 만족하기로 했다.

　대소의 명령에 따라 징이 크게 울리고 여기저기서 깃발이 크게 흔들렸다. 부여군의 대형이 반원을 그리며 돌아서기 시작할 무렵, 강 건너편에서 화살 하나가 독특한 풍절음을 내며 날아들었다. 놀랍게도 화살은 강을 건너 부여군의 머리 위를 지나 땅에 꽂혔다. 강 건너편에서 활을 쏜 장수가 말을 탄 채로 활을 들어 머리 위로 흔들었다. 그것이 대소와 주몽의 마지막 상면이었다. 그러나 두 사람의 악연은 아직 끝나지 않았다. 누가 알았을까? 이날의 사건이 문명의 여명기, 새벽잠 속에 빠져 있던 만주대륙과 한반도를 격동의 시대로 밀어넣는 시작이었음을. 그리고 대소왕 자신도 그 운명의 파도에 쓰러지게 될 줄을……

태자하 자객 형가를 보내 진시황을 암살하려다가 실패하고 요동으로 도망친 연나라 태자 단이 진나라 군에게 잡힌 곳이 이곳이라고 해서 태자하라는 이름이 붙었다.

1 약속의 땅

기원전 37년 부여군의 맹렬한 추격을 받던 주몽은 극적으로 엄리대수掩利大水(또는 엄시수라고도 한다)를 건너 부여군을 따돌리는 데 성공한다. 이 도강 작전은 후에 신화가 되어 "주몽이 강에 도착하자 강에서 거북이들이 떠올라 다리를 만들어 주어 도강에 성공했다."고 기록되었다. 모든 신화와 마찬가지로 이 이야기의 언저리는 안개 속에 있다. 이 역사적인 강의 위치도 미스터리다. 주몽의 출발지부터가 확실하지 않다. 북부여라는 설도 있고 동부여라는 설도 있다. 마지막으로 북부여와 동부여의 정확한 위치도 모른다.[1]

연구자들은 이런 문제가 터지면 일단 발음, 유사지명, 동부여와 북부여의 위치 등에 집착해서 풀어가는 경향이 있다. 그러나 시각을 바꾸어 고구려인의 입장으로 들어가 보자. 그들에게 엄리대수가 신화의 강으로 각인된 이유는 무엇일까? 그들이 최종 목적지에 도달하기까지 건넌 강이 하나뿐이었을 리도 없다. 이집트군에게 쫓기던 이스라엘 민족도 홍해에서 바다가 갈

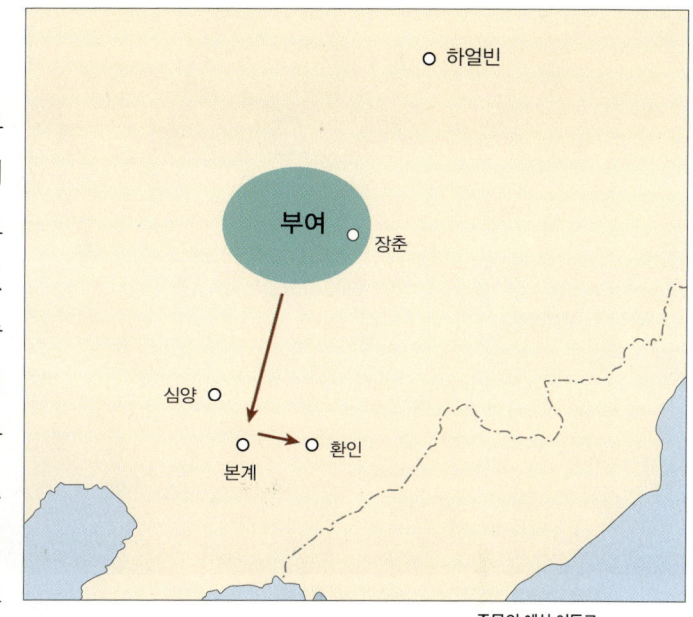

주몽의 예상 이동로

라지는 체험을 했다. 하필 기적의 장소가 홍해였던 이유는 홍해가 새로운 세상의 경계선, 즉 이집트와 시나이 광야를 나누는 경계선이었기 때문이다. 그렇다면 엄리대수도 고구려인의 관념에 약속의 땅이 시작되는 상징적 지점이 아닐까.

이런 방식으로 전설의 강의 위치와 전설이 만들어진 이유를 역으로 추적해 보자. 다행히 주몽 일행이 목표로 했던 약속의 땅은 안개의 바깥쪽에 있다. 오늘날 요양성 본계시本溪市 앞을 흐르는 태자하의 동남쪽 지방, 지금의 환인·통화 일대에 펼쳐진 산악지대다. 그렇다면 엄리대수는 바로 이 산악지역과 평야를 나누는 강일 가능성이 높다. 어쩌면 본계시 앞을 흐르는 태자하일지도 모른다.[2]

주몽은 탈출에 성공했지만 엄리대수 건너편에 펼쳐진 약속의 땅은 결코 아름답고 기름진 곳이 아니었다. 고구려라고 하면 우리는 습관적으로 당장 만주평원의 지평선을 떠올리는 경향이 있지만, 주몽이 처음 찾아간 곳은 험한 산악지대였다. 손바닥만 한 평야조차 적고, 그나마의 약간의 평지는 손금처럼 산곡

제2장 혼강의 건너편 33

중국 화북평원의 절개지 모습 토층이 모두 황토층이다. 이런 황토층이 수십, 수백 미터 이상 퇴적되어 있다.

을 따라 펼쳐져 있다. 토질도 척박해서 한 삽만 뜨면 암반이 드러났다.『삼국지 위서』동이전에서는 고구려의 땅을 이렇게 묘사한다.

> 큰 산과 깊은 골짜기가 많고 넓은 들은 없어 산골짜기에 의지하여 살면서 산골의 물을 식수로 쓴다. 좋은 전지가 없으므로 부지런히 농사를 지어도 식량이 충분하지 못하다. 그곳의 습속은 음식을 아껴 먹으나 궁실은 잘 지어 치장한다. …… 그 나라 사람들의 성질은 흉악하고 급하며, 노략질하기를 좋아한다.

마지막 말은 고구려군에 시달리고 싸웠던 중국인의 보고라는 점을 감안해주어야 한다. 이런 곳에서 삶을 영위하려면 산비탈에 밭을 일구고, 골짜기에 흩어져 살고 있는 거칠고 야만적인 부족들과 싸워야 했다.

본계시의 동쪽에 위치한 이 척박한 땅으로 들어오는 대신, 서남쪽으로 진로를 돌리면 넓고 기름진 만주평원이 펼쳐진다. 하지만 그곳은 이미 한족의 영향권이며, 많은 부족이 정착해 있다. 홍해를 건넌 히브리 인들이 처음 정착한 곳도 시나이 광야 중에서도 메마르고 거칠기로 악명 높은 신광야였다. 그런 곳 말고는 주인 없는 땅이 없었기 때문이다. 놀란 그들은 엑소더스를 후회하며 차

환인지역의 절개지 흙은 표피처럼 덮여 있고, 대부분이 암반이다. 이 지역이 대개 이렇다.

라리 이집트에서의 노예생활이 훨씬 좋았다고 불평하기 시작했다.

고구려인들은 어땠을까? 불평과 두려움이 없을 수가 없다. 이럴 때 철없는 지도자는 "부유한 노예보다는 가난한 자유인이 낫다."는 따위의 연설을 한다. 그렇게 하면 그는 곧 세상에는 가난한 자유인보다 부유한 노예가 되기를 원하는 사람이 훨씬 많다는 사실을 깨닫게 될 것이다. 제대로 된 지도자라면 이들에게 비전을 제시해야 한다. "고생 끝에 낙이 온다." 같은 추상적 비전이 아니라 명확하고 합리적인 목표와 단계적인 실현 방법과 가능성을 제시해야 한다.

안타깝게도 우리는 엄리대수를 건넌 첫날 밤, 모닥불 앞에서 주몽이 했던 연설문을 가지고 있지 않다. 하지만 이후의 역사를 보면 주몽이 보았던 가능성은 짐작할 수 있다. 그 가능성은 비옥한 땅과 편안함이 아니라 아직 주인을 만나지 못한 기회였다. 이곳은 부여만큼이나 넓은 지역이지만 빽빽한 산과 거칠고 메마른 지형 때문에 작은 소국들로 분열되어 있었다. 골짜기에 흩뿌려진 작은 마을들은 점령하고 약탈해도 얻을 것도 별로 없었기 때문이다. 나라들이 작다 보니 주변을 정복하고 확장하려고 해도 전쟁 비용을 마련하기도 쉽지 않다.

대신에 이 산지는 점령당하기도 쉽지 않았다. 이곳의 산지는 독특한 방어지

환인 주변 지역의 마을과 산비탈에 조성된 밭

형을 형성한다. 산이 크고 높지는 않다. 크기로 보면 우리나라 중부지방에서 흔히 보는 해발 150~300m 정도의 산지와 비슷하다. 그러나 형태는 다르다. 우리나라 산은 암석 중에서도 단단하기로 유명한 화강암이 주성분이다. 산 자체가 하나의 단단한 덩어리이다 보니 전체적으로 원뿔형의 산세가 유지되고 계곡도 원뿔을 여러 개 겹쳐 놓은 모양의 계곡이 발달한다.

반면에 이 지역은 기본 토질이 석회암이다. 석회암은 풍화가 잘되는 돌이라 산의 한 쪽 면 전체가 손으로 훑어낸 듯 매끈하게 깎여나가기도 하고, 때로는 풍화되고 남은 암반이 담장처럼 형성되기도 한다. 이 지역을 여행하면서 산을 자세히 관찰하면 이런 모습을 곧잘 볼 수 있다. 때로는 산자락이 마치 일부러 쌓은 담장처럼 가늘고 길게 뻗어나오면서 옹성처럼 산이나 계곡 입구를 둘러싸는 모습도 종종 볼 수 있다.

자연 옹성보다 더 강한 인상을 주는 지형이 자연 성벽이다. 화강암같이 단단한 암반은 석회암이 물과 바람에 깎여나가는 동안 굳건하게 모습을 유지한다. 세월이 지나면 석회암 비탈 위에 거대한 화강암 바위군만 남아 천혜의 성벽을 형성한다. 멀리서 보면 자연적인 지세인지 인공적으로 쌓은 성벽인지 구분이 가지 않는 곳도 여러 곳 있었다. 약간만 보완하거나 목책만 세워도 천혜의 요새가 될 수 있는 지형이 빼곡하게 들어서 있는 곳이 이곳이다.

석회암은 풍화에 약할 뿐 아니라 물에 녹는다. 그렇다고 설탕 덩어리처럼 녹아내리지는 않지만 수백만 년에 걸친 풍화 작용은 수많은 자연동굴과 종유석으로 가득찬 지하수로를 만들어 낸다. 오늘날 이 동굴들은 관광자원으로 각광받고 있지만, 생존을 걱정해야 하는 사람들의 입장에서 보면 이 산악지대는 수백 개의 방과 물탱크를 품고 있는 천혜의 거주 공간이다. 현재 이 지역의 유명 관광지인 본계시의 수동동굴에도 입구에 석기시대 거주 유적이 있다. 고구려 사람이 "산골의 물을 식수로 쓴다."는 「동이전」의 묘사는 골짜기의 개천만이 아니라 이런 지하수를 이용하는 모습을 의미하는 것이다.

그래서 석기시대의 인류가 제일 먼저 찾아낸 거주지가 이런 곳이었다. 「동이전」에는 여진족의 선조인 숙신족은 몸에 돼지기름을 바르고 동굴 속에서 거주한다는 기록이 있다. 아마 주몽 당시에도 그런 사람들이 적지 않게 살고 있었을 것이다.

본계시 수동동굴 입구(좌)와 거주유적(우)

환인 입구 혼강 위에서 본 오녀산성 언제나 신비로운 분위기를 선사한다.

    하지만 주몽은 습기찬 동굴에 숨어 살면서 손바닥보다도 좁은 평야에서 비탈과 화전을 일구며 살자고 이곳으로 온 것은 아니었다. 이곳은 천혜의 요새지역이었다. 독수리가 절벽 위에 둥지를 트는 것은 적을 피하기 위해서가 아니라 모든 세상의 위로 날기 위해서다. 이미 요동지역까지 치고 들어온 한족들이나 평원을 차지하고 부유한 삶을 추구하고 있는 부여족에게 이곳은 눈에 차지 않는 지역이었겠지만, 주몽은 이곳에서 위대한 가능성을 보았다. 그것이 눈앞의 이익만 좇는 지도자와 웅지를 품고 모험을 꺼리지 않는 영웅의 차이였다.

    석회암 산지가 천혜의 요새를 제공해 준다고는 하지만 좁고 궁핍한 땅에서 바위 뒤에 웅크리고만 있어서는 영원히 3류 부족 수준을 벗어날 수 없다. 그들이 살아남으려면 세력을 키울 방법이 있어야 했다. 주몽은 그 부분에도 계획이 있었던 것 같다. 태자하를 건넌 주몽 일행은 산곡에 흩어져 살아가고 있는 소수의 부족들을 흡수하면서 세력을 키워 갔다. 『삼국사기』에 의하면 주몽은 이

지역으로 진입한 뒤 모둔곡(여진어로 모둔은 나무라는 뜻이므로 모둔곡은 나무가 우거진 골짜기가 된다. 모둔곡으로 추정하는 지역이 여러 곳 있지만, 현재로서는 정확히 알아내기 어렵다)에서 세 사람을 만난다. 이들은 각각 베옷과 장삼, 수초로 만든 옷을 입고 있었다고 한다. 이 세 사람은 실제로는 세 집단을 의인화한 것인데, 베옷·장삼·수초는 이 세 집단이 거주지와 삶의 방식이 다르고, 장삼과 수초에서 알 수 있듯이 문명수준도 크게 달랐음을 말해준다. 좁은 평야와 산악지형은 지역 전체에 서로 고립되고 자기 방식대로 살아가는 수많은 집단을 양생해 놓았다. 이들은 커다란 자원이었다. 그들에게 통합과 발전에 대한 에너지만 불어넣을 수 있다면 말이다. 그리고 그것은 영웅의 몫이었다.

계곡을 훑으면서 남하하던 주몽은 단단하게 생긴 산으로 둘러싸인 넓은 분지에 도달했다. 지금의 환인이다. 본계에서 환인으로 간다고 할 때 지형에 대해 눈썰미가 있는 분이라면 환인 가까이 가면 지세가 주는 분위기가 달라지는 느낌을 받을 것이다. 물줄기처럼 좁게 이어지던 평야는 약간씩 넓어지기 시작하고, 벽처럼 솟아 있는 산들은 서로 단호하게 연결되어 있는 느낌이 든다. 고개를 넘어 안으로 들어서면 그러한 느낌이 드는 이유를 알 수 있다. 산들은 갑자기 크고 높아지며 그 안쪽으로 지금까지 보지 못한 넓은 평원이 펼쳐진다. 그 중에서도 무엇보다도 강렬한 영감과 신비로움을 던져주는 존재가 바로 주변 산들의 어깨 너머로 우뚝 솟아 환인 분지를 굽어보고 있는 오녀산성이다.

오녀산성이 제공하는 신비로운 영감 때문이 아니라고 해도 반경 200km 지역에서 수도로 삼을 만한 평야는 본계와 환인, 통화 세 곳밖에 없다. 그러나 본계는 부여 및 요동과 너무 가깝고, 통화는 방어에 불리하다. 환인은 평야가 넓고 산과 혼강이 이중으로 감고 있다. 주몽은 이곳이 그들이 찾던 약속의 땅임을 깨닫고, 강가에 정착촌을 건설했다. 나중에 고구려 사람들은 이날을 고구려의 기원으로 삼았다. 기원전 37년, 청년 왕의 나이 22세였다.

2 동부여의 이단아

『삼국사기』와 『삼국유사』에는 주몽의 탄생과 성장에 대한 신화적인 이야기가 기록되어 있다. 기원전 5세기경, 북부여의 왕 해부루는 남쪽에 풍요로운 땅이 있다는 말을 듣고 남쪽으로 국가를 옮긴다. 이곳이 동부여다. 해부루가 이주한 후 북부여에는 천제의 아들이라고 자칭하는 해모수라는 신비의 인물이 나타나 이곳을 통치한다. 한편 동부여에서는 해부루가 죽고 아들 금와왕이 왕위를 계승한다.

금와는 어느 날 사냥을 나갔다가 태백산 아래 우발수 물가에서 하백의 딸이라는 유화를 만난다. 그녀는 해모수라고 주장하는 남자에게 유혹되어 압록수에 와서 살다가 버림받았다고 했다. 금와는 유화를 궁으로 데려왔는데, 당시 유화는 이미 임신중이었다. 해산 날이 되자 유화는 아이 대신 알을 낳는다. 이 알에서 태어난 아이가 주몽이다.

이 정도로도 충분히 신화적이지만 주몽신화의 원본은 훨씬 길고 동화 같은 이야기로 가득 차 있다. 원래 『구삼국사』에는 주몽신화가 원본 그대로 수록되어 있었다. 『삼국사기』를 편찬할 때 편찬자들은 너무 신화적인 부분은 빼거나 요약해서 더 사실적인 이야기로 정리해 놓았다. 이렇게 해서 주몽신화가 사라져버릴 뻔했는데, 고려의 문인 이규보가 서사시 「동명왕편」을 지으면서 주몽신화의 원문도 같이 정리해 놓았다. 두 기록을 비교하면 고대 지성과 중세 지성의 차이를 알 수 있다. 예를 들면 주몽의 활 솜씨에 대해 『삼국사기』

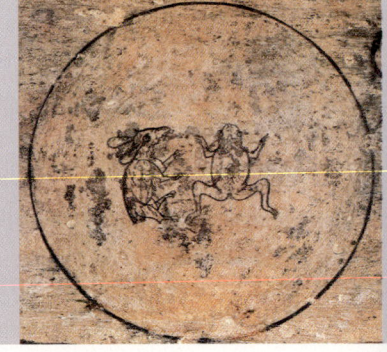

금와왕의 전설과 관련이 있을까?
만주에서 발굴된 개구리 장식(좌, 심양박물관)과 덕화리 2호분 안칸 서쪽 천장벽화에 그려진 개구리(우)

덕흥리 고분 벽화 고구려의 기마 무사들이 활을 들고 사냥하는 모습이 박진감 넘치게 묘사되어 있다.

는 이렇게 기록하고 있다. "주몽이 일곱 살 때 스스로 활과 화살을 만들어 쏘았는데 백발백중이었다. 부여의 속어에 활 잘 쏘는 사람을 주몽이라고 해서 주몽이 이름이 되었다."

그런데 「동명왕편」을 보면 활 이야기의 원형은 이렇다.

> (주몽은) 태어난 지 한 달이 지나지 않아서 정확하게 말을 했다. (하루는) 어머니에게 "파리들이 눈에 달라붙어서 잘 수가 없으니 어머니는 나를 위하여 활과 화살을 만들어주오."라고 하였다. 어머니가 댓가지로 활과 화살을 만들어주니 물레 위의 파리를 쏘는데 쏘는 족족 맞혔다. 부여에서 활 잘 쏘는 것을 주몽이라고 한다.

재밌기는 하지만 합리성은 결여된 이 난감한 이야기를 어찌할 수 없었던 『삼국사기』편찬자들은 이 스토리는 빼고 주몽이 명사수였다는 결론만 써넣었다. 그러나 이런 방법으로도 해결할 수 없는 이야기도 있다. 그런 이야기는 아예 빼버릴 수밖에 없었다.

> 주몽이 작별할 때 차마 떠나지 못하니 그 어미가 말하기를 "어미 걱정은 말아다오." 하고는 오곡의 종자를 싸주었다. 주몽은 생이별하는 마음으로 애를 끓이다가 그만 그 종자 씨앗을 잊어버렸다. 주몽이 큰 나무에서 쉬고 있었는데 한 쌍의 비둘기가 날아왔다. 주몽이 말하기를 "이는 틀림없이 어머니가 사자를 시켜 보

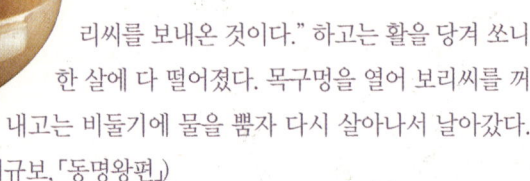
고구려의 옥잔 집안시 출토

리씨를 보내온 것이다." 하고는 활을 당겨 쏘니 한 살에 다 떨어졌다. 목구멍을 열어 보리씨를 꺼내고는 비둘기에 물을 뿜자 다시 살아나서 날아갔다.
(이규보, 「동명왕편」)

그런데 중세 지성이 고대 설화를 아예 빼버린 데는 합리주의 외에 또 하나의 숨은 이유가 있다. 바로 유화부인의 위상이다. 주몽설화의 원본에서 묘사하는 유화부인은 신모神母로서 신통력을 지닌 여인이다. 그러나 벌써 고려시대가 되면 중세의 지성남들은—고려의 여인들이 조선시대 여성보다는 훨씬 활동적이었고 수많은 남성들이 가정에서는 공처가였음에도 불구하고—여자들이 사회를 좌지우지하는 것이 싫어진 모양이다. 하여간 이런 사정으로 주몽은 동부여에서 성장하게 된다.

남아 있는 유적이 전혀 없다시피해서 실존 국가임에도 꼭 전설 속의 국가처럼 느껴지는 부여는 심양 북쪽, 지금의 길림성 장춘, 농안 일대의 평원에 자리잡은 국가였다. 부여에 관한 기록은 아주 짧지만 왠지 우리와 비슷하게 여겨지는 풍속들이 눈에 띤다. 흰 옷을 좋아하고, 사람들은 노래 부르기를 좋아해서 낮이고 밤이고 시가에서는 노랫소리가 그치지 않았다. 술도 거나하게 한잔 했을 거다. 고구려의 밤 풍경도 부여와 똑같았는데 부여에는 술 이야기가 없지만, 고구려 기록에는 고구려 사람들이 술을 잘 빚는다는 이야기가 있다.

아직 유교가 보급되기 전임에도 불구하고, 부여 사람들은 장례를 중시해서 가능하면 상기를 오래 끌고자 했다. 장례 풍경에서도 우리에게 낯익은 장면이 눈에 띤다.

그 나라의 장례 풍속은 다섯 달 동안 초상을 지낸다. 상기가 길수록 영화롭게 여긴다. 죽은 이에게 제사 지낼 때에는 날 것과 익힌 것을 함께 쓴다. 상주는 장례를 빨리 마치고 싶어하지 않지만 다른 사람이 (빨리 끝내라고) 강권한다. 이들이 언

제나 실랑이를 벌이는 것으로써 예절로 삼는다. (『삼국지 위서』 권30, 동이전30. 이하 동일)

요즘은 참 점잖아졌지만, 1980년대까지만 해도 음식점이나 술집 계산대에서 서로 자기가 계산하겠다고 지갑을 들고 실랑이를 벌이는 모습을 자주 볼 수 있었다. 한국에 온 외국인들은 이 "실랑이를 벌이는 것을 예절로 삼는" 행동을 이해하지 못해서 오랫동안 신기해하곤 했다. 이 독특한 풍경도 반만년을 이어온 관습인 듯하다.

부여라고 하면 이상하게 군사력은 나약한 국가였다는 인식이 퍼져 있다. 그러나 부여는 건국 이래 주변 민족에게 파괴된 적이 없다고 하는 부유하고 강건한 국가였다. 『후한서』에서는 부여 지역이 동이의 땅 중에서 제일 좋은 곳으로 곡식이 잘되고 가축도 잘 기른다고 했다. 사람들도 체격이 크고 굳세고 용감했다. 명마가 산출되고 활, 화살, 칼, 창을 병기로 사용하며 무기와 갑옷도 집집마다 개인적으로 보관했다는 기록이 있는 것을 보면 유목국가처럼 병농일치의 사회이며 우수한 병사와 기병도 보유하고 있었음에 틀림없다.

심양박물관에는 부여의 청동검이 전시되어 있다. 극히 몇 점 안 되는 부여의 유산인데, 검들은 훌륭한 전투용 청동검이다. 우리나라에서 출토되는 청동검은 대부분 단검 수준으로 길이도 짧고 손잡이도 청동이 아닌 다른 재료로 만드는 경우가 많다. 이렇게 하면 타격 시 힘을 받는 검신과 손잡이의 연결 부위가 약해서 전투용으로 사용할 수가 없다. 하지만 부여의 청동검은 검신과 손잡이를 주물로 용접한 일체형 장검이다. 손잡이 끝장

부여의 청동검 심양박물관

식은 스키타이나 중앙아시아 유목민족의 장식과 유사하다. 겨우 여섯 자루의 검으로 부여 사회의 분위기를 논한다는 것이 언어도단이겠지만 가슴으로는 부여의 힘과 기상이 느껴졌다.

최근에는 부여가 북방에서 이주해 온 민족이라는 설이 지배적이다. 이들이 원래는 초원의 유목민일 가능성이 높다. 그래서 가축을 잘 길렀던 것이다. 하지만 이들이 평원에 자리잡고 부유하고 편안한 생활과 농경생활을 영위하면서 유목민족의 야성과 진취성이 사라졌다.

> 그 나라 사람들은 토착 생활을 하며, 궁실과 창고 및 감옥을 가지고 있다. 산과 구릉과 넓은 들이 많아서 동이東夷 지역에서는 가장 넓고 평탄한 곳이다. 토질은 오곡이 자라기에는 적당하지만, 오과五果(복숭아, 자두, 살구, 밤, 대추)는 생산되지 않는다. 그 나라 사람들은 체격이 크고 성질은 굳세고 용감하지만, 근엄 · 후덕하여 다른 나라를 쳐들어가거나 노략질하지 않는다.
> 그 나라의 노인들은 자기네들이 옛날에 [다른 곳에서] 망명한 사람들이라고 말한다. 성책은 모두 둥글게 만들어서 마치 감옥과 같다. 길에 다닐 때는 낮에나 밤에나, 늙은이나 젊은이나 할 것 없이 모두 노래를 부르기 때문에 하루 종일 노래 소리가 그치지 않는다.

노랫소리가 그치지 않는 부여의 도시들은 울타리나 성을 둥글게 쌓았다고 한다. 중국인은 이 모습이 꼭 감옥같다고 했는데, 옛날에는 감옥의 담장을 꼭 원형으로 둘렀기 때문이다. 그러나 이 원형의 성도 부여족의 유목기원설을 뒷받침해 주는 단서다. 원형의 진은 유목민족의 단골 형태이기 때문이다. 일반적으로 유목집단은 모닥불을 중심으로 둥글게 자리를 잡고 야영한다.

야영할 때만이 아니라 전투에서도 원진을 애용한다. 여기에는 야영과는 다른 이유가 있다. 유목민의 주력 병종이 기병인데, 기병이 진법을 사용하려면 말이 이해할 수 있는 수준이어야 한다. 말의 지능이 허용하는 진형의 한계가 원진이다. 하지만 인간의 수준으로 돌아와서 축성술이란 기준에서 보면 원형

충남 해미읍성의 복원 감옥과 조선시대의 감옥

의 성은 최하의 수준이다. 부여는 장춘 평원에 정착한 뒤에도 원형의 관습을 유지했다. 주변에 그들을 위협하는 적이 없었기 때문이다. 자신감이 넘치고 현재의 생활에 만족한 부여 사람들은 그들에게는 낯선 기술인 축성술을 발전시키지 않았다.

그러나 이런 목가적 서술만으로는 주몽의 성장 환경을 설명하기에 충분하지 않다. 세상의 모든 영웅이 탄생하는 시점이 그렇듯이 주몽시대의 부여는 평화로운 평원국가가 아닌 평화가 깨어지기 시작하던 시기였다. 해부루가 동부여 지역으로 이주하고, 북부여의 빈 땅에 족보를 알 수 없는 해모수가 등장하고, 다시 해모수의 부인이라는 유화가 동부여에 나타났다.

전설에서는 금와왕과 유화의 결혼을 외로운 왕과 신비로운 미녀의 만남으로 처리했지만, 이들의 만남은 복잡한 부족이동과 정치공학의 소산이다. 당시 부여의 왕은 권력이 강하지 않아서 여러 부족장들은 자신들의 영지와 부족을 거느리고 있었다. 금와가 권력을 강화하려면 새로운 동맹세력이 필요했다. 이

때 북부여에서 유화부인으로 대표되는 새로운 부족이 이주해 왔다. 어쩌면 이들은 농경과 평화에 길들여져 버린 금와의 부여족보다 더 야성적이고 덜 문명화된 부족이었을 가능성도 있다.

> 금와왕의 장자인 대소가 왕에게 말했다. "주몽은 사람의 소생이 아니고 그 위인이 또 용맹스러우니 만일 일찍이 그를 도모치 않으면 후환이 있을까 두렵습니다. 그를 없애소서." 왕은 듣지 않고 주몽에게 말을 기르게 했다. 주몽이 말의 성질을 살펴 준마에게는 먹을 것을 줄여 파리하게 하고 노둔한 말은 잘 먹여서 살찌게 했다. 왕은 살찐 것을 자기가 타고, 파리한 것을 주몽에게 주었다. (『삼국사기』 권13, 고구려본기1 동명성왕)

주몽이 말 기르는 일을 맡았다는 이야기는 나중에 유리왕의 회고에도 등장하는 것으로 보아[3] 분명한 사실이다. 그래도 일국의 왕자, 최소한 부족 지도자의 아들을 목동으로 삼았다는 것은 무슨 의미일까? 유화 부족의 이용가치가 떨어지거나 혹은 그들의 야성이 두려워지기 시작하자 개화된 부여족들이 주몽의 부족이 문명세계에 머무르는 것을 허용하지 않고 초원의 유목지대로 내보내 그들의 원래 모습대로 살게 했다는 말은 아닐까? 주몽이 술수를 써서 좋은 말을 자신이 차지했다는 이야기도 말을 보는 안목과 사육법에서 주몽의 부족이 더 뛰어났음을 알게 해준다.

자신들을 무시하고, 매일 노래나 부르고 사는 문명인들의 작태를 보면서 주몽은 주몽대로 자신들이 이 사회에서 주류가 되기는 힘들다고 판단했던 것 같다. 마침내 유화부인의 권유를 받아 주몽은 부여를 탈출한다. 『삼국사기』에서는 주몽이 오이·마리·협부라는 3인의 친구와 함께 부여를 탈출했다고 하지만 이것은 4인의 탈주극이 아니라 4인으로 대표되는 집단의 탈출극이었다. 나중에 주몽의 곁을 떠나 백제를 세우는 비류와 온조는 10명의 신하와 함께 남하했다. 이들이 세운 나라 이름이 십제였는데, 십제의 뜻이 열 명이 연합해서 세운 국가라는 의미일 리는 없다. 10명의 신하로 대표되는 10개의 집단이 세운 국가라고 보아야 십제의 뜻과 십제가 백제로 발전하는 의미를 이해할 수 있다.

명확한 증거도 있다. 이 탈주에 참여했던 부하의 후손인 모두루란 인물의 묘지명이다.

> 추모왕(주몽)이 창업의 기초를 다질 때 대형 염모의 선조는 왕을 따라 북부여로부터 고구려 도성에 와서 기업을 쌓았다. 노객奴客(모두루가 스스로를 낮춘 말)의 선조는 염모 선조의 가신으로 옛 주인을 따라와서 대대로 관은을 받았고 염모 가족의 배려를 받았다. (「모두루 묘지명」)[4]

이 묘지명에 따르면, 주몽이 탈출할 때 세 친구 외에 염모의 선조와 염모의 가신인 모두루의 선조도 있었다. 게다가 그들은 가족도 함께였다. 염모의 선조가 세 친구 중 한 명일 가능성도 있지만 만약 그랬다면 그 이름을 밝혔을 것이다. 또한 염모의 선조는 지도자급 인물이며, 그는 모두루를 포함한 자신의 부하들과 대를 이어 주종관계를 지속해 오고 있다. 즉 이들이 종족적 결속력을 지닌 집단이었다는 의미다.

모두루 묘지명
왼쪽은 집안시에 있는 모두루 무덤의 앞칸 안쪽 벽과 묘지명. 오른쪽은 묘지명의 부분.

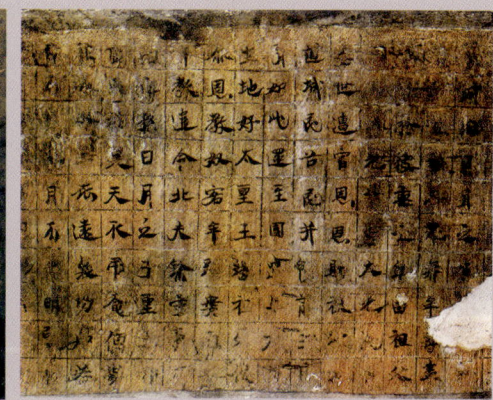

더욱 중요한 사실이 하나 있는데, 모두루의 선조가 북부여에서부터 주몽을 수행했다는 기사다. 『삼국사기』에 의하면 주몽이 세 친구와 탈출한 나라는 동부여였다. 덕분에 주몽이 북부여 출신이냐 동부여 출신이냐는 논쟁이 있는데, 이 문제는 이렇게 해석할 수 있을 것 같다. 주몽과 주몽 집단은 북부여에서부터 모두루의 선조를 포함한 일단의 집단을 거느리고 동부여로 왔다. 그리고 대소로 대표되는 동부여의 귀족과 불화하면서 다시 이들 부족의 일부를 거느리고 동부여를 탈출했다. 즉 유화부인과 주몽은 동부여에 올 때부터 염모와 모두루의 선조와 같이 주종관계를 맺은 집단을 거느리고 있었던 것이다. 이들은 고구려 건국세력의 핵심 중의 핵심이었다. 모두루는 광개토왕 시대의 사람인데, 자신들이 북부여 시절부터 주몽과 함께한 가문임을 자랑하기 위해 주몽의 동부여 탈출은 생략하고 북부여부터 고구려로 왔다고 서술한 것이다.

3 골짜기의 평화

　환인 분지에 도달한 주몽이 오녀산성을 발견하고 운명적인 확신과 영감을 받았다고 해도 현실은 만만치 않았다. 환인 분지는 반경 200km 안에서 도시를 세우기에는 최적지인 곳이다. 그러다 보니 같은 영감을 느끼는 집단이 한둘이 아니었다. 주몽이 도착했을 때 환인에는 졸본이라고 불리는 강력한 부족이 자리잡고 있었다. 다행히 졸본왕 연타발延陀勃은 주몽과 대결을 벌이는 대신 타협을 택해서 자신의 둘째 딸 소서노召西奴와 주몽을 결혼시켰다. 연타발은 딸만 셋이 있고 아들이 없었다. 그래서 이 결혼은 사위인 주몽을 자신의 잠재적인 후계자로 인정한다는 의미도 있었다. 그렇다면 왜 첫째 딸과 결혼시키지 않았을까? 당시 소서노는 주몽보다 나이가 일곱 살이나 많았다. 그러니 첫째는 나이가 더 들었을 것이고, 남편도 있었을 것이다. 셋째도 이미 유부녀였을 것

혼강

이다. 소서노도 두 아들을 둔 유부녀였지만 다행히 과부였다.

> 백제의 시조는 비류왕沸流王이다. 비류의 아버지 우태優台는 북부여 왕 해부루의 서손庶孫이다. 어머니는 소서노로서 졸본 사람 연타발의 딸이다. 소서노가 처음에 우태에게 시집가서 아들 둘을 낳았다. 맏아들이 비류, 둘째 아들이 온조다. 우태가 죽자 소서노는 과부가 되어 졸본에서 살았다. 나중에 주몽이 부여에서 용납되지 않자 전한前漢 건소建昭 2년 봄 2월에 남쪽으로 도망하여 졸본에 이르러 도읍을 세우고 고구려라고 불렀다. 주몽이 소서노에게 장가들어 왕비로 삼았는데, 소서노가 국가의 기틀을 열고 다지는 데에 자못 내조가 컸으므로 주몽이 소서노를 특히 두텁게 총애하였고 비류 등을 자기 아들처럼 대하였다. (『삼국사기』권23, 백제본기1 비류설화)

명백한 정략결혼이었지만 두 사람에게는 원원정책이었다. 소서노는 리더십이 있는 여인으로 주몽에게 큰 힘이 되었다. 왕자 비류는 나중에 회고하기를 "주몽이 부여의 난을 피해 이곳으로 도망왔을 때 우리 어머니가 집안의 재산을 기울여 가며 도와 나라를 세우게 했으니 그 노고가 많았다."고 했다. 소서노가 비류와 온조를 거느리고 있었던 것을 보면 부친 졸본왕의 세력만이 아니라 그가 결혼했던 우태 집단의 세력까지 일정 부분 확보하고 있었던 것이 분명하다. 그런데 여기서 주목해야 할 내용이 소서노의 남편 우태가 부여 왕인 해부루의 서손이라는 부분이다. 서손이라고 하면 보통 서자라고 이해하는데, 서손이란 맏아들이 아닌 둘째 이하의 형제의 후손을 뜻한다. 우태는 대소와 형제 내지는 사촌뻘이 된다(후기 기록에 의하면 우태는 고추가, 대가와 같은 권위 있는 부족장 명칭의 하나였다. 종족, 언어, 지위에 따라 부족장의 명칭도 달랐던 것 같은데, 고대 기록에서 인명과 존칭이 혼동되었을 가능성이 있다).[5]

결국 부여, 고구려, 백제 3국의 역사가 모두 해부루의 후손 3대와 얽혀서 진행되는데, 사실이라고 믿기에는 우연성이 너무 심하다. 그러나 사실이든 우연이든 후대의 조작이든, 변하지 않는 사실은 고구려와 백제 모두 부여의 유민이라는 사실이다. 그 이유는 무엇일까? 해부루의 후손이라는 우태와 그의 아들 비류와 온조로 대표되는 세력, 어쩌면 연타발과 소서노 집안도 먼저 이주한 부여계였을 가능성이 높다. 주몽이 오기 전 연타발이 환인에 세운 나라의 이름이 졸본부여였다. 나중에 비류와 온조가 고구려를 떠나 남하할 때 이들에게 가담한 세력 중에 해씨가 있고, 백제 건국 후에도 가장 유력한 귀족으로 존재했다. 또 비류와 온조가 10명의 신하를 데리고 떠났는데, 그들의 이름이 주몽의 동료와 비슷한 오간, 마려였다. 이것이 부여족에게서 흔한 이름이었을 수도 있고, 부족 내의 씨족집단을 대표하는 이름일 가능성도 있다.

이렇게 생각하면 연타발이 주몽을 쉽게 사위로 삼은 것도 이해가 간다. 원래 부여는 여러 부족들로 결성된 부족국가여서 국가적 단합이 강하지 않았다. 해부루에서 금와로 이어지는 시기에 부여에서도 부족연맹체제를 극복해야 한다는 자각과 통합운동이 발생했던 것 같다. 부족의 통합운동은 필연적으로 내전을 수반한다. 전설처럼 희미한 부여의 역사지만 그 안에는 내전의 흔적이 있다.

옛 부여의 풍속에는 가뭄이나 장마가 계속되어 오곡五穀이 영글지 않으면, 그 허

오녀산성 정상부에서 본 수몰지구

물을 왕에게 돌려 "왕을 마땅히 바꾸어야 한다"고 하거나 "죽여야 한다"고 하였다. 마여麻余가 죽고, 그의 아들인 여섯 살짜리 의려依慮를 세워 왕으로 삼았다.
(『삼국지 위서』 권30, 동이전30 부여)

"흉년이 들면 왕을 바꾸거나 죽인다." 옛날 교과서에서는 이 기사가 부여 왕의 왕권이 미약하고, 왕이 샤먼을 겸하는 제정일치적 사회의 모습을 반영하는 것이라고 설명했다. 그러나 부여의 제후와 족장들은 수천에서 수백 가를 거느리는 집단이었다. 이 정도 규모에 국왕까지 선정한 나라에서 단지 가뭄과 흉년이라는 미신적인 이유로 왕을 제거할 정도로 이성과 판단력이 박약할 수는 없다. 그리고 왕이 가뭄과 흉년까지 목숨으로 책임져야 한다면 살아남을 국왕도, 왕이 되고픈 사람도 없을 것이다. 자기 부족의 군대만 동원해도 수천 명에 이를 터인데 이런 이유로 순순히 죽어줄 왕은 더더욱이 없다.

이 기록은 부여가 멸망할 때쯤에 쓴 기사다. 그러므로 이 이야기의 진실은 나약한 왕권이 아니라 부여의 내전이다. 반란군이 들고 일어날 때 흉년과 자연재해를 국왕의 통치력 부족이나 민심이반과 연결시키는 사례는 근세에도 쉽게 볼 수 있다.

제2장 혼강의 건너편

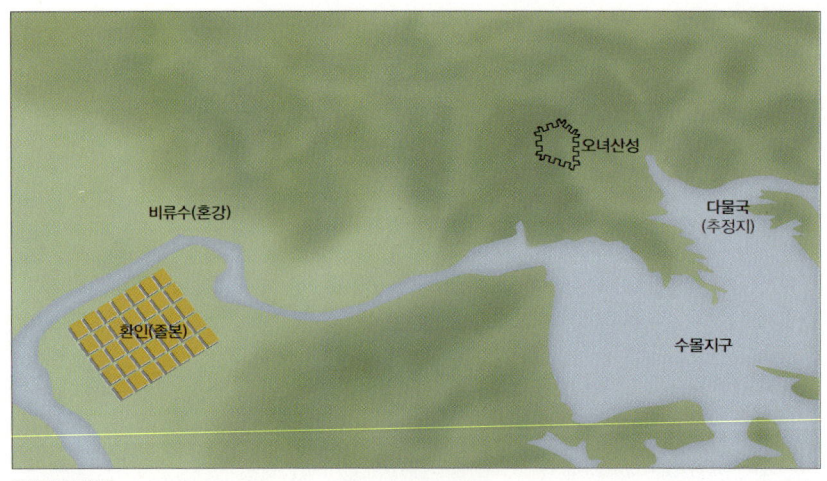
환인과 오녀산성

　이 사건이 발생한 때가 언제인지는 모른다. 하지만 해부루의 시대일 가능성도 열어 두어야 한다. 당시 해부루는 갑자기 북부여에서 동부여로 이주했고, 금와왕은 하백의 딸이라는 다른 경로로 북부여에서 내려온 이질적 집단의 리더인 유화와 결혼했다. 이 집단의 후손인 주몽은 금와의 왕자들과 갈등 끝에 동부여를 떠났다. 주몽이 도착한 곳에는 이미 연타발과 우태를 영수로 하는 부여족들이 살고 있었고, 비류는 주몽이 동부여를 떠난 이유를 "내란을 피해서"라고 했다.
　주몽은 소서노와 결혼해서 부여 유민을 다시 흡수하고, 환인의 토착세력과도 동맹을 맺었다. 소서노는 재력을 기울여 주몽 집단의 정착을 도와주었다. 주몽이 정착한 곳은 환인을 감고 흐르는 비류수(혼강) 강가였다고 한다. 환인에 정착했던 초기 주몽은 궁전도 없이 비류수 강가에 집을 짓고 살았다.
　주몽과 소서노의 연합으로 범 부여계는 상당히 강한 세력이 되었다. 이 힘을 바탕으로 연타발이 사망하자 주몽이 졸본의 왕이 된다. 기원전 37년이었다. 환인이라는 도시국가를 완전히 접수한 것이다. 이것은 고구려 건국이 순수하게 주몽 내지는 주몽 집단의 독자적인 공은 아니라는 말도 된다. 오늘날 많은 학자들은 주몽이 고구려의 시조가 된 이유에 대해 후대에 주몽의 부족인 계루부가 세습왕권을 장악하면서 건국 과정을 주몽으로 단일화한 때문이라고 이해하고 있다.⁶ 초기 고구려는 여러 부족의 연합체였으며, 주몽은 그 지도자 중 한 명이었을 것이다. 다른 집단이 최후의 승자가 되었다면 또 다른 영웅의 이야기가 유명해졌을지도 모른다.

그러나 주몽과 세 명의 친구가 고구려를 세운 것은 아니라고 해서 주몽의 역할을 평가절하할 필요까지는 없다. 여러 지도자 중에 그가 탁월했던 것은 사실일 테니 말이다. 부여족의 원류가 아니었던 주몽은 이참에 성도 고씨로 바꾸고 나라 이름을 고구려라고 했다. '구리'라는 명사 자체가 '나라'라는 의미가 있다고 하므로 단어대로 해석하면 고씨의 나라 또는 높은 나라라는 의미가 된다. 여담이지만 정통 부여족인 해부루의 후손을 자처한 백제 왕실은 나중에 선조를 우태에서 동명왕으로 바꾼 후에도 성은 고씨가 아닌 부여씨를 고수했다. 우태나 소서노의 일족이 부여의 이방인이었던 주몽보다 오히려 정통 부여족이었을 가능성도 있다.

『삼국사기』는 주몽이 환인을 평정하자 "사방에서 스스로 와서 투항하는 자가 늘었다."고 했다. 환인 분지 밖, 산곡에 위치한 작은 부락과 소집단들이 재빨리 귀속한 것이다. 하지만 환인 분지의 외곽이 모두 이런 산지는 아니다. 통화로 이어지는 물길과 그 연변은 비교적 평평하고 넓은 평야가 펼쳐진다. 이곳에는 환인을 위협할 강력한 세력이 존속했을 가능성이 있다. 말갈부락들 역시 주몽에게 순순히 귀속하지 않았다. 주몽은 먼저 말갈부락을 공격해서 승리함으로써 앞서 정착한 부여족 사회에서 명성과 세력을 높여 갔다. 그렇게 환인 주변을 소탕하고 안정시켜 가던 주몽은 비류수를 따라 올라가다가 송양松讓이 다스리는 비류국과 조우했다. 주몽이 비류수에 채소 잎이 떠내려오는 것을 보고는 상류에 사람이 살고 있다고 판단하고 사냥을 하면서 비류국을 찾았다고 한다.

왕(주몽)이 비류수에 채소 잎이 떠내려오는 것을 보고 상류에 사람이 살고 있음

오녀산성 전경 산 왼쪽 끝부분의 바위가 갈라진 부분에 성 안으로 들어가는 샛길이 있다.

을 알았다. 그래서 사냥을 하면서 비류국을 찾아가니 그 국왕 송양이 나와 보고 과인이 궁벽한 물가에 살다 보니 일찍이 군자를 얻어 보지 못하다가 오늘 의외에 서로 만나니 또한 다행한 일 아니냐, 그런데 그대는 어디서 왔는지 모르겠다고 하였다. 주몽이 "나는 천제의 아들로 모처에서 와서 도읍했다."고 대답했다. 송양이 말했다. "우리는 여기서 여러 대 동안 왕노릇을 했지만 땅이 작아 두 임금을 용납하기는 어렵다. 그대는 도읍을 정한 지 며칠 안 되니 우리의 속국이 되는 것이 어떠냐." 주몽이 분노하여 그와 시비를 하다가 활쏘기 시합을 했는데 송양이 상대가 되지 않았다. (『삼국사기』 권13, 고구려본기1 동명성왕)

비류국의 위치를 말해주는 결정적 증거는 아직 없다. 그러나 주몽이 있는 곳까지 채소 잎이 떠내려왔고 주몽을 만난 송양이 "이곳은 땅이 작아 두 왕이 있을 수 없다."고 말한 것, 고구려가 국내성(집안)으로 천도한 후에 환인 지역을 비류부라고 불렀던 것을 보면 환인에서 멀지 않은 지역이었던 것 같다. 이런 저런 사정을 보면 많은 사람들이 추정하는 대로 비류수의 상류, 환인에서 비류수를 따라 올라가 산 하나를 넘어 존재하는 작은 분지, 신비로운 오녀산성 주변이 송양의 비류국이었을 가능성이 높다.

주몽이 환인 일대를 평정하면서 마지막에 비류국으로 진출한 이유도 비류국의 존재를 몰라서가 아니라 이들이 오녀산이라는 험산을 거점으로 삼고 대치하고 있었기 때문은 아닐까? 주몽이 강물에 떠내려온 채소 잎을 보고 이들의 거주지를 추정하고, 사냥을 하면서 그들을 수색했다는 이야기도 이런 추정을 뒷받침한다. 15세기 조선이 건주여진 정벌을 추진하자 여진족이 추수한 곡식을 싸들고 겨울을 나던 피난지가 오녀산이었다. 조선은 여진족의 은신처를 찾기 위해 몇 차례나 체탐자라고 불리던 특수부대를 내보냈다. 그러니 1개 부족에 불과한 비류국 사람들이 오녀산에 농성하는 것은 어렵지 않았을 것이다.

주몽을 만난 송양은 주몽에게 자신의 속국이 되라고 한다. 격분한 주몽은 활쏘기 시합을 해서 송양을 꺾고 결국 송양은 항복하여 속국이 된다. 그러나 어느 왕이 한 번의 시합으로 나라를 포기할까? 송양이 항복한 때는 시합이 벌어진 한참 뒤인 다음 해 6월이었다. 이 대치 기간의 사정에 대해서 이규보의 「동명왕편」은 다음과 같이 전해주고 있다.

> 왕이 말하기를 "나라가 초창기라 높은 누각이 없구나. 비류국의 사자가 와도 우리가 왕의 예로 영송할 방법이 없으니 우리를 업신여길 구실이 되겠다."라고 하였다. 시종하던 신하인 부분노가 나서더니 "신이 대왕님을 위하여 비류국의 고각을 가져오겠습니다."라고 했다. …… 부분노 등 3인이 비류국에 가서 고각을 훔쳐가지고 왔다. 비류국왕이 사자를 보내어 항의하자 왕은 사자가 고각을 볼까 염려해서 색칠을 진하게 해서 오래된 것같이 해놓았더니 송양이 감히 다투지 못하고 돌아갔다.
> 송양이 도읍을 세운 시기를 따져 속국을 정하려고 했다. 왕이 궁실을 만드는데 썩은 나무로 기둥을 삼아 천 년이나 묵은 듯이 해두었다. 송양이 와 보고는 마침내 감히 도읍의 선후를 다투지 아니하게 되었다.
> 서쪽으로 사냥을 나가 흰 사슴을 잡았다. 사슴을 정원에 거꾸로 매달아 두고 협

박하기를 "하늘이 만약 비를 내려 비류국의 왕도를 물바다로 하지 않는다면 나는 너를 놓아주지 아니하겠다. 이런 고난을 면하고자 하거든 네가 하늘에 호소를 하여라."라고 하였다. 그 사슴이 슬피 우는 소리가 하늘에 통하자 소나기가 이레 내려 송양의 왕도는 물바다가 되었다. 왕은 갈대 줄로 강을 가로질러 놓고 오리를 타고 버티고, 백성들은 모두가 그 줄을 붙들고 있었다. 주몽이 채찍으로 물에 금을 그으니 물이 줄었다. 6월에 송양이 온 나라 백성을 이끌고 항복하였다.

이 세 가지 일화는 각각 약탈, 외교분쟁, 포위공격과 항복을 묘사하고 있다. 그것이 진정한 역사의 수순이었을 것이다. 주몽은 항복한 송양을 후대하여 다시 비류국의 통치권을 주었다.

> 송양이 나라를 들어와 항복하매 왕은 그 곳을 다물도多勿都라고 하고 송양을 봉하여 그곳을 다스리게 했다. 고구려 말에 구토의 회복을 다물이라고 하므로 이와 같이 이름한 것이다.(『삼국사기』 권13, 고구려본기1 동명성왕 2년 6월)

사실은 흡수할 형편도 못 되었다. 이때의 국가는 잘해야 연맹체로 항복이라는 것도 연맹에 가입하고 형님으로 모시는 수준이거나 평등한 동맹을 맺었던 것을 후대의 관점으로 포장했을 가능성이 높다. 송양의 나라는 곧 후대의 소노부라고 생각되는데, 소노부는 계루부와 함께 초기 고구려를 이끌어 간 중요 부족이었다.[7]

계루부가 고구려의 왕족으로 자리잡은 뒤에도 소노부는 자체의 종묘와 신사를 가지고 있었다. 또 고구려 왕이 처음에는 소노부에서 나오다가 나중에 계루부로 넘어왔다는 기록도 있는데[8] 이 기록에 의하면 송양이 바로 주몽에게 항복하고 속국이 되었다는 기사가 의심스러워진다. 처음에는 두 부족에서 교대로 왕을 냈거나 소노부가 우위에 있다가 후대에 고구려의 왕위를 계루부가 확보하자, 처음부터 주몽이 소노부를 지배한 것으로 정리되었을 가능성도 있다. 하여간 송양국의 복속 내지는 연맹으로 새로운 전기를 맞게 된 주몽은 기원전 34년 7월 비로소 성곽과 궁전을 지었다. 제대로 된 왕이 된 것이다. 주몽의 전설과 동명왕편은 그 순간을 이렇게 묘사한다.

> 7월에 검은 구름이 골령에 일어나서 사람들은 그 산성을 볼 수 없었다. 오직 수천의 사람 소리가 토목공사 하는 듯이 들렸다. 왕이 말하기를 "하늘이 우리를 위하여 성을 쌓는 것이다."라고 하였다. 7일 만에 운무가 스스로 흩어지니 성곽과 궁실, 누대 들이 자연히 이루어져 있었다. 왕이 황천에게 절을 하고 나아가서 살았다.

> 검은 구름 골령을 덮고 산들은 안 뵈는데 / 수천의 사람들이 나무 끊는 소리 모양 / 왕의 말은 하늘이 그 터에 성 쌓아 주오 / 문득 운무 흩어지니 궁궐이 우뚝 섰다.

전설을 조금 인간적으로 판독하면 구름에 가린 높은 산 위에 인간이 아니라 신이 만들어준 것 같은 성과 궁궐이 세워졌다는 이야기로 해석할 수 있다. 이 묘사에 딱 들어맞는 지역이 오녀산성이다. 오녀산 정상부의 인공으로 만든 듯한 바위절벽을 보면 "운무가 사라진 뒤에 보니 성곽과 궁실, 누대 들이 저절로 이루어져 있더라."는 전설이 생긴 이유를 납득할 수 있다.

오녀산성은 고도 820m, 산성 둘레는 2,440m다. 바위 절벽 위쪽에는 남북 1.5km, 동서 300m, 총 30만m²의 평지가 펼쳐져 있다. 동문, 서문, 남문 3개의 문이 있었다.

오녀산성을 발굴해 보니 그 안에서 공들여 만든 듯한 두 개의 궁전 터와 창고 터, 온돌을 깐 건물지들이 발견되었다. 궁전 터라고 해도 크지는 않아서 하나는 3~4칸 정도, 하나는 6~8칸 정도 되는 규모다. 오녀산 정상은 춥고 농경이 곤란한 곳이라 평소에 상주할 수 있는 곳은 아니다. 하지만 병력이 충분하지 않은 주몽이 환인 분지의 여러 부족을 위압하려면 강력한 요새지가 필요했을 것이다. 환인 지역 어디에서도 보이며, 아침저녁으로 노을을 받아 붉게 물드는 오녀산은 천제의 아들이라는 그의 이미지와도 맞았다. 어쩌면 초창기에는 주몽이 오녀산성에서 장기적으로 거주했을 수도 있다. 그들이 환인 분지의 중앙이 아닌 외곽에 살던 비류국을 우대했던 것도 이런 이유라고 볼 수 있다. 주몽이 오녀산성에서 거주하기 위해서는 오녀산 아래 계곡과 강변에 살고 있는 주민들의 협조가 절대적이었기 때문이다.

그러나 오녀산성은 상주하기에는 너무나 불편한 곳이다. 주몽이 초창기에 잠시 오녀산성에서 거주했다고 하더라도 그 기간은 길지 않았을 것이다. 가을만 되어도 이곳은 상당히 춥다. 오녀산성을 발굴해 보니 궁성터라고도 생각되는 오늘날로 치면 군 막사 정도 크기의 건물지와 온돌을 깐 건물 유적지가 몇 개 발굴되었다. 그러나 온돌시설은 대부분 중기 이후의 것이다. 고구려 초기의 원형이나 장방형 움집은 4기가 발굴되었는데, 화덕이나 부뚜막 시설만 있고, 온돌시설은 없다.[9] 이 시대 보통 사람들은 움막 형식의 집에 살았다. 둥근 형태나 사각 형태로 땅을 약간 파고 들어가 벽을 따라 기둥을 세우고, 짚으로 덮었다. 석기시대의 움집보다야 좋아졌지만, 집안은 방의 구분이 없고 중앙에 화덕을 놓거나 벽에 부뚜막 시설을 했다. 높은 사람이 되어야 좀 큰 집을 짓고 온돌도 깔았다. 모형을 만들어 살아 보았더니 생각보다는 난방도 잘되고 방수도 잘되었다고 하지만, 주몽을 위시해서 그 시절에 이곳에서 겨울을 나려면 비상한 각오가 필요했을 것이다.

그러나 상주 여부와 무관하게 오녀산성의 확보는 초기 고구려의 안정에 큰 도움이 되었다. 주변 민족을 정복해서 국토를 넓혀 가려면 불만세력들이 감히 넘볼 수 없는 강력한 근거지와 요새가 필요하다. 환인이 강과 산으로 둘러싸인 천혜의 요새이기는 하지만 분지가 너무 넓고 한 쪽은 트여 있어서 이 전체를 방어선으로 이용하기는 불가능하다. 그러므로 유사시에는 산성으로 대피해서 저항해야 했다. 오녀산성은 그야말로 적절한 곳이었다. 이처럼 수도 근처의 산에 요새를 마련하는 전술은 고구려가 평양성에 도읍할 때까지 표준전술이 되었다.

든든한 근거지 요새를 확보한 후 주몽은 본격적인 정복전쟁에 나섰다. 이후 16년 동안 주몽은 두 번의 중요한 전쟁을 성공시킨다. 기원전 32년(재위 6년) 10월, 3인의 부하 중 한 사람인 오이와 송양과의 전쟁에서 두각을 나타낸 부분노扶芬奴를 시켜 태백산 동남쪽에 있던 행인국荇人國을 점령했다. 기원전 28년 11월에는 부위염扶尉猒을 시켜 북옥저를 멸망시켰다. 행인국의 위치는 확실하지 않지만 태백산을 백두산이라고 보면 백두산 동남은 두만강 쪽이다. 북옥저도 두만강 유역이라고 비정하고 있다. 환인의 북쪽은 부여, 서쪽은 한나라의 세력권이었다. 주몽은 아직 주인이 없는 동남쪽을 타겟으로 잡았다.

주몽의 무용을 기대하는 사람들에게는 16년에 겨우 두 번의 정복전쟁이라고 하면 실망할지도 모르겠다. 하지만 이것은 결코 작은 업적이 아니다. 기원전 5세기 그리스의 역사가이자 장군이었던 투키디데스는 고대에서 정복전쟁의 어려움을 다음과 같이 설명한다.

> 그 군대(트로이 원정군)는 헬라스 전역이 공동으로 파견한 것치고는 그리 큰 숫자가 아니었던 것으로 보인다. 그 이유는 인구가 적었다기보다는 오히려 물자가 부족했기 때문으로 식량이 한정되어 있어서 현지에서 싸우면서 먹고 지낼 수 있으리라 예측되는 숫자까지 줄인 군대를 끌고 갔기 때문이다. …… 그들은 식량이 부족해서 케르소네소스 반도의 개간과 약탈에 병력을 전용했다. 그들이 분산되었기 때문에 트로이 인은 10년간이나 그들의 공략에 저항할 수 있었던 것이다. …… 만약 충분한 식량을 가지고 와 경작이나 약탈을 하지 않고 하나로 뭉쳐 쉬지 않고 전투를 벌였다면 쉽게 승리했을 것이다. (투키디데스 저, 박광순 역, 『펠로폰네소스 전쟁사(상권)』, 범우사, 1993, 27쪽)

투키디데스는 주몽보다 400년 전 사람이다. 그리고 이 서술은 그보다 더 오래 전에 있었던 트로이 전쟁에 대한 추론이어서 시간적으로 너무 동떨어져 있

● 오녀산성의 이모저모

오녀산성은 환인현 동북쪽 8.5km 지점에 있다. 그러나 산을 하나 넘어야 해서 거리에 비해 접근에는 시간이 오래 걸린다.

특이한 요새인데다가 교통의 요지에 위치하고 있어서 고대로부터 근대까지 언제나 주목을 받아온 요새였다. 정상부를 발굴해 보니 신석기시대로부터 청동기시대에 이르는 유적, 고구려·여진족·금나라 시기의 유적도 확인되었다.

❶ 오녀산성의 남쪽 천창문 아래쪽에서 본 모습이다. 바위절벽 사이에 난 틈으로, 약간의 방어시설만으로도 이곳을 차단할 수 있다. 바로 옆에 좀더 넓은 입구가 있는데 이곳에는 정식으로 성벽을 쌓았다. 그러나 대부분이 자연성벽이고, 인공성벽은 565m에 불과하다.
❷ 성문의 문설주를 박은 흔적 사진 아래쪽 네모난 바위에 새겨진 둥근 구멍은 성문을 지탱하는 문설주를 박았던 곳이다.
❸ 오녀산성의 정전 터 면적은 작지만 열주를 세운 공들인 건물터가 발견되었다. 초가 6칸 규모의 건물로 이곳이 초기의 정전이고 오녀산성을 떠난 후에는 제사를 지내는 곳으로 사용되었을 것이라고 추정하고 있다. 이 일대는 산성 안에서 건물을 세우기에 제일 적합한 곳이다. 오른쪽의 억새밭에는 한때 도교 사원이 자리잡고 있었다.

❹ **오녀산성의 남쪽 성문터** 이 협곡은 폭이 5~10m 정도로 오녀산성으로 들어오는 가장 넓은 진입로다. 그래서 이곳에 성벽을 쌓고 성문을 설치했다. 성벽은 전형적인 고구려 양식이다. 성벽과 성문은 크지 않지만 사진 위쪽에 보이는 바위산이 앞으로 돌출해서 협곡을 감제하고 성문을 엄호하는 자연적인 옹성 역할을 한다. (동북아역사재단, 『고구려 유적의 어제와 오늘-도성과 성곽-』, 2009, 28쪽에서)

❺ **샘** 정상부의 샘은 1년 내내 솟아난다. 이 물을 저장하기 위해 만든 연못을 현지에서 천지라고 부르고 있다. 동쪽 산기슭, 성벽 바로 위에도 오녀천이라는 샘이 있다.

❻ **온돌을 깐 건물지** 온돌은 대부분 반지하식이고 구들을 두 겹, 세 겹으로 깐 경우도 있다.

❼ **연자방아의 일부**

다. 한나라는 트로이 전쟁과는 비길 수 없는 엄청난 대군을 동원해서 집중적인 전쟁을 펼칠 수 있는 물자와 병참 능력을 보유하고 있었다. 그러나 초기 고구려의 형편은 고대 그리스의 도시국가와 크게 다르지 않았다. 그의 영토도 환인 분지를 차지한 정도고, 환인의 외각이 산과 좁은 골짜기로 채워져 있다는 사정을 고려한다면, 이 가난한 산지를 넘어 원정군을 파견하기란 결코 쉬운 일이 아니었다.

이 두 번의 원정을 위해서 주몽은 쉴 새 없이 일하고 준비해야 했을 것이다. 식량을 비축하고, 군대를 훈련시키고, 행인국과 북옥저 사이에 있는 촌락들을 설득하거나 굴복시켜야 했다. 두만강 유역에 도달하기까지 수많은 전투와 약탈을 반복해야 했을 것이다.

우리는 오히려 짧은 기간 동안 주몽이 작은 성공에 안주하지 않고 정열적으로 움직였다는 사실을 칭찬해야 한다. 연타발의 졸본과 송양의 비류국은 주몽이 오기 전에 몇 대에 걸쳐 나라를 이루고 있었지만 환인 분지를 벗어나지 못하고 있었다. 연타발과 송양을 평화주의자라고 볼 수도 있다. 하지만 주변 상황은 전혀 그렇지 않았다. 이미 만주에는 한나라의 동진이 시작되고 있었다. 당시까지 강건하고 다른 나라를 침략하지 않고 침략도 허용하지 않았다고 자부하던 부여도 위기를 느끼고 확장과 변화를 모색하고 있었다. 앞으로 20년이 지나기 전에 한나라의 군대와 부여의 군대가 이 산악지대까지 밀어닥칠 것이었다. 골짜기의 평화는 이미 깨어지고 없었다. 단지 그들이 느끼지 못하고 있었을 뿐이다. 기원전 37년 갑작스레 이 골짜기로 뛰어든 젊은 기사는 평화로운 세상을 파괴한 것이 아니라 그들의 잠을 깨운 것뿐이다. 그리고 사자와도 같은 그의 맹렬한 활약은 서쪽에서 다가오는 거대한 파도에 맞서는 또 하나의 파도를 낳았다.

안타깝게도 주몽은 기원전 19년(재위 19년) 만 40세의 한창 나이로 사망했다. 워낙 평균 수명이 낮던 시대라 당시로서는 평균을 채운 셈이었다. 주몽은 용산이라는 곳에 장사했다고 하는데, 묘는 발견되지 않았다. 오녀산 동쪽 아래 지금은 수몰된 호수 아래에 고력자촌이라는 곳이 있었다. 이곳에는 수천 개의 고구려 초기 고분이 있었다. 지금도 갈수기면 적석총이 일부 드러난다. 그 고분 중에 상당히 큰 고분이 있었다. 원래 그것이 주몽의 능이 아닐까 라고 추정하는 견해도 있지만, 지금은 수몰로 확인할 방법이 없다.

4 졸본에서 국내성으로

주몽의 아들 유리왕은 낭만적인 전설의 주인공이다. 주몽이 부여를 떠날 때 부인 예씨는 임신중이었다. 모친 밑에서 자란 유리는 어릴 때 새를 쏘다가 실수로 어느 여인의 물동이를 깨트렸다. 여인이 화가 나서 "이 아이는 아비가 없어 이처럼 버릇이 없다."고 소리쳤다. 이 말에 충격을 받은 유리는 모친에게 가서 아버지에 대해 물었고, 어머니로부터 주몽이 그의 아버지라는 이야기와 일곱 모난 돌 위 소나무 밑에 감춘 아버지의 유물을 찾아서 만나러 오라는 아버지가 남긴 수수께끼도 듣게 된다. 소나무를 찾아 산을 뒤지던 중 유리는 자기 집 주춧돌이 일곱 모로 되어 있고, 기둥이 소나무라는 사실을 발견한다. 그 아래를 파니 부러진 검 조각이 나왔다. 유리는 모친과 함께 옥지屋智, 구추句鄒, 도조都祖라는 세 명의 부하를 데리고 졸본으로 가서 주몽을 만나고 주몽은 유리를 태자로 임명한다.

다른 하나는 그 유명한 황조가의 전설이다. 우리 국문학사에서 최초의 한시로 꼽히는 황조가는 한나라 여인 치희稚嬉에 대한 유리왕의 애틋한 사랑 노래다. 유리왕은 화희와 치희라는 두 왕비를 두었는데, 둘은 사이가 너무나 안 좋았다. 어느 날 유리왕이 사냥을 간 사이 화희가 치희를 모욕하자, 치희는 도망쳐 버린다. 유리왕은 서둘러 치희를 쫓아가 돌아가자고 사정했으나 치희는 거절했다. 홀로 돌아오던 유리왕은 숲에서 노란 꾀꼬리 한 쌍을 보고 치희를 그리워하면서 시를 읊는다. 이것이 황조가다.

> 펄펄 나는 저 꾀꼬리 / 암수 서로 정답구나 / 외로워라 이 내 몸은 / 뉘와 함께 돌아갈꼬 (『삼국사기』 권13, 고구려본기1 유리왕)

이 전설들은 유리왕의 이미지를 애틋하고 조금은 소심한 분위기로 만들어주고 있다. 그러나 유리왕의 실제 삶은 부친과는 또 다르게 치열하고 복잡했다. 검 조각을 들고 왔다는 전설의 진위와 이유는 알 수 없지만, 유리가 뒤늦게 고구려에 나타난 것은 틀림없는 사실인 것 같다. 그해가 기원전 19년 4월이었다. 그리고 5개월 후인 9월에 주몽이 사망했다.

유리의 갑작스런 등장은 작은 쿠데타였다. 유리도 모친과 함께 애처롭게 아버지를 찾아온 것은 아니다. 후대와 같은 국가조직이나 왕위세습제가 확립되지 않고, 왕은 부족연맹의 대장이라는 성격이 강하던 당시에 유리가 홀로 찾아왔다면 부친의 위명만으로는 절대로 후계자가 될 수 없었을 것이다.

부친과 똑같이 3명의 부하들과 함께 왔다는 이야기도 어딘지 걸린다. 주몽설화의 모방일까? 아니면 주몽의 부족이 원래부터 세 개의 소집단 내지 씨족으로 구성되었던 것일까? 만약 후자의 추측이 맞다면 주몽의 세 친구 오이·마리·협부도 고스란히 부여에서 보충병을 얻은 셈이 된다. 결과적으로 유리와 주몽의 만남은 계루부의 2차 이주였다.

유리의 갑작스런 합류로 주몽의 부족인 계루부의 위상은 굳건히 유지된다. 충격을 받은 쪽은 환인의 중심부를 차지했다고 확신하던 졸본의 원주민과 또 다른 부여계 부족을 거느리고 있던 소서노 세력이었다. 소서노의 두 아들 비류와 온조를 친아들처럼 대우하던, 즉 그들을 후계자로 인정하는 것 같던 주몽이 마지막 순간에 뒤통수를 친 것이다.

분노한 소서노와 늠름한 용사로 성장해 있던 비류와 온조는 그들의 일족을 거느리고 남하했다. 무려 10개 부족 혹은 씨족이 그들을 따라갔다. 이미 상당한 정복지를 거느리고 있던 고구려로서는 위기였다. 유리는 서둘러 환인 지방에 남은 또 다른 원주민 집단인 송양의 딸과 결혼한다. 주몽과 소서노의 결혼에 비견되는 정략결혼이었다. 결혼 후 유리는 골천鴨川이라는 곳에 별궁을 지었다. 전후 사정으로 봐서 골천은 다물국 경내가 틀림없다. 증거도 있다. 동명왕편에서 하늘이 지어준 성과 궁전이 골령 위에 있었다고 했다. 그 성이 오녀산성이라고 보면 골천은 오녀산성 아래 옛날 다물국의 영토였던 비류수의 지류나 그 일대를 가리키는 말이 분명하다. 소서노 세력이 이탈하자 유리는 다시 오녀산의 요새지로 움츠러들었다. 다물국의 지원이 절실했던 것이다.

    그런데 동맹의 핵인 송양의 딸이 결혼 1년 만인 유리왕 3년에 사망한다. 유리는 다시 골천 사람의 딸인 화희와 결혼했다. 그렇다고 송양과의 결혼동맹이 끊어진 것은 아니다. 유리왕의 대를 잇는 대무신왕 무휼의 모친이 송양의 딸이라고 했다. 무휼이 유리왕 33년에 11세로 태자가 되었다고 하므로 태어난 해가 유리왕 22년이다. 그런데 송양의 딸은 유리왕 3년에 사망했다. 그러므로 무휼이 송양의 외손자라면 유리왕은 나중에 송양의 다른 딸과 또 결혼했다는 이야기가 된다(다만 송양의 딸이 사망한 시기나 혹은 무휼의 출생 시기에 착오가 있을 가능성, 마지막으로 다른 계열인 대무신왕을 억지로 유리왕의 계보

오녀산성에서 내려다본 비류수 골짜기

에 끌어맞추었을 가능성도 있다). 그러면서 화희와도 결혼한 것은 유리왕의 정치감각을 보여주는 사례다. 소서노의 이탈로 세력이 약화된 고구려로서는 송양의 충성심도 의심할 수밖에 없다. 유리왕은 오녀산 인근인 골천의 영주와 결혼동맹을 맺음으로써 오녀산성의 안전을 강화하고, 다물국의 지배세력을 분열시켜 송양을 견제하는 효과도 거둘 수 있었다.

유리왕은 황조가의 주인공인 치희라는 여인도 아내로 맞았다. 이 여인은 한나라 사람이었다. 연속되는 정략결혼에 지친 유리왕이 오직 개인적인 기준에 맞추어 외국 여인을 부인으로 삼은 것일 수도 있고, 슬슬 위협을 가하기 시작하는 한나라 세력을 의식해서 정략결혼의 범주를 국제적으로 확대한 것일 수도 있다. 개인적으로는 후자일 가능성이 높다고 생각된다.

나무 아래 앉아 치희를 그리워하는 유리왕의 애처러운 모습은 사랑의 연가가 아닌 유리왕의 고독한 정치적 입지의 표현이다. 그러나 유리왕의 진짜 고통은 아직 시작되지도 않았다.

유리왕은 부친과 같은 용사는 아니었지만 대신 탁월한 정치감각의 소유자였다. 양다리와 줄타기로 버텨나가던 유리왕은 재위 10년 만에 선비족에 대한 대규모 공격을 감행할 수 있는 수준으로 고구려를 안정시켰다. 아직 고구려의 능력이 충분하지 않은 상황에서 선비족을 공격한 것을 보면 용기와 결단력도 있었다.

선비족은 강력한 적이었다. 고민하는 유리왕에게 주몽의 시종이자 해결사였던 노장 부분노가 계략을 내놓았다. 그는 선비족에게 가짜 망명자를 보내 고구려는 땅이 작고 군사가 약해 전쟁을 꺼린다는 정보를 흘렸다. 허위 정보의 성공 여부는 거짓말의 완성도가 아니라 상대가 거짓말을 믿게 하는 기술에 달려 있다. 부분노의 계략은 성공했는데, 그 비결은 이 말의 대부분이 얼마 전까지도 사실이었기 때문이다.

그렇게 이미지 메이킹을 한 뒤 유리왕은 약한 병사를 이끌고 선비족의 성

오환(선비족) 출렵도 내몽골 출토

남쪽으로 진격했다. 부분노의 계략으로 고구려를 얕보게 된 데다가 정말로 눈앞에 나타난 군대도 시원치 않자 선비족은 성문을 열고 출격했다. 이 틈에 부분노가 정예병을 이끌고 선비족의 성을 점령했다. 놀란 선비족이 되돌아왔지만, 고구려군은 성의 방어력과 험한 지세를 이용해서(선비족의 성은 상당히 강력한 요새였던 것 같다) 선비족에게 큰 타격을 입힌다. 유리왕의 군대도 되돌아와 협공을 가하자 선비족은 항복하고 고구려의 속국이 되었다.

고구려는 대승을 거두었지만 더 큰 위협이 닥쳐왔다. 근엄하고 다른 나라를 공격하지 않는다고 알려진 부여가 팽창주의로 전환했기 때문이다. 그 주동자는 주몽의 라이벌 대소였다.

기원전 6년(유리왕 14년) 11월 대소는 5만의 병력을 동원해 고구려를 침공했다. 이 시기에 5만이라고 하면 믿기 힘들 정도로 엄청난 병력이다. 기록이 과장되었다고 해도 거국적인 병력 동원이었던 것은 분명하다. 다행히 큰 눈과 추위가 몰아닥쳐 동사자가 속출했다. 부여의 대군은 공격도 해 보지 못하고 철수해야 했다. 이 타격은 심각해서 부여는 근 20년간 고구려를 침공하지 못한다.

운좋게 부여를 물리치고 시간까지 벌었지만 유리왕의 고민은 깊어만 갔다. 부여만이 아니라 한나라의 동향도 심상치 않았다. 이때 설지薛支라는 신하가

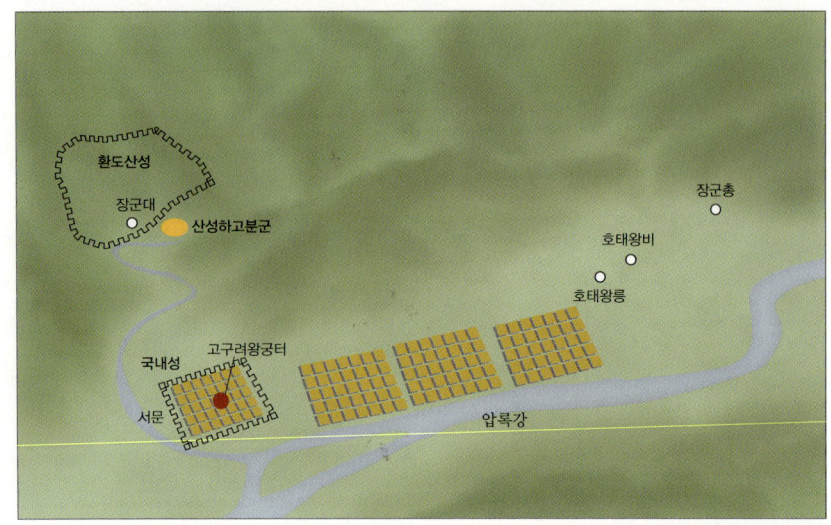

집안 왼쪽 남북(세로)으로 내려오는 하천이 통구하, 동서(가로)로 흐르는 강이 압록강이다. 국내성은 이 두 하천을 따라 성벽을 쌓았다. 북쪽은 산지, 서쪽과 남쪽은 하천으로 방어된다.

천도를 제안했다.

> 유리왕 21년 3월에 교시郊豕(제사용으로 기르는 희생돼지)가 달아나니 왕이 희생을 맡은 설지로 하여금 뒤를 쫓게 했다. 설지가 국내위나암에 이르러 잡았다. 교시를 국내성 사람의 집에 가두어 기르게 하고 돌아와 왕에게 말했다. "신이 돼지를 쫓아 국내위나암에 가서 보니 그곳은 산수가 깊고 험하고, 땅이 오곡에 알맞고, 사슴과 해산물도 풍부했습니다. 왕이 만일 그곳으로 수도를 옮기시면 백성의 이익이 무궁할 뿐만 아니라 병란을 면할 수도 있습니다." (『삼국사기』 권13, 고구려본기1)

국내성은 현재의 집안시다. 환인에서 집안까지는 현재도 도로상으로 200km가 넘는다. 돼지가 이 먼 거리를 달릴 수나 있을지 모르겠다. 현지에서 들은 이야기인데, 이 돼지가 특수한 품종으로 토끼 비슷하게 생긴 돼지라고도 한다. 그러나 돼지가 200km를 달아났다는 이야기는 못 믿어도 그 뒤의 이야기는 믿지 않을 수가 없다. 상황 묘사가 너무나 정확하기 때문이다.

일단 집안 지역은 온통 바위산인 환인 지역에 비해 토양층이 두텁다. 토질도 좋아서 요즘도 이 지역에서 생산되는 작물과 과일은 평판이 좋다. 북쪽은 산지,

환인 지역(좌)과 집안 지역(우)의 절개지 집안 지역의 토양층이 암반이 적고 훨씬 두텁다.

남쪽은 압록강으로 둘러싸여 있어 수산물도 풍부하고 수로도 환인보다 우수하다.

   결정적인 장점은 병란을 면할 수 있다는 설지의 말대로 방어상의 장점이다. 집안은 산과 강 사이에 좁고 길쭉하게 끼어 있어 환인보다 답답하다는 느낌을 주기는 하지만 방어상에서는 훨씬 유리하다. 환인에서 멀리 남쪽에 위치해서 부여나 한나라 군이 국내성을 공격하려면 환인에서 200km 이상을 더 행군해 들어와야 한다. 그것도 평지가 거의 없는 산길이다. 추수 후부터 봄까지 길어야 5개월 안에 전쟁을 마쳐야 하는 군대에게 왕복 500km의 추가는 큰 부담이다. 하루 이동거리를 20km로 잡아도 근 한 달이 더 필요하다. 식량과 수송비용 등 전쟁비용도 크게 증가한다.

   또 하나의 장점은 이선 방어가 가능하다는 것이다. 초기 고구려의 영역은 거의 산과 좁은 협곡으로 이루어진 땅이었다. 이 중 수도로 삼을 만한 넓은 평야와 산과 강을 보유한 도시는 딱 세 곳 졸본(환인)과 통화, 국내성(집안)뿐이다. 졸본은 왕국의 제일 앞쪽에 있어서 적과 바로 부딪힌다. 반면 국내성은 맨 뒤에 있다. 국내성 천도로 졸본을 일선 방어기지로 하고 방어선 최후방에 수도를 두는 구조가 된다.

   전술적으로 현명하고 탁월한 선택이었지만 정치적으로는 쉽지 않았다. 국내성으로 이주하면 그 주변의 부족을 새롭게 포섭하고 대우해 주어야 한다. 기존의 세력들은 다시 멀리 이주해야 하고, 남아 있는 사람들은 국왕과 거리가 멀어진다. 건국 후 지금까지 고구려에 눌려 지내던 옛 비류국(또는 소노부) 세력들은 이 기회에 딴 마음을 먹을 수도 있다.

유리왕의 머릿속이 다시 복잡해졌다. 비류국에는 태자 해명을 남겨 다스리게 하고, 자신은 국내성을 순행하면서 교통정리를 했다. 유리왕은 국내성 부근에서 위씨 집단을 만나 포섭하고, 환인과 국내성의 중간지대로 추정되는 기산 지역의 세력가인 우씨를 끌어들여 사위로 삼았다.

얻는 것이 있으면 잃는 것도 있다. 주몽의 세 친구 중 한 명인 (당시까지도 세 친구는 모두 생존해 있었다) 협부가 남한으로 망명했다. 사건의 발단은 국내성으로 천도한 뒤 사냥에 몰두하는 유리왕에게 협부가 심하게 간쟁했다가 불만을 사서 장원 관리직으로 강등 당했기 때문이라고 하는데, 그런 개인적인 문제만이 아닐 것이다.

정치의 천재 유리왕은 이 역경을 잘도 넘어갔다. 그러나 더욱 어려운 시험이 준비되고 있었다. 그 어떤 시험과 역경보다 어려운 시험, 곧 자신의 내면에서 오는 시험이다. 타고난 천성인지 어린 시절부터 이어진 고난의 환경 때문인지, 유리왕은 이기적이고 냉혹한 사람으로 변해 갔다. 선비와의 전쟁을 치른 후 유리왕은 최고 수훈자인 부분노에게 식읍을 주려고 했다. 식읍을 거느린다는 것은 곧 직할의 영지를 획득한다는 의미로 부분노 세력이 크게 강해지는 것

환인에서 집안으로 오는 고갯길. 200km가 넘는 길이 거의 이런 골짜기와 고개의 연속이다.

국내성 고구려 왕궁터 지금은 공원으로 되어 있다.

을 말한다. 그러나 부분노는 이 제안을 사양했다. 상식적으로 이해가 가지 않는 거절이다. 부분노는 의심 많고 이기적인 유리왕의 성격을 파악했던 것이 아닐까?

　노련한 부분노는 유혹을 자제하며 위기를 피해 갔지만, 태자 해명은 그러지 못했다. 해명은 국내성으로 이주하지 않고 졸본에 남았다. 이유는 확실하지 않은데, 처음에는 유리왕의 지시가 있었던 것 같다. 환인은 첫 번째 수도였고 고구려의 중심지였다. 왕이 없어도 대리인인 누군가가 있어야 했다. 나중 일이지만 서기 18년(유리왕 37년)에 유리왕의 아들 여진如津이 비류부(졸본)에서 익사하는 사건이 발생한다. 당시 태자는 15세의 셋째 아들 무휼이었다. 여진이 무휼보다 어렸을 것이므로 잘해야 10대 초반이었다. 이런 어린 왕자가 왜 비류부에 있었을까? 그냥 놀러 왔던 것일 수도 있지만 정치적 이유일 가능성도 높다. 사실 이 익사 사건도 좀 수상하다. 여진이 4월에 익사하고 10월에 유리왕이 사망하고 무휼이 즉위했다. 졸본과 국내성 사이에는 확실히 뭔가가 있었다. 졸본은 여전히 왕실세력의 근거지였고, 전략요충이었다. 이곳에는 유리왕의 처가인 다물국이 있었고, 주몽과 함께 이주해 온 1세대 고구려인들도 일부는 여전히 비류부에 살았다. 예를 들어 서기 31년(대무신왕 14년) 무렵에도 비류부의 수장은 주몽의 옛 신하들이 차지하고 있었다. 이들이 자신들의 지위를 믿고 불법을 자행하자 왕이 평민으로 만들었다. 평민으로 강등된 후에도 이들은 여전히 비류부에서 살았다. 이 사건은 주몽을 따라온 이들 1세대 이주민들이 여전히 비류부에 남아 있었음을 말해준다.

해명도 이런 이유로 환인에 잔류했을 것이다. 그러나 협부가 망명할 정도로 계부루 세력 내에서도 내분이 발생하자 유리왕은 문득 해명도 불안해지기 시작했다. 졸본은 고구려 전력의 절반이고 고구려 건국의 공로자들이 다 그곳에 있다. 그들은 협부처럼 국내성 이주를 달가워하지 않을 사람들이다. 게다가 해명은 남자답고 무용을 좋아하는 용사로 고구려 사람들이 좋아할 만한 인물이다. 주몽의 옛 신하들은 유리왕에게 불만이 있다고 해도 유리왕을 버리고 다른 세력의 리더를 추종하지는 않을 것이다. 그러나 해명이라면 다르다. 이들이 해명과 결탁한다면? 결국 유리왕은 해명을 살해하고 만다.

> 왕태자 해명이 옛 수도에 있었다. 그는 힘이 세고 무용을 좋아했다. 황룡국의 왕이 이 소문을 듣고 강궁을 선물했다. 해명이 그 사자 앞에서 활을 당겨 부러뜨리고는 "내 힘이 센 것이 아니라 활이 약하기 때문이다."라고 말했다. 황룡왕이 듣고 부끄럽게 여겼다. 유리왕이 이 소식을 듣고 노하여 황룡왕에게 알리기를 "해명이 자식으로서 불효하니 청컨대 나를 위하여 목을 베라."고 했다. (『삼국사기』 권13, 고구려본기1 유리왕 27년 1월)

이 이야기를 보면 해명은 죽을 죄를 지은 적도 없고 불효를 한 적도 없다. 황룡국을 모욕했다는 것이 유일한 죄인데, 문제는 황룡국이 결코 고구려를 위협할 만큼 강한 나라가 아니라는 사실이다. 그런데 유리왕은 황룡국왕에게 "나를 위하여 자식의 목을 베라."고 부탁 내지는 명령을 한다. 사건의 진상은 유리왕이 황룡국왕에게 해명 살해를 지시한 것일 가능성이 높다. 그러나 황룡국왕은 해명 살해를 시행하지 않았다. 해명의 인품에 감동했기 때문이라고 하는데, 해명을 죽이면 유리왕은 해명 살해를 구실로 황룡국을 공격할 것이 뻔했다. 도랑치고 가재잡는 수법이다. 황룡국왕이 살해를 거부하자 할수없이 유리왕은 직접 해명을 죽인다.

> (유리왕 28년 3월) 내가 천도한 것은 백성을 편안히 하여 나라를 굳게 하려 함이다. 그러나 너는 나를 따라오지 않고 힘센 것을 믿고 이웃 나라와 원한을 맺었으니 자식된 도리로 이럴 수가 있느냐 …… 해명은 여진(礪津) 동쪽 벌판에 가서 창을 땅에 꽂고 말을 달려 창에 찔려 죽었다. 그때 나이 21세였다.

해명은 유리왕의 소환령에도 응하지 않고 졸본에 머물렀다. 이것이 유리왕이 해명을 살해한 진짜 이유다. 황룡국왕도 유리왕이 졸본의 전통세력을 견제하기 위해 포섭한 세력일지도 모른다. 그러나 해명은 황룡국의 선물을 거부하고 모욕했다. 이것은 자신은 졸본의 구귀족들 편에 서겠다는 메시지가 아닐까? 이는 소설 수준의 추정이다. 우리가 『삼국사기』의 짧은 기록으로 진상을 알기는 어렵다. 그러나 이 시기 고구려의 정치판은 친자식을 살해할 정도로 복잡하고 급박했다.

해명이 유리왕의 아들이 아니라 다른 부족장급 인사였다고 보기도 한다. 초기에 고구려의 왕은 여러 부족이 돌아가면서 하는 체제였을 것이다. 후대에 고구려 왕가가 계루부 계통으로 정해지면서 이들은 초기 왕을 모두 계루부 혈통으로 조작했다는 것이다. 만약 그렇다면 해명과 유리왕의 갈등은 좀더 쉽게 설명할 수 있다. 즉 환인에 남고자 하는 세력과 집안으로 이주하자는 세력 간의 갈등이다. 남고자 하는 세력은 환인에 미련이 더 많은 즉 주몽 집단이 오기 전부터 이곳에 정착했던 부여계 이주민일 것이다. 그러나 이 갈등에서 유리왕이 이겼다. 후세의 역사를 보면 유리왕의 판단이 옳았다.

5 대소, 3대에 걸친 악연

세상을 살아 보면 나쁜 일이든 좋은 일이든 큰 일은 꼭 몰아서 발생한다. 고구려의 숙적 대소의 침공이 그랬다. 해명이 자살한 지 5개월 후 20년간 잠잠하던 부여왕 대소가 사신을 보내 다시 자신에게 복속하라고 유리왕을 위협했다. 대소는 너무나 오래 살고 있는데, 실제로 장수했을 수도 있지만 대소가 사람 이름이 아닌 왕이나 부족장을 의미하는 호칭일 가능성도 있다. 지친 유리왕은 "우리나라의 역사는 짧고 백성과 병사는 적고 약하다."며 넋두리를 한다. 당시 고구려는 북쪽은 부여, 서쪽은 한나라와 접경하고 있었다. 지도상으로 보면 작지 않은 영역이라 유리왕의 엄살을 이해하기 힘들다. 하지만 고구려의 영토는 온통 산골짜기고, 국왕의 지배력은 위태롭고 권력은 분할되어 있었다. 친아들을 죽여야 할 정도로 내부세력을 견제하고 내분을 추스르기도 벅찬데, 물러갔던 대소가 다시 위협을 가하기 시작하고 중국의 움직임도 심상치 않다.

유리왕의 치세 동안 중국은 중국대로 중국 역사상 가장 특이한 인물에 의해 통치되고 있었다. 전한을 멸망시키고 신나라를 세운 왕망(?~23)은 이상주의자 혹은 과대망상증 환자로 평가되는 난해한 인물이다. 왕망의 진면목을 두고 굉장히 고민하시는 분도 계신데, 개인적으로는 이상할 것도 없다고 생각한다. 이상주의와 과대망상은 원래 동전의 양면이다. 둘의 공통점은 현실을 제대로 볼 줄 모른다는 점이다.

서기 10년, 이상주의자 왕망은 흉노 정벌의 영웅 한무제도 하지 못한 웅대한 계획을 세운다. 한무제도 흉노 정벌에 완전하게 성공하지 못한 이유는 유목민족 고유의 이동력 때문이다. 동쪽을 공격하면 서쪽으로 피하고, 서쪽을 공격하면 동쪽으로 간다. 그러니 정벌을 한들 효과는 일시적이다.

왕망은 이 사실에 착안했다. 그렇다면 흉노에게 피할 공간을 주지 않으면 어떨까? 왕망은 흉노의 땅을 10개 방면으로 구획하고, 30만 대군을 각 방면으로 나누어 동시에 출격시키는 계획을 세웠다. 전 지역을 한나라 군대로 동시에 도배하는 방법이다. 흉노는 피할 곳이 없다. 완벽한 소탕을 위해 작전 기간도 무려 1년으로 잡았다.

그야말로 초강대국만이 할 수 있는 멋진 계획이다. 하지만 엉터리 계획이었다. 왜 엉터리인지는 대장군 엄우嚴尤의 반대상소에 정확하게 지적되어 있다. 30만 명과 그들이 1년 동안 먹을 식량을 동시에 운반할 수송 능력이 없다. 따라서 30만 명을 차례로 공격선에 배치하는 데만 1년은 걸린다. 당연히 공격을 시작하자마자 준비한 식량은 바닥날 것이다. 그러니 2년치 식량과 더 많은 수송대가 필요하다. 흉노의 땅으로 들어가면 소는 100일이면 죽고 병사는 1년 내에 반드시 병이 난다. 마지막 이유가 진짜 걸작이다. 군대로 흉노의 땅을 도배하면 뭐하나, 1년치 식량수레를 달고 움직이는 군대가 무슨 재주로 바람같이 내달리는 흉노의 기병을 소탕하느냐는 말이다.

그러나 이상주의자의 또 하나의 특징이 사고의 단순성이다. 대부분 이상주의자는 세상 문제를 단순하게 본다. 한두 가지 과제만 해결하면 금세 이상적인

흉노족이 살던 초원지대

상황이 이룩될 것처럼 보인다. 그래서 그들은 이상주의자가 되고, 그 과제에 집착한다. 여기서 이상주의자의 마지막 개성인 고집이 등장한다.

왕망은 엄우의 충고를 무시하고, 병력 부담을 덜기 위해 고구려와 같은 주변국에게 성전에 참여하라는 소환장을 보냈다. 왕망은 고구려와 선비가 당연히 성전에 참여할 것이라고 믿었다. 원래 이 전쟁의 발단이 흉노가 고구려의 북쪽에 있는 오환(선비족의 전신)을 침략해서 예속시킨 사건이었다. "흉노의 다음 먹이는 선비, 부여, 고구려다." 그러니 이들은 왕망의 정의감에 고마워하며 적극적으로 이 성전에 참여하지 않겠는가?

왕망의 단순 사고는 여기서 또 어긋난다. 고구려는 참가를 거부했다. 왕망의 상식보다 선행하는 진리가 있다. 전쟁을 결정하는 데 있어 제일 중요한 요소는 승리의 가능성이다. 왕망은 그것을 몰랐으므로 이 상황이 이해가 되지 않았다. 화가 난 왕망은 고구려군을 강제로 징발했다. 그러자 고구려군은 바로 도망쳤다. 얼마 후 왕망군은 흉노에게 대패했다. 벌판에 백골이 뒹굴었다고 한다. 이를 본 고구려군은 오히려 한나라의 군현을 약탈했다. 요서의 대윤 전담이 출동했지만 고구려군에 패해 전사했다.

이 소식을 들었을 때 왕망의 분노와 절망감이 어떠했을지는 가히 상상이 간다. 극도로 분노한 왕망은 엄우를 불러 고구려를 치라고 명령했다. 엄우는 흉노 정벌도 실패한 마당에 고구려와 부여의 반발만 살 것이라고 반대했지만 왕망은 듣지 않았다. 이상적 이상주의자답게 왕망은 잘못을 인정할 줄도, 포기할 줄도 몰랐다.

유능한 장군이었던 엄우는 무모한 전쟁을 피하기 위해 계략을 써서 고구려 장수 연비(중국 기록에는 고구려왕 추라고 했다)를 유인해서 살해하고 목을 잘라 장안으로 보냈다. 왕망은 너무 좋아서 고구려를 '하구려'라고 부르고 이 승리를 전국에 선전했지만 아무런 소용이 없었다. 엄우의 걱정대로 전국에서 반란이 일어나기 시작했고 고구려의 약탈 행위도 더 증가했다.

왕망군이 흉노에게 대패하자 요동과 만주 지역에서 중국의 영향력이 약해졌다. 대소는 이때가 숙원인 고구려 정벌을 시도할 기회라고 판단했다. 왕망의 흉노 정벌 다음 해인 서기 13년 11월 부여군이 남하하기 시작했다. 유리왕은 셋째 아들 무휼을 지휘관으로 임명했다. 무휼은 겨우 열 살 소년이었다. 다만 무휼의 나이에 대해서는 기록에 착오가 있을 가능성도 있다. 무휼의 모친은 송양의 딸이라고 했다. 그녀가 요절한 유리왕의 첫 번째 부인이었다면 이때 무휼의 나이는 30세쯤 되어야 한다.

이전과 달리 부여군은 승승장구하며 고구려의 영토를 유린했다. 마침내 부여군이 국내성에서 40km쯤 떨어진 학반령 아래까지 왔다. 졸본에서 국내성까지는 좁고 험한 산길로 무수한 고개가 이어진다. 고난의 행군이 끝나고, 국내성에 도착하기 전 거의 마지막에 만나는 큰 고개가 학반령이다. 이곳만 돌파하면 국내성까지는 매끈한 평지니, 저지할 장소가 없다.

『삼국사기』에서는 부여군이 학반령까지 곧장 진격했다고 했다. 오는 동안 수많은 고개를 별 저항 없이 통과했다는 말 같다. 그것은 반대로 말하면 고구려군이 국내성 부근에 병력을 집중해서 대비하고 있다는 뜻인데, 부여군은 순조로운 진군에 해이해졌던 것 같다. 그들이 학반령 아래까지 왔을 때 학반령에 매복해 있던 고구려군이 쏟아져 내려왔다.

> 무휼은 군사가 적어 대적하기 어려울 듯하자 기발한 계략을 써서 친히 군사를 이끌고 산골짜기에 잠복해서 적을 기다렸다. 부여병이 곧장 학반령 아래에 도달하자 복병이 나와서 불시에 요격했다. 부여군이 대패하여 말을 버리고 산으로 올라가니 무휼이 군사를 놓아 죄다 잡아 죽였다.

학반령 일대는 고개에 오르기 전부터 좁은 산곡 길이 고개 아래까지 이어진다. 따라서 병사를 넓게 전개할 수가 없다. 고구려군이 학반령에 매복한 이유는 바로 이 지세를 이용한 것이다. 부여군이 많다고 해도 좁은 도로로 길게 늘

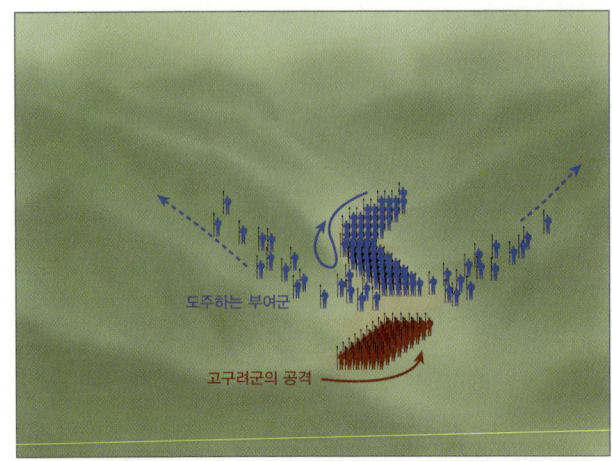

어설 수밖에 없고, 강력한 부대로 전면을 송곳처럼 찔러나가면 부여군은 병력의 장점을 전혀 살릴 수가 없게 된다.

학반령 전투 상상도(상)와 학반령 고갯길(하)

전위가 무너지고, 고구려군이 찔러 들어오자 부여군은 동요했다. 그러나 뒤에 늘어선 병력에 막혀 달아나기도 쉽지 않았다. 겁에 질린 부여군은 말을 버리고 양 옆의 산으로 도주하기 시작했다. 이것은 최악의 선택이었다. 길 양쪽은 첩첩산중이고 수직절벽이 벽처럼 솟아 있는 지역이 곳곳에 있다. 경사

를 기어오르니 멀리 달아나지도 못하고, 군대는 대형을 갖추지 못하고 뿔뿔이 흩어진다. 고구려군이 군사를 풀어 모두 잡아 죽였다는 기사를 보면 부여군은 궤멸적인 타격을 입은 듯하다. 그것은 순식간에 고구려와 부여의 우위를 뒤바꾸어놓은 엄청난 승리였다.

6 용기 있는 자에게만 허용되는 승리

학반령의 승리 이후로 고구려는 주몽시대의 패기를 되찾아 공격적으로 나가기 시작한다. 서기 14년(유리왕 33년) 유리왕은 무휼을 태자로 책봉하고 원로인 오이와 마리에게 군사 2만을 주어 양맥 지방을 정복했다. 양맥 지방은 오늘날 태자하 서쪽 유역으로 추정한다. 고구려가 드디어 태자하를 넘어 서쪽의 평야지대, 옛 한나라의 영역으로 진출한 것이다.

이 공세는 대성공이어서 현도군에 속했던 고구려현까지 탈취하였다. 유리왕은 물론이고 50년 전 이 비옥한 땅을 눈앞에 두고 좌회전해서 산곡으로 숨어들어야 했던 오이와 마리의 감회도 비할 바 없었을 것이다. 오랜 고생 끝에 계루부의 전사들이 이제 진정한 영토를 확보하게 되었다. 유리왕은 유리왕대로 오랜 줄타기와 위기를 극복하고 고구려를 정복국가로 변모시킴으로써 자신의 가치를 증명했다.

서기 18년 유리왕이 사망하자 무휼이 즉위한다. 그가 대무신왕이다. 대무신왕은 유난히 대소왕과 악연이 많았다. 학반령 전투에서 고구려군을 지휘한 사람이 무휼인데, 그 전인 서기 9년 부여의 사자가 고구려에 와서 유리왕을 협박한 적이 있었다. 이때 여섯 살이던 무휼(앞서 말했듯이 대무신왕의 나이는 기

태자하 서쪽의 평야지대

록에 오류가 있을 가능성도 있다)이 갑자기 나서더니 "여기 누란累卵이 있으니 만일 대왕(부여왕)이 그 알을 헐지 않으면 신이 대왕을 섬길 것이요, 그렇지 아니하면 섬기지 않겠다고 하라."라는 난해한 말을 했다. 아무리 생각해도 어린 왕자가 "누란지위"(층층이 쌓아놓은 알의 위태로움이라는 뜻으로 아슬아슬한 위기를 말한다)라는 숙어를 잘못 사용한 게 아닌가 싶은데, 알쏭달쏭하고 신탁 비슷한 이 말에 부여 사신이 얼어버렸다. 사신이 부여로 돌아와 대소에게 이 말을 전달하자 대소는 대소대로 사람들에게 해석을 의뢰하는 해프닝이 벌어졌다.

서기 21년(대무신왕 4년) 대무신왕은 고구려를 건국 이전부터 괴롭혀 온 대소와의 3대에 걸친 악연을 청산하고자 한다. 고구려의 부여 정복이었다. 국내성을 출발한 대무신왕은 졸본에서 군세를 정비하고 종군자를 더 끌어모았다. 이때 비류수 강가에서 불을 때지 않아도 저절로 밥이 되는 신비한 솥을 발견했는데, 얼마 후에 이 솥의 주인인 부정負鼎이라는 인물이 나타나 종군을 자원했다는 이야기가 전한다. 아마도 졸본 지역에서 상당한 군량을 담당했던 것이 이런 전설이 된 게 아닌가 싶다. 이물림이라는 곳에서는 금으로 만든 도장과 병기를 얻었다. 도장은 권력의 상징이므로 하늘이 승리를 점지해 주었다는 의미인 듯하다. 사기 진작을 위해 정말로 이런 이벤트를 꾸몄을지도 모른다.

북상중에 다시 괴유怪由와 마로麻盧라는 용사가 합류한다. 이들이 개인적으로 참여한 것인지 집단을 거느리고 참여한 것인지는 확실하지 않지만, 후자가 맞을 것이다. 괴유는 아리안 계통의 이방인인 듯 북명北冥 출신의 용사로서 키가 9척이고 얼굴이 희고 눈에서는 광채가 났다고 한다. 그는 대소에게 원한이 있었는지 자신이 대소를 죽이겠다고 말하며 종군을 자원했다. 마로는 적곡赤谷이란 곳 출신으로 긴 창을 가지고 길을 인도했다고 한다. 이 내용으로 봐서 두 사람 다 고구려와 부여의 국경지대에 사는 부족들이었던 것 같다.

주몽의 부여 탈출을 기억하는 고구려인에게 부여 원정은 감개무량한 일전이었다. 그러나 현실은 불안했다. 고구려는 아직 부여보다 작은 나라였다. 병력도 부족하고 군수도 부족했다. 하지만 그렇기 때문에 부여의 공격을 막아내기만 하다가는 결국은 먼저 멸망하고 말 것이다. 장기전보다는 과감한 공격이 승리의 가능성이 높았다.

작은 나라가 큰 나라를 공격하기 위해서는 어떻게 해야 할까? 부족과 국민을 설득해서 허리띠를 졸라매고 최대한의 병력을 끌어모은다? 이것은 최악의 하수다. 병력과 물자라는 강대국의 장점을 가지고 겨루는 방식이기 때문이다. 다윗이 거인 골리앗과 싸우겠다고 자원했을 때 이스라엘 왕은 다윗에게 골리앗과 똑같이 중무장을 시켰다. 만약 다윗이 그 갑옷을 입고 큰 검을 들고 골리앗과 격투를 벌였다면 다윗은 한 방에 나가떨어졌을 것이다. 소년 다윗은 갑옷을 벗고 돌팔매를 들었다. 골리앗의 힘에 대항해서 기동력과 속도라는 자신만의 무기를 들고 나선 것이다.

대무신왕도 다윗과 같은 결정을 내린다. 병사를 더 줄여서 최소화한 것이다ㅡ물론 이 정도 수준만으로도 고구려의 국력을 기울였다고 할 만큼 투자가 필요했다ㅡ. 병력과 물자의 부담을 최소화한 대무신왕은 전쟁의 법칙을 깨고 농사철에 공격을 감행했다.

인력과 물자가 부족한 당시에 전쟁을 하려면 농한기를 택해야 했다. 음력으로는 대개 9월에서 1월까지가 전쟁 기간이었다. 2월에는 병사들이 농경에 복귀해야 했다. 그래서 부여군은 항상 11월에 고구려 국경에 등장했다. 거란이나 몽골의 사례를 보면 8월쯤에 소집령을 내고 9월부터 병사를 모으고 훈련을 시킨 후에 출발하곤 했다. 이런 일정이라면 부여군이 고구려에 도착하면 11월쯤이 된다. 그래서 결전은 11월에서 1월 사이에 벌어지는 것이 통상적이다. 그런데 대무신왕의 침공군은 12월에야 출발했다. 부여 국경에 도착했을 때는 벌써 농사철이 시작되는 2월이었다.

고구려군의 내습이 알려지자 대소는 신속하게 반응했다. 대소는 전국에 동원령을 내려 병력을 쓸어모았다. 한순간에 고구려군의 몇 배가 되는 군대가 편성되었다. 그들은 바로 진군해서 아직 국경의 평원에 머물러 있는 고구려군을 포위했다. 포위는 물샐 틈이 없다고 할 만큼 완벽했다. 이것은 부여군이 고구려군을 360도로 감쌌다는 의미가 아니다. 평원에서의 전투는 패배해서 도주하거나 후퇴할 때 치명적인 손실을 입게 된다. 철수를 엄호할 배후 요새나 지형이 없기 때문이다. 한니발은 평생 단 한 번 패했지만 그 패전으로 모든 것을 잃었다. 패배한 장소가 현재의 알제리 평원에 위치한 자마의 벌판이었기 때문이다. 승리한 로마 군은 기병을 풀어 밤새도록 한니발의 패잔병을 학살했다. 기병의 추격 앞에서 한니발군은 달아날 곳도 숨을 곳도 없었다.

고구려군도 비슷한 상황에 놓였다. 고구려군은 만주의 평원에서 부여군에게 둘러싸였다. 더욱이 부여군은 로마 군과는 비교할 수 없는 강력하고 풍부한 기병을 보유한 군대였다.

대소의 입장에서 보면 학반령에서의 치욕을 되갚아줄 절호의 기회였다. 모든 상황이 그들에게 유리했다. 대소는 속전속결로 승부를 내기로 하고 전군의 기병을 총동원한 일제공격을 구상했다. 커다란 해머를 들고 내려친다고 할 때 최대 타격을 가할 수 있는 때는 첫 번째 타격이다. 두 번, 세 번 횟수를 거듭할수록 당신의 팔은 지쳐갈 것이다. 병력이 많다고 해서 소심하게 찔끔찔끔 이용하다가는 병력이라는 장점을 상실하기 십상이다. 그리고 시간을 끌수록 군량 소모도 엄청나다.

부여의 기병이 일제히 전진을 시작했다. 보통 이런 경우 중장기병대가 전위에 서서 적진 돌파를 맡는다. 경기병대는 중장기병대의 앞과 뒤에서 선다. 전위의 경기병은 엄호와 적진 교란 업무를 맡는다. 그들의 장기인 스피드를 바탕으로 적진 주변으로 돌며 사격하거나 창을 던진다. 상대가 약하면 이런 예비공격만으로도 적진을 분쇄할 수 있다.

병사들에게 전쟁은 지옥이지만 하늘에서 보면 삼면에서 압박해 들어가는 병사들의 행렬은 장관이다. 수많은 깃발과 다양한 색상, 질서정연하고 힘이 느껴지는 대열, 그리고 세 개의 축선이 만나는 지점에 웅크리고 있는 초라한 적군. 그런데 얼마 후 부여군의 장엄한 대형이 우그러지기 시작한다.

음력 2월, 초봄의 대지는 눈이 녹고 얼음이 풀리기 시작하면서 진창으로 변해 있었다. 만주의 토양은 곱게 갈아놓은 듯한 흑토다. 농사 짓기에는 최적의 흙이지만 물을 만나면 진창이 된다. 더욱이 조금만 파면 암반이 나오는 우리나라와 달리, 만주의 흑토는 대지를 두껍게 덮고 있어서 휘저으면 저을수록 진창은 더욱 깊어진다.

기병의 진진이 저지되기 시작했다. 원래 기병의 최고 약점이 진창이다. 말은 발굽이 갈라지지 않은 통발굽이다. 진창에 박히면 사발을 진창에 박은 꼴이 되어버린다. 이런 곳을 무리하게 행군하면 말이 망가지거나 죽는다. 유럽이나 중국의 화북평원에서는 농사에 말을 중시하고, 우리나라와 강남지방에서는 소를 중시한 이유는 많은 분들이 잘못 알고 있는 것처럼 소가 말보다 힘이 세서가 아니라—사실은 말이 소보다 훨씬 힘이 세다—밭농사와 논농사 지역의 차이다. 밭농사 지역에서는 힘 좋은 말을 선호했고, 진창을 밟아야 하는 논농사에는 발굽이 갈라진 소가 적합했다.

전위가 간신히 통과해도 말이 헤집어놓은 진창은 더욱 심해져서 뒷열의 기병은 더 큰 곤란을 겪는다. 마른 땅이나 전위가 밟지 않은 곳을 찾다 보면 대열은 흩어지고 전위와 후위의 간격은 더욱 벌어진다. 부여군 전체가 진창의 늪에 빠져 허우적거리기 시작했다. 부대 간의 진격 속도도 제각각이었다. 모두가 진창은 아니었을 테니 형편이 좀 나은 부대도 있었겠지만 작전 계획을 짠 이상 전체 부대와 보조를 맞추어야 했을 것이다. 그렇게 부여군 전체가 지체되고 뭉그적거리고 있을 때 고구려군이 움직이기 시작했다.

고구려군은 마른 땅에 자리잡고 부여군을 기다리고 있었다. 그들은 절대적으로 불리한 벌판에 진을 치고도 태연자약했다고 한다. 부여군이 올 때까지 시

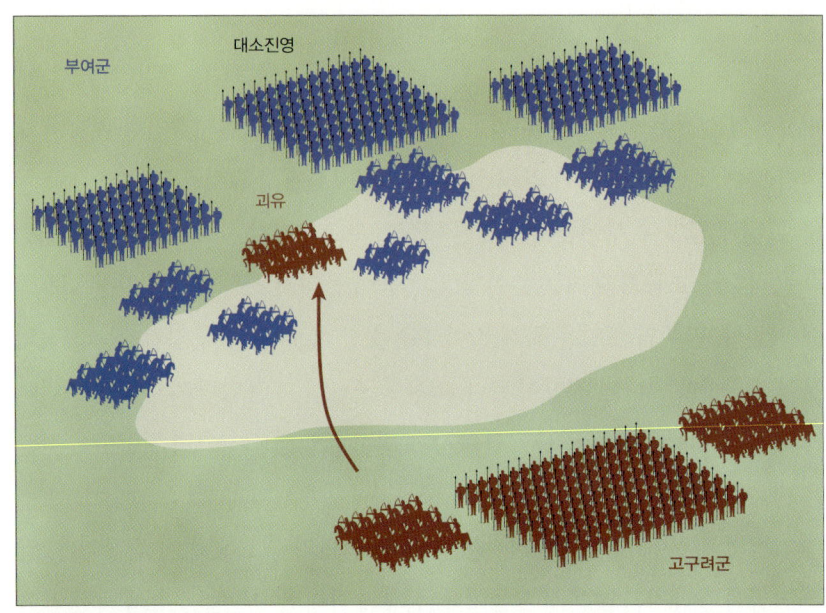

고구려군과 부여군의 전투 상황도

간이 있었던 만큼 주변 지형을 정찰하고, 마른 길과 이동 루트를 파악할 시간이 충분했을 것이다. 그리고 부여의 대군이 왔을 때, 부여의 중군과 대소의 지휘소가 자리잡을 지역 역시 충분히 예측할 수 있었을 것이다.

부여군의 발이 묶이고 혼란에 빠진 순간, 고구려군의 한 부대가 대소의 진영을 향해 질풍같이 돌격을 시작했다. 선두에 선 장수는 괴유였다. 부여군은 이 상황을 보면서도 손을 쓸 수가 없었다. 묻지 않아도 고구려의 공격부대는 최정예 부대였을 것이다. 그리고 그들은 이 기습적인 일격에 자신들의 목숨과 운명이 걸려 있다는 사실을 잘 알고 있었다. 대소의 병사들은 이 기세를 막아낼 수가 없었다. 대소의 진은 붕괴되었고, 대소는 빠져나갈 틈조차 얻지 못했다. 괴유는 대소를 사로잡아 현장에서 칼로 쳐 죽였다. 포로로 끌고 오지 않고 왕을 즉결처분해 버린 것을 보면 사전에 대무신왕으로부터 허락을 받았던 것에 틀림없다. 아무래도 괴유와 대소 사이에 무슨 원한이 있었던 것이 분명한 듯하다.

서기 22년 근 60년 3대에 걸쳐 지속되던 대소 또는 부여왕과 주몽 일가의 악연은 이렇게 끝났다. 대소가 한 사람이든 여러 사람이든 무대에 등장하는 그는 능력 있는 군주였다. 대소는 고구려와 세 차례 전쟁을 벌였는데 항상 대병력을 동원했다. 부족장의 세력이 강하고, 전쟁을 좋아하지 않는다는 부여의 전통을 상기해 보면 대소의 병력 동원 능력은 확실히 눈여겨볼 만한 업적이다. 가뭄만 들어도 왕이 쫓겨나고 내전이 발생한다는 나라에서 두 번이나 큰 패배를 당하고도 권력을 유지한 것을 보면 정치적 수완과 행정능력도 뛰어났던 인물임에 틀림없다.

역사적 통찰력도 있었다. 고구려 침공을 보면 대소는 시대의 흐름을 파악하고, 부여의 국가적 통합과 확장 정책을 추진했던 것이 분명하다. 그것은 역사적으로 올바른 선택이었다. 기원전 1세기의 만주평원은 강대한 통일국가의 출현을 요구하고 있었다. 한나라와 고구려는 이미 팽창정책으로 돌아섰다. 부여 사람들로서는 전쟁을 잊고 살던 옛 시절이 그리웠겠지만 그것은 돌아올 수 없는 시간이었다.

이 모든 장점에도 불구하고, 대소는 군인으로서의 재능에는 문제가 있었다. 세 번의 전쟁을 보면 대소는 항상 병력의 우위에 집착했다. 전쟁사를 보면 평범한 리더일수록 산술적 우위에 집착하는 경향이 있다. 덕분에 군수와 병참에 과부하가 걸린다. 병사들의 훈련과 통제가 부족하니 군대는 느려지고 선택할 수 있는 전술은 제한되어서, 행동이 예측 가능해지고 전쟁 수행기간은 짧아진다.

대소가 첫 번째 고구려 원정에서 추위와 눈 때문에 실패했다고 하지만 날씨 탓만 할 것도 아니다. 훈련부족과 유례없는 대병력으로 인한 물자부족, 병참능력과 보급능력의 저하가 추위를 이겨낼 수 없었던 원인일 가능성이 높다. 학반령 전투에서 부여군은 선봉부대가 패배하자 산으로 흩어져 도망치다가 궤멸되었다. 훈련과 통제가 부족한 군대의 전형적인 모습이다. 소수의 부대라도 좁은 산곡을 막고 버텼더라면 후위의 부대가 반격하거나 후퇴를 엄호할 체제를

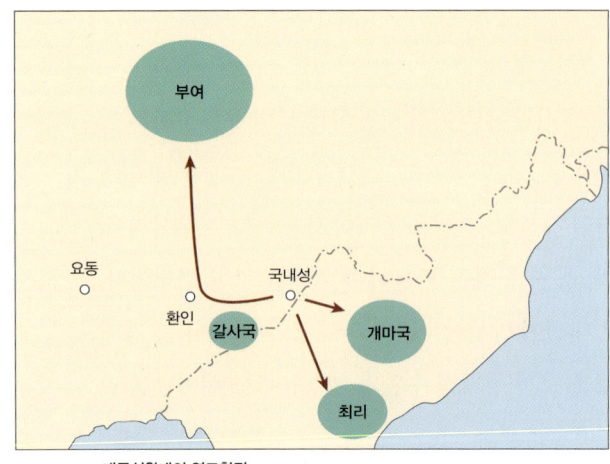
대무신왕대의 영토확장

갖출 수 있었을 것이다.

대소는 무능한 장군이라기보다는 평범한 장군이었다. 전 세계의 수천 년 간의 전쟁사에서 대소와 같은 장군을 수도 없이 발견할 수 있다. 왜 사람들은 일단 자신이 유리하다고 생각하면 당장 모험을 포기하고 쉽고 안전한 승부를 거두려고 할까? 알렉산더가 페르시아 제국에 뛰어들 때 처음 거느린 병력은 겨우 3만(나중에는 5만으로 증가)이었다. 알렉산더만이 아니다. 한니발, 카이사르, 징기스칸 등 세기의 정복자들은 모두 어처구니없는 병력으로 터무니없는 전쟁에 도전했다. 이것은 결코 자신의 용기를 자랑하기 위해서가 아니다. 알렉산더가 3만이 아닌 30만 명을 동원했다면 페르세폴리스까지 가기도 전에 물자와 군량 부족, 느리고 탄력성 없는 전술로 스스로 주저앉았을 것이다. 3만은 무모한 병력이 아니라 그리스와 소아시아의 국력과 보급 능력에 맞춘, 페르시아 정복에 가장 적절한 병력이었다. 페르시아의 대군과 힘겨운 싸움이 기다리고 있다고 해도 3만이 최선의 방법이었다. 3만으로 승부를 내든가 정복을 포기하든가 해야 한다. 이것이 세기의 정복자들이 공통적으로 소유한 자질이었다.

여기까지 오면 50년 전 대소가 주몽을 그렇게 경계한 이유도 이해가 된다. 주몽과 대무신왕에게는 대소에게 없는 전사의 자질, 용기와 모험심이 있었다. 대소는 그것을 간파하는 눈썰미는 있었지만 주몽의 장점을 수용하기에는 그의 심장이 너무 나약했다.

대무신왕은 그간의 전쟁에서 대소의 성향을 파악했던 것 같다. 그는 전쟁의 금기를 깨고 농사철에 전쟁을 시작해서 부여군을 진창 속에 몰아넣었다. 여기에는 또 하나의 함정이 있었는데, 바로 대소의 속전속결 전략이다. 농사철에 대군을 동원했기 때문에 대소는 시간에 쫓겼다. 대병력을 동원했으니 식량 부담도 만만치 않았다. 이런 문제로 대소는 전투를 서둘렀을 것이다. 대소가 서두른 덕분에 부여군은 고구려군 진영으로 진격하는 안전한 루트를 충분히 확보하지 못했고, 전군이 허우적거리는 사이에 고구려군은 대소의 진영을 급습할 수 있었다.

사실 부여 땅의 사정은 부여군이 더 잘 알았을 것이다. 진창을 이유로 일제공격을 반대한 지휘관도 있었을 것이다. 그러나 대소는 그 말을 듣지 않았다. 세 번의 전쟁에서 똑같은 실수를 반복하는 것을 보면 대소에게는 더욱 결정적인 단점이 하나 있었는데, 자신의 단점을 인정하고 그것을 보완할 인재를 양성하지도 신뢰하지도 않았다는 것이다. 그래서 대소는 여러 장점에도 불구하고 정복군주가 될 수도, 부여의 왕위를 유지할 수도 없었다.

알렉산더의 약 5만 병력과 페르시아 다리우스 3세의 100만 대군(100만은 과장이고 실제로는 10만 정도였다고 보는 견해도 있다)이 대결한 가우가멜라 전투처럼 고구려군은 병력의 열세에도 불구하고 대소를 직격해서 승리를 거두었다. 그런데 전투의 2막은 가우가멜라 전투처럼 되지 않았다. 다리우스의 페르시아 제국은 황제를 정점으로 구성된 엄청난 전제국가였다. 그래서 다리우스의 중군이 무너지자 전군이 궤멸되었다. 하지만 부여는 부족연맹적인 국가였다. 그래서 페르시아군과 달리 대소를 살해해도 부여군은 붕괴되지 않았다. 그제서야 대무신왕은 부여군의 머리를 친 것이 아니라 제일 큰 다리 하나를 잘라낸 것에 불과하다는 사실을 깨달았다. 같은 부족연맹국가라도 고구려는 신생국가고 정복왕조여서 국왕이 전사하거나 계루부의 군사가 붕괴되면 전체 부대가 와해될 위험이 높았다. 하지만 부여는 오랜 전통을 지닌 국가였다.

대소가 죽은 뒤 부여군을 지휘한 사람이 누군지는 모르지만, 그들은 전쟁이란 희생을 감수할 수밖에 없다는 사실을 깨닫고 장기적인 포위전으로 작전을 바꾸었다. 예상치 못한 대응에 고구려군은 곤경에 빠졌다. 사실 그들이 격파한 부대는 겨우 한 개 부대에 불과했다. 진격도 철수도 곤란한 완전한 곤경이었다. 고구려군의 식량이 떨어져 갔다. 대소의 영혼이 있었다면 땅을 쳤을 것이다. 고구려군은 제발로 함정으로 걸어 들어왔고, 이렇게 쉽게 이길 수 있는 방법이 있었던 것이다. 절망적 상황에서 봄의 대지가 또 하나의 선물을 주었다. 안개였다. 대륙성 기후라 일교차가 크고, 산이 없는 만주평원에서는 지형과 대기의 흐름이 일정해서 한 번 안개가 발생하면 거대한 이불처럼 대지를 덮어버린다. 대무신왕은 하늘의 도움에 감사하며 안개를 이용하여 부대를 철수시켰다.

> 홀연히 큰 안개가 끼니 7일 동안이나 지척에서 인물을 분간할 수 없을 정도였다. 왕은 사람을 시켜 풀로 사람 모형을 만들고 무기를 들려 진영 안팎에 세우고, 사잇길로 군사를 숨기고 밤에 탈출했다. (이 와중에) 골구천에서 얻은 신마와 비류평원에서 얻은 큰 솥을 잃었다. 이물림利勿林에 이르니 군사들이 굶주려 움직이지 못해서 야생동물을 잡아 나눠 먹었다. (『삼국사기』 권14, 고구려본기2 대무신왕 5년 2월)

고구려군도 큰 피해를 입었고, 대무신왕은 자신이 부여를 너무 가볍게 보았다고 자책했다. 그러나 한 달도 안 되어 대무신왕의 용기는 보답을 받았다. 대소가 죽자 부여에 내분이 발생하여 급속히 와해되기 시작한 것이다.

> 대소가 피살되자 그(막내동생)는 나라가 장차 망할 줄을 알고 종자 100여 인과 함께 압록곡까지 왔다. 마침 해두국왕海頭國王이 나와 사냥하는 것을 보고 그를 죽이고 백성을 취하여 갈사수변曷思水邊에 와서 도읍을 정하니 이가 갈사왕이다. (『삼국사기』 권14, 고구려본기2 대무신왕 5년 4월)

7월에는 부여왕의 종제가 부여인 만여 호를 이끌고 고구려에 투항했다. 대무신왕은 그를 연나부에 살게 하고 왕으로 봉했다. 이때부터 부여는 더 이상 고구려의 적수가 되지 못했다. 대무신왕은 갈사왕의 손녀를 두 번째 왕비로 맞아들였다. 이 여인이 낳은 아들이 호동왕자와 낙랑공주 이야기의 주인공인 호동이다. 5년 후인 대무신왕 9년에 고구려는 개마국과 구다국을 차례로 병합했고, 대무신왕 15년에는 잘생긴 왕자 호동이 최리崔理가 다스리던 낙랑을 정복했다. 구다국의 위치는 정확하지 않지만, 개마국은 개마고원과 관련 있는 지명이 분명하다(『삼국지 위서』 동이전에는 개마대산이라는 지명이 나온다). 최리의 낙랑은 원래의 낙랑이 아니라 낙랑국에 속한 한 나라라고 보는 견해가 일반적이다. 최근에 낙랑의 목간을 분석하여 호동이 정복했던 최리의 낙랑이 함흥 지역이라는 연구결과가 발표되었다. 이것은 부여 정복 후 고구려가 정복의 칼

자명고의 전설

왕자 호동 이야기는 『삼국사기』에 실려 있다. 왕자 호동이 옥저 일대를 유람하다가 낙랑왕 최리를 만났다. 최리는 호동의 얼굴을 보고 대무신왕의 아들이 아니냐고 물었다. 그렇다고 하자 최리는 호동을 데려가 사위로 삼았다. 호동은 고구려로 돌아간 뒤 몰래 사신을 낙랑공주에게 보내 적이 쳐들어올 때 저절로 우는 신비한 북(자명고)을 부수면 정식 부인으로 맞이하고, 그렇지 않으면 버리겠다고 협박했다. 사랑에 눈이 먼 공주는 북을 파괴했고, 호동은 대무신왕에게 요청해서 낙랑을 기습했다. 최리는 고구려군이 성 밑에 닥쳐서야 자명고가 파괴된 것을 알고 딸을 죽인 후 항복했다.

　낙랑이 멸망하고 호동의 명성이 높아졌다. 대무신왕의 왕비가 호동이 왕위를 계승할 것을 우려해서 호동이 자신에게 음심을 품고 있다고 모함했다. 왕이 호동을 의심하기 시작하자 호동은 칼을 물고 엎드려 자살하고 만다.

　주몽의 신화와 마찬가지로 호동 이야기도 꽤나 낭만적인 소재였다. 자명고라는 신비로운 북이 등장하는 것을 보면 아마도 호동전설의 원문은 주몽신화에 못지않는 길고 신비로운 이야기로 채워져 있었을 것이다. 『삼국사기』를 편찬할 때는 이미 이 신비롭게 각색된 이야기 말고는 다른 사료가 존재하지 않았다. 『삼국사기』는 주몽신화처럼 사실적인 결론 부분만 남겨놓을 수밖에 없었지만, 이야기의 구조상 자명고 이야기는 도저히 제거할 수가 없었던 것이 아닌가 한다.

고구려의 북 안악 3호분 벽화 복원모형

통구하 사진 위쪽의 멀리 보이는 산지에 환도산성이 있다.

날을 남쪽으로 돌려 한반도 내로 진출했다는 것을 암시하는데, 개마고원을 넘어 함경도 지역으로 남하해서 동해안 지역까지 꾸준히 진출했던 것 같다.

7 환도산성

대무신왕은 부여라는 숙적을 제거하고 남쪽으로 영토를 확장해 나갔다. 그렇게 본격적인 정복국가로 거듭나려는 찰나에 부여와는 비교도 할 수 없는 거대한 쓰나미가 밀어닥쳤다. 서기 28년(대무신왕 11년) 고구려의 성장에 불안감을 느낀 요동태수가 고구려에 선제공격을 감행했다. 이 침공은 고구려 전쟁사에 새로운 충격이었다. 농한기에나 전쟁을 주고받는 만주의 국가들을 비웃기나 하듯 한나라군은 당당히 7월에 진군해 왔다. 그들은 별다른 어려움 없이 단숨에 국내성까지 육박했다. 추수를 앞둔 벌판의 곡식들이 모조리 한나라군의 수중에 들어갔다. 설사 농성전에서 승리한다고 해도 참혹한 겨울을 보내야 한다.

산성하 고분군 환도산성 입구에 자리잡은 고구려 초기의 고분군이다.

    어전회의에서 두 명의 재상 중 한 명인 우보 송옥구宋屋句는 대결을 주장했다. 좌보 을두지乙豆智는 반대였다. 아직은 한나라 군대가 우리보다 강하니 적이 지쳐 돌아가기를 기다릴 수 밖에 없다고 했다.
    대무신왕은 을두지의 안을 채택했다. 고구려는 국내성 약탈을 감수하고, 국내성 북쪽 산지에 위치한 환도산성(위나암성)으로 들어갔다. 서기 3년 설지가 유리왕에게 국내성 천도를 권할 때 국내성을 추천한 이유의 하나가 방어에 유리하다는 것이었다. 그의 예언이 25년 만에 진정한 시험대에 올랐다. 과연 환도산성은 한나라군을 막아낼 수 있을까?
    관광객들에게 오녀산성과 환도산성(현지에서는 산성자산성으로 불리고 있다)을 보여주고 어느 성이 더 좋은 요새냐고 물어본다면 아마 모든 사람이 오녀산성을 지적할 것이다. 하늘이 만들어 내렸다는 전설처럼 산 정상, 절벽 위에 솟아 있는 오녀산성은 누가 보아도 난공불락의 요새다.
    반면에 환도산성은 국내성보다 고도만 약간 높은 곳에 위치한 작은 분지에 있다. 환도산성의 원 이름은 위나암성인데 윗내에 있는 바위성이라는 의미인 듯하다. 국내성 서문 아래 남북으로 흐르는 통구하를 따라 약 2.5km를 올라가

제2장 혼강의 건너편 91

환도산성의 위치

산지가 시작되는 부분이 이곳이다.

  오녀산성으로 들어가는 길은 천연의 바위절벽 사이로 난 샛길뿐이지만, 환도산성 입구는 평평한 개활지다. 덕분에 고구려의 고분들이 일렬로 자리잡고 있어 관광객에게는 장관을 보여주지만, 전투라는 관점에서 보면 한숨만 나온다. 솔직히 산성이라는 느낌조차 들지 않는다. 물론 이 남쪽 출입구를 제외하고는 가파른 산이 분지를 삼면으로 두르고 성벽이 그 산의 능선을 따라 조성되어 있다. 하지만 그것은 어디까지나 삼면이다. 남문이 이렇게 멀쩡하게 평지에 있지 않는가?

  그러나 고구려의 왕과 장수들에게 결전의 장소로 둘 중 하나를 택하라고 하면 그들은 환도산성을 택할 것이다. 환도산성을 공격하려면 침공군은 왕복 500km를 더 이동해야 한다. 피로와 군량 부담도 크고, 공성 기간도 한 달은 줄어든다. 환도산성은 국내성에서 이동이 가깝고 편리하다는 장점도 있다. 거리도 가깝고, 압록강 지류인 통구하가 국내성 서문에서 환도산성까지 흘러서 식량과 물자수송도 쉽다. 환인에서 오녀산성으로 가려면 지금도 버스로 한 시간은 가야 한다. 비류수가 산성 아래로 흐르지만 비류수변에서 오녀산성까지도 가파른 산길 수백 미터를 올라가야 한다. 사람은 어떻게든 피난할 수 있겠지만, 장기전을 펼칠 만큼 식량과 물자를 옮기려면 엄청난 시간과 노력이 필요하다.

환도산성 중심부의 왕궁터 남북 95.5m, 동서 86.5m다. 3단으로 된 대지 3층에 가장 큰 건물이 있었다. 두 번이나 화재로 불탄 흔적이 발견되었다. 발굴 결과 이 터는 고구려가 평양으로 천도한 뒤에도 사용되었던 것으로 밝혀졌다. 그러나 축조 시기는 명확히 증명되지 않았다. (동북아역사재단, 「고구려 유적의 어제와 오늘-도성과 성곽」, 119쪽)

환도산성은 남문 쪽에서 보면 방어력에 의문이 든다. 하지만 안에 들어가서 보면 이 성의 장점을 볼 수 있다. 산성은 동쪽 1716m, 서쪽 2440m, 북쪽 1009m, 남쪽 1786m의 장방형이다. 그러나 그건 하늘에서 본 모습이고, 안으로 들어가 보면 산으로 둘러싸인 항아리 모양의 분지가 등장한다. 성 안쪽에 옛날 지휘대라고 하는 돌로 쌓은 장군대가 남아 있다. 이곳에 서서 북쪽과 동쪽을 보면 병풍처럼 늘어선 산을 볼 수 있다. 이 산의 능선을 따라 산성이 수축되어 있다. 관광객들이 흔히 놓치는 쪽이 서쪽인데, 서쪽을 주의 깊게 보면 통구하가 만들어 놓은 수직 하안단구와 절벽 위에 다시 수직의 봉우리로 된 이중의 자연장벽을 볼 수 있다.

즉 남문 쪽에 강력한 수비대를 집중시키고, 저항한다면 충분히 지켜낼 수 있다. 남문에서는 상당히 규모 있는 전투를 필요로 하겠지만, 아무리 좋은 요새라도 지형에 기대서 거저 이길 수 있는 곳은 없다. 처칠의 말처럼 전쟁은 피와 땀과 눈물을 요구한다. 또 이런 곳이 한 곳은 있어야 반격이 가능하다. 맞는 것을 두려워해서는 적을 이길 수 없다. 상대를 치려면 가드를 내려야 하듯이,

환도산성 서쪽의 계곡 단애(사진 우측 하단)와 절벽

방어시설에만 집중하는 성도 좋은 성은 아니다. 수비대가 역습을 감행하기 어려운 지형이라면 적은 마음 놓고 일방적으로 두들겨댈 것이다. 최선의 방어는 공격이라는 말이 있듯이 상대를 위협할 수 있는 공격적인 면모가 있어야 공성군도 신중히 공격하게 되고, 이런저런 대비를 하느라 병력과 체력 소모도 커진다.

대무신왕과 대소의 전투 사례처럼 전투란 집중력과 효율성의 싸움이다. 특히 병력수에서 밀리는 군대는 더욱 효율적으로 병력을 이용할 필요가 있다. 수성전에서는 적의 돌파지점에 지원부대를 적절히 투입하는 것이 관건이다. 단 5분, 10분 차이로 승패가 갈릴 수도 있다.

이런 점에서도 환도산성은 두 가지 이점이 있다. 우선 안쪽 분지는 둥글고, 북에서 남쪽으로 20~30도 정도 경사가 져 있어서 성 안쪽 전체가 완벽하게 감제된다. 이 구조는 백암성과 안시성도 똑같고 몽촌토성과 온달산성, 삼년산성도 동일하다. 이런 지형은 밖에서 성 안쪽이 보인다는 단점이 있지만, 밖에서는 좀 멀리 떨어져야 관측이 가능하다. 내선에 위치한 수비 측은 이동공간이 훨씬 좁고, 물자와 병사 이동은 은폐가 가능하기 때문에 수비 측에 이점이 더

환도산성 장군대

환도산성 북쪽의 산들

환도산성 남문과 옹성

많다. 더욱이 환도산성은 입구가 꺾여 있어서 밖에서는 안쪽이 보이지도 않는다.

농성전은 수십 일 동안 계속되었다. 고구려군은 잘 버텨냈지만, 한나라군도 의외로 완고했다. 고구려군의 체력이 한계 상황에 이르렀지만 한나라군은 포위를 풀지 않았다. 추수철에 침공한 덕에 식량도 충분했을 것이다.

환도산성 내부의 연못지 최근에는 말라 있으나 얼마 전까지도 수초가 무성했다. 남문에서 들어가 장군대로 올라가는 길목에 있다. 남문 옆에서도 우물지가 발견되었다.

정면대결에 반대하고 농성전을 주장한 을두지가 상황이 위급해지자 아이디어를 냈다. 성 안의 연못에서 잉어를 잡아 수초로 포장한 뒤 술과 함께 한나라 장

환도산성 남문 입구 우측에 보이는 언덕은 자연지형이지만 옹성처럼 입구 주변을 감고 있어서 남문을 엄호하는 보조성벽 내지는 돈대 역할을 한다. 이런 옹성 같은 천연 장벽은 이 지역에서 자주 볼 수 있다.

군에게 보냈다. 앞에서도 말했지만 고구려 산성의 장점이 산 정상부에도 연못을 만들 정도로 물이 풍부하다는 것이다. 환도산성 안쪽에는 지금도 수초가 자라는 연못지가 남아 있다. 요즘은 좀 메마른 듯하지만, 예전에 물이 많을 때는 수심 1m 정도의 늪을 형성했다고 한다.

수초에 싸인 잉어를 본 한나라 지휘관은 성 안에 물이 풍부하니 장기전을 펴도 소용 없겠다고 판단하여 화친을 맺고 철군했다. 국내성 천도를 단행한 유리왕과 설지의 판단은 정확했다. 그들의 선견지명이 부여에 이어 한나라의 침공에서도 고구려를 구했다.

위기를 모면하기는 했지만 이 전투는 두 가지 진리를 드러내 주었다.

첫째는 고구려 성과 수성전술의 위력이다. 두 번째로 고구려는 진정한 라이벌을 알게 되었다. 그러나 양국의 본격적인 대결은 반세기 후로 연기된다. 서기 32년 대무신왕은 후한의 광무제에게 사신을 보내 화평을 구했다. 이 교섭은 성공적이어서 광무제는 왕망이 '후'로 강등시켰던 고구려왕의 위상을 '왕'으로 복구해 주었다. 평화가 찾아왔고 한과 고구려의 교류도 진행되었다. 한나라에서는 특히 고구려의 왕과 귀족들에게 신분을 상징하는 의관이나 복식을 자주 선물로 주었다. 하지만 이 평화는 잠시의 평화에 불과했다. 고구려가 성장하기 위해서는 평야지대로 진출해야 했고, 그러기 위해서는 한나라와의 충돌이 불가피했다. 양국 다 이 사실을 알고 있었다. 단지 평화를 가장하며 잠시 숨을 고르고 있었을 뿐이다.

오늘 밤은 단잠을 잘 줄 알았다. 그러나 잠이 더 오지 않았다. 잠을 자야 할 시간에는 제대로 잠을 자지 못하고, 한밤중이나 새벽에 야간경계를 서고, 성벽에서 졸다가 순찰에게 걸려 혼쭐이 나는 일상이 열흘이 넘도록 이어지고 있었다. 그가 잠을 이루지 못하는 이유는 그놈의 망치소리 때문이었다. 대장간이 열흘째 철야로 작업중이었다. 낮이고 밤이고 쉴 새 없이 망치질을 해대는 대장장이들이야 진짜 죽을 고생이겠지만, 똑같은 톤으로 단조롭고 지루하고 끝없이 이어지는 금속음을 배겨내기란 쉬운 일이 아니었다. 잠자리에서 몸이 뒤틀리고, 어떨 때는 속이 다 울렁거렸다. 그 망치소리가 오늘 드디어 그쳤다. 죽은 듯이 쓰러져 3일은 잘 수 있을 줄 알았는데, 이상하게 잠이 오지를 않았다. 돗자리 위에서 내내 몸을 부비던 병사는 근무시간이 되기도 전에 그냥 밖으로 나왔다.

흙으로 쌓은 성벽의 모닥불 옆에 세 사람이 앉아 있었다. 두 사람은 근무자였고, 또 한 명은 자신과 같은 다음 번 경계병이었다. 그도 잠을 이루지 못하고 미리 나온 모양이었다. 한 명은 창자루를 거머쥔 채 계속 졸고 있었다. 그를 부러워하며 세 사람은 낮은 소리로 이야기를 시작했다. 두 사람도 잠을 이루지 못하고 있다고 했다. 그러나 그 이유는 자신이 알던 이상이었다. 망치 소리가 끊긴 이유는 철의 재고가 떨어졌기 때문이었다. 철을 생산하는 야철지는 강을 따라 3일을 내려가야 했다. 그러나 무슨 일인지 3일 전에 와야 할 철을 실은 뗏목이 도착하지 않았다. 영문을 알아보기 위해 기병이 급히 출동했지만 그들도 아직 소식이 없다고 했다. 그 얘기를 들은 병사는 자신이 들고 있는 창을 바라보았다. 창대에는 창날이 달려 있지 않고 끝을 뾰족하게 깎아놓았다. 나머지 두 사람의 창도 마찬가지였다. 네 사람의 창 중에 창날이 달린 창은 잠 자는 친구가 껴안고 있는 한 자루뿐이었다.

한 명이 군영 경비를 맡은 친구에게서 들은 이야기에 의하면, 오늘 장교들이 화살촉의 수량을 늘리기 위해 장촉 생산을 중단하고 좁고 작은 촉만을 생산하자는 방안을 놓고 오후 내내 토론을 벌였다. 하지만 더 불길한 소식이 촌장의 집에서 나왔다. 한 명이 오전에 촌장 집 울타리를 고쳐주다가 직접 들은 이야기라고 했다. 말갈족이 북쪽으로 이틀 거리에 있는 골화부리 촌을 습격했다는 정보였다. 그건 충격이었다. 말갈족이 이렇게 가까이 내려온 적은 없었다. 그렇다면 갑자기 대장간을 철야로 가동시키는 이 소동이 말갈족의 침공 때문이었나? 그것도 아니었다. 더욱 놀랄 일은 말갈족이 촌락을 약탈하다 말고 도중에 철수해 버렸다는 거였다. 그들은 무엇엔가 놀란 듯 화들짝 북쪽으로 달아나

제3장 삼국의 풍운

버렸다고 한다. 더 무서운 적이 가까이 오고 있다는 의미였다.

　촌장 집에서는 촌장과 마을의 유지들이 하루 종일 침통한 표정으로 토론을 했다. 귀동냥으로 들어보니, 이젠 어쩔 수 없다, 어느 쪽이든 확실하게 붙어서 그들의 지원을 받아야 한다, 안 된다, 그렇게 했다가는 속박을 당하고 갖은 요구에 시달리고 전쟁에 끌려나가 더 많은 사람들이 죽게 될 거다 등등의 소리가 튀어나왔다. 한때는 고함소리도 나고, 목소리가 높아지더니 갑자기 소곤소곤해졌다. 그래서 결론이 어떻게 났는지, 강한 세력에 붙기로 했다면 어디로 붙기로 했는지는 듣지 못했다고 했다.

　그의 이야기를 들으니 부쩍 더 불안해졌다. 한 명이 가래침을 뱉으며 세상이 왜 이리 더러워졌냐고 주저리주저리 불평을 늘어놓기 시작했다. 그러나 갑자기 엄습한 심한 불안감으로 그의 이야기가 잘 들리지 않았다. 미지의 군대가 3일 혹은 5일 거리 밖에 있다고 한다면 그 시간 내에 제대로 무장을 갖출 수나 있을까? 도와줄 세력을 찾자고 하지만, 며칠 사이에 그게 가능할까? 진심으로 도와줄 세력이 있기나 한 걸까? 그들은 충분히 강한 것일까? 적이 그들보다 더 강하다면? 의문이 끝이 없이 일었다. 그는 불안한 마음에 몸을 세우고 성벽 너머를 둘러보았다. 아무런 불빛도 없고, 소리도 들리지 않았다. 달빛에 잠긴 흐릿한 세상은 큰 이불을 덮은 듯 미동도 하지 않고 잠들어 있었다. 평소에는 아름답고 평화롭다고 느껴지던 장면이지만 오늘은 그렇지 않았다. 갑자기 그 어둠이 무섭게 느껴졌다. 그것은 커다란 장벽과도 같았다. 어둠이 가려주는 시야의 바깥쪽에서는 무슨 일이 벌어지고 있는 걸까? 군대가 이미 숨어 있거나 화살이 어둠 속에 숨어 지금 날아오고 있는 것은 아닐까? 교대 시간을 알리는 딱딱이 소리가 성벽을 타고 들려오기 시작했다.

　졸던 친구는 벌떡 일어나더니 금속 날이 달린 창을 새 근무자에게 쥐어주고는 총총걸음으로 마을로 내달았다. 창을 받은 친구는 예의 불평분자였다. 그는 계속 뭐라고 투덜거리며 성벽 위로 올라왔다. "뭐가 보이나?" 불평분자가 나직히 물었다. 성 위에 먼저 올라와 있던 걱정 많은 친구가 그를 돌아보는 듯하더니 그대로 꼿꼿이 쓰러졌다. 동시에 그의 뒤에서 검은 그림자가 나타났다. 불평분자는 놀라 창을 앞으로 쳐들었다. 그 순간 그의 눈 가득히 성벽을 넘어 들어오고 있는 새까만 그림자들이 보였다. '적이다!'라고 소리치려고 했지만 말이 되어 나오지 않았다. "소리를 질러야 하는데, 소리를 질러야 하는데……" 그것이 그가 이승에 남긴 마지막 외침이었다.

복원된 위례성 성문 충남 부여 백제역사문화단지

1 악전고투

처음에는 그 누구도 몰랐겠지만 주몽의 부여 탈출은 격동의 시기를 예고하는 사건이었다. 그 최초의 파장이 떨어진 곳은 의외로 만주가 아니라 한반도였다. 기원전 19년 여름경, 주몽의 배신에 분노하며 10개 부족과 함께 남하한 소서노와 비류, 온조 일행은 다음 해인 기원전 18년 봄에 한강변의 위례성에 도착했다(5월에 동명왕묘를 세웠다는 기록으로 보아 이들이 한성에 도착한 때는 이보다 조금 일렀을 것이다).[1]

소서노 일행의 규모는 알려진 바가 없다. 그런데 기원전 11년 말갈족이 수도인 위례성을 포위한 적이 있었다. 백제는 정면대결을 못하고 성문을 닫고 농성했다. 이때 말갈의 병력은 3천 명이었다. 백제의 군사를 1천~3천 명으로 잡고, 병사 한 명당 5인 가족이 있다고 보면 위례성의 인구는 5천~1만 5천 명이 된다. 물론 위례성만이 아니라 도시 밖에 넓게 정착해서 살고 있는 주민들이 있었다고 보면 백제의 인구는 이 10배가 될 수도 있다.

최하 1만이라고 해도 가족을 동반한 집단이동이라는 점을 감안하면 이동속도는 상당히 빠른 편이다. 이들은 중간에 정착지를 건설하지 않고 지속적으로 남하했던 것 같다. 현재까지 압록강과 한강 사이에서 고구려족의 독특한 무덤 형태인 적석총이 전혀 발견되지 않는 것도 이들이 중간에 정착하지 않고 신속하게 남하했다는 증거로 보고 있다.[2]

고대사회는 영역국가가 발달하지 않아 민족이동이 후대보다는 자유로웠다. 그래도 살 만한 곳에는 다 사람들이 살고 있다. 이주를 위해서는 전쟁을 각오하는 용기와 도전정신, 약탈과 협박, 정복도 감행할 수 있는 잔혹한 결단이 필요했다.

소서노와 온조의 이동 과정과 그동안에 발생한 사건에 대해서는 한 줄의 기록도 남아 있지 않다. 그러나 이동 과정에서 발생한 사건을 추론할 수 있는 정황은 있다.

온조 집단의 출발보다 조금 앞선 기원전 58년, 지구 반대편의 스위스 바젤에서 제네바 일대에 살던 헬베티 족은 알프스의 좁고 척박한 환경에 싫증을 내고 좀더 풍요롭고 넓은 프랑스 평원지대로의 이주를 결심한다.

> 헬베티 족은 가능한 한 많은 수송용 말과 마차를 사들이고, 원정 도중의 식량 공급에 차질이 없도록 곡물 비축을 위해 많은 씨앗을 뿌렸다. …… 원정 준비가 끝나자 12개의 도시와 400개의 촌, 그리고 그 밖의 개인집에 불을 지르고 휴대할 수 있는 것을 제외한 모든 곡식도 소각하여 환국의 꿈을 버리고, 모든 위험을 견뎌내려고 마음먹었다. 그들은 각자 3개월치 식량을 빻아 휴대하고 원정하기로 했다. (카이사르 저, 박광순 옮김, 『갈리아 전기』, 범우, 2006, 22쪽)

헬베티 족은 용맹하기로 명성이 높은 종족이었다. 그들은 먼저 인접한 세콰

한성 백제의 상황

니 족에게 사절을 보내 자신들이 세콰니 영지를 평화롭게 통과하게 해달라고 협상을 걸었다. 협상이 성립하자 그들은 서로 인질을 교환하고 세콰니의 영지를 통과했다. 세콰니 다음은 하이두이 족의 땅이었다. 헬베티 족은 하이두이와는 협상을 포기하고 바로 약탈을 시작했다. 그러자 로마군이 출동해서 이들을 저지했다. 로마군의 개입만 없었더라면 그들의 시도는 성공했을지도 모른다. 좌절한 헬베티 족은 그들이 불태우고 떠나온 황량한 원거지로 돌아갈 수밖에 없었다. 카이사르의 기록에 의하면 이 행군에 참여했던 헬베티 족은 36만 8천 명, 원거지로 돌아간 백성은 11만 명이었다고 한다.[3]

소서노의 부족이 헬베티 족보다 적었다고 해도 그들이 겪은 과정은 비슷했을 것이다. 차이가 있다면 소서노는 이동과 정착에 성공했다는 것이다. 넓은 평야와 강이 있고, 북쪽은 산으로 남쪽은 강으로 막혀 있는 한반도 최고의 요지가 정치적 공백 상태로 주인을 기다리고 있었던 것이다. 온조 일행은 부아악(북악, 삼각산)에 올라 한강 유역의 지세를 보고 정착을 결정했다.

이들이 처음 세운 도시가 위례성이다. 위례성의 위치는 이곳에 머문 시기도 짧고 백제의 기틀도 마련하지 못했던 시기여서 비류수 강가에 있었던 초기 주몽의 거주지처럼 영원히 밝혀지지 않을지도 모른다. 그래도 학자들은 그 위치를 열심히 추정하고 있는데, 현재까지 거론된 지역은 삼각산 동쪽 기슭, 세검정 일대, 경기도 고양시, 서울 강북, 북한산성, 중랑천 일대 등 한강 북쪽에서 가능한 지역은 다 거론되고 있다. 그런데 옛날에 임진강을 건너 남하하는 길로 제일 애용된 코스는 적성을 지나 양주-태릉-광나루-경기도 광주로 가는 코스였다. 나중에 백제가 한강 남쪽에 세운 하남 위례성(풍납토성)도 이 축선 상에 있다. 그렇다면 강북에 있었던 하북 위례성으로 제일 유력한 지역은 아차산에서 중랑천 사이라고 생각된다. 이곳은 넓은 평지에 한강과 중랑천이 흘러 물도 풍부하다. 최악의 단점이라면 방어가 불편하다는 것인데, 중랑천을 해자 삼아 평지성을 쌓았거나 아차산 혹은 그 앞에 있는 홍련봉과 같은 얕은 구릉을 중심으로 촌락과 방어시설을 구축하지 않았을까 싶다.

나라 이름도 백제가 아닌 십제十濟였다. 십제는 환인에서부터 함께 내려온 10개 부족의 단합을 상징하는 국명이었다. 나중에 나라가 커지자 국명을 백제라고 바꾸었다. 왕가의 성씨도 해씨를 버리고 부여씨로 했다. 그러나 십제의 기대는 처음부터 어긋났다. 무슨 이유에선지 비류는 이들에게서 이탈하여 바닷가인 미추홀(인천)로 간다.

> 비류는 미추홀의 땅이 습하고 물이 짜서 편안히 살 수가 없었다. 위례로 돌아와 보니 도읍은 안정되고 백성은 평안하므로 마침내 부끄러워하고 후회하다가 죽으니 그의 신하와 백성들은 모두 위례에 귀부했다. (『삼국사기』 권23, 백제본기1 온조왕)

비류는 왜 미추홀로 이동했을까? 위의 기록에서 말한 대로 바닷가의 물에 염분이 많아 짜고 농사짓기에 나쁘고, 습하다는 사실을 몰랐다는 것은 말이 되지 않는다. 어쩌면 그는 육지의 강적들을 뚫고 나가기보다는 바다를 통해 다른 곳으로 남하하려던 생각이 아니었나 싶다. 그러나 이 계획은 실패했다. 위례로 돌아와 보니 "도읍은 안정되고, 백성은 평안했다."고 했다. 이 말에도 단서가 있다. 비류는 위례성 정착을 불안하게 여겼던 것이다. 그렇다면 그 이유는 무엇일까? 지세와 자연조건으로 보면 한반도에서 서울처럼 좋은 곳은 드무니 땅이 마음에 들지 않았을 리 없다. 그렇다면 남는 문제는 정치적·군사적 상황이다.

이 상황에 대한 암시가 온조왕 22년 마한왕이 온조에게 보낸 편지에 있다.

> 왕이 처음 한강을 건너 발 디딜 곳이 없자 내가 동북 100리의 땅을 떼어 거주하게 했으니 왕을 두텁게 대우한 것이다. (『삼국사기』 권23, 백제본기1 온조왕 24년 7월)

한성 유역 100리의 땅을 지배하고 있었다는 마한왕의 말에 과장이 있다고 하더라도, 이 편지는 온조가 왔을 때 마한 세력이 한강 유역을 방치 내지는 포기하고 있었다는 사실을 말해준다. 자신들이 한강 지역을 강력하게 확보하고 있었다면 절대로 온조에게 이 지역을 그냥 내주지 않았을 것이다. 물론 부족 이동이 심하던 시기였던 만큼 연타발이 주몽을 받아들이듯이 마한이 온조 집단을 받아들였을 가능성도 있다. 그렇다 하더라도 강력하고 무시할 수 없는 이 주민 집단을 받아들인다면 미개척지나 변방지역으로 보내는 것이 정석이다. 바보가 아닌 다음에야 경작, 방어, 교통 등 성읍을 세우기에 모든 요소를 골고루 갖춘, 우리나라에서 제일 좋은 한성 땅, 그 중에서도 남북 교통의 요지에 위치한 지역을 그냥 떼어줄까?

정상적인 상황에서는 절대 이럴 수가 없다. 그렇다면 무슨 말 못할 사정이 있었음에 틀림없다. 그 해답이 낙랑과 말갈족의 압박이다. 굳이 비중을 나누자면 말갈족의 남하가 더 큰 원인이 아니었나 싶다. 온조 집단은 위례성을 세우자마자 말갈족과 치열한 전투를 벌이게 되는데, 기원전 1세기에 정착지를 찾아 움직이는 집단은 소서노와 온조 세력만이 아니었다. 주몽이 고구려를 건설하고 그 세력을 압록강 또는 함경도 동해안 지역까지 확장하면서 그 파장은 주

복원된 위례성 마을 전경 충남 부여 백제역사문화단지. 이것은 일종의 미니어처다. 실제 위례성은 이보다 훨씬 넓었다.

변의 소국과 부족들에게까지 미쳤을 것이다. 말갈족의 본거지에 대해서는 여러 설이 있지만, 이들도 많은 부족으로 흩어져 있고 인구도 적지 않아서 서만주와 동만주, 한반도의 동북부에 이르기까지 폭넓게 분포했다. 주몽이나 온조와 마찬가지로 말갈의 여러 부족, 집단들도 평안, 함경, 강원 지역에 분포하면서 계속 남하했던 것 같다.

그래서 마한왕, 실제로는 마한의 여러 족장들은 온조 집단의 한강 유역 정착을 용인하는 대신 온조 집단에게 북쪽 방어벽 역할을 해달라고 요구했던 것 같다.

구체적인 내용에서는 상당히 다르지만, 훈 족이 유럽으로 들어오자 로마가 훈 족에 쫓겨 로마로 들어온 게르만 족을 국경에 정착시키고 그들에게 방파제 역할을 맡겼던 것과 비슷한 방식이라고 할 수 있다. 나중에 온조는 사로잡은 말갈 추장을 마한왕에게 보내기도 하는데, 이것도 자신들에게 맡겨준 국경방어를 잘 수행하고 있다는 표시였다.

● 『삼국사기』 초기 기사에 대한 논쟁과 이해

『삼국사기』 초기 기사의 신뢰성과 편년에 대해서는 오늘날까지도 논란이 그치지 않고 있다. 논란이 되는 사례는 수도 없이 많다. 백제의 건국 연대, 즉 비류와 온조가 고구려에서 이탈한 시점도 주몽대가 아닌 계루부의 독주체제가 만들어지는 태조왕대 혹은 그 이후라고 보는 견해가 있다. 이 견해에 따르면 비류와 온조는 주몽의 아들이 아니게 된다. 두 사람이 형제간이 아니었다고 보는 견해는 더욱 지배적이다. 처음에 비류와 온조 집단이 연맹을 형성하고 연맹장을 배출하다가 왕위가 온조계로 고정되면서 두 집단이 형제로 의제화되었다는 것이다. 이처럼 별개의 집단이 부자나 형제 관계 등으로 의제화되는 것은 고대 건국설화에 종종 발생하는 일이다. 고구려 건국 설화에서 독자적인 부족집단의 대표자였

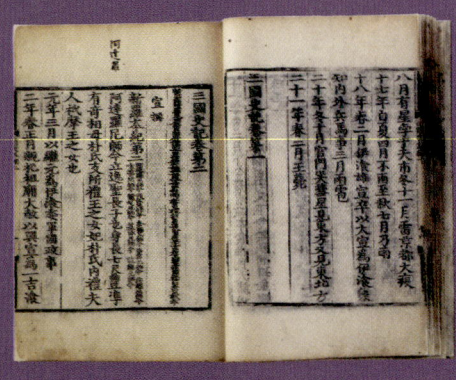

던 금와왕과 유화부인의 만남이 본래의 역사적 성격을 상실하고 개인적인 만남과 남녀관계로 변한 것도 그런 사례의 하나다.

고구려의 국내성 천도도 유리왕 때가 아닐 거라는 의견이 다수다. 이 추정이 맞다면 앞 절에서 서술한 유리왕과 대무신왕의 투쟁은 모두 수정해야 할 것이다.

주요 사건과 제도들이 만들어진 시기에 대해서는 더욱 이견이 많다. 전쟁 기사도 마찬가지다. 온조왕의 경우만 들어도 미추세력의 병합, 마한 정복, 일종의 지방행정구역인 부部를 정했다거나 아들 다루왕이 청주 지역까지 진출했다는 기사 등은 당시 실정과 맞지 않아서 국가체제를 정비하는 고이왕대와 근초고왕대의 사건이 잘못 기록된 것이라고 하기도 한다.

이러한 해석은 분명히 타당성과 가능성이 있다. 삼국의 초기 역사는 모두 문자로 기록되지 않다가 후대에 정리된 것이라 구전 과정에서 착오와 과장이 발생했을 가능성이 있다. 같은 사건이 신라와 백제본기에 각각 다른 연대로 기록된 경우도 발견된다. 문헌 기록과 광개토왕비나 무령왕릉의 지석의 내용을 비교해 보면 연대가 많이 다르다.

그러나 가능성이 있다고 하더라도 그것이 사실이 되려면 증거가 필요하다. 사료와 증거가 절대적으로 부족한 고대사의 사정을 감안해서 가설을 사용한다 하더라도 여러 가지 개연성이 존재할 수 있다는 점은 인정하고 열어두어야 한다. 예를 들어 비류와 온조의 경우, 형제가 아닐 가능성도 높지만 그렇다고 해서 고대 기록의 모든 혈연관계가 다 가공의 관계라고 단정할 수는 없다. 고구려나 백제 건국 당시 지배부족의 규모나 국

남한산성의 온조사당 『삼국유사』에서는 하남 위례성이 경기도 광주라고 해서 고려시대부터 위례성을 이곳으로 보는 견해가 있었던 것 같다. 조선시대에 남한산성 안에 온조사당(숭렬사)을 세웠다. 정약용은 직산설을 주장했다. 그러나 최근 고고학적 발굴의 성과로 몽촌·풍납 토성 일대가 오랫동안 궁금해하던 하남 위례성이었다고 거의 확정되고 있다.

가는 아주 작아서 혈연관계가 중요한 역할을 했을 가능성은 충분하다.

비류 집단의 재귀속이 온조의 미추홀 정복을 의미한다는 학설도 역시 여러 가능성 중 하나다. 비류와 온조가 형제든 아니든 이러한 민족이동기에 의견 대립과 분열은 종종 발생하는 현상이다. 따라서 분리와 재결합도 얼마든지 가능하다. 위례성 정착기에 인천을 정복하기란 불가능하다는 주장도 다르게 생각해 볼 수 있다. 이때의 정복은 후대의 국가와 같이 영역적 정복이 아니라 정치적 복속관계를 형성하는 경우가 많다고 보아야 한다. 이런 연맹적인 복속관계는 결합의 정도가 매우 느슨해서 의외로 넓은 영역에 빠르게 뻗쳐나갈 수 있다.

마한 정복이나 다루왕의 청주 진출도 영역적 정복이라는 개념에서 보면 비현실적이지만, 일시적 복속이나 약탈적 전쟁이라면 충분히 가능하다.

어느 나라 역사나 마찬가지지만 고대 사회의 진실을 판단하기는 참 어렵다. 이 책에서 기술한 내용마다 수많은 이설이 제기되어 있다. 이 책의 성격상 이러한 수많은 논쟁에 대해 일일이 고증을 제기하거나 반론을 제시할 수는 없다. 다만 전체적으로 고대 사료의 신뢰성에 대해서는 긍정하는 태도를 취하고, 개별적인 사실이 의심스럽다고 하더라도 그것이 의미하는 역사적 상황과 의미를 놓치지 않는 데에 중점을 두었다. 사료를 비판하거나 재해석을 할 경우에도 지나친 재해석은 경계하고 적극적인 증거나 논리가 뒷받침될 경우에만 채택하였다.

아차산에서 바라다본 풍납토성 전경

그런데 마한의 부족들은 이 길 잃은 부여족의 역량을 조금은 과소평가했던 것 같다. 어쩌면 말갈과의 싸움에서 버티기만 해도 다행이라고 생각했을 것이다. 그 판단이 아주 잘못된 생각은 아니었다. 비류도 이 선택이 위험하다고 생각하고 미추홀로 떠났으니 말이다. 비류의 이러한 판단에도 일리는 있었다. 서울은 가능성이 풍부한 땅이지만 그것은 강력한 힘을 가진 집단에게 해당하는 말이다.

그들처럼 작은 집단에게 서울은 방어선이 너무 넓다. 남한강, 북한강, 임진강, 예성강과 모두 연결되는 한강 수로 역시 마찬가지다. 지금처럼 쳐들어오는 적을 걱정해야 하는 시기에 사통팔달의 교통로는 장점이 아니라 공포다. 비류는 좀더 안전한 지역을 원했을 것이다. 그러나 소서노와 온조는 하늘이 준 기회를 놓치지 않기로 했다. 고통과 희생이 따르더라도 말이다.

비류가 위례성의 평안하고 안정된 모습을 보고 후회하다가 죽었다고 했지만, 그것은 결론적으로 그렇게 되었다는 이야기로 받아들여야 할 것 같다. 최초의 위례성은 긴장감 넘치고 소란스런 병영이었다. 건국 2년차 온조왕의 신년 연설은 다음과 같았다. "병장기를 수선하고 양곡을 저축해서 (말갈을) 막아 지킬 방책을 세워야 한다." 요즘 식으로 표현하면 "일하면서 싸우고 싸우면서 일하자."였다.

소서노와 온조는 주몽과 함께 새 나라를 개척해 본 경험이 있었다. 소서노는 주몽이 큰 도움을 받았다고 할 정도로 경영 능력을 갖춘 여걸이었고, 온조는 용사였다. 전사라기보다는 정치가다운 면모가 강했던 유리왕과 달리 온조는 전형적인 전사형 리더였다. 주몽의 친아들보다 양아들이 더 주몽다웠던 셈이다. 이들은 서둘러 마을을 건설하고 땅을 개간하고 식량을 비축하는 한편, 성을 쌓고 병기를 비축해야 했다.

초기 백제의 정착기는 말 그대로 일하면서 싸우고 싸우면서 일하는 처절한 것이었다. 이들은 개척과 건설공사에 몰두하는 한편, 주기적으로 군대를 보내 말갈족과 싸우고, 주변의 촌락과 세력을 위무하고 복속시키고, 철광과 같은 전략물자도 찾아야 했다.

백제인이 성을 쌓고 있는 모습 충남 부여 백제문화역사관

복원된 위례성 궁전 충남 부여 백제역사문화단지

복원된 위례성 옥좌 충남 부여 백제역사문화단지

　　백제가 이 지역의 맹주가 되기 위해서는 해야 할 일이 너무 많았다. 이 시기의 지배라는 것은 오늘날처럼 지방관을 파견하여 통치하고 완전한 자기 영토로 삼는다는 말이 아니다. 보통은 지역 내부의 세력구도는 건드리지 않고, 지방관을 파견하지도 않는다. 단지 그 지역의 촌락과 집단에게서 충성서약을 받고 그들로부터 물자와 인력을 징발하는 것이다.

　　어떤 지역 특히 수도 즉 중심부에 가까운 지역은 완전히 영토처럼 하나가 되는 지역도 있을 것이다. 이들은 세금도 내고 군대도 보내며 하나가 되어 싸운다. 중간지역은 결속력이 약하므로 군대를 보내 주둔시키면서 지배권을 과시한다. 그러면 주변의 지역들은 적당히 공물만 바치기도 하고, 마지못해 군대를 보내기도 할 것이다. 가장 먼 지역은 군대가 상주하지도 않고, 어쩌다 한번

풍납토성 전경 사진 가운데 초록색 띠가 남아 있는 성벽이다. 이 성벽으로 둘러싸인 안쪽이 위례성이었다.

와서 쓸고 가거나 멀리서 위협하는 경우, 양국의 세력 사이에 끼어서 어느 쪽에 붙어야 할지 애매한 경우다. 이런 지역은 일시적으로 공물을 바치거나 여러 세력에게 동시에 복속하기도 한다. 이런 지역에서는 군대를 보내겠다고 해도 안 받을 것이다. 믿을 수가 없기 때문이다.

고대로 올라갈수록 국경선은 애매하고, 세력판도는 들쑥날쑥하다. 기록에는 어디를 정복했다고 하고 멸망시켰다고 하는데, 얼마 후의 기록에는 멸망했다는 나라가 멀쩡하게 살아 있고, 다른 나라에 속해 있는 것처럼 보이는 경우도 잦다. 이런 경우는 한 번 밀고 올라가거나 한 번 복속한 것을 정복했다고 표현하기 때문이다. 그 지역의 입장에서는 한 번 머리 숙인 것뿐이고, 양다리를 걸치거나 잠시 복속했다가 정복군이 물러나면 원래의 주군에게 돌아갈 것이다.

고대의 영토 확장은 이런 식이다. 그러므로 영토 확장의 첫 단추를 끼우려면 먼저 주변 세력들에 대해 자신들의 힘과 가치를 증명하고 무력시위를 할 필요가 있었다. 백제는 말갈이 침공하면 병력을 내보내 싸우고, 평화 시에는 국경지역을 순회하면서 자신들의 힘을 과시했다. 하지만 이런 방식으로는 제대

고대의 마을과 방어시설(목책) 울산 검단리 마을 복원모형 (국립민속박물관)

로 된 보호자가 될 수 없다. 백제가 말갈족의 약탈로부터 이들을 지켜주지도 못하고 말갈족이 물러간 뒤에 무력시위를 하면서 세금만 거두어 간다면 또 한 명의 약탈자와 다름이 없다. 이런 상태가 지속된다면 마지못해 세금은 내겠지만 불만은 높아갈 것이다. 말갈이 위례성을 포위해도 도우려 하지 않을 것이며, 백제가 곤경에 빠지면 제거하려 들지도 모른다. 진정한 동맹국을 만들어 내려면 먼저 진정한 보호자가 되어야 한다. 이를 위해서는 위례성에 웅크리고만 있어서는 안 되고, 중요한 통로와 요충에 직할의 성채나 도시를 건설해서 직접적인 보호지역을 확보해야 한다. 중앙에 경찰본부를 두고, 지역마다 파출소를 설치하는 것과 같은 원리다.

하지만 백제가 파출소를 설치하기도 전에 위기가 닥쳐왔다. 백제라는 새로운 배후세력을 눈치챈 말갈이 대규모 병력을 동원해서 위례성을 습격했다. 기원전 11년(온조왕 8년) 2월 말갈은 3천의 병력을 동원해 위례성을 포위했다. 백제군은 나가 싸우지 못하고 농성전을 폈다. 10일이 지나자 말갈군은 식량이 떨어져 후퇴했다. 온조는 친히 정병을 거느리고 대부현大斧縣(위치 미상)까지 쫓아가 500명을 죽이거나 포로로 잡는 대승리를 거두었다.

승리는 거두었지만 백제는 통치방식의 한계와 방어상의 불리함을 절감했던 것 같다. 7월 백제는 드디어 마수성馬首城과 병산책甁山柵이라는 2개의 요새를 세웠다. 요새 위치는 미상이지만(마수성을 포천으로 보는 견해가 있으나 정확하지 않다) 낙랑과의 접경에 있었다는 기록으로 보아 경기 북부나 임진강 유역인 듯하다. 아니면 위례성 아주 가까이에 붙어 있는 요새일 수도 있다. 이것은 백제가 좀 심하게 말해서 조폭과 같은 세력에서 진정한 국가로 변신하였음을 의미하는 것이었다.

북쪽에 접경한 낙랑은 당장 사신을 보내 성과 목책을 허물라고 요구했다. 허물지 않으면 자신과 전쟁을 하려는 의도로 받아들이겠다고 했다. 이 요구는 겉으로는 협박이지만 의미상으로는 말갈족의 공격을 이겨낼 것 같지도 않던 백제가 보여준 놀라운 성공에 대한 경탄과 두려움이었다. 온조는 이 협박에 굴하지 않았다. 요새를 허무는 것은 주변 집단에 대한 지배권을 포기한다는 의미였기 때문이다. 백제의 가능성과 의도를 확인한 낙랑은 바로 공격으로 나왔다. 이 공세의 힘과 위험도는 말갈에 비할 바가 아니었다. 그나마 낙랑이 백제의 잠재력을 뒤늦게 깨달은 것이 다행이었다. 건국 초기에 낙랑이 백제를 제거하려 들었다면 백제는 견뎌내지 못했을 것이다. 백제에게 또 하나 다행스러웠던 일은 낙랑이 백제의 위험성을 깨닫는 그 순간에도 마한의 왕들은 백제에 대해 태평했다는 것이다.

기원전 8년, 낙랑의 공세로 병산책이 함락되어 백제군 100여 명이 죽거나 사로잡혔다. 백제는 독산책과 구천책을 세워 방어를 보강했지만 아무래도 위례성의 방어력은 불안했다. 기원전 6년 2월, 향년 61세로 소서노가 사망했다. 소서노가 사망하기 전 노파가 남자로 변하고 호랑이 다섯 마리가 성으로 들어오는 변괴가 있었다고 한다. 이때 호랑이 다섯 마리는 적대세력의 침입을 설화화한 것으로, 소서노는 살해되었다고 보는 견해도 있다.

온조는 소서노의 사망을 구실로 위례성을 한강 이남으로 옮겼다. 이곳을 이전의 위례성과 구분하여 하남 위례성이라고 하는데 현재의 풍납토성과 몽촌토성 일대다.

풍납토성과 몽촌토성은 거의 붙어 있다. 후기에 도성으로 발전한 곳은 풍납토성 같지만, 정착 초기에는 요새화된 도시가 필요했다는 기준에서 보면 몽촌토성이 우월하다. 따라서 순전히 군사적인 관점에서 본다면 최초의 하남 위례

몽촌토성의 해자와 성벽 해자와 성의 구조를 보면 남쪽보다 북쪽에서의 공격을 대비하였음을 알 수 있다. 아래는 몽촌토성의 복원모형 (몽촌역사관).

성의 자리는 풍납토성보다는 몽촌토성에 점수를 주고 싶다. 한강으로 들어가는 탄천의 지류를 끌어들여 축조한 해자는 보기 드물게 넓고 성벽도 꽤 높고 공들여 쌓았다. 백제 도읍 초기부터 이런 성벽을 세웠는지는 알 수 없지만, 강변 평지에 쌓은 성치고는 대단히 훌륭한 요새로서 병력이 적고 두세 달을 지속하지 못하는 전쟁 수행 능력을 감안하면 결코 공략하기가 쉽지 않은 성이다.

학술적인 증거는 아니지만 몽촌토성을 둘러보았을 때 부여계나 고구려계 주민들이 쌓은 것이 틀림없다는 확신을 주는 풍경이 하나 있다. 성벽 북쪽의 중앙부 제일 높은 곳에 올라서서 성의 내부를 돌아보면 토성 내부 전체가 둥근 원반이 45도 정도로 기울어진 형태로 한눈에 들어온다. 고구려의 환도산성, 백암성, 안시성의 내부와 똑같다. 말갈족의 압박에 강 남쪽에서 새로운 도읍지를 찾던 부여 유민들은 이 언덕에서 고향의 정경과 희망을 보았던 것은 아닐까?

풍납토성은 몽촌토성과 달리 강변 평지에 있다. 앞으로 전모가 더 밝혀져야

풍납토성 성벽 구조 내부에 판자와 기둥으로 골조를 세우고 성벽에는 점토를 발라 방수처리를 했다(수원화성박물관). 아래는 현재 남아 있는 풍납토성 성벽 일부인데, 골격으로 사용한 목재가 보인다.

하겠지만, 그렇다고 만만한 곳은 아니었다. 현재까지 발굴된 결과로 보면 3중의 해자를 두르고, 비록 토성이지만 지금 보이는 성벽보다 훨씬 높고 탄탄한 성벽을 둘렀다. 해자는 폭 1.6~2.2m, 깊이 1m 정도의 호를 3~4m 간격으로 팠다.[4] 성벽은 안에 나무로 기둥을 세우고 중간 중간에 판자로 지붕을 덮어 골격을 구성하고 그 위에 흙을 쌓았다.[5]

성 안의 집들은 궁성과 신전 같은 특별한 건축물도 있었지만, 아직까지 일반 백성의 집은 움집 형태였다. 좀 좋은 집은 육각형 구조로 정면

위례성 시대의 움집 (복원모형)

에 출입문을 단 것도 있었다.

당시 백제의 영역은 북쪽은 패하浿河(임진강), 남쪽은 웅천熊川(금강), 서쪽은 서해바다, 동쪽은 주양走壤(춘천)이었다고 한다. 그러나 이때 벌써 남쪽 국경이 마한의 중심지인 금강까지 미쳤다는 사실에 대해서는 의문이 제기되고 있다. 온조왕 때의 역사는 문자로 남은 기록이 없었다. 근초고왕 때 박사 고흥이 처음으로 역사를 편찬하고 기록을 남기기 시작했다고 하니 초기 기록은 후대에 구전과 기억을 더듬어 정리한 것이다. 그런데 국경과 영역은 소유권 분쟁이 있다 보니 항상 선조 때부터 자신들이 정착해 온 곳이라고 주장하는 경우가 많다. 이런 사정으로 착오가 발생했을 가능성이 있다.

기원전 2년, 새로운 적 낙랑이 한성까지 남하해서 위례성을 불 질렀다. 이것이 하남 위례성의 함락을 의미하는 것은 아닌 듯하다. 하남 위례성을 포위하다가 성을 불 질렀다거나―당시 성은 토성으로, 흙으로 다진 비탈 위에 목책을 세우는 구조여서 성벽을 불살랐다는 표현이 가능할 수도 있다―옛 도읍인 하북 위례성을 태웠다는 의미인 듯하다. 하남 위례성은 버텨냈지만 타격은 심각했을 것이다. 낙랑이 위례성까지 남하했다면 도중에 있는 많은 성읍과 촌락을 그냥 지나쳤을 리가 없다. 이런 일이 발생할 때마다 많은 지역이 낙랑에 귀순하거나 동요하고 자신들의 맹주에 대한 불신이 커진다.

다음 해 가을 추수철을 맞아 말갈이 다시 습격해 왔다. 추락한 리더십을 회복하기 위해 온조는 위험을 무릅쓰고 몸소 국경까지 출격했다. 양군이 마주친

곳은 칠중하였다. 칠중하란 칠중성에서 내려다보이는 임진강 곡류 지점이 틀림없다. 나중에 호로고루성이 세워지고 고랑포가 자리잡는 여울목으로, 앞으로 수많은 북방 군대가 사용하게 되는 도하지점이다. 초기 백제의 군사도시인 육계토성이 자리잡은 곳도 이곳이다.

온조의 용기는 보답을 받았다. 말갈족을 맞아 백제군은 보기 드문 대승을 거두었다. 온조는 사로잡은 추장들을 마한으로 보내고, 나머지 포로는 모두 산채로 생매장시켜 버렸다. 자신들의 건재함과 의지를 알림과 동시에 배신자와 동요자를 위협하기 위해서였다.

낙랑 및 말갈과의 분쟁이 그치지 않던 기원전 11년에서 20년 사이 전쟁은 갈수록 크고 위험하고 격렬해져 갔다. 그러나 겉보기와는 다르게 이 와중에 백

육계토성

칠중하 유역에 자리잡은 백제의 대표적인 군사거점 도시다. 1996년 홍수로 성벽과 둔전을 경영한 듯한 경작 유적이 드러나면서 세상에 알려졌다. 임진강의 남쪽 하안단구를 이용해서 축성한 성벽과 도시로, 이곳은 최근까지도 군부대가 주둔했으며 성벽에는 현대식 참호와 방어진지가 구축되었을 정도로 군사적 요충이다. 왼쪽 사진의 축대는 현대에 보강한 것으로 원래는 토성이다. 기록에 자주 나타나는 마수성이나 병산책이 이곳일지도 모른다.

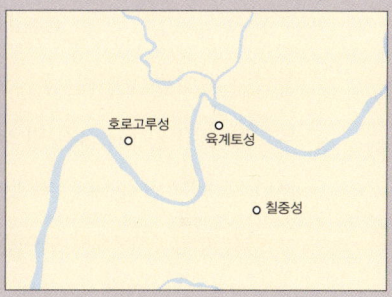

제는 더욱 강해지고 있었다. 온조는 낙랑과 전쟁을 벌이는 동안 이탈 세력을 방지하고 붙잡았을 뿐 아니라, 느슨하던 동맹을 더욱 체계적이고 종속적인 관계로 재편하는 데에 성공했다. 온조왕 20년경부터 백제군의 규모와 전쟁의 양상은 판이하게 변한다. 아래의 두 기사를 비교해 보자.

> 온조왕 10년(기원전 9년) 겨울 10월에 말갈이 북쪽 경계를 노략질했다. 왕은 군사 200명을 보내서 곤미천 가에서 맞아 싸우게 했다. 우리 군사가 패배하여 청목산을 의지하고 스스로 지켰다. 왕이 친히 정예 기병 100명을 거느리고 봉현으로 나가 구원하니 적이 곧 물러갔다.
>
> 온조왕 22년(서기 4년) 9월에 왕이 기병 1천 명을 거느리고 부현 동쪽에서 사냥을 하다가 말갈적을 만났다. 한 번 싸워 격파하고, 포로를 잡아 장수와 군사들에게 나누어주었다.

위의 두 기록을 비교하면 기원전 9년과 서기 4년 온조왕이 거느린 병력은 확연한 차이를 보인다. 초기의 백제는 왕이 친히 거느리고 출동하는 군사가 겨우 100~200명이고, 3천 명의 적군에게 수도를 포위 당하던 나라였다. 그러나 15년 후 백제의 군대 동원 능력과 전쟁 수행 능력은 확실히 다르다. 이제 백제는 말갈과의 전투에서 보여준 용맹과 책임감으로 주변 부족에 대한 확고한 지배체제를 확립했다. 국력을 신장시킨 온조는 공세로 나가기 시작한다. 말갈족을 생매장한 그해 겨울 온조는 낙랑에게도 공격을 가해 우두산성(춘천 또는 황해도 우봉)을 습격했다. 중도에 눈을 만나 작전은 취소되었지만 이 사건 후 낙랑은 공세를 멈추었다.

자신을 얻은 온조는 마한을 넘보기 시작했다. 서기 6년 온조는 남쪽 국경인 웅천(위치 미상)에 요새를 세웠다. 이 소식을 들은 마한왕이 사신을 보내 온조의 배은망덕함을 꾸짖자, 온조는 부끄러워하며 목책을 헐어버렸다. 그러나 가슴 속의 야심까지 허물지는 않았다.

마한은 54개 국으로 구성되었다고 할 정도로 삼한 중에서도 가장 큰 연맹체였다. 하지만 그들의 결합은 수평적이고 느슨했다. 『삼국지 위서』 동이전에 의하면 이들 연맹은 기강이 약해서 형식적으로는 대읍인 국읍과 수장인 주사가 있지만 서로 통제가 되지도 않고 서로 간에 주종관계를 표현하는 의례도 없다고 했다. 이때의 국國은 지금의 군郡 규모였다. 마한 사람들은 상위권력의 간섭이 없는 자유로운 폴리스를 세우고 있었다. 그것은 살기에는 편했을지 모르지만 시대에 뒤처진 체제였다. 중국과의 교류로 집권적 국가체제의 기능과 위력을 알고 있던 낙랑은 백제의 위험성을 재빠르게 깨닫고 전면전을 불사했지만, 마한은 태평했다.

마한에서도 사태의 심각성을 직시한 사람은 있었을 것이다. 그러나 이런 선각자는 언제나 소수라는 것이 문제다. 대부분의 사람은 자신이 살고 있는 환경을 기준으로, 그리고 가능하면 긍정적으로 판단하는 경향이 있다. 온조에게 웅천책을 헐라고 요구했던 마한의 왕은 그런 선각자였을 가능성이 있다. 온조가 파괴를 거부하면 그것은 마한의 군장들에게 백제의 위험을 납득시키는 좋은 증거가 될 수 있었다. 그러나 낙랑의 철거 요구는 당당하게 거절하던 온조가 이번에는 선뜻 성채를 헐어버렸다. 낙랑은 이미 백제의 위험을 감지한 이상 목책을 허문다고 해서 달라질 것이 없었지만, 폴리스적 낭만에 젖어 있는 마한 사람들의 경우는 달랐다. 웅천책이 신속하게 철거되자, 백제에 대한 마한인의 경각심을 높여 마한인을 하나로 엮어 보려 했던 일부 선각자들의 시도도 실패로 돌아갔다.

마한인이 자신들의 실수를 깨닫는 데는 2년도 걸리지 않았다. 서기 8년 10월 온조는 마한 정복을 시작한다.

> 겨울 10월에 왕이 군사를 내어 겉으로는 사냥한다고 하면서 몰래 마한을 습격해서 국읍을 병합했다. 다만 원산성과 금현성의 두 성만은 굳게 지켜 항복하지 않았다. (『삼국사기』 권23, 백제본기1 온조왕 26년)

끝까지 저항하던 원산성과 금현성은 다음 해 4월에야 떨어졌다. 이것은 마한이 단결해서 싸웠더라면 온조의 마한 정복이 쉽게 성공할 수 없었음을 말해 준다. 그러나 이것은 쓸데없는 가정이다. 세계 모든 역사상 선각자가 현실안주주의자보다 많았던 적은 한 번도 없다. 다만 이때는 정복이라는 것이 영토적 점령이었을 리 만무하므로 마한이 백제에 흡수되어 소멸하지는 않았다. 백제는 손쉽게 넓은 영역을 점령했다. 마한의 도시들은 자유로운 독립체였으므로 강한 나라가 갑자기 쳐들어와서 헤집고 다니거나 적국의 어느 주요 거점 하나를 점령하면 일정한 예물을 바치고 존경을 표시하는 국가가 의외로 많았을 것이다. 물론 그들은 백제만이 아니라 주변의 덩치들에게 다 일정하게 예의를 표했을 것이고, 이런 복속은 일시적이었을 가능성도 높다. 그렇더라도 이것은 커다랗고 의미있는 변화였다. 건국 26년 만에 온조는 작은 군현 정도의 집단에서 경기도와 충청도, 혹은 전라도 일부까지 포함하는 지역에서 맹주급 위상을 지닌 한반도 최강의 세력으로 성장했다. 당연히 국력도 크게 증가했다. 서기 16년 마한의 옛 장수였던 주근이 지금의 춘천이나 한성의 동북쪽 어디쯤으로 예상하는 우곡성에서 반란을 일으켰다. 온조는 직접 출동해서 반란을 진압했다. 이때 동원한 병력이 5천이었다.

　온조는 이후에도 20년을 더 집권했다. 백제의 성공을 대변하듯, 말갈의 약탈자들이 잠깐 준동하는 것 외에 별다른 전쟁은 더 이상 발발하지 않았다. 이 기간 동안 온조는 마한 지역의 요충에 성을 쌓고, 국가를 동서남북으로 나누어 부部를 설치하는 등 내정에 힘썼다. 환인에서부터 혹은 동부여로부터 내려온 부여인들의 감회는 더욱 남달랐을 것이다. 근 반세기 동안 그들은 미래를 예측할 수 없는 불안과 일하며 싸우고, 싸우고 일하는 악전고투 끝에 이 세계의 정복자가 되었다. 하늘의 보답인 듯 그들에게 반세기의 평화가 주어졌다. 하지만 그동안에도 진정한 전쟁이 준비되고 있었다.

2 서쪽의 해, 동쪽의 달

28년 온조가 죽자 맏아들인 다루왕이 즉위했다.

다루왕 치세에 내정과 외정에서 특징적인 변화가 발생했다. 내정에서는 앞으로 백제를 이끌어 갈 귀족 세력이 등장하기 시작했다. 백제가 영토를 확보하고, 동서남북의 부로 나누어 통치와 관리를 분담하기 시작하자 자연스레 권력을 획득하고 성장하는 가문들이 발생했다. 대표적인 인물이 동부의 흘우, 고목성의 곤우, 북부의 진회다. 흘우와 곤우는 말갈과의 전쟁을 계기로 부각되기 시작했으며, 재상직인 좌보와 우보를 나누어 맡았다. 곤씨의 후손인 곤해마려는 나중에 일본으로 건너가 가리다카雁高 씨가 되었다. 자신들이 구수왕(백제 6대왕, 재위 214~234년)의 후손이라고 했다고 한다.[6]

진회는 고이왕과 근초고왕의 개혁정치에 참여하면서 크게 성장해서 근초고왕 때는 왕비를 배출하는 한성 백제 시절 최고의 귀족가문으로 성장한다.

외정은 조금은 고민스러웠다. 사실은 이 무렵 백제는 자신들의 미래를 좌우할 중요한 결단을 내려야 했다. 만주에서건 한반도에서건 승자만이 살아남을 수 있는 시대가 이미 시작되었다. 승자가 되려면 정복과 성장이 필수였다. 그렇다고 무조건 사방으로 군대를 내보낼 수는 없었다. 아직 작은 나라 정복전쟁에 동원할 수 있는 재정과 병력은 극도로 제한적이었다. 바둑이나 장기처럼 최대한 신속하고 효율적으로 요충과 영역을 확보해야 했다. 이 시기에 중앙정보부가 있었는지는 모르겠지만, 사방의 지리와 군읍의 상황을 알기 위해 정찰병과 정보원들이 바쁘게 움직였을 것이다.

그러나 또 하나의 걸림돌이 백제의 발목을 잡았다. 말갈족은 지칠 줄 모르고 국경을 습격하였다. 이전처럼 수도를 위협할 정도까지는 아니라고 해도 백제의 남방진출을 억제하기에는 충분했다. 다루왕 7년에는 마수성이 함락되는 불상사가 발생하기도 했다.

서기 56년(다루왕 29년)이 되어서야 이 말갈의 활동이 뜸해졌다. 다루왕은 즉시 남방공략을 준비한다. 서기 63년 10월 다루왕이 이끄는 백제군이 낭자곡성에 나타났다.

● 말갈의 침공 기록

연 도	왕	내 용
기원전 16	온조왕 3	9월 말갈이 북쪽 국경 침공, 온조가 격멸
기원전 11	온조왕 8	2월 말갈 3천 명 위례성 포위, 철수하는 적을 공격
기원전 9	온조왕 10	10월 말갈 북쪽 국경 약탈, 200명 파견했으나 패배
기원전 8	온조왕 11	4월 말갈 병산책 습격, 100명 사상 포로
기원전 1	온조왕 18	10월 말갈 급습, 칠중하 전투에서 말갈 격멸
서기 4	온조왕 22	9월 기병 1천으로 사냥하다가 말갈과 조우, 대승리
서기 22	온조왕 40	9월 말갈 술천성 침공, 11월 부현성 습격 100명 살상
서기 30	다루왕 3	10월 흘우, 마수산 서쪽에서 말갈 격파
서기 31	다루왕 4	8월 고목성 곤우가 말갈 격파, 수급 200 획득
서기 34	다루왕 7	말갈 마수성 함락 방화, 10월 병산책 습격
서기 55	다루왕 28	8월 말갈이 북쪽 국경 습격
서기 108	기루왕 32	말갈, 우곡성 침공하여 백성 약탈해 감

낭자곡성은 현재 충북 청원군 북이면에 해당하는 낭비성으로 보고 있는데, 김정호는 『대동지지』에서 낭자곡성은 청주가 아닌 충주라고 보았다. 전술적 관점에서 보면 청주보다는 충주가 더 적합하기는 하다. 한성에서 충북으로 남하하려면 남한강 수로를 따라 충주, 단양으로 내려오는 방법이 제일 합리적이기 때문이다. 고구려의 장수왕도 이 길로 남하했고, 이후의 무수한 전쟁에서도 이 길이 이용되었다. 하지만 이때의 영토 확장방식이 전략 요충으로 바로 진군해서 격돌하는 후대의 정복전쟁과 달리, 성읍과 촌락을 하나하나 복속시켜 가거나 약탈하는 과정이었음을 감안하면 수로를 버리고 육로로 진군했을 가능성도 높다.

다루왕의 충북 진출은 조금 의외다. 백제라면 먼저 마한을 공략해서 서해안을 따라 충남·호남 지역으로 진출해야 할 것 같아서다. 그래서인지 이 기사가 후대의 기록이 삽입된 것이라고 보는 견해도 많다. 그러나 이런 견해는 초기 백제의 지도자들을 바보 취급하는 것과 같다.

모든 길은 로마로 통한다는 말이 있다. 정복을 시도하려면 훌륭한 도로가 필수다. 그래야 비용과 시간을 절감하고, 빠르게 효과적으로 정복지를 확대할 수 있다. 한성이 보유한 최고의 도로는 남한강 수로다. 경기·충북 지역으로 단숨에 내려가며, 풍족한 이천·여주 평야와 충주평야를 확보할 수 있다. 대신에 세상은 공평해서 훌륭한 도로는 적의 침공도 수월하게 만든다. 안타깝게도 한성은 한강 수로의 상류가 아닌 하류에 위치하고 있어서 이 문제가 더 심각하다. 그러므로 한성의 안전을 확보하기 위해서는 남한강 수로의 시발점을 장악하는 것이 필수다. 자고로 공격에 집중하려면 먼저 수비가 안정되어야 한다. 그러므로 적은 비용과 노력으로 정복을 추진하기 위해서도, 정복 이전에 한성의 안전을 담보하기 위해서도 백제는 먼저 남한강 상류 즉 충북 지역을 확보해야 했다.

다루왕의 낭자곡성 진출은 지극히 정상적이고 합리적이며, 사실은 절실한 수순이었던 것이다. 다루왕은 낭자곡성에서 진군을 멈추고 신라의 탈해왕에

원삼국시기 말 모양 허리 고리
천안 청당동 출토, 국립중앙박물관 소장

백제 초기의 왕명과 왕위계승

백제의 왕위계승도를 보면 온조왕-다루왕-기루왕-개루왕-초고왕-구수왕-사반왕-고이왕으로 이어진다. 온조왕 이후 '루婁'자 돌림의 왕이 연속해서 즉위하고 있음을 알 수 있는데, '루'자가 해부루의 '루'자와 같다는 사실에 착안하여 '루'자가 들어간 왕은 비류 집단 출신이라고 이해하는 견해도 있다. 나중에 온조계가 왕위를 장악하면서 이들이 온조의 후손들로 포장되었다는 것이다. 그럴 가능성도 없지는 않지만 아직은 추정할 수 있는 여러 가지 가능성 중의 하나라고 생각된다.

게 회담을 요청했다. 당시 신라는 경주평야에 자리잡은 소국에 불과해서 경상도 전체는 신라기보다는 진한으로 불렸을 가능성이 높다. 다루왕이 회담을 요청한 대상도 탈해왕을 포함한 진한연맹의 수장들일 가능성도 있다. 하지만 그 반대로 바로 그런 이유 때문에 다루왕이 탈해왕에게 면담을 요청했을 가능성도 있다. 소백산맥을 경계로 백제는 남쪽으로, 신라는 북쪽으로 뻗어나가야 하는 운명이었다. 그것이 지금 당장은 서로 간의 이해가 맞아떨어질 수 있는 부분이었다.

남북에서 동시에 정복전쟁을 시작할 수도 있고, 서로 동맹을 맺어서 각자의 영역에서 서로 간의 위상과 세력을 강화할 수도 있다. 하지만 탈해왕은 회담을 거절했다. 자세한 내막은 알 수 없지만, 이 사건은 삼국시대 전체 역사에서 아주 특별한 사례에 속한다. 국왕 간의 정상회담은 제안부터가 극히 드문 일이었다. 다루왕은 무슨 생각을 했던 것일까? 어쩌면 다루왕의 남진과 파격적인 정상회담 제의는 신라의 내부 사정과 관련이 있을지도 모른다.

신라가 역사에 처음 모습을 드러낸 때는 기원전 57년이었다. 이 해 4월 병진, 혹은 정월 15일에 13세의 소년 박혁거세가 즉위했다. 아직 왕이라는 명칭은 쓰지 않던 때라 정식 명칭은 거서간居西干이었다. 나라 이름도 신라가 아닌 서나벌徐那伐(서라벌)이었다. 거서간은 존귀한 사람을 부르는 호칭이었다고 하는데 '큰사람'이라는 뜻에서 온 말이 아닌가 싶다.

> (고)조선의 유민들이 산골짜기 사이에 나눠 살며 6촌을 이루고 있었다. …… 고허촌의 우두머리 소벌공이 양산 기슭을 바라보니 나정 옆의 숲 사이에서 말이 무릎을 꿇고 앉아 울고 있었다. 가서 보니 말은 문득 사라지고 큰 알만 하나 놓여 있었다. 그것을 쪼개니 어린아이가 나오므로 거두어서 길렀다. 나이가 10여 세에 이르자 남달리 뛰어나고 숙성했다. 6부 사람들은 그 출생이 신비하고 기이했으므로 그를 받들어 존경했는데, 이때 이르러 그를 임금으로 삼았다. 진한 사람들은 표주박[瓠]을 박朴이라고 불렀는데, 처음에 큰 알이 마치 박과 같았던 까닭

표암과 정상부의 이씨 시조비 (하) 경주시 동천동 탈해왕릉 바로 옆에 있다. 사로 6촌 중 하나인 알천 양산촌(급량부)이 위치했던 곳으로, 알천 양산촌의 시조인 알천이 하늘에서 이 바위로 강림하여 탄생했다는 전설이 있다. 육부의 촌장이 모여 왕을 세울 것을 의논했다는 곳도 이곳이다. 조선시대부터 표암 아래 사당이 건립되었고, 이들이 경주이씨의 시조라고 해서 정상부에는 이를 기념하는 비각이 세워져 있다.

에 박씨를 성으로 삼았다.

그런데 『삼국유사』에는 6부의 촌장들이 왕을 뽑은 배경이 좀더 현실적으로 정리되어 있다.

> 전한 지절 원년 임자(기원전 69년) 3월 초하룻날 6부의 시조들이 각기 자제들을 거느리고 알천 언덕 위에 함께 모여 의논했다. "우리들 위에 임금이 없어 뭇 백성을 다스리지 못하니 백성들이 모두 방종해져서 제멋대로 행동하고 있다. 그러니 덕 있는 사람을 찾아 임금으로 모시고 나라를 세우며, 도읍을 정하는 것이 좋지 않겠는가?" (『삼국유사』 권1, 신라시조 혁거세왕)

역사적으로 보면 『삼국유사』의 해석이 더 사실적이다. 하지만 그 이유가 더 오래된 사료를 사용해서 그런 것인지, 반대로 시대가 흘러 역사에 대한 지식과

제3장 삼국의 풍운

박혁거세가 태어났다는 신라 나정 경주시 탑동 700-1번지. 나정은 남산의 끝자락, 산과 평야가 만나는 지점에서 아주 살짝 돌출한 곳에 위치해 있다. 이곳은 신라에서 대대로 신성시되어 소지왕 혹은 지증왕 때에 신궁이 세워졌다. 2002~2004년까지 발굴 조사 결과 제사용 건물로 보이는 팔각건물 유적이 발굴되어 이곳이 신궁터라는 견해가 제기되고 있다. 아래는 멀리서 바라다본 나정.

해석력이 높아졌기 때문인지는 확실하지 않다.

 삼국의 건국설화를 보면 비류와 온조 이야기는 사료에 가깝고, 주몽신화는 전형적인 영웅서사시의 구성을 취하고 있다. 반면 박혁거세와 알영 이야기는 영락없는 '전설의 고향'이다. 신화만이 아니라 박혁거세와 다음 왕 남해차차웅과 유리이사금 시대의 기록도 전투로 얼룩진 고구려와 백제의 건국기와 달리 상당히 정적이어서 덕치와 인정을 강조하는 유가의 역사책을 읽는 듯한 느낌이 난다. 사로 6촌에서 왕을 선출한 이유부터가 엑소더스 상황에서 영웅이 탄생하는 고구려나 백제와 달리 박혁거세가 성인으로 추앙받을 만큼 지혜롭고 덕이 있었기 때문이라는 것이다.

 정말 덕이 있고 평화를 사랑해서였는지, 주변에 자신들보다 약한 나라가 없었기 때문인지는 모르겠지만 박혁거세는 전쟁을 벌인 기사가 한 번도 없다. 삼

알영이 탄생했다는 우물 오릉 안에 있으며 조선시대부터 비와 비각(아래 사진)을 세워 보호하고 있다.

● 삼국의 편년에 대하여

신라의 건국연대는 기원전 57년, 고구려는 기원전 37년, 백제는 기원전 18년이다. 많은 사람들이 이 연대에 의문을 제시하고, 신라계였던 김부식이 연대를 조작했다고 한다. 하지만 김부식의 조작설은 근거가 박약하다. 『삼국사기』는 김부식이 홀로 골방에서 저술한 책이 아니라 국가에서 관원을 두고 편찬한 정식 역사서다. 더욱이 『삼국사기』 이전에 편찬된 (구)『삼국사』가 있었고, 다른 고대의 기록들도 남아 있었다. 개인이 그런 짓을 할 수도 없고, 비밀을 유지할 수도, 이런 일을 자행하고 무사할 수도 없다. 김부식이 신라왕족이라고 하지만 고려는 공식적으로 고구려를 계승한 국가였다. 정말로 편년이 조작되었다면 오히려 통일신라시대에 조작되었을 가능성이 있다.

그런데 이 조작설의 근거는 삼국 중에서 가장 선진적이고 강력했던 고구려가 신라보다 편년이 뒤진다는 것은 말이 되지 않는다고 생각한 데서 시작한다. 하지만 꼭 오래된 나라가 강력해야 한다는 근거는 없다. 그리고 똑같이 건국이라고 해도, 고구려와 백제, 신라의 건국은 국가의 수준이 다르다. 신라의 건국은 경주 또는 주변 지역의 6개 집단이 연맹을 구성하는 단계였다. 부여는 기원을 알 수 없지만, 신라가 건국되기 훨씬 오래 전부터 존속했고 사로 6촌과는 비교가 되지 않는 영역을 지니고 있었다. 그러므로 부여와 비교하면 신라의 건국은 아주 늦고 걸음마 단계였지만, 연대상으로는 부여에서 갈라져 나온 고구려의 건국보다 빠를 수도 있는 것이다.

국항쟁기에 망해버린 고구려·백제와 달리 신라는 300년간 왕조를 유지한 덕분에 역사 서술에서 고대 세계의 투박함이 사라지고 더 세련된 형태로 정리된 탓일 수도 있다.

그러나 유가의 역사가들도 진실을 완전히 감추지는 않았다. 기원전 70년경 고허촌장 소벌공이 무언가를 기대하는 심정으로 먼 산을 바라보고 있었던 것이나 혹은 6부 촌장들이 모임을 가졌던 이유는 성인의 탄생을 예감해서가 아니라 현실의 불안감 때문이었다. 박혁거세와 부인 알영의 전설 바로 다음 『삼국사기』 신라본기의 네 번째 기사는 이렇게 시작한다.

> 왜인이 군사를 이끌고 와서 변경을 침범하려다가 시조가 거룩한 덕을 지니고 있다는 말을 듣고서 되돌아갔다.

왜군을 몰아낸 시조의 거룩한 덕의 실체는 사로 6촌의 연합군으로 구성된 서라벌군이었을 것이다. 이것이 사로 6촌장이 혁거세를 추대한 진정한 이유였다. 『일본서기』의 초기 기록은 편년에 논란이 많지만 대략적으로 보면 박혁거세의 치세에 준하는 시대는 10대 스진崇神 천황 시대다. 『일본서기』의 앞부분은 거의 신화로 채워져서 인간스러워진 다음에는 기사가 오히려 대단히 간략해진다. 그러다가 다시 기록이 풍부하고 사실적으로 묘사되기 시작하는 시기가 스진 천황 대부터다. 이것은 스진 천황 대부터 비로소 국가의 모습을 갖추고 고대사회가 조금씩 정리되기 시작한다는 것을 의미한다.

물론 이때의 천황은 일본 전역을 지배하는 천황이 아니다. 규슈에서 긴키 지역에 수없이 난립해 있던 수많은 소국 중의 하나로 그 중에서 유력한 국가였다. 『한서』에는 왜가 100여 국으로 나뉘어 있었다고 했다.

이 과정에서 갈등도 발생해서 이탈자도 생겨났다. 이 스진 천황 말년에 두 가지의 특별한 기사가 보인다. 먼저 스진 천황 17년에 처음으로 국가에서 배를 만들었다고 한다.[7] 정말로 배를 처음 만들었다는 이야기가 아니라 조직적으로 선박을 제조했다는 것으로, 이것이 의미하는 바는 정복과 약탈이다. 고대 일본의 배는 20명 정도가 타는 규모로 배 난간에 돌기 같은 것이 있다. 여기에 노를 걸고 저었다. 삼국시대 초기의 배도 형태가 대단히 유사하다. 스진 천황 때 배를 만들

고대 일본의 배

었다는 기록은 일본이 삼국의 배를 수입해서 대한해협을 건널 수 있게 되었다는 의미일 수도 있다.

동시에 이때 처음으로 신라에 대한 기사가 등장한다. 그 내용은 임나에서 처음으로 조공을 했는데(이때의 임나는 북쪽에 바다가 있다는 서술로 보아 한반도에 둔 임나가 아닌 대마도로 보고 있다), 이 임나의 동북쪽에 계림(신라)이 있다는 것이다. 즉 대마도와 일지도(이키시마) 일대의 세력들이 처음으로 신라에 대한 정보를 가지고 온 것이다.

대마도와 일지도는 조선시대까지 왜구의 소굴이었다. 이 무렵 일본사회 내부에 발생한 어떤 변화로 인해 왜구의 활동도 활발해졌던 것 같다. 이후 신라와 왜의 접촉이 시작되는데, 신라와 일본의 관계는 처음부터 악연으로 치달렸다.

> (스이닌垂仁 천황 2년) 임나인 소나갈질지가 고국으로 돌아가고 싶다고 말했다. …… 소나갈질지에게 후하게 상을 주었다. 붉은 비단 100필을 주어 임나의 왕에게 하사했다. 그러나 신라인이 길을 막고 빼앗았다. 두 나라의 원한이 이때부터 일어났다. (『일본서기』 권6, 스이닌 천황 2년 10월)[8]

일설에는 가야왕자 아라사등阿羅斯等이 비단을 받아 본국에 돌아가 자기 나라의 관청 창고에 두었는데, 신라가 이 소식을 듣고 쳐들어와 약탈해 간 것이 양국관계가 악화된 시초였다는 설도 있다. 어느 것이 진실이든 신라와 가야, 왜국이 국가체제를 정비해 가면서 밖으로 뻗어나가기 시작했고, 충돌이 시작되고 있음을 보여준다.

이러한 체제 정비작업은 국가 간의 충돌만이 아니라 내부적인 갈등과 이탈 집단도 만들었다. 연오랑과 세오녀 설화에서 보이듯이 신라에서 일본으로 건너가는 집단도 있었고, 일본에서 신라로 건너오는 집단도 있었다. 이런 인적 교류 역시 박혁거세가 왕이 되는 무렵부터 시작되고 있었다.

> 호공瓠公은 종족과 성을 자세히 알 수 없으나 본래는 왜인이었다. 처음에 박을 허리에 차고서 바다를 건너온 까닭에 호공이라고 불렀다. (『삼국사기』 권1, 신라본기1 박혁거세 38년)

박혁거세 만년에는 일본 혹은 일본 동북쪽(캄차카 반도로 보는 견해도 있다) 또는 서역에 있던 다파나국 출신이라는 석탈해 집단이 아진포로 상륙했다. 격동과 변화는 북쪽과 서쪽에서도 발생하고 있었다.

> 이보다 앞서 중국 사람들이 진나라의 난리를 괴로워하여 동쪽으로 오는 사람이 많았는데, 그 다수가 마한의 동쪽에 터를 잡고 진한 사람들과 더불어 섞여 살았다. (『삼국사기』 권1, 신라본기1 박혁거세 38년)

후대에 신라에서는 진한이라는 국명이 진나라 사람들이 피난 와서 나라를 세운 데서 유래했다는 전설이 생겼다. 그것이 진실이 아니라고 하더라도 북쪽에서 끊임없이 유이민이 들어오고, 이들이 신라의 성장에 적지 않은 영향을 미친 것은 틀림없는 듯하다.

기원전 1세기 만주와 한반도에서는 부족의 이동과 정치적 변화가 활발하게 발생하고 있었다. 앞장에서 살펴본 대로 만주에서는 북부여가 동부여로 이동했고, 유화부인, 우태, 연타발 등 부여인의 소집단들도 움직이고 있었다. 한사군의 영향도 무시할 수 없다. 기원전 28년(박혁거세 30년)에 낙랑의 세력은 한반도 최남단까지 뻗쳐 신라를 침공했다가 돌아갔다. 사방에서 이주민 집단이 흘러 들어오고 해적과 약탈자의 활동이 증가했다. 몇 개의 촌락들이 모여 살고 있는 산곡과 평야는 침략자나 약탈자들에게는 좋은 먹잇감에 불과했다. 위기를 느낀 그들은 동맹자를 찾아 연맹을 구성하기 시작했다. 그것이 서라벌의 시작이었다.

그러나 사로 6촌의 결합은 기대처럼 강하지 않았다. 사로 6촌의 위치와 규모에 대해서는 경북 일대로 확대시켜 보는 견해와 경주 일원으로 좁게 보는 견해가 대립하고 있는데, 경주 일대로 보는 것이 타당하다고 생각된다. 그리고 사로 6촌이라고 해서 6개 촌락만의 모임은 아니다. 『삼국유사』에는 사로 6촌 자체가 동쪽, 서쪽, 남쪽, 동북쪽 등 방위별, 구역별로 자리잡고, 일정하게 하위 촌락을 관장하는 촌락으로 묘사되고 있다.[9] 그리고 이 외곽에는 이런 도시국가 수준의 소규모 국가들이 여럿 존재하고 있었다. 신라가 최후의 승자가 되었기 때문에 우리가 그들에 대해 알 수 없을 뿐이다.

다만 그 중에서도 신라는 좀더 강한 큰형님뻘 국가였을 가능성은 높다. 도시국가라는 기준에서 보면 경주는 주변의 군현에 비해 상당히 좋은 조건을 갖추고 있다. 산으로 둘러싸인 분지면서 주변에는 너른 경주평야가 있다.

경주 선도산에서 내려다본 경주평야

가까이에 어족이 풍부한 바다가 있어 다양한 반찬거리를 제공해 준다. 도시의 양쪽은 형산강과 지류인 알천이 감아돌아 물과 하상교통, 시원한 바람을 제공해 준다. 경주의 최부잣집이 만석꾼으로 유명하지만 경주는 한말까지도 한성 다음으로 기와집이 많은 전국에서 제일 부유한 도시였다.

하지만 아무리 입지가 좋아도 서라벌 하나의 규모로는 사태를 감당할 수가 없었다. 위기는 계속 증폭되었다. 남해차차웅이 즉위한 뒤 3개월도 되지 않은 서기 4년 7월, 낙랑이 쳐들어와 금성(서라벌)을 포위했다. 신라는 간신히 성을 지킬 뿐이었다. 낙랑군은 잠시 후 저절로 물러갔다고 했지만, 이들의 목적이 정복이 아닌 약탈이어서 서라벌의 민가를 유린하고 수입을 챙겨 돌아갔다는 것으로 해석해야 할 것이다. 신라 정부가 상당한 헌납을 했을 가능성도 있다.

서기 14년 왜구가 100여 척의 배로 신라 해안을 침공했다. 6부의 군사를 출동시키자, 서라벌의 방어가 허술해졌다. 이 틈을 타서 낙랑군이 또 서라벌을 침공해 포위했다. 이들은 낙랑의 정규군이라기보다는 조직적인 약탈을 자행하는 모험집단이나 낙랑에 복속한 부족집단으로 생각된다. 병력도 그리 많지는 않았던 것 같지만, 서라벌 근처에 자리잡고 있어 신라의 동정에 밝았던 것 같다. 이 낙랑은 평양에 자리잡은 낙랑이 아니라 왕자 호동에게 멸망 당하는 최리의 낙랑인데, 최근 낙랑 목간을 분석한 결과에 의하면 이 최리의 낙랑국이 함흥에 있었다고 한다. 낙랑군이 토함산을 지나 북쪽으로 후퇴하는 것을 보면 동해안을 따라 남하해서 주왕산, 청량산으로 이어지는 태백산맥의 꼬리 부분이나 해안가에 자리잡고 있었던 것 같다. 이들의 기습으로 금성이 함락 직전까지 몰렸다. 『삼국사기』에서는 밤에 유성이 낙랑군 진영에 떨어지자 놀라서 후퇴했다고 했지만 이 역시 상당한 공물과 여자를 주어 돌려보낸 것이 아닌가 싶다.

계속되는 위기에 대처하기 위해 남해왕은 탈해 세력을 끌어들이는 결단을 내린다. 서기 5년 탈해가 남해왕의 맏딸과 결혼했다. 탈해는 온후한 이미지의 박혁거세와 달리 역사의 체격을 지닌 거한이었다고 한다.[10] 『삼국사기』에는 탈해가 아기일 때 상자에 실려 해안가로 떠내려왔다고 하지만, 『삼국유사』에 채집된 가야의 전설(가락국기)에서는 탈해가 신라로 오기 전 가야에 상륙해서 김수로왕과 패권을 다투었다고 했다. 단 여기에서 탈해는 거인이 아닌 체구가 작고 머리만 큰 외계인 같은 모습으로 묘사되어 있다.

> 이때 완하국 함달왕의 부인이 임신했는데, 산달이 되자 알을 낳았다. 알에서 사람이 나오니 이름은 탈해였다. 그가 바닷길을 따라 가야에 왔다. 키가 석 자에다 머리 둘레가 한 자나 되었다. 그가 흔연히 대궐로 가서 왕에게 말했다. "나는 왕의 자리를 뺏으러 왔소." 왕이 대답했다. "하늘이 나를 명해 왕위에 오르게 하고, 장차 나라 안을 안정시키며 백성들을 편안히 하도록 했다. 그러니 어찌 감히 하늘의 명을 어기고 그대에게 자리를 주겠으며, 또 어찌 감히 우리나라와 우리 백성을 네게 맡기겠는가." 탈해가 말했다. 그러면 "술법으로 겨룹시다." 탈해가 잠깐 사이에 매로 변하자 왕은 독수리로 변했다. 탈해가 참새로 변하자 왕은 새매로 변했다. 이 사이에 조금도 시간이 걸리지 않았다. 탈해가 본 모습으로 돌아오자 왕도 본 모습으로 돌아왔다. 탈해가 엎드려 항복했다. …… 탈해는 중국 배가 오가는 물길을 따라 떠났다. 왕은 그가 그곳에 머물며 난리를 꾸밀까 걱정스러워 수군 500척을 내어 뒤쫓았다. 탈해가 달아나 계림 경계로 들어가자 수군들이 모두 돌아왔다. (『삼국유사』 권2, 기이 가락국기)

변신술 얘기만 빼면 가락국기의 이야기가 훨씬 사실적이다. 탈해 집단이 바다를 건너다니는 모험가 집단이었다면 나름대로의 군사력도 갖추고 있었을 것이고, 해전에도 능했을 것이다. 그러나 2년 후 탈해가 신라의 재상인 대보大輔가 되어 군무와 국정을 맡고, 나중에는 왕위계승까지 약속 받는 것을 보면 두 세력의 결합에는 그 이상의 의도가 있었던 것 같다. 남해왕은 국난과 전쟁을 극복하기 위해 외부세력을 끌어들였지만, 동시에 그들과 결탁해 자신의 권력을 강화했다. 다음 유리왕 때 왕의 명칭이 차차웅에서 이사금으로 바뀌고, 6

● 차차웅과 이사금

박혁거세의 칭호는 거서간이었고, 남해왕은 차차웅, 유리왕은 이사금이었다. 『삼국유사』에서는 남해까지 거서간을 사용했다고 한다. 남해왕의 재위중에 명칭이 바뀌었거나 여러 칭호가 혼용되었을 가능성도 있다. 거서간은 높은 사람, 존귀한 사람이라는 뜻이었고, 차차웅은 8세기의 역사가 김대문에 의하면 처음에는 무당을 일컫는 말에서 존귀자를 의미하는 말로 바뀌었다고 한다.

단명한 거서간, 차차웅과 달리 이사금은 비교적 오랫동안 사용되어 금석문이나 『일본서기』 등에도 많이 나온다. 이사금이란 명칭은 잇금에서 유래했다고 하는 전설이 있다. 유리왕과 석탈해가 떡을 물어 이빨이 많은 사람을 남해왕의 계승자로 결정했다는 고사에서 유래한 것이라고 한다. 이후 이사금은 신라 통치자의 명칭으로 고정되어 18대 실성왕까지 사용되었다. 김대문은 잇금이 연장자를 의미한다고 했다. 이 잇금이 임금의 어원이 되었다고 하는데, 이 이야기는 이사금이라는 명칭에 힌트를 얻어서 역으로 만들어진 전설일 가능성이 높다. 혹 이것이 진실이라면 유리왕의 고사는 거서간이나 차차웅과 달리 잇금이 새롭게 창안한 용어임을 말해준다(이사금이란 호칭도 차차웅과 마찬가지로 무속적 개념과 존장자를 동일시하는 개념이었다고 보는 견해도 있다). 이사금이란 새 호칭의 등장은 국왕의 정치적 위상 역시 급속히 성장했다는 것을 암시한다.

석탈해 탄강유허비
석탈해가 도착한 아진포로 추정되는 곳에 세운 기념비. 1845년(헌종 11년)에 건립했다. 경주 양남면 나아리

경주 월성 정상부가 평평한 낮은 구릉이지만, 주변이 모두 평야지역이라서 일대를 굽어보는 중심적인 자리다. 나중에 이 주위에 안압지와 신라 왕궁이 건립되어 수도의 중심지가 되었다.

촌이 6부로 바뀌고, 6촌의 지배세력에게 성이 내려졌으며, 17관등을 정하는 정책이 시행되는 것은 이처럼 권력구도가 변화된 결과였다.

6촌의 사람들 중에는 이 변화를 국가와 사회의 발전이라고 여기는 사람도 있었을 것이고, 권력자의 배신이라고 여기는 사람도 있었을 것이다. 6촌의 원로들은 혁거세왕은 이러지 않았다고 중얼거렸을지도 모른다. 의외로 별로 구체적인 업적이 없는 박혁거세가 유달리 성인으로 기억되는 것은 첫 번째 왕이라는 후대의 프리미엄도 있었겠지만, 이들의 '좋았던 옛 시절'에 대한 추억과 후회의 소산은 아닐까?

그러나 역사적으로 보면 남해왕의 판단은 옳았다. 서기 14년 왜구와 낙랑의 침공 때 6부에서 동원한 병사가 1천 명이었다. 온조왕의 백제가 처음 1천 명을 동원했던 때가 마한 정복을 구상하기 시작하던 무렵이었다. 즉 1천의 군대는 오늘날의 1개 시나 군 정도 규모였던 주변의 소국에 대한 정복을 추진할 수 있는 규모라는 의미다. 남해왕과 탈해의 결합은 의외로 급속한 성장을 낳았던 것

계림 계림은 월성 바로 아래에 있다. 천년 동안 신성시되어 오늘날에는 아름드리 나무로 들어찬 신비한 숲이 되었다. 가운데 보이는 건물이 김알지를 기념하는 비각이다.

이다.

　서기 57년 오랜 기다림 끝에 석탈해가 왕위에 올랐다. 이때 나이가 62세였다. 석탈해에 관한 전설에 그가 호공의 집터가 좋은 것을 보고 숫돌과 숯을 집 옆에 몰래 묻어둔 뒤, 호공을 찾아가 숯과 숫돌을 증거로 들며 이곳이 자신의 선조가 살던 집이라고 하여 집을 빼앗았다는 이야기가 있다. 이 집터가 지금 석빙고가 있는 반월성 자리라고 한다. 월성은 경주 분지의 중앙이며, 벌판에 솟아오른 독특한 구릉으로 누가 봐도 이 일대에서 제일 좋은 집터임에 틀림없다.

　호공은 박혁거세왕 때 도래한 일본인이다. 석탈해의 고향이라는 다파나국이 일본의 다지마나 다마나 군이라는 설도 있다. 하여간 석탈해가 호공의 집을 빼앗았다는 것은 두 사람의 대결이 아니라 결탁을 의미하는 것이었다. 석탈해가 즉위한 다음 해에 호공을 대보로 임명하기 때문이다.

　남해왕과 석탈해의 결합까지는 그럭저럭 용납할 수 있었지만, 호공마저 2인자로 성장하는 것은 사로 6촌 사람들에게 '외인천하'로 비춰질 소지가 충분했다. 서기 64년부터 백제와의 전쟁이 시작되자 석탈해와 호공은 또 하나의 이주민 세력을 끌어들였다. 이 세력의 유래와 정체는 전설이라는 베일에 가려져 있지만, 이들은 이후 신라의 정치사를 크게 바꾸어 놓게 된다. 바로 김씨 왕조의 시조인 김알지 세력이다.

숭신전 석씨 왕가를 기리는 사당

(서기 65년) 봄 3월에 왕이 밤에 금성 서쪽 시림의 숲에서 닭 우는 소리를 들었다. 날이 새기를 기다려 호공을 보내 살펴보게 했더니 금빛이 나는 조그만 궤짝이 나뭇가지에 걸려 있고, 흰 닭이 그 아래서 울고 있었다. 호공이 돌아와서 아뢰자 사람을 시켜 궤짝을 가져와 열어 보았더니 조그만 사내아이가 그 속에 있었는데, 자태와 용모가 기이하고 컸다. 왕이 기뻐하며 좌우의 신하들에게 말하기를 이는 어찌 하늘이 나에게 귀한 아들을 준 것이 아니겠는가 하고는 거두어 길렀다. 성장하자 총명하고 지략이 많았다. 이에 알지라고 이름하고, 금궤짝에서 나왔기 때문에 성을 김金이라고 했다. 시림을 바꾸어 계림이라고 이름하고 그것을 나라 이름으로 삼았다. (『삼국사기』 권1, 신라본기1 탈해이사금)

그러나 같은 책인 『삼국사기』 미추왕 즉위기사에 보면 탈해는 알지를 궁중에서 키워 재상인 대보로 삼았다고 했다. 또 『삼국유사』는 이 사건이 발생한 때가 서기 60년 8월 4일 밤이었다고 한다. 『삼국사기』의 기록대로 알지가 서기 65년에 태어났다면 탈해가 죽은 해는 서기 80년이니 김알지가 15세도 되기 전에 대보가 되었다는 말이 된다. 그러니 서기 65년 혹은 60년 계림에서 닭이 울었던 날은 알지가 태어난 날이 아니라 알지 세력이 금성에 출현했거나 탈해의 동맹세력으로 반월성 옆에 정착한 날이었을 것이다.

김알지의 정체는 불확실하다. 서라벌 토착세력이었을 수도 있고, 탈해나 호공처럼 일본에서 온 세력이었을 수도 있다. 서기 37년에 낙랑이 고구려에 멸망 당하면서 낙랑인 5천이 신라로 유입된 사례가 있는데, 김알지가 이들과 관련이 있을 가능성도 있다. 아니면 신라 왕족들이 스스로 주장했듯이 진짜로 흉노족의 후예였든가(문무왕비에서는 김알지가 닭에서 태어났다는 전설을 부정하고, 자신들이 한무제 때 한나라에 귀순한 흉노왕자 김일제의 후손이라고 주장했다. 아마도 김씨가 왕이 된 후, 어느 시기부터 이것이 신라 왕족의 공인된 통설이 되었던 모양이다).

　석탈해와 김알지의 동맹은 신라 정치사에서 가장 획기적인 사건이었다. 탈해왕 이후 석씨는 김씨와 혼인관계를 맺고 신라왕계를 장악한다. 나중에 김알지의 후손이 석씨를 몰아내기는 하지만, 처음에 신라의 패권자가 될 가능성이 높았던 성씨는 석씨였다. 4대 왕인 탈해부터 16대 흘해이사금까지 13명의 왕 가운데 8명이 석씨였다.

　본론으로 돌아오면 석탈해는 신라를 굳건히 지켰지만, 내정에는 갈등의 소지가 있었다. 그 자신이 외부에서 들어온 세력이었고, 호공과 같은 왜인에다가 역시 사로 6촌의 토착세력이 아닌 것이 분명한 김알지까지 끌어들였다. 그러니 토착세력의 반감은 커질 수밖에 없었다. 이상이 서기 63년 다루왕의 군대가 남하를 시작했을 때의 신라의 정치 상황이었다. 다루왕이 탈해왕에게 회담을 요청했을 때는 탈해가 안팎으로 곤경에 처해 있던 사정을 알고 있었던 것이 틀림없다.

　다루왕이 회담을 제안한 이유는 알려져 있지 않다. 그러나 이 시점에서 다루왕에게 다른 소원이 있을 수가 없다. 그의 바람은 탈해로부터 소백산맥 북쪽 지역에 대한 백제의 지배권을 보장받는 것이다. 탈해 정권은 이주민 집단으로 구성되어 있다. 백제는 충북 지역을 확보하는 대가로 탈해의 정권 안정에 도움을 줄 수 있다. 반대로 백제가 위협을 가하면 내부 안정이 우선인 탈해로서는 백제와의 전면전보다 충북을 포기하는 쪽을 택할 수밖에 없을 것이다. 이것이 다루왕의 강온 전략이었을 텐데, 탈해는 회담 제안을 거부했다. 신라는 아직 소백산맥 남쪽도 제대로 평정하지 못한 작은 나라였지만, 한강 상류의 전략적

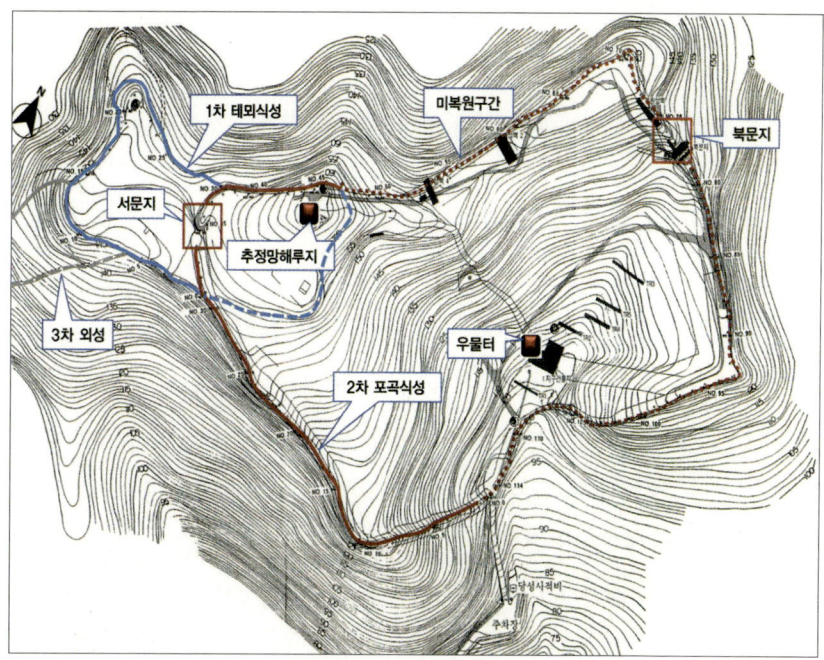

삼국시대 성과 조선시대 성의 규모 경기도 화성시 당성(경기문화재단, 『당성』 2009, 13쪽)

가치는 충분히 깨닫고 있었던 듯하다. 한강을 두고 각각 하류와 상류에 위치한 두 나라는 이미 공존이 불가능한 운명의 끈을 거머쥔 셈이었다.

회담의 결렬은 전쟁이었다. 다루왕은 바로 신라의 와산성과 구양성을 공격했다. 와산성의 위치 역시 확실하지 않다. 정황으로 봐서는 보은이거나 보은처럼 소백산맥을 넘어 신라로 들어가는 길목에 위치한 성이 분명하다.[11]

침공을 예상한 신라도 재빠르게 2천이라는 대병력을 동원하여 반격해 오는 바람에 다루왕은 공격을 중단했다. 66년에 백제는 끝내 와산성을 빼앗았다. 그러나 신라가 바로 반격해 성을 되찾았다. 서기 75년 다시 와산성을 점령했지만 이번에도 1년 만에 신라가 탈환했다. 이 전투에서 백제군 수비대 200명이 전멸했다.

백제가 공세의 주도권은 쥐고 있었지만, 아직 나라가 작고 가난했던 탓에 수비대를 충분히 주둔시킬 수가 없었다. 와산성 같은 전략요충에도 겨우 200명을 두는 것이 고작이었다. 이것은 고고학적 조사로도 증명되는데, 삼국 초기의 성은 고려나 조선시대에 세워진 성의 1/4 내지 1/5 규모에 불과한 것이 보통이다.

하지만 단기적으로는 몇십 배의 병력 동원도 가능했으므로 양국 다 뺏기는 쉽고 지키기는 어려웠다. 그 결과 뺏고 뺏기는 치열한 공방전이 지속되었다. 이제 혁거세의 시대는 완전한 전설이 되었다. 탈해왕의 시대는 전쟁이 끊이지 않았다. 백제는 아예 숙적이 되었고, 왜구에 가야까지 가세했다.『삼국사기』초기 기록은 거의 1년에 1개 정도의 기록밖에 없다. 이 정도면 아주 준수한 것이고, 몇십 년치 기록이 통째로 없는 경우도 있다. 4~5세기나 되어야 삼국이 모두 역사 기록을 시작하기 때문이다. 그러니 우리가 보는 전쟁 기록은 실제 전쟁의 극히 일부분에 불과하다. 기록에 누락된 전쟁 중에는 더 크고 충격적인 전쟁, 솔직히 기억하기 싫은 전쟁도 무수히 있었다고 보아야 한다. 우리가 알 수 있는 것은 그저 대체적인 경향과 역사의 흐름뿐이다.

서기 77년, 신라의 아찬 길문이 낙동강 하류지역인 황산진에서 가야군과 충돌했다. 가야군 전사자만 1천 명이었다. 이 전투를 시작으로 신라는 가야와도 전쟁 상태로 돌입하게 된다.

전쟁의 규모도 급속히 커졌다. 서기 116년 지마왕이 가야 침공에 동원한 병력은 1만이었다. 전쟁 빈도가 잦아지고 규모가 커지자 재정 부담도 커졌다. 전쟁이란 돈을 빨아들이는 수렁이다. 옛날에도 전쟁은 경제력 싸움이다. 전쟁의 승패가 경제력에 따라 결정되지는 않지만, 금고가 바닥나면 싸울 수가 없다. 이 시기에 약탈전쟁이 많고, 모처럼 빼앗아도 쉽게 빼앗기고 대병력을 동원해도 오래 싸우지 못하고, 공성전을 하다가도 쉽게 물러서는 이유는 경제력이 받쳐주지 못하기 때문이다.

탈해왕 시대에 전쟁이 잦아 벌써 신라의 재정은 파탄 상태가 되었다. 탈해의 뒤를 이어서 즉위한 파사왕의 첫 마디는 "창고는 텅 비었고, 병기는 무뎌져 있다."는 한탄이었다. 파사왕은 경제 회복에 힘을 기울여 "절약하고 검소한 생활로 씀씀이를 줄이고 백성을 사랑했다."는 평가를 얻었다.

● 서기 1~2세기 초반 신라의 주요 전투

연도	왕		내 용
73년	탈해왕	17	왜인, 신라 목출도 침공하여 각간 우오가 전사
75년	탈해왕	19	백제 와산성 점령, 76년 신라 와산성 탈환 수비군 200명 살해
77년	탈해왕	21	신라 아찬 길문, 황산진에서 가야군 1천 명 살해
94년	파사왕	15	가야 신라 마두성 공격, 아찬 길원 기병 1천으로 구원
96년	파사왕	17	신라 가소성주 장세, 가야군에게 전사, 파사왕 정병 5천으로 반격, 격퇴
102년	파사왕	23	음즙벌국 · 실직국 · 압독국 신라에 항복
105년	파사왕	26	백제 기루왕 신라와 화해
106년	파사왕	27	신라 마두성주 가야 공격
108년	파사왕	29	신라 비지국 · 다벌국 · 초팔국 병합
115년	지마왕	4	신라 지마왕 가야 정벌, 복병에게 포위되었다가 탈출
116년	지마왕	5	지마왕 1만 병력으로 가야 공략, 가야군 농성으로 실패
122년	지마왕	11	왜국이 쳐들어온다는 말에 신라 백성이 크게 동요, 다음 해 왜국과 화해
125년	지마왕	14	말갈이 신라 북쪽 변경 침공, 백제 5장군을 보내 구원
137년	일성왕	4	말갈 신라 변경 침공, 장령의 목책 5곳을 불사름
156년	아달라왕	3	신라 계립령(월악산)을 지나 북쪽으로 진입하는 루트를 확보
165년	아달라왕	12	신라 아찬 길선이 반란, 백제로 망명, 백제와 신라의 화친 깨어짐

 그러나 절약하고 아끼는 방법으로는 한계가 있다. 난국을 극복하고 재정 능력과 생존 능력을 확충하는 근본적인 방법은 영토와 인구를 늘리는 것밖에 없다. 파사왕 때부터 신라는 본격적으로 영토 확장 정책에 뛰어든다. 백제와 화친을 맺고, 가야를 치고, 북쪽으로는 압독국이 있는 경산 · 대구 평야로 진출하는 한편, 동해안을 따라 실직국(삼척)을 병합했다.
 이런 사정은 백제나 가야도 마찬가지였다. 이제 한반도의 정세와 역사의 방향은 분명해졌다. 주변의 소국들을 복속시키며, 경쟁국가들보다 빨리 넓고 유

리한 지역을 장악해야 했다. 남은 과제는 누가 그것을 빠르고 정확하게 수행하느냐는 것뿐이었다.

3 새로운 숙적

123년 백제의 기루왕은 갑자기 신라와 화친을 맺었다. 그 사정은 알 수 없지만, 『삼국사기』 백제본기에 125년(기루왕 49년)에 신라가 말갈의 침입을 받자 백제가 5명의 장군을 보내 구원했다는 기사가 있다. 양국의 화친이 군사적 동맹 내지는 원조로까지 발전한 것을 말해주는데, 이 기록으로 짐작해 보면 이 무렵 부쩍 활동이 증가하는 말갈족의 남하가 이유가 아니었는가 싶다. 131년에는 개루왕이 서울 북쪽이나 고양시 일대로 추정되는 한산에서 사냥을 하고, 다음 해 북한산성을 쌓았다고 한다. 이것은 서울 북쪽 지역을 개척하고 방어를 강화했다는 의미인데, 이것도 말갈족 방어와 관련이 있는 듯하다.

40년간 이어진 양국의 화친은 그동안 역사에서는 별로 주목을 받지 못했는데, 5세기에 맺는 나제동맹의 원조인 셈이었다. 양국은 말갈족을 방어하면서 북쪽 국경을 강화하고 국가의 내실을 다졌다. 그러나 이제 어느 정도 안정이 되었다고 여겼던 탓일까? 이 동맹은 165년(백제본기에는 이 사건이 155년에 발생한 것으로 되어 있는데 165년이 맞다고 생각된다)에 깨지고 말았다. 신라의 아찬 길선이 반란을 꾀하다가 실패하자 백제로 달아났다. 신라의 아달라왕은 백제의 개루왕에게 사신을 보내 길선의 반환을 요구했으나 백제가 거절했다. 분노한 아달라왕은 백제를 침공했으나 한 개의 성도 함락시키지 못하고, 식량이 떨어지자 돌아갔다. 애초에 보복성 공격이었으므로 성을 함락시키기보다는 주변을 약탈하고 피해를 입히는 데 주력했을 수도 있다.

하여간 이 사건으로 양국은 전쟁 모드로 돌입한다. 그래도 개루왕은 전쟁을 자제한 듯싶은데, 166년에 즉위한 초고왕은 신라를 향해 맹공을 퍼부었다.

> (초고왕) 2년(167년) 가을 7월에 몰래 군사를 보내 신라의 서쪽 변경의 두 성을 습격하여 깨트리고, 남녀 1천 명을 사로잡아 돌아왔다. 8월에 신라왕이 일길찬 흥선을 보내 군사 2만 명을 거느리고 나라 동쪽의 여러 성들을 쳐들어왔다. 신라왕(아달라왕)도 친히 정예 기병 8천 명을 뒤이어 거느리고 한수까지 엄습해 왔다. 왕은 신라 군사의 수가 많아 대적할 수 없음을 헤아려서 곧 앞서 빼앗았던 백성을 돌려주었다.

초고왕 2년 백제가 선제공격을 해서 신라의 성 2개를 함락시키고, 주민 1천 명을 포로로 잡는 대전과를 올렸다. 문제는 그 다음이다. 다음 달 신라의 아달라왕이 직접 한성까지 치고 들어왔다. 초고왕은 포로로 잡아온 신라인을 돌려주고 화해를 했다. 신라의 반격은 양동작전이었던 것 같다. 흥선이 지휘하는 2만 대군을 동원해서 백제군을 유인해서 묶어 놓고, 아달라왕이 정예 기병으로 한성까지 습격해 들어온 것이다. 그렇다고 해도 국가간의 전쟁에서 이런 식으로 힘의 우위가 쉽게 바뀌고, 승부가 요동치는 공방전은 이해하기 힘들다. 이 기사가 사실이라면 신라는 신라대로 왜 한성까지 근접한 상황에서 포로만 돌려받고 순순히 물러났을까?

이 시대의 전쟁 양상이 독특한 이유는 시대의 한계 때문이다. 당시의 국가란 수많은 군현끼리 느슨하게 연결된 덩어리였다. 과거의 평등한 연맹체에서 수직적인 연맹체로 바뀐 정도로, 복속한 도시국가가 세금을 내고 복종하는 것에 만족해야 하는 수준이었다. 물론 왕이 명령을 내리면 군대도 제공해야 했을 것이다. 그러나 아주 강력한 적군이 쳐들어왔을 때, 그들이 자발적으로 싸우고 적을 저지할 수 있을까? 사실 개별 군현과 촌락에서 자치적으로 동원할 수 있는 병력은 많지 않아서 단독으로는 무엇을 할 수가 없다. 국가의 지배체제와 행정망을 갖추었던 고려나 조선 같으면 관리들이 여러 군현의 군대를 모아서

2선, 3선의 방어선을 형성하고, 반격부대를 구성할 것이다. 하지만 이 시기 부족간의 독립국가연맹 같은 체제에서는 이런 작업이 쉽지 않다. 그러니 개별 군현이나 촌락들은 저항하기보다는 적당한 약탈을 교섭하거나 피해를 감수하고 산이나 성으로 숨어들어가는 데 만족할 것이다.

하지만 공격측 입장이 되면 다르다. 작은 소국 단위로 움직이던 예전에 비해 영역도 넓어지고 연맹 내의 국가에 대한 명령권도 강화되었으므로, 준비할 시간만 충분하면 상당한 병력을 징발할 수 있었다. '6부의 군사'들같이 국왕이 수도 혹은 수도권에서 직접 동원할 수 있는 병력도 이 병력만으로 정복전쟁을 진행할 수 있을 정도로 상당히 커졌다.

> 초고왕 39년 가을 7월에 군사를 내어 신라의 요거성을 공격하여 함락시키고 성주 설부를 죽였다. 신라와 나해이사금이 노하여 이벌찬 이음을 장수로 삼아 6부의 정예군사를 거느리고 와서 우리(백제)의 사현성을 공격했다.

공격 능력은 대단히 커진 반면, 느리고 제각각이고 비효율적인 동원체제로 인해 방어체제는 제대로 기동하지 않는다. 결국 위기 상황에서는 국가에서 심혈을 기울여 만들어 놓은 몇 개의 요충이나 특별한 충성을 바치는 성과 성주, 그리고 최고의 공격부대이자 최후의 예비대라고 할 수 있는 '6부의 군대'와 같은 국왕의 부족군대로 막는 수밖에 없다.

홍선의 2만 대군이 백제를 침공하자 초고왕은 최후의 예비대를 출격시켜야 했을 것이다. 당연히 한성이 비었고, 아달라왕의 기습공격을 막을 군대가 없었다. 미끼였던 홍선의 2만 군대는 분명 부풀려지고 내실은 형편없는 군대였을 것이다. 그렇다면 한성까지 치고 들어왔던 아달라왕은 왜 포로 송환에 만족하고 순순히 물러섰을까? 그것이 이 시대의 또 하나의 약점인데, 이렇게 강력한 공격군을 동원했을 때는 그것을 감당할 군수가 절대적으로 부족했다. 아달라왕의 정예군은 분명 서라벌의 6부군일 것이다. 신라의 수도도 비었다는 의미가 된다.

신라의 변방에 자리잡은 요새나 소국에 살고 있는 호전적인 지휘관이라면 이 기회를 놓치지 않을 것이다. 신라의 수도까지 공격하지 못한다고 해도 서라벌군이 없는 틈을 타 신라편에 선 소국들을 약탈한다면 그 효과는 크다. 동양이든 서양이든, 연맹국가든 전제국가든 권력이 권력다워지는 가장 기본적인 조건은 '보호의 의무'다. 유럽의 중세 봉건제에서도 국왕이나 영주가 이 보호의 의무를 수행하지 않거나 못했을 때는

유럽 봉건제의 충성 서약 장면

그들이 맺은 '충성 서약'은 심각한 위기를 맞아야 했다. 그러니 공격 측에서도 적절한 수입과 의미를 획득하면 빨리 철군해야 했다.

167년의 공방전 이후도 비슷한 상황이 이어졌다. 40년간의 휴전을 보상이나 하듯 양측의 공방전은 그야말로 치열하고 팽팽했다. 초고왕의 기사는 재위 6년부터 20년까지 무려 14년치의 기록이 없고, 이에 대응하는 신라측 기록은 연대가 어긋나서 정확하게 판정하기가 어렵지만, 남아 있는 기사로 보면 거의 매년 양측이 격돌을 했을 정도다. 게다가 이전처럼 한두 지역을 놓고 공방전을 벌이거나 목적과 대상이 불분명하게 치르던 전쟁과 달리 전선도 역동적으로 움직이며, 서로 카운터 펀치를 날렸다. 모산성, 구양, 원산향, 요거성, 와산성 등 신라의 서쪽이나 북쪽 요충에서 정신없이 전투가 벌어졌다. 204년에는 마침내 백제가 신라의 요거성을 공략하고, 성주 설부를 죽였다.[12]

제대로 한 방을 맞은 신라의 나해왕은 서라벌 6부의 정예병 6천을 거느리고 사현성을 공격했다. 신라 기록에는 사현성을 함락했다고 하고, 백제 기록에서는 그냥 공격을 받았다고 했는데, 둘다 맞는 말일 것이다. 앞에서 말한 이유로 함락을 시켜도 유지를 못하는 것이 이 시기 전쟁의 특성이었다.

이와 같은 공격과 수비 능력의 불균형, 군대의 규모와 전쟁 지속 능력의 불균형은 고대의 부족연맹적 국가와 영역국가의 사이에 발생한 과도기적 현상이라고 할 수 있다. 그러나 이것이 이런 아슬아슬하면서도 발전이 없는 전쟁 상태의 핑계가 될 수 없었다. 가능한 해결책은 어떻게든 동맹군도 늘리고 점령지에 주둔시킬 수 있는 병력도 늘려 영역도 늘려가는 것이다. 신라와 백제 모두 동맹세력이 절실할 때, 바다 건너의 땅과 사람들이 눈에 들어왔다.

고려 후기의 문인인 박인량이 지은 『수이전殊異傳』과 일연의 『삼국유사』에는 연오랑과 세오녀 설화가 실려 있다. 157년(아달라왕 4년) 동해안 영일현에 살던 연오랑과 세오녀가 바닷가의 바위를 타고 일본으로 갔고, 일본에서는 그들을 왕으로 세웠다는 전설이다. 한편 『일본서기』에는 스이닌 천황 3년 3월에 신라의 왕자라고 하는 천일창千日槍이 8개의 보물(옥과 칼, 청동거울 등)과 백성, 기술자(도공)를 거느리고 도래했다는 기록이 있다.

연오랑 세오녀 상 포항 호미곶

천일창은 신라의 왕자가 아닌 신라에 속한 소국의 왕족이었던 것 같다. 그는 긴키 지방에 있는 다지마 국但馬國에 정착했고, 그가 가져온 보물은 나중에 천황가의 보물이 되었다. 천일창이 일본에 온 시기는 연오랑보다 100년이나 앞서지만 이 시기 『일본서기』의 연대는 일본학자들도 믿지 않고 있어 천일창을 연오랑이라고 보기도 한다. 심지어는 곧이어 등장할 여왕 히미코卑彌呼가 세오녀라고 보는 견해도 있다.

천일창과 연오랑이 누구든 기원 1세기 이전부터 한일 간의 민족이동은 비교적 자유롭고 활발했다. 이 시기 일본의 대표적인 묘제는 옹관묘였는데, 발굴을 해 보면 부장품에서 한반도나 중국에서 온 청동거울, 청동과 철제 무기들이 발견되고 있다.13 금관, 곡옥, 귀고리 등의 장식품도 거의 똑같다.

후대처럼 통일국가가 형성되지 못하고 군 규모의 소국들이 연맹으로 묶여 있던 시대라 집단이주가 쉽게 발생하고, 국경을 통제하고 이주민을 제한하기 쉽지 않다. 더욱이 성장과 정복을 추진하던 단계에서는 선진기술과 이주민은 큰 도움이 되므로 한국이고 일본이고 탈해와 호공, 천일창의 경우처럼 의외로 외부세력의 유입에 적극적이기도 했다.

그런데 서기 2세기 무렵, 소국들 간의 전쟁으로 소란하던 일본에서 제법 강력한 세력 하나가 성장한다. 『삼국지 위서』 동이전과 『삼국사기』에도 등장하는 여왕 히미코다. 『일본서기』에는 진구神功 황후로 등장하는 히미코는 주아이仲哀 천황의 부인이었다. 어려서부터 부친이 이상하게 여길 정도로 총명하고 예지가 있고 미인이었다고 한다. 그녀는 신이 들려 예언을 하기까지 했는데, 신흥종교의 교주와 같은 카리스마가 있었던 것 같다. 『삼국지 위서』 동이전에서도 "귀신을 섬겨 백성을 미혹하는 능력이 있

히미코 시대의 귀부인상 하니와 (고분에 세운 인형)를 모델로 삼아 복원한 것이다.

제3장 삼국의 풍운 **147**

고대 일본의 무녀가 신탁을 내리는 모습

다."고 했다.

　미인이었던 그녀는 주아이 천황 2년 52세의 천황과 상당히 나이 차이가 나는 결혼을 했다. 야심에 찬 여인이 흔히 그렇듯 후계자를 잉태하자마자 정치적 야심을 드러내면서 늙은 남편과 갈등을 일으켰다. 주아이 천황은 규슈에 있는 구마소 국熊襲國 점령에 집착하고 있었는데, 히미코는 신이 자신에게 다른 나라를 공격하라는 신탁을 내렸다고 주장했다. 구마소 따위는 가난한 빈국이고 훨씬 부유하고 보물이 많은, 눈부신 금과 은, 채색비단이 많은 그런 나라가 있다는 것이었다.

　히미코가 지적한 그 나라는 신라였다. 천황은 자기에게는 그런 신탁이나 환상이 내려오지 않았다면서 히미코의 신탁을 거부했다. 얼마 후 천황이 규슈의 궁에서 사망했다. 갑자기 사망했다는 설도 있고, 구마소 국과 전쟁중에 화살에 맞아 죽었다는 설도 있다.[14] 그러나 또 다른 고대 사서인 『고사기』에는 주아이 천황의 사망 장면이 아주 생생하게 묘사되어 있다. 천황 부부가 장막 안에 들어가 있었는데, 밖에 있는 사람들에게 두 사람이 다투는 소리가 들렸다.

　　▷ 히미코(기도중에 신이 들려) : "서방에……"(신라를 치라는 뜻)

▷ 천황(거문고를 타면서) : "내가 높은 곳에……"(자신이 높은 곳에 올라가 보았지만 신라는 보이지 않았다. 즉 신이 환상을 보여주지 않았다는 뜻)
▷ 히미코(신이 크게 노하여 분노한 목소리로) : "이 천하에서 너는 나라를 다스릴 줄 모르고 한 길만 향하는 자다."

잠시 후 천황이 타던 거문고 소리가 갑자기 그쳤다. 대신이 장막을 열고 들어가 보니 천황이 죽어 있었다. 『고사기』 기사를 보면 히미코가 천황을 살해했다는 의심이 강하게 든다. 천황이 사망하자 히미코는 스스로 섭정이 되었고, 천황 장례도 치르지 않고 다시 신탁을 받아 신라 정벌을 감행했다. 히미코의 본거지는 규슈라는 설도 있고 긴키 지방에 있었던 야마타이 국이라는 설도 있는데, 일본을 지배하는 통일국가는 아니지만 이전과는 다른 비교적 강력한 국력을 확보한 것은 사실인 듯하다.

이 히미코의 시대에 신라와 백제와의 기사가 풍부하게 등장하기 시작하며, 삼국의 관계가 소수집단의 이주나 약탈이 아니라 국가 간의 교섭과 국제관계로 발전한다. 일본의 기록들은 국내의 기록보다 자세한 부분도 있다. 한일관계사에서 아주 중요한 기록들이지만 우리 입장에서 보면 처음부터 거부감이 들게 시작하는 것이 문제다. 그러나 그 거부감을 잠깐만 참고 기사 속에 들어 있는 진실을 추적하면 국내 기록에는 없는 중요한 내용들을 발견할 수 있다.

히미코 시대(고분시대)에 출토된 일본의 곡옥, 귀고리, 금관

칠지도
일본 이소노카미 신궁 소장

히미코는 집권하자마자 만삭의 몸으로 신라 정벌을 개시했다. 개전 연설에서도 교주적 기질을 발휘해서 무슨 신은 자신을 지키고, 무슨 신은 선봉으로 군사를 이끌 것이라고 했다. 일본측 설화에 의하면 바닷물이 크게 일어나 저절로 배를 밀어주었다는데, 신들이 서비스 정신까지 발휘해 이 파도가 해일이 되어 신라를 덮쳤다. 이 기세에 신라왕은 놀라 싸우지도 않고 항복했다고 한다.

(신라왕이) 백기를 들어 항복하고, 흰 줄을 목에 감고, 자신을 포박했다. 지도와 호적을 바치고, 왕의 배 앞에서 항복하였다. …… 드디어 그 나라 안에 들어가 보물과 곳간을 봉하고, 지도와 호적문서를 거두었다. 황후가 짚고 있던 창을 신라왕의 문에 세우고, 후세의 표로 하였다. 그 창이 지금도 신라왕의 문에 서 있다. 신라왕 파사매금(파사이사금)은 미질기지파진간기微叱己知波珍干岐를 인질로 삼고 금은과 채색비단 및 능라를 가지고 80척의 배에 실어 관군(왜군)을 따라가게 했다. 이때부터 신라왕은 항상 80척의 배에 실은 조공을 일본국에 바친다. 고구려, 백제 두 나라의 왕이 신라가 지도와 호적을 거두어 일본국에 항복했다는 것을 듣고, 가만히 그 군세를 엿보게 했다. 도저히 이길 수 없다는 것을 알고는 스스로 영외에 와서 머리를 땅에 대고 "금후로는 길이 서쪽의 번국이라 일컫고 조공을 그치지 않겠습니다."라고 말했다. (『일본서기』 권9, 진구 황후)

히미코의 연대기는 사실적인 부분도 있고 황당한 부분도 있는데, 그녀의 교주적 기질 덕분에 신화화가 많이 진행된 것 같다. 일단 연대부터가 문제다. 『일본서기』에 따르면 히미코의 신라 정벌은 파사왕(80~112년) 때다. 그런데 『삼국사기』에 의하면 히미코의 사신이 온 때는 아달라왕 20년(173년)이다. 『일본서기』에도 히미코가 아달라왕과 동시대인인 백제의 초고왕과 교류한 기록도 있다. 그러니 파사왕 때의 히미코 신라 정복은 말이 안 된다. 게다가 위 기사에서 왜국에 인질로 잡혀갔다는 미질기지는 그 뒤에 나오는 일화로 보건대 박제상 설화에 등장하는 눌지왕의 동생 미사흔이 분명하다. 미사흔이 일본에서 탈출한 때는 418년이었다. 백제왕이 일본왕에게 내려준 유명한 칠지도 이야기도 『일본서기』에는 진구 황후 52년(211년?)의 일로 기록되어 있는데, 칠지도 명문을 보면 372년 근초고왕대로 보아야 한다는 설이 우세하다.

결론적으로 말하면 히미코 연대기는 2세기와 4세기의 이야기들이 뒤섞이고 과장되어 있다. 그러나 그 속에는 몇 가지 진실도 숨어 있다. 분열되어 있던 소국들이 성장하고 히미코의 나라처럼 맹주집단이 등장하자, 왜국은 더 강력하고 위험한 국가가 되었다. 이때 백제와 가야, 신라는 이 왜국이라는 존재를 가능하면 자신들에게 유리하게 이용하려는 시도를 하게 된다. 특히 신라에 대해 맹공을 퍼붓고 있던 백제의 초고왕은 신라와 왜국의 갈등에 흥미를 느꼈다.

히미코 시대의 일본군 병사(복원모형) 이 시기 일본에서 출토되는 무기류와 갑옷, 마갑은 한반도의 것과 유사하다. 비늘갑옷을 입고 있으며, 병사가 차고 있는 칼은 환두대도다

왜가 삼국 중에서도 하필 신라를 집중적으로 공략했던 것은 백제와의 정치적 동맹관계 내지는 교류관계 외에 지리적인 요인도 컸다. 대마도에서 제일 가까운 땅이 경상도 해안가였다. 히미코의 사신이 중국까지도 갔다고 하지만, 아직 항해술이 불안했던 시절이다. 우선은 가깝고 도달하기 쉬운 지역을 공략하고 약탈할 수밖에 없었다. 이 지정학적 구조는 백제에게는 커다란 행운이었다.

백제와 히미코의 동맹에 의해 발생한 비교적 사실성 있는 사건은 히미코 만년에 벌어진 백제와 왜 연합군의 가야 침공이었다. 『일본서기』에서는 이 전쟁의 계기를 이렇게 설명한다. 진구 황후 46년에 일본 사신이 탁순국(대구라는 설도 있고 창녕, 대마도라는 설도 있다. 정확하지는 않지만 남해안의 국가일

가능성이 높다고 생각된다)에 왔다가 탁순국의 중재로 백제와 교류하게 되었다. 일본 사신이 도착하기 2년 전에 백제 사신이 탁순국에 와서 일본으로 가는 길을 물었는데, 큰 배를 마련해서 바다를 건너가야 한다는 이야기를 듣고 돌아갔다는 것이다. 이 이야기도 몇 가지 이야기들이 섞인 것 같은데, 이때까지 왜와 백제가 교류도 하지 않고 백제가 일본으로 가는 길을 몰랐다는 것은 말이 되지 않는다.

어쨌든 진구 황후 47년에 백제와 신라가 일본에 공물을 보냈다—그냥 사신이 선물을 가지고 온 수준임이 분명하다—. 그런데 신라의 물건은 훌륭하고 백제의 공물은 형편없었다. 백제 사신에게 이를 힐난하자 백제 사신은 오는 도중에 신라에게 공물을 빼앗겼는데, 신라가 공물을 바꿔치기 했다고 말했다. 이 말을 들은 황후가 노하여 신라를 치게 되었다는 것이다.

> 49년 봄 3월, 황전별荒田別 · 녹아별鹿我別을 장군으로 삼았다. (백제 사신인) 구저久氐들과 같이 군사를 정돈하여 탁순국에 들어가 장차 신라를 치려고 하였다. 그때 어떤 사람이 군사가 적으면 신라를 깰 수 없으니 다시 사백 · 개로를 보내 군사를 증가할 것을 청하라고 말했다. 그래서 목라근자와 사사노궤—이 둘은 성을 모른다. 다만 목라근자만은 백제의 장군이다—에게 명하여 정병을 거느리고 사백 · 개로와 같이 보냈다. 다 탁순국에 모여 신라를 격파했다. 그리고 비자발 · 남가라 · 탁국 · 안라 · 다라 · 탁순 · 가라의 7국을 평정했다. 군사를 옮겨 서쪽을 돌아 고해진에 가서 남만의 침미다례(탐라, 제주도)를 무찔러 백제에게 주었다. 이에 그 왕인 초고와 왕자 귀수(구수왕)가 군사를 이끌고 와서 모였다. 비리 · 벽중 · 포미지 · 반고의 4읍이 스스로 항복했다. (『일본서기』 권9, 진구 황후)

일단 『일본서기』의 기록, 특히 히미코의 연대기는 과장이 심하다는 것을 전제로 하고 이 기록에 숨어 있는 진실을 찾아보자. 먼저 이 사건이 벌어진 해가 초고왕 때 일인지 근초고왕 때 일인지 확실하지 않다. 점령한 나라도 안라가야

(함안)나 탐라처럼 비교적 확실한 곳도 있는 반면 알 수 없는 곳도 있어서 여러 해석이 존재한다.

『일본서기』의 편년이 사실이라면 이 사건이 발생한 해는 백제 초고왕 43년(208년)이다(369년경으로 보는 설도 있다).[15] 『삼국사기』에

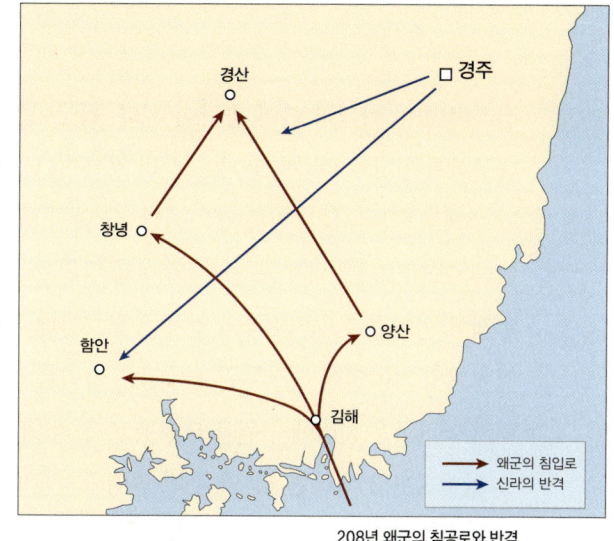
208년 왜군의 침공로와 반격

는 이 사건에 대한 기록이 없고, 이 해는 가물고 도적이 많이 일어나 왕이 위무하고 안정시켰다고만 되어 있다. 그러나 『삼국사기』 기록도 1년에 1사건만 기록할 정도로(그나마 아예 빠진 해도 많다) 워낙 소략하고 연대가 몇 년씩 틀리기도 해서 기록에 없다고 해서 이런 일이 없었다고 할 수도 없다. 신라측 기록에는 208년 4월에 왜인이 변경을 침범해서 이벌찬 이음을 보내 막게 했다는 기록이 있다.

이 연합군의 진격로에 대해서도 여러 추정이 있지만 남가라, 안라(안라가야), 다라 등의 명칭으로 보면 대체로 경남 일대, 가야 지역을 휩쓴 것이 분명하다. 일제 시기에 한국사를 연구했던 일본인 학자 스에마쓰 야스카즈末松保和와 이마니시 료今西龍는 이 나라들 가운데 탁국을 압독국으로 해석하여 왜군이 경산이나 대구를 점령한 것으로 보았다. 이 설대로라면 왜군은 낙동강 하구(김해, 창녕)에 상륙해서 가야의 나라를 쓸고 가기는 했지만 최종 목적지는 신라의 북쪽인 압독국이 된다. 그러나 이런 진격 루트가 불가능할 것은 없지만 전술적으로 보면 문제가 있다. 서라벌을 거점으로 하는 신라군에게 측면을 완전히 노출하면서 북상하기 때문이다. 전술적 가능성으로 보면 탁국은 경산이 아닌 경남의 어느 지방일 가능성이 높다. 그렇다면 백제와 왜 연합군의 목적은

제3장 삼국의 풍운　153

신라 정벌이 아니라 가야 공략이 된다. 탁국이 압독국이어서 일본군이 경산, 대구까지 치고 올라갔다고 해도 신라 정복이라고 보기는 곤란하다.

실제로 『삼국사기』 기록에 의하면 208년의 왜군은 신라의 변경에서 저지되었다. 그리고 다음 해[16] 포상浦上의 여덟 나라가 아라가야(함안)를 침공하는 큰 전쟁이 벌어졌다.[17] 이 8국의 정체는 모호한데, 그 전해의 백제·왜 연합군이 점령지의 가야연맹국을 동원해서 남은 지역을 공격한 것이 분명한 듯하다. 그러자 아라국은 신라에 구원을 요청했고, 신라 역시 백제의 가야 정복을 방치할 수 없었으므로 서라벌 6부와 주변 연맹국의 군대를 파견했다. 지휘관은 태자 석우로와 이벌찬 이음이었다. 신라군은 8국의 장수를 죽이는 큰 승리를 거두고 포로로 잡혔던 가야인 6천 명을 구출했다. 이 6천 명은 가야의 민간인일 수도 있지만, 백제·왜 연합군에게 점령당한 가야 지역의 병사와 동원민일 가능성도 있다. 이 전쟁 후 가야연맹의 일부는 신라에 붙었고, 3년 후 다시 전쟁이 벌어지자[18] 왕자를 인질로 보냈다.[19]

어쨌든 이 기사는 백제·왜 연합군의 공격이 가야 일부 지역의 점령에 그쳤음을 말해준다. 아마도 이 가야 지역이 나중에 신라의 영토가 되므로 후대에 신라 정복으로 말이 와전되고, 신라 정복이라는 말에 근거해서 정복의 범위와 내용이 다시 과장되고, 미사흔이 인질로 오는 이야기까지 히미코 시대의 사건으로 삽입되었을 것이다.

그러면 이 사건이 내포한 진실은 무엇일까? 이 공격의 주도자는 백제였다. 당장의 목표는 신라를 정복하기 위한 기반 확장이다. 그리고 그 기반은 신라 영토가 아닌 가야였다. 연합군이 넓은 범위를 점령하고, 가야 일대 또는 경산까지 진격했다면 그 공은 백제군의 힘이었다. 다만 백제는 여러 가지 건수로 왜를 유혹해서 왜군을 동맹군 내지는 용병으로 끌어들인 것이다. 전쟁 후 구저가 다시 히미코를 방문하자 히미코는 전쟁이 끝났는데 왜 또 왔느냐고 하면서 대단히 반가워했다고 한다. 과장을 좋아하는 히미코 연대기에서도 이 전쟁으로 획득한 지역이 없고 백제에게 주고 왔다고만 서술한 것을 보면 왜군은 용병으로 고용되어 상당한 보수와 약탈을 보장받고 출동한 것이 분명하다. 또 216년에 신라가 조공을 보내지 않아 사지비궤沙至比跪를 보내 신라를 쳤는데, 사지비궤는 신라에게서 미녀 2명을 받고 도리어 가야국을 쳤다는 기록이 있다. 이것은 전형적인 용병 내지는 약탈자의 행태다.

그런데 이 연합군의 구성에는 더욱 중요한 사실이 하나 숨어 있다. "목라근자가 백제의 장군"이라는 언급이다. 목라씨 혹은 목씨는 『수서』 백제전에 나오는 백제의 8대 성 중 하나다. 백제의 성은 처음에는 2자 성이 많다가 점점 처음 한 글자만 사용하는 단성으로 바뀌어 간 것으로 보고 있다. 사지비궤도 8대 성 중 하나인 사씨의 원조라고 보고 있다.[20]

백제의 귀족인 목라근자와 사지비궤가 일본에서 출정했다. 이 가문은 백제 내에서의 힘도 만만치 않았다. 목만치는 구이신왕이 어린 나이에 즉위하자 국정을 장악하고 왕모와 간통까지 했다가, 비유왕이 즉위하자 일본으로 가버렸다.[21]

이것은 목씨 집안이 일본에도 자신들의 거주지와 세력을 확보하고 있었음을 말해준다. 신라의 천일창뿐 아니라 우리가 모르는 사이에 백제인들도 벌써 상당히 일본으로 진출해 있었다. 목라근자가 백제의 장군이라고 불리고, 백제를 위해 여러 번 출병하는 것을 보면, 망명객 비슷한 분위기를 풍기는 신라왕자 천일창의 도일과는 분명히 성격도 다르다. 초고왕 시절 혹은 그 이전부터 백제는 일본에 대한 조직적인 이주와 식민정책을 시작했던 것이 분명하다. 이는 목라근자의 후손들이 백제와 일본의 정계에서 동시에 활약하는 것으로도 증명된다. 아스카 시대 일본의 최고 귀족이 되는 소가蘇我 씨가 이 목씨의 후손이다.

백제가 왜군을 끌어들여 가야를 공략할 수 있었던 진짜 비결이 이것이었다. 다만 이때의 정복은 가야를 백제 영토로 완전히 편입하는 것이 아니라 일종의 속국으로 만들어 공납을 요구하는 방식이었다. 실제로 이 전쟁의 지휘관 중 한 명이었던 목라근자는 이때의 정벌과 사지비궤가 멸망시킨 가야를 복구한 공으로 임나(가야)에 대한 관할권을 부여받았다. 그래서 그의 아들 목만치는 임나 지역을 기반으로 백제의 최고 권력자로 부상했다.

백제가 가야 지방을 정복하고도 가야를 존속시키고 공납을 받는 방식으로 지배했다는 것은 이 시기에 신라 정복이 얼마나 어려운 과제였는가를 가르쳐 준다. 따라서 일단은 정복지와 공납을 통해 국력과 재정을 늘려 빈약한 전쟁 수행 능력을 제고시키는 것이 우선이었다.

히미코의 경우도 동맹세력과 재정지원이 절실히 필요했다. 신라와 구마소국을 놓고 벌어진 히미코와 주아이 천황 간의 갈등도 결론은 '재물'이었다. 이 무렵 일본 역시 통합이 시대의 대세라는 사실을 의식했는지 1세기경에는 1백 개가 넘는 소국이 치열하게 다투는 쟁패기를 형성한다. 이 패권전쟁의 승자가 여왕 히미코다. 하지만 그녀도 강자가 되었을 뿐이지 완전한 승리와 통일을 이룬 것은 아니었다. 그렇기 때문에 그녀 역시 지원세력이 절실하게 필요했다. 여기서 백제와 히미코의 협력체제가 발생한다. 일본에서 벌어진 백제와 신라의 외교전과 식민전쟁에서 백제가 승리한 것이다. 히미코는 신라 원정을 주장하는데, 남편인 주아이 천황은 그녀와는 반대로 규슈 정벌에 집착했다. 히미코가 반신라 정책을 고집한 이유는 백제계 이민들을 우선 동맹 대상으로 삼아야 한다는 정치적 계산이 깔려 있었던 것이 아닐까? 백제·왜 연합군의 결성 이유는 돈으로 고용한 용병의 수입만이 아니라 백제와 일본을 연결하는 물리적 동맹의 결과였을 가능성이 높다.

외국의 변화, 즉 일본의 통합전쟁과 국가체제의 발전 가능성을 간파하고, 해외로 눈을 돌린 백제의 과감하고도 획기적인 시도는 보상을 받았다. 백제와 막상막하의 공방전을 벌여 오던 신라는 백제와 왜의 협공에 무너지기 시작한다.

4 전쟁 영웅의 비극

포상 8국과의 전쟁 이후 신라와 백제의 공방전이 다시 증가한다. 양국 다 왕이 직접 출전하거나 재상급 인물이 진두지휘하며 국경의 요충지에서 격전을 벌였다. 그러나 진짜 변화는 신라와 백제 양국이 모두 이 소모전적인 공방전—공략을 해도 점령을 못하고, 점령을 해도 유지를 못하는—의 진짜 원인이 느슨한 연방체제라는 사실을 깨달았다는 점이다. 깨달음을 얻은 그들은 반독립적 상태로 존재하는 주변 소국들을 빠르게 병탄해 갔다. 그래서 외부의 적과 싸우고, 내부의 연맹국을 합병하는 두 개의 전쟁이 동시에 진행된다.

신라의 경우 231년 감문국(김천), 236년 골벌국(영천)을 신라 영토로 편입시켰다. 그러나 신라는 백제와 달리 왜라는 또 하나의 적 때문에 괴롭힘을 당했다. 232년 왜군의 기습으로 금성이 포위당했고, 다음 해에도 동쪽 해안가가 노략질을 당했다. 삼국시대의 기록이 대단히 소략하고 남아 있는 기록도 승리한 전투 또는 승리한 장면만 기록하는 경향이 강하다는 점을 감안하면, 침략과 패배, 손실의 양은 훨씬 심각했을 것이다.

이 어려운 시기에 신라군을 이끌었던 장수가 한 명 있었다. 209년 포상 8국과의 전쟁을 이끈 석우로다. 그는 나해이사금의 아들이었지만 나해이사금은 죽으면서 아들이 아닌 사위 조분왕에게 후사를 물려주었다. 이유는 모르겠는데, 조분왕의 사위이기도 했던 석우로는 왕권 대신 병권을 물려받아 대장군이 되었다. 231년 그는 백제와의 전쟁 와중에도 감문국(김천)을 정복해서 소백산맥을 통과하는 고갯길 즉 추풍령으로 가는 통로를 확보했다. 신라가 김천을 정복하자 236년 골벌국(영천)은 스스로 항복했다. 신라는 동서로 공격을 받고 있었지만 소백산맥으로 향하는 통로는 착실하게 다져나가고 있었다.

233년에는 서라벌 동쪽을 침범한 왜군을 사도에서 격멸시켰다. 사도는 왜군이 들어오는 주요 통로로 영일만, 영덕 등지로 추정되는 곳이다. 석우로는 화공을 써서 배를 불태웠다. 왜구와의 전투에서 배를 태웠다는 것은 드물게 나타나는 사건으로 최고의 승리를 의미한다. 배가 없으면 왜군이 탈출할 방법이 없기 때문이다. 퇴로를 잃은 왜군은 전멸했다.

244년 석우로는 최고 관직인 서불한(이벌찬)이 되어 정권과 병권을 동시에 거머쥐었다. 245년 이번에는 고구려가 쳐들어왔다. 신라가 소백산맥의 통로인 계립령과 추풍령을 확보하자 위기감을 느꼈던 것 같다. 국무총리 격인 석우로는 이번에도 직접 출전해서 막강한 고구려군에게 도전했다. 이 공격에서 그는 승리를 거두지 못했지만, 후퇴해서 목책성을 지키며 방어에는 성공했다. 병사들이 추위로 고생하자 그는 손수 불을 피우고 병사들을 위로하며 사기를 진작시켰다.

이 고구려 공격의 여파였는지 몇 년 후 첨해왕(조분왕의 동생)이 즉위하자 사량벌국(상주)이 백제에게 붙었다. 석우로는 이번에도 출전해서 사량벌국을 토벌하여 배신을 응징했다.[22]

비록 짤막한 기사들이지만 『삼국사기』 전체에서 광개토왕과 김유신을 제외하고 이 정도로 풍부한 전투 경력을 지닌 장수는 거의 없다. 석우로가 김유신보다 거의 200년이나 앞선 시대의 인물이며, 신라가 삼면에서 적으로부터 위협을 받고 있던 상황이라는 점을 감안하면 그는 신라가 상고기에 배출한 가장 뛰어난 장수였다고 할 수 있다. 그러나 이 전쟁 영웅에게 엉뚱한 사건이 발생한다.

계립령 충북 충주 수안보. 계립령은 문경에서 월악산을 넘어 제천으로 나오는 길이다. 지금은 별로 이용되지 않지만 한일까지도 군사적으로 중요한 루트였다. 청일전쟁 때 일본군도 이 길을 이용했다. 신라는 이 길을 지키고 관리하기 위해 덕주산성(위)과 미륵대원새(아래)를 건설했다.

253년(본기에는 249년) 왜국의 사신 갈나고葛那古가 객관에 와 있었다. 석우로가 대접을 맡았다. 그가 왜국 사신에게 농담하기를, 조만간에 너희 왕을 소금 굽는 노예로 만들고 왕비를 밥 짓는 여자로 삼겠다고 했다. 왜왕이 이 말을 듣고 노하여 장군 우도주군을 보내 우리를 치니 대왕이 우유촌으로 나가 있게 되었다. 석우로가 말하기를, 이 환난은 내가 말을 조심하지 않은 데서 생긴 것이니 내가 감당하겠다고 하고 왜군에게 가서 말했다. 지난번의 말은 농담일 뿐이었다. 어찌 군사를 일으켜 이렇게 할 줄 생각했겠는가. 왜인은 대답하지 않고 석우로를 잡아서 장작더미 위에 얹고 불태워 죽였다. …… 미추왕 때에 왜국의 대신이 와서 문안했다. 석우로의 아내가 국왕에게 청해서 사사로이 왜국 사신에게 음식을 대접했다. 그가 몹시 취하자 장사를 시켜 마당으로 끌어내 불태워 전일의 원한을 갚았다. 왜국이 분하여 금성을 공격했으나 이기지 못하고 군사를 이끌고 돌아갔다. (『삼국사기』 권45, 열전5 석우로)

고대의 일본군 병사 모형

『삼국사기』의 편찬자는 석우로의 죽음을 안타까워하면서 "말을 조심해야 한다."고 토를 달았다. 그러나 정말 그것이 역사의 교훈일까? 이 설화에는 두 가지 사실이 숨어 있다. 석우로가 일본왕을 노예로 삼겠다고 말할 정도의 국가 간의 첨예한 갈등, 그리고 신라왕이 피난을 할 정도의 심각한 패배다. 그런데 『일본서기』의 소위 진구 황후가 신라를 정복하고 신라왕의 항복을 받았다는 기사 아래에 이런 이야기가 또 하나 소개되어 있다.

신라왕을 포로로 삼고 해변으로 와서 무릎을 뽑고 돌 위에 포복시켰다. 조금 있다가 베어서 모래 속에 묻었다. 한 사람을 남겨 신라에 있는 일본의 대사로 하고 돌아갔다. 그 후에 (죽은) 신라왕의 처는 남편의 시신이 묻힌 곳을 몰라서 혼자 사는 일본 대사를 유혹할 생각을 가졌다. 그를 꾀어서 "그대가 왕의 시신을 묻은 곳을 알려주면 마땅히 후하게 보답하겠다. 또 그대의 처가 되겠다."라고 말했다. 대사는 이 말을 믿고 시신이 있는 곳을 말했다. 왕의 처와 신라인이 공모하여 일본 대사를 죽이고, 왕의 시신을 꺼내 다른 곳에 묻었다. 그때 일본 대사를 왕의

제3장 삼국의 풍운

관 아래에 놓고 존비의 순서는 실로 이와 같은 것이다라고 말했다. 천황이 이 사건을 듣고 분노해서 군사를 크게 일으켜 신라를 멸망시키려고 했다. 전함이 바다에 가득히 건너갔다. 신라의 국민이 모두 두려워하여 어찌할 줄을 몰랐다. 서로 공모하여 왕의 처를 죽이고 죄를 사하였다. (『일본서기』 권9, 진구 황후 섭정 전기(주아이 천황 9년 12월))

이 이야기에 나오는 신라왕이 석우로일 가능성이 높다. 이때는 왕이라는 칭호가 그렇게 독단적이 아니어서 왕족들이 갈문왕이라는 호칭을 받기도 했다. 석우로도 갈문왕 수준은 되는 직위였다. 다만 이 이야기도 다 믿을 수는 없는데, 조금 자의적이기는 하지만 석우로의 죽음은 『일본서기』 기사가, 부인의 복수는 『삼국사기』 기사가 사실에 가깝다고 생각된다.

대마도 우노도 신사에 있는 진구 황후의 상

석우로의 패전과 죽음은 신라에는 큰 충격이었다. 진구 황후의 신라 정복 기사처럼 비참한 상황은 아니었다고 해도 신라 국왕이 서라벌까지 포기하고 달아났다는 사실은 우리 측 기록도 인정하고 있다. 월성이 함락되고 왕궁도 약탈당했을 것이다. 그 보물이 일본 왕가에 전시되면서 신라왕의 항복을 받았다는 전설이 생겨났을 것이다.

이 패전 이후 백제의 공격도 더 거세지고 성공적이 되었다. 261년 백제가 사신을 보내 화친을 청했으나 왕이 허락하지 않았다. 신라 기록에는 이렇게 되어 있는데, 요청한 것이 아니라 거의 협박 수준이 아니었을까? 첨해왕은 거부했지만 불안과 충격에 빠진 신라의 정국은 요동쳤다. 이 해 말 신년을 이틀 앞두고 첨해왕이 갑자기 사망하고 왕위는 지금까지 왕위와는 거리가 멀었던 김씨에게 넘어갔다. 이것이 우연일까? 『삼국사기』에는 첨해왕이 아들이 없어 전왕인 조분왕(첨해왕의 형)의 사위였던 미추왕을 세웠다고 했지만, 이때는 근친혼이 복잡하게 얽혀 있어서 아들급 인물은 얼마든지 있었다. 다음 왕인 유례왕만 해도 조분왕의 맏아들이었는데, 맏아들을 제끼고 사위를 왕으로 삼은 것이다.

그러나 미추왕 시절에도 상황은 달라지지 않았다. 백제의 공격은 더욱 거세졌다. 일본의 공격도 기록에는 없지만 더 심해졌을 것이다. 미추왕 시절의 승전 기사는 봉산성주 직선이 성이 백제군에 포위되자 용사 200명을 데리고 나가 적을 공격해서 패주시켰다는 기사 하나뿐이다. 김씨도 별 방법이 없자 왕위가 다시 조분왕의 맏아들인 유례왕에게 돌아왔다. 신흥세력 김씨가 다시 퇴장하고, 석씨가 재등장한 것인데, 그 결과는 가능한 한 좋은 이야기만, 패배한 경우라도 긍정적으로 서술하는 고대의 사료도 숨길 수 없을 정도로 "더욱 비참"이었다.

> 287년 4월 왜인이 일례부를 습격하여 불질러 태우고 1천 명을 붙잡아 갔다.
> 289년 5월 왜의 군사가 쳐들어온다는 소문을 듣고 배와 노를 수리하고 갑옷과 무기를 손질했다.
> 292년 왜의 군사가 사도성을 공격해서 함락시켰다.

295년 유례왕은 "왜인이 자주 우리 성읍을 침범하니 백성이 편안하게 살 수가 없다."고 고백한다. 그러나 방법이 없었다. 겨우 고안한 방법이 백제와 동맹을 맺어 일본을 침공해 보자는 것이었다. 일본 침공이 신라의 힘으로는 가능한 방법이 아니었다. 아마도 유례왕의 본의는 어떻게든 백제 및 가야 지방의 백제계 일본인과 일본 야마타이 왕국과의 동맹이라도 끊어보자는 것이었다고 생각된다. 문제는 셋의 관계를 이간하려면 신라가 얼마나 많은 대가를 지불해야 하느냐는 것이다. 기록에는 나오지 않지만 가야를 통째로 넘겨주겠다는 조건

정도는 되어야 했을 것이다. 정말 그 조건을 구상했었다면 백제가 받아들일 가능성은 충분했다. 가야를 완전정복하면 신라 정복이 아주 쉬워지게 되니 말이다.

결국 이 발상은 성사되지 않았고, 신라는 일본에 대해 더욱 저자세가 되어 갔다. 310년 석우로의 아들인 흘해가 왕이 되었다. 부친의 한을 안고 있는 그가 왕이 되니 이제 신라가 왜국에 대해 강경책으로 돌아설 것 같지만, 공과 사는 달랐다. 흘해왕은 복수를 주장하기는커녕 화해의 선봉이 되었다. 일본과 사신을 교환하고, 공주급 여인(재상이던 아찬 급리의 딸)을 왜의 왕자와 결혼시켰다. 물론 이것은 흘해왕의 발상이 아니고 왜왕의 요구에 따른 결혼이었다. 344년 또 여인을 요구하자 이번에는 용기를 내어 혼담을 거절했다. 왜는 국교를 끊고 신라를 공격했다. 서라벌이 약탈당했지만 흘해왕은 그저 월성 안에 웅크리고 있을 수밖에 없었다.

신라도 고민스러웠다. 신라도 나름 많이 성장했다. 165년 이후 백제와 혈전을 치르면서 소국연맹체제의 한계를 깨닫고 주변의 소국을 병합해서 직할령을 넓혔다. 그러나 서라벌은 여전히 고립되어 있었고 왜군에게 포위되고 약탈당하였다. 무언가 근본적인 변화가 필요했다. 그러나 신라는 그것을 깨달을 틈도, 실천할 여력도 없었다.

신라가 힘들게 생존을 유지하는 동안 백제는 "그 무엇인가"를 깨닫고 실행에 옮겼다. 그 무엇인가는 사회의 새로운 틀이었다. 조직이 커지면 조직의 운영원리를 바꾸어야 하고, 더 큰 것을 얻으려면 먼저 자기 것을 포기할 줄 알아야 한다. 자기 것 중에서도 버리기 힘든 것이 기존의 관행, 기득권, 파벌, 족벌이다. 지배층이 극히 협소했던 이 시기에 파벌, 족벌을 버리라는 말이 어불성설이기는 하지만, 현대인이 보기에는 도토리 키재기 같아도 당시의 기준으로 보면 천지개벽에 해당하는 수준일 수도 있고 거기에서 승부가 갈리기도 한다.

234년에 즉위한 백제의 고이왕古爾王은 신라가 왜의 공격으로 허덕이고, 고

백제의 남당회의 모습 (모형) 충남 부여 백제문화역사관

구려는 관구검의 침공으로 멸망 직전의 위기를 겪는 상황을 목도했다. 좋은 기회였다. 그러나 백제는 이 좋은 기회를 살리지 못하고 있었다. 백제계 유민의 도움을 받아 임나에 대한 기득권을 일찌감치 확보했고, 신라의 위기를 틈타 신라를 연신 두들겼지만 확고한 승리를 거두지 못했다. 관구검의 침공 당시 낙랑이 고구려 공격에 동원된 틈을 타 낙랑을 공격해서 일부 지역을 탈취했지만 낙랑의 반격을 두려워하여 사로잡은 주민을 돌려주고 말았다.[23]

변화가 필요했다. 260년 고이왕은 관제를 개정해서 내신좌평 이하 내두, 내법, 위사, 조정, 병관이라는 6좌평을 두어 국정을 분담했다. 6좌평의 임무는 고려나 조선의 6조와 같지는 않지만 50% 정도는 비슷했다. 6좌평에는 모두 귀족들을 임명했다. 이것은 큰 변화였다. 이전에는 우보와 좌보 2명이 국정을 나누어 맡았는데, 한 사람은 왕족, 한 사람은 왕비족인 진씨로 임명했다. 즉 왕실과 왕비족이 나누어 관리하던 국가의 최고 경영자층을 여러 귀족에게 개방한 것이다.

이 밖에 관직을 16품으로 나누고(좌평은 1품) 품격에 맞추어 달솔, 은솔 등의 관등을 정했다. 국왕의 복장도 훨씬 품위 있게 바꾸고, 관원도 품계에 따라 관복을 제정했다. 이것은 과거 부족의 크기, 세력 판도, 부족 내에서의 위치에 따라 적당히 대우하고 국가경영에도 참여시키던 것을 국가의 관직과 관품을

기준으로 재설정한 것이다. 고이왕의 개혁에 대해서는 의문을 표시하는 학자도 있다. 백제의 국가체제 개혁은 고이왕 때가 아니라 근초고왕 때라고 보기도 한다. 그러나 특별히 부정할 증거가 없다면 있는 기록을 예우하는 것이 합리적인 태도라고 생각된다. 그리고 이런 선구적 개혁이 있었기에 근초고왕 때 백제의 최전성기를 이룩한다고 보는 것이 오히려 합리적이지 않을까?

5 성장의 조건

고구려는 위태롭던 정착기를 무사히 넘기고, 한나라와 부여의 공세까지 막아냈다. 대무신왕의 부여 정복 이후로 영토는 더욱 넓어지고 사회적으로는 꽤 부유해졌던 것 같다. 100년쯤 후인 3세기의 기록이지만 고구려에는 영지와 가신, 농민을 거느리고 생업에 종사하지 않는 귀족(대가)이 만 명이 넘는다고 했다. 관인들이 관청에서 공무를 볼 때는 모두 비단옷을 입고 금은으로 장식을 했다. 나라의 대부분이 척박한 산지였음에도 불구하고 민간의 삶도 평화롭고 풍족해졌다.

> 고구려 백성들은 노래하고 춤추기를 좋아한다. 나라 안 모든 촌락에서는 밤만 되면 남녀들이 모여서 노래하고 논다. …… 사람들은 성질이 순박하다. 자기 집에 술을 빚어두고 먹기를 좋아한다. (『삼국지 위서』 동이전 고구려)

밤에 놀기와 음주가무를 좋아하는 것은 요즘도 똑같다. 하지만 집집마다 술을 빚는다는 내용은 특별한 의미가 있다. 옛날 술은 요즘과 달리 곡물 소모량이 많다. 식량이 풍족하지 않으면 음주를 즐길 수 없다. 부여도 그러했고, 지금도 그렇지만 술 마시고 밤거리를 불과 노래로 밝히는 풍경은 부가 흘러드는 도시에서나 볼 수 있는 모습이다.

고구려 귀족의 하루　귀족 부부의 여가. 시종이 양산을 받쳐들고 서 있으며, 부인은 여러 명의 시녀를 거느리고 있다. 그 앞에서 광대들이 장다리, 공던지기 등의 묘기를 보이고 있다. 수산리 고분 벽화

    그러나 번영과 풍족 속에서 위기는 계속되었다. 서기 44년 10월 대무신왕이 재위 27년 만에 사망했다. 그의 치세 후반기는 비교적 평화로웠지만, 죽음에 임박해서 두 가지 불길한 사태가 발생했다. 이 해에 후한의 광무제가 낙랑을 정벌하고 이 지역에 한나라의 군현을 설치했다. 왕망의 혼란스런 치세가 끝나자 한나라가 다시 힘을 회복한 것이다. 반독립 세력이 되어 있던 낙랑에 다시 군현을 설치한 것은 고구려를 압박하고 서진을 막겠다는 의미였다. 고구려는 아직 만주 중부의 산악지대에 갇혀 있었다. 중국은 이 산 속의 호랑이를 평원에 풀어줄 마음이 전혀 없었다. 『삼국지 위서』 동이전에서 분명히 서술하고 있듯이 한의 군현인 요동군과 현도군의 태수들은 고구려를 위험세력으로 확고하게 인식하고 있었다.

    또 하나의 위기는 내정이었다. 고구려의 약점은 여러 종족과 이주민 집단이 모인 연합집단이라는 것이다. 『삼국지 위서』 동이전에 의하면 소노부, 절노부, 순노부, 관노부, 계루부로 대표되는 5부족은 복식과 성품이 서로 달랐다고 한다. 문화와 풍속이 달랐다는 의미다.

고구려의 패권도 고구려 건국 후에도 지속적으로 유입되는 부여계와 송양의 비류국으로 추정되는 소노부 사이에서 불안한 행보를 보였다. 대무신왕은 부여계인 유리왕과 송양국 출신의 왕비 사이에서 태어난 아들이다. 이주민과 토착세력 간의 적절한 결혼동맹 같지만, 이것은 후대의 관점이다. 이 결혼과 해모수와 유화, 금와왕과 유화의 결혼설화도 정말 결혼이었는지, 고대의 연립정권 즉 부족장들이 돌아가면서 위원장을 맡던 관습이 후대에 왕위세습제가 확립되면서 결혼동맹으로 각색된 것인지 알 수 없다. 사회 발전 과정으로 보면 후자일 가능성이 높다.[24]

『삼국사기』를 보면 고구려의 왕은 주몽의 후손인 계루부가 세습했고, 소노부는 왕비족으로만 존재할 뿐 왕을 배출한 적은 한 번도 없다. 그러나 이것은 고구려의 전제왕권이 성립한 후에 만들어진 역사다. 『한서』 지리지나 『삼국지 위서』 동이전에서는 모두 소노부가 처음에 고구려 왕을 내다가 후대에 계루부로 넘어갔다고 했다. 소노부가 정말 왕비족으로만 존재했다고 해도 신모였던 주몽의 모친 유화부인이나 소서노의 활약에서 볼 수 있듯이 고대사회에서 왕비족이란 우리가 생각하는 그런 기울어진 추가 아니었다. 10세기에 발흥한 거란은 8개 부족의 연합체였는데, 초기에는 황제족과 황후족이 거의 동등한 힘을 지니고 서로 직할 군대를 보유하고 있었다.

이런 체제는 아무래도 국가가 커지면 갈등이 터질 우려가 있다. 나라가 지나치게 평화로우면 권력 다툼이 발생하고, 전시체제가 되면 부족체제의 비효율성이 문제가 된다. 대무신왕의 사망 시점이 바로 그런 시점이었다.

서기 47년 어느 대가가 인솔하는 고구려의 한 부족이 낙랑으로 가서 한나라에 투항했다. 그 수는 무려 1만(『삼국사기』에는 1만 가구, 『후한서』에는 1만 명이라고 했는데, 1만 가구면 5만이 넘는 수치라 『후한서』의 기록이 맞다고 생각된다)이었다. 다음 해에 민중왕(대무신왕의 동생)이 왕이 된 지 5년 만에 죽었다. 시신은 무덤도 제대로 만들지 못하고 동굴에 넣어 매장했다.[25]

민중왕을 계승한 모본왕(대무신왕의 아들)은 재위 6년 만에 포악하다는 이유로 암살되었다. 자객은 그의 시종이던 두로였다. 모본왕의 죽음에는 특별한 일화가 있다. 이 포악한 왕은 사람을 깔고 앉는 취미가 있었다. 의자가 된 인간이 조금만 움직이면 죽였다. 두로도 종종 의자가 되었던 모양이다. 어느 날 두로가 자신의 처지를 비관하며 울고 있자 누군가가 그에게 와서『서경』(사서오경의 하나)의 말씀을 전했다. "나를 쓰다듬으면 임금이요, 나를 학대하면 원수다." 성현의 말씀에 각성한 두로는 칼을 품고 엎드렸다가 모본왕을 찔러 죽였다.

우연한 사건 같기도 하지만 아직 문명국은 전혀 아니었던 고구려에서 사서오경까지 외우고 있던 누군가는 누구였을까? 모본왕이 포악했다고 하지만 포악하다는 말은 대개는 상대적이다. 누군가에게서 포악하게 무언가를 빼앗아 오는 사람은 누군가에게는 그것을 나눠주는 착한 사람이 된다. 이 누군가는 또 누구와 누구였을까?

모본왕이 죽자 왕위는 송양의 혈통을 지닌 대무신왕의 가계에서 벗어나 태조왕에게 넘어갔다. 태조왕의 아버지는 유리왕과 부여계 모친 사이에서 태어난 고추가 재사再思였다. 정황으로 봐서 태조왕의 모친 즉 재사의 부인도 부여계였다고 가정한다면 태조왕은 완벽한 부여계였다. 게다가 태조왕은 즉위할 때 나이가 겨우 일곱 살이어서 모친이 통치했다고 하는데, 이 정황은 더욱 이상하다. 다른 기록을 보면 모본왕이 죽자 사람들이 재사를 추대했는데, 재사가 자신은 늙었다며 아들에게 왕위를 양보했다고 했다.[26] 그런데 그 아들이 일곱 살이고 아버지는 살아 있는데, 어머니가 섭정을 했다는 이야기다.

태조왕의 연대기는 이처럼 이상한 부분이 있다. 더욱이 태조왕은 115세까지 살았고, 그 동생이라는 수성도 무척이나 오래 살았다. 부모형제와 자식 일가까지, 수성에게 태조왕의 아들들이 몰살당하기는 했지만, 제명에 죽은 사람은 모두 장수했다. 그럴 수도 있겠지만 평균 수명이 40대 정도였을 이 시대에 너무나들 오래 살고 있다. 이런저런 정황을 보면 태조왕의 연대기 자체가 몇 왕의 이야기를 하나로 묶었거나 중간에 무언가를 건너뛰고 연대를 늘려 맞췄다는 의심을 하지 않을 수 없다. 진위는 정확히 알 수 없지만 이 이상함 자체가 모본왕의 암살 후 태조왕에게로 왕위가 넘어오는 과정에서 정치적으로 심각한 변동이 있었다는 사실을 암시한다. 그래서 학계에서는 소노부에서 계루부로 왕위가 넘어오는 때가 바로 이때라고 보는 견해도 있다. 그 정도는 아니라도 최소한 계루부와 소노부의 관계에 변화가 생긴 것은 분명한 듯하다.

밖에서는 한나라가, 안에서는 정쟁과 분열이 고구려를 위협했다. 안팎의 위기를 극복하기 위해서는 고구려가 더 강해지는 수밖에 없었다. 고구려는 먼저 국내성과 요동 사이, 지금의 태자하 유역 일대로 추정되는 맥 지방을 확고하게 장악했다. 『삼국사기』에서는 유리왕 때 이 지역을 정복했다고 했지만, 이때의 정복이란 한 번 밟고 온 것일 수도 있고, 조공관계를 맺은 것일 수도 있다. 이렇게 맺은 관계는 오늘날처럼 확고하게 자기 영토가 된 것도 아니어서, 한 번 형

태조왕의 나이

1~2세기 고구려 왕가의 계보와 시대는 혼란스럽다. 이때부터 고구려와 중국의 본격적인 공방전이 시작되는데, 중국 측 사서에서 말하는 인명과 고구려 기록의 인명이 맞지 않는다. 예를 들어 『삼국사기』는 중국 사서에 등장하는 고구려왕 궁을 태조왕으로, 백고를 신대왕, 이이모를 고국원왕으로 비정하고 있지만, 명확한 근거를 가진 것은 아니고 연도와 사건으로 추정해서 끼워넣은 것이다.

이 연도의 혼란은 태조왕의 지나친 장수가 원인이다. 태조왕의 수명이 비정상적으로 늘어난 이유는 두세 왕의 연대기가 하나로 통합되거나 중간에 뭔가 고의적으로 삭제된 탓일 수도 있다.

왜 이런 일이 발생했을까? 이런 가정도 가능하다. 발기가 소노부 백성과 함께 한나라에 투항했다고 해도 소노부 전체가 아니라 일부가 투항했을 가능성이 높다. 소노부 안에서도 여러 집단이 분화되어 있었기 때문이다. 그런데 남아 있는 부족에게 이런 투항 사건은 자신들의 정치적·사회적 권위에 치명적인 결함이 된다. 그렇다면 이런 기록은 삭제될 가능성이 높다. 하지만 이 연대와 사건을 복구하는 것은 추정에 추정을 낳아 아주 복잡한 작업이 되며, 그 추정이 맞다는 보장도 없다. 이 책에서는 독자의 혼란을 피하기 위해 일단 『삼국사기』의 기준을 따르면서 누구와 어느 해라는 문제보다는 전체적인 흐름을 설명하는 데에 중점을 두었다.

님 한 것인지, 일종의 복속인지, 약간 불평등한 외교관계인지, 친선관계인지, 생사를 같이하는 동맹관계인지 성격도 애매하고 불안정했다. 하지만 군사동맹을 맺을 정도로 확실하게 맥 지방을 확보하는 때는 이 무렵인 것 같다.

고구려가 맥 지역의 경영에 적극적이 될 수밖에 없었던 이유는 맥 땅의 바로 옆이 소노부이기 때문이다. 맥에 한의 세력이 침투하면 소노부가 압박을 받는다. 소노부는 부여와 한나라의 침공을 제일 먼저 받는 북방의 방벽이면서 막 공동통치자에서 서열 2위의 부족으로 추락중이다. 안팎의 위기가 농축된 지역으로서 압박과 갈등이 강화되면 소노부가 무슨 맘을 먹을지 모르는 일이다. 실제로 2세기 후반 소노부 출신의 왕자 발기가 연노부(소노부) 3만 호를 거느리고 한나라에 투항하는 사건이 발생했다. 이 사건으로 비류수 강가 즉 환인 지역이 한나라의 지배로 들어갔다.

맥 땅을 정복함으로써 요동 진출의 교두보를 확보한 고구려의 다음 목표는 요동에 군림하는 중국 군현이었다. 121년 유주(지금의 베이징 일대) 자사 풍환, 현도 태수 요광, 요동 태수 채풍이 모여 연합군을 결성했다. 이들은 맥 땅으로 쳐들어와 저항하는 이 지역의 수장을 죽이고, 병마와 재물을 모두 약탈했다.[27]

패배도 패배지만 맥 땅의 백성이 동요하면 사태는 걷잡을 수 없게 된다. 소노부를 위시해서 고구려 내부의 부족도 동요할 것이다. 얼마 후 태조왕의 동생 수성이 고구려 구원병을 이끌고 나타났는데, 병력이 겨우 2천 명에 불과했다. 아마도 이 시대의 전쟁에서 가장 골치 아픈 문제라면 상대 병력을 예측하기 곤란하다는 점이었을 것이다. 후대라면 상대의 호구나 영토 면적에 대한 정보만으로도 어느 정도 예측 가능하겠지만, 이때의 고구려 군대는 세력가에 의해 각기 인솔되는 독립부대의 연합체였다. 그러니 전황에 따라 멀리 이민족 군대까지 참전할 수도 있고, 반대로 가까운 귀족이라도 참전을 꺼리고 빠질 수 있었다.

자신들의 규모와 승리에 도취된 후한군은 2천에 불과한 고구려군을 보고 고구려 내부에 이미 분열이 생겼다고 생각했던 것 같다. 하긴 제국군의 입장에서 보면 평소에 지리멸렬하고 사소한 이해관계에 따라 이합집산을 거듭하는 변방 부족들의 행태가 우습게 보였을 것이다. 과연 예상대로 수성은 후한군과 대치하기도 전에 사자를 보내 항복을 청해 왔다. 후대의 사서에는 항복이라고 표현했지만, 이 시대의 관습으로 보면 변방 부족들이 늘 그래 왔듯이 적당한 타협과 거래라고 해야 옳을 것이다.

후한군은 이를 믿고 진격 속도를 늦추었다. 이 틈에 수성은 군대를 험한 곳(아마도 태자하를 건너 환인으로 들어오는 골짜기 어딘가였을 것이다)에 배치하여 후한군의 진격을 차단하는 한편, 뒤로 빼돌린 3천의 기병을 우회시켜 비어 버린 요동과 현도의 군현을 습격했다. 순식간에 2개 성이 불타고 중국군 2천 명이 살해되거나 붙잡혔다.

자신의 본거지가 기습당하고 재차 분탕질을 당할 위험에 처한 것을 안 후한군은 서둘러 철수했다. 다음 달의 상황을 보건대, 그들은 뒤돌아간 고구려군을 요격하러 간 것이 아니라 연합을 해체하고 제각기 자기 본거지를 지키기 위해 허겁지겁 달려간 것이 분명하다.

이처럼 월등한 기동력을 살려 상대방의 후방을 유린함으로써 적의 병력을 분산시키는 방법은 나중에 몽골족도 애용한 기마민족의 전매특허와도 같은 전술이었다. 생각해 내기 어려운 전술은 아니지만, 이 작전의 최대 장

한나라 병사의 토용

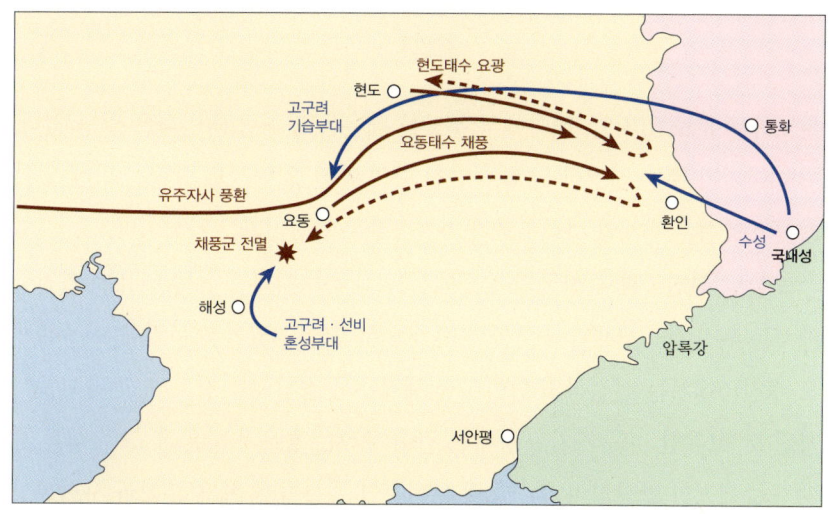

121년 현도성 공방전

점은 상대가 알면서도 당할 수밖에 없다는 데 있다. 고대의 군대가 지닌 근본적이고 구조적인 약점을 찌르기 때문이다.

후대와 같이 지방색을 극복한 군대 같으면 각기 고향을 지키러 돌아가기보다는 약탈을 감행하고 있는 고구려군을 찾아 섬멸했을 것이다. 하지만 당시처럼 지역 또는 부족을 단위로 하고 사병적인 구조를 가진 군대는 그렇게 할 수가 없다. 설사 다른 부대와 연합해서 싸워 고구려군을 무찌른다고 해도 자기 근거지를 약탈당한다면 승리는 의미가 없기 때문이다. 인력과 물자의 손실은 고스란히 약탈당한 사람의 손실이요, 백성과 토지를 보호하지 못한 지도자는 신망을 잃어 잘못하면 자신의 세력 자체가 위험에 처할 수도 있다.

경우가 다르지만 이런 분산 전술은 20세기에 들어서 제국주의 군대에 의해서도 사용되었다. 리비아 지역의 사막 부족과 무솔리니 군대의 전쟁을 그린 〈사막의 라이언〉이란 영화를 보면, 유목민 게릴라들이 단합하여 저항군을 결성하자 이탈리아 군이 탱크를 동원하여 후방의 민간부락들을 차례로 짓밟는 장면이 나온다. 사령관의 만류에도 불구하고 유목민 부대는 해체하여 각기 고향을 지키러 돌아갔다가 각개격파를 당하고 만다.

이탈리아 군의 승리를 제국주의자들에게서나 가능한 잔인한 작전이라고

제3장 삼국의 풍운 171

분노하는 분도 있지만, 역사에서 분노를 배우는 것처럼 어리석은 일도 없다. 이 이야기가 주는 진정한 교훈은 약점 중의 약점, 알면서도 당할 수밖에 없는 최대의 약점은 체제와 사회구조가 가져다주는 약점이라는 사실이다.

오늘날 선진국과 후진국의 경쟁에서 후진국이 이기기 힘든 이유는 선진국에서는 후진국의 체제와 구조를 철저하게 분석할 수 있기 때문이다. 이상하게도 후진국에서는 선진국의 압박이 심해질수록 정신력을 강조하고, 자신들이 가진 것, 고유한 것을 가지고 승부를 걸어 보려는 경우가 많은데, 그런 행동 자체가 중세적인 발상이며 후진국의 보편적인 특성이다. 체제 분석과 사회현상에 대한 구조적인 인식의 폭을 넓혀 가지 않고서는 절대로 승리할 수 없다.

1900년 전의 전쟁에서도 체제적인 약점은 치명적인 결과를 초래하였다. 4월에 고구려와 선비족 8천 명의 혼성부대가 후일 고구려의 천리장성이 놓이는 요동의 산지를 넘어 요동성 아래 발해만 쪽에 위치한 해성海城 지역에 출현했다. 여기서 고구려군이 요동 쪽으로 꺾어 북진하자 놀란 요동 태수는 병력을 동원하여 산맥을 따라 남하했다. 갑자기 고구려군에 선비족 8천 명까지 합류한 것으로 보아 이 침공은 고구려 측에서 처음부터 의도한 작전인 듯하다. 적을 분산시켰으니 다음 작전은 하나를 골라 최대한의 카운터 펀치를 날리는 것이다.

북진하는 고구려군과 남하하던 요동군은 해성과 요동의 중간지점인 요양 부근에서 만났다. 중국 측 기록에 사망자는 겨우 100여 명이었다고 했지만, 그 내용을 보면 요동 태수 채풍과 부하 참모가 모조리 전사했다. 부하들이 태수를 지키기 위해 몸을 던져 막다가 다 전사했다는 기록을 보면 100명은 채풍과 막료, 경호원의 수일 가능성이 높다. 실제로는 전멸에 가까운 패배였다.『삼국지』를 주의 깊게 읽어보시면 태수가 전쟁터에서 살해되거나 포로가 되는 경우는 극히 드물다는 사실을 알게 될 것이다. 따라서 위의 기록은 간결하지만 후한 조정에는 충격적인 사건이었다.

사기가 오른 고구려는 더욱 대담하고 거칠게 요동을 공략하기 시작했다.

> 백고(신대왕)가 요동을 침범하여 신안까지 이르렀다. 또 서안평을 공격하여 길에서 대방의 장관을 죽이고, 낙랑 태수의 처자까지 빼앗아 갔다. (『삼국지 위서』 동이전)

앞으로 고구려와 중국 간에 격전의 현장이 될 서안평은 현재의 신의주 바로 건너편인 요령성 단동현에 있는 첨고성尖古城으로 추정된다. 이곳은 북한과 요동을 이어주는 교통의 요지로 지금도 의주와 단동 사이에 압록강 철교가 놓여 있고, 단동-심양을 잇는 고속도로와 철도가 있다. 만주의 동서를 이어주는 철도도 단동을 지나 장춘으로 연결된다. 서안평 공략 때 하필 대방의 장관과 낙랑 태수의 처자가 길 위에서 고구려군에게 사로잡힌 것도 이곳이 교통의 요지이기 때문인데, 고구려가 이곳을 차지하면 낙랑과 대방군이 요동, 심양으로부터 고립된다.

더 중요한 이유는 서안평이 고구려의 거점인 산악지대가 끝나고 서만주의 평원이 시작되는 출구였기 때문이다. 중국 측에서 보면 호랑이가 하산하는 길목이었다.

이렇게 중요한 지역이라 중국의 저항도 만만치 않아서 고구려의 서안평 진출은 쉽지 않았다. 승리가 있으면 패배가 있었고, 고구려의 내분이 발목을 잡았다. 후한 세력이 성장하자 부여가 한나라에 붙어 버린 것이다. 한나라의 침공군을 격퇴하고 채풍까지 죽였던 그해 10월, 태조왕은 친히 부여로 가서 태후묘에 제사를 지내고 민심을 위무했다. 태조왕의 이 행차는 부여군을 동원하거나 안정시키기 위한 목적이었다고 생각된다. 고구려는 한나라 군대를 대파한 이 참에 한의 세력을 축출하고 요동의 지배권을 확보하기로 작정했던 것이다. 12월 고구려는 아마도 부여의 대군에 마한, 예맥의 기병까지 동원해서 현도성을 포위했다. 그러자 군사 2만을 끌고 온 부여왕 위구태가 한나라군에 붙어 버렸다. 위구태의 배신으로 고구려군은 심각한 패배를 입고 물러섰다.

밖에서 패배를 당하자 안쪽의 시련이 다시 고개를 들었다. 태조왕이 너무 오래 살자 동생(또는 아들이라고도 한다) 수성이 백 살이 된 태조왕을 유폐시키고 왕위를 빼앗았다. 차대왕(수성)은 한나라의 침공을 격퇴한 전쟁 영웅이었지만 정치가로서는 거칠었다. 태조왕의 맏아들을 죽였고, 이를 본 막내 아들은 자살했다. 이후 차대왕의 정치는 더욱 포악해져서 태조왕의 막내 동생(『후한서』에는 차대왕의 아들이라고 했다) 백고마저 산골로 숨어야 했다. 결국 차대왕 20년 연나부(절노부)의 조의(관직명으로 부족장 직속의 관료)였던 명림답부가 차대왕을 죽이고, 백고(신대왕)를 옹립했다.

신대왕은 좌보와 우보로 나뉘어져 있던 재상을 통합하여 국상이라고 하고, 명림답부를 국상으로 임명했다. 동시에 그에게 중앙과 지방의 병권을 주고 양맥 지방을 다스리게 했다. 명림답부는 절노부 출신인데, 절노부는 대대로 왕비를 내었다는 부족이다. 이 경우는 소노부의 왕비와 또 달라서 서열 3위의 부족이었다는 느낌을 준다. 즉 계루부와 소노부의 갈등 속에 절노부가 부상했고, 계루부와 소노부의 이원적 권력구도의 상징인 좌보와 우보의 이원체제도 하나로 통합해서 3자에게 준 것이다. 요동과 소노부 사이에 있어서 소노부에게 주기도, 계루부가 직할하기도 껄끄러운 양맥 지역의 통치권도 절노부 출신 재상인 명림답부에게 위임시켰다.

이 조치는 소노부에게는 좌절을, 절노부와 여타 부족에게는 힘을 준 모양이다. 고구려는 요동까지 진출해서 서안평을 약탈했다. 그러나 곧이은 한나라의 보복 공격에 고구려는 물러서야 했다. 172년 한나라는 수도까지 쳐들어왔으나 이번에도 고구려의 농성전술에 당했다. 명림답부는 회군하는 한군을 습격하여 거의 몰살시켰다. 커다란 승리였지만 한나라는 쉬운 상대가 아니었다. 한나라와의 전쟁은 신대왕 초기에 잠깐 반짝했을 뿐 내내 수세에 몰렸다. 한나라의 압박을 일선에서 받고, 정치적 좌절감을 느끼는 소노부의 불안과 계루부의 새로운 동맹자로 성장한 절노부의 욕망도 함께 커져 갔다.

이때서야 고구려는 새로운 깨달음을 얻었다. 위기를 극복하려면 먼저 내부의 힘을 정돈해야 했다. 신대왕과 그 다음 고국천왕 시절에 고구려는 내치에 힘을 기울였다. 고국천왕 16년(194년) 국사 교과서에도 나오는 유명한 진대법이 시행된다. 진대법은 봄에 관에서 백성에게 식량을 빌려주고 가을 추수 후에 갚게 하는 법이다.

> 10월에 왕이 진양으로 사냥을 나갔다가 길에 앉아서 우는 자를 보고 "왜 우느냐?"고 물었다. 그가 대답하기를 "저는 가난해서 늘 품을 팔아 어머니를 모셨는데, 올해는 흉년이 들어 품 팔 데도 없어 한 되, 한 말의 곡식도 얻을 수 없으므로 우는 것입니다." 왕은 "아, 내가 백성의 부모가 되어 백성들을 이런 극도의 상황에까지 이르게 하였으니, 나의 죄다."라고 한탄했다. …… 관청에 명해 매년 3월부터 가을 7월에 이를 때까지 관의 곡식을 내서 백성의 가구에 맞추어 대여하고, 겨울 10월에 갚게 하는 것을 법으로 삼았다. (『삼국사기』 권16, 고구려본기4 고국천왕 16년)

진대법은 고려와 조선시대에도 시행된 의창, 환곡 제도의 시초다. 그런데 바꿔 생각하면 이전의 왕들은 세금을 거두고 군사만 징발할 뿐 이런 간단한 구상도 안 했다는 이야기가 된다. 그게 가능한 일일까? 진대법을 왕이나 국가가 구휼제도의 필요성을 처음으로 깨닫고 시행한 것으로 이해하면 잘못이다. 이 법에는 그 이상의 커다란 의미가 있다.

오늘날 사회복지제도에 해당하는 구휼제도는 훨씬 오래 전부터 있었다. 다만 주체와 방식이 달랐다. 흉년이 들면 일차적으로 구제를 담당하는 단위는 촌락공동체다. 지주나 부자라고 착취만 하지는 않는다. 대개는 가져간 쌀을 도로 푼다. 이것이 농촌사회가 수천 년간 지속된 비결이다. 그런데 자연재해가 심하게 발생하면 촌락공동체의 힘만으로는 감당이 안 된다. 고국천왕이 만난 빈민

진제비 조선시대에 심한 흉년이 들자 박응선이 재산을 털어 빈민을 구제한 것을 감사하기 위해 세운 비(경남 진주성). 개인이나 지역 단위의 구제는 고대로부터 있었고 농경사회를 안정적으로 유지시킨 오랜 전통이었다.

이 흉년이라 품을 팔 곳도 없다고 한 말이 바로 이런 상황을 의미한다. 이럴 때는 자연재해가 덜한 다른 지역의 힘을 빌어야 하고, 씨족이나 부족 같은 좀더 상위의 기구가 나서야 한다.

부족도 감당하기 힘든 더 심한 재해가 닥치면 국가가 나서야 한다. 그런데 이런 일시적인 구제는 이전에도 있었다. 진대법의 특징은 그런 임시조치가 아니라 항상적으로 운영하는 제도라는 것이다. 그리고 진대법의 또 다른 얼굴은 융자제도다. 이 융자를 받으려면 국가에 호구를 등록해야 한다. 국가에 세금을 조금 내고 군사를 덜 징발당하기 위해, 혹은 부족장과 지주들이 소작인과 노비를 감추기 위해 주민등록을 하지 않은 호구가 자진 신고를 해야 한다.

국가에서 주는 곡식을 받는 순간 백성 한사람 한사람이 관청(국가)의 빚쟁이가 된다. 원래 저당 잡힌다는 말은 저당물에 대한 권리를 위임하는 것이다. 빚을 지운 이상 국가는 공동체와 씨족, 부족의 우산을 뚫고 들어가 그들 한사람 한사람에 대해 무언가를 요구할 수 있는 직접적 권리가 생긴다. 이 권리도 두 얼굴이 있다. 국가가 백성 한사람 한사람을 빚쟁이로 만들고, 채무를 구실로 직접 관리한다는 것은 듣기에 좀 기분 나쁘다. 호구가 노출되면 공동체에 요구하는 공물, 징발하는 군사의 수도 많아진다. 그러나 좋은 면도 있다. 예를 들어 악덕 족장이나 지주가 채무를 구실로 가난한 농민을 붙잡아 두고 자기 땅만 경작시키거나 머슴으로 부려먹는 경우도 있다. 이 농민은 자기 땅을 경작하지 못하므로 또 빚을 져야 하고 영원히 빚의 노예가 된다. 이런 상황이 벌어졌을 때 국가는 그 가난한 농민을 자기 땅으로 돌려보내라고 지주에게 요구할 수 있다. 농민은 진대법에 의해 국가에도 빚을 지고 있고, 국가에 진 빚을 갚으려면 자기 땅을 경작해서 수확을 거두어야 하기 때문이다.

귀족이나 부족장의 입장에서 보면 진대법은 결코 수용할 수 없는 위험한 법이다. 하지만 194년 진대법은 시행되었다. 기분 나빠도 이를 수용할 수밖에 없는 상황이 벌어지고 있었다. 한나라의 위협은 가중되고 있었다. 고구려가 생존하려면 국력을 키워야 하고, 국력을 키우려면 비옥한 평야지대로 진출해야 하고, 그러기 위해서는 단합이 필요했다. 귀족이나 족장이라고 해도 인구가 증가하면 상속받을 땅은 점점 작아진다. 상속에서 탈락한 사람들에게 부족장의 권리나 옛날의 기득권 따위는 자신과 상관이 없다. 그들에게는 오직 새로운 땅이 필요했으므로 국가권력의 강화와 진대법 같은 제도를 지지하게 된다.

귀족, 부족 간의 갈등이 위험수위에 달한 것도 전통적인 부족연맹의 관습을 포기하게 만드는 계기가 되었다. 이 시기에 계루부와 소노부, 절노부의 권력투쟁은 가중되고 있었다. 명림답부의 활약으로 절노부가 성장한 것까지는 좋았는데, 갑자기 돈과 권력을 맛본 사람들이 오버하기 시작했다. 특히 절노부 출신인 왕후의 친척인 어비류, 좌가려 등이 권력형 비리를 마구마구 저지르기 시작했다. 비리도 비리지만 절노부가 너무 커지면 계루부를 위협할 소지가 있었다. 190년 고국천왕이 절노부의 세력을 억제하려고 하자 절노부가 반란을 일으켰다. 절노부의 4연나가 반란에 참여했다고 하는데, 연나는 부족 내부에 있는 소단위인 듯하다. 반란은 진압되었지만, 한때 반란군이 국내성까지 진격해서 공격할 정도로 규모가 컸다.

이 시점에서 고국천왕은 결단을 내린다. 왕과 왕비족이 야합해서 국가를 통치하는 방식은 이제 한계에 달했다. 나라가 커지면 권력집단과 통치방식도 변해야 한다. 그러나 구세력은 기득권에 집착하고, 신세력은 권력을 잡는 순간 구체제의 옹호자가 된다. 이래서는 발전은 저지되고 함께 멸망하고 말 것이다.

국내성의 서쪽 성벽 강변을 따라 쌓았으며 현재 성벽이 가장 잘 남아 있는 부분이다. 20세기 초까지도 성문이 남아 있었으나 개발 과정에서 파괴되었다. 이곳 외에 집안 시내에 약간의 성벽이 남아 있다.

　그는 계루부를 제외한 4부에게 동등한 기회를 주기로 한다. 그리고 4부의 동의를 얻은 인재를 국상에 임명했다. 이때 등장한 인물이 을파소다.
　재상이 된 을파소는 인사를 혁신했다. 내용은 확실하지 않지만 부족을 가리지 않고 인재를 등용한 것이 분명하다. 오늘날의 민주주의와는 거리가 멀지만, 민주화되었다는 오늘날도 지역주의나 당파성을 극복한 정당이 하나도 없는 현실을 보면 을파소의 시도가 얼마나 힘든 일이었을지 상상이 간다. 권력을 놓고 싶지 않았던 왕실의 친척과 구신들은 작당을 해서 을파소를 몰아내려고 했지만, 고국천왕은 을파소의 정책에 맞서는 자는 멸족을 시키겠다고 엄포를 놓으며 그의 개혁을 밀어붙였다.
　아무리 좋은 법이나 제도를 만들어도 운영을 잘못하면 소용이 없다. 특히 국가의 권력과 역할을 확대하려면 그 이전에 국가 운영층의 공공성이 반드시 확보되어야 한다. 소수 집단이나 단일 부족이 권력을 장악한 상태에서 국가의 힘을 강화하면 그것은 독재로 흐른다. 쉽게 말하면 기득권층의 교체, 즉 소노부를 계루부로 교체하고 계루부를 절노부로 교체하는 것은 개혁이 아니다. 고국천왕과 을파소는 바로 이 점을 깨닫고, 4부족에게 동등한 참여의 기회를 주는 구조조정을 시행했다. 이것이 부족들이 진대법까지도 수용할 수 있었던 이유였다. 진대법은 을파소의 개혁 3년 후에 시행되었다.

6 넘어야 할 산은 아직도 많다

"을파소의 개혁으로 고구려는 오랜 분열을 극복하고 발전의 길로 들어섰다." 이렇게 말하면 좋겠지만 개혁은 그리 쉽지 않다. 고국천왕의 부인 우씨는 연나부(절노부) 출신이었다. 고국천왕의 개혁에 가장 크게 반발하고 반란까지 일으켰던 일족이다. 왕이 죽자 우씨는 왕의 동생 발기를 찾아가 자신과 결혼하는 조건으로 후계를 제의했다. 발기가 거절하자 아래 동생인 연우(산상왕)와 결탁했다. 분노한 발기는 요동 태수 공손탁에게 망명했다. 문제는 이 망명에 소노부의 3만 호가 동참했다는 것이다. 발기가 우씨의 동맹 제의를 거절한 이유는 발기의 모친이나 처가 소노부 출신이었기 때문일 가능성도 있다. 소노부와 절노부의 2인자 다툼이 고국천왕의 후계를 놓고 재연된 것인데, 이것은 고국천왕과 을파소가 추진한 정치개혁을 무위로 돌리는 것이었다.

소노부의 이탈로 고구려는 최대의 위기를 맞았다. 발기는 한나라 군사 3만을 빌려 고구려로 쳐들어왔지만, 막냇동생 계수가 이끄는 고구려군에게 패해 자살했다. 고구려가 이 위기를 극복할 수 있었던 것은 고구려의 영토가 동남쪽으로 확장되어 여타 부족의 세력도 커졌고, 을파소의 개혁이 부족 간의 지지를 올려놓은 덕이었다. 고구려의 국초에 소노부가 한나라에 붙었거나 나머지 부족들이 이 내전을 소노부와 계루부 간의 갈등으로 치부했더라면 한나라와 소노부가 합세한 전력을 계루부는 감당해 내지 못했을 것이다.

산상왕은 발기의 소노부와 내전을 치르고, 절노부 출신인 형수 우씨와 결혼했다. 하지만 그도 내심으로는 이런 야합적인 체제가 더 이상 계속되어서는 안 된다고 생각은 했던 모양이다. 그래서 그는 족보가 모호한 여인을 작은 왕후로 맞아들였다. 이 여인은 미모가 뛰어난 요염한 여인이었다는 것 외에는 알려진 정보가 없다. 미모에 홀린 것인지 정치개혁을 위한 선진적 사고의 결과였는지는 모르겠지만 산상왕은 놀랍게도 이 여인이 낳은 아들에게 왕위를 물려주었다. 그가 동천왕이다(나중에 동천왕에게 충성을 바치는 인물이 주로 동부 즉 순노부 출신인 것으로 보아 순노부 출신일 가능성이 있다. 하지만 동천왕의 왕비가 순노부 출신이었을 수도 있다).

동천왕은 힘이 세고 용맹하며 말을 잘 타고 활도 잘 쏘았다고 한다.[28] 전형적인 전사형 군주다. 그러나 이 용사도 사생활에서는 대단히 조심하며 소심하게 살아야 했다. 어린 시절 그는 조선의 정조처럼 자신을 적대시하는 세력에 둘러싸여 있었다. 왕후 우씨가 모친을 죽이려 했고, 일부러 동천왕의 옷에 국을 쏟기도 하는 등 그를 자극하려고 했다. 동천왕은 참고 참으면서 그들의 신뢰를 얻기 위해 애썼다. 그 노력이 보상을 받아서 그는 무사히 즉위했고, 『삼국사기』로부터 "성품이 너그럽고 어질다."는 칭찬까지 얻었다. 하지만 그의 시련은 이제부터가 시작이었다.

고구려가 내우외환의 위기를 넘기는 데는 중국의 혼란도 도움이 되었다. 그 사이에 후한 조정이 붕괴하고 삼국지의 시대가 시작되었다. 군웅할거의 시대가 시작되자 요동의 패권은 공손씨에게 넘어갔다. 공손씨는 요동의 토착세력으로 요동과 현도군의 관리를 역임하며 세력을 키웠다. 그 중에서 두각을 나타낸 인물이 190년에 요동 태수가 된 공손탁公孫度이다. 『삼국지』를 보면 동탁은 낙양을 불태우고 장안으로 천도하는데, 이 사건은 후한 정부의 통제력이 허구화하고 전국의 군웅이 독립하는 계기가 되었다. 공손탁도 이 틈에 요동 태수가 되었고, 바로 일족인 공손소를 비롯하여 유력 세력 100여 가를 숙청하고 권력

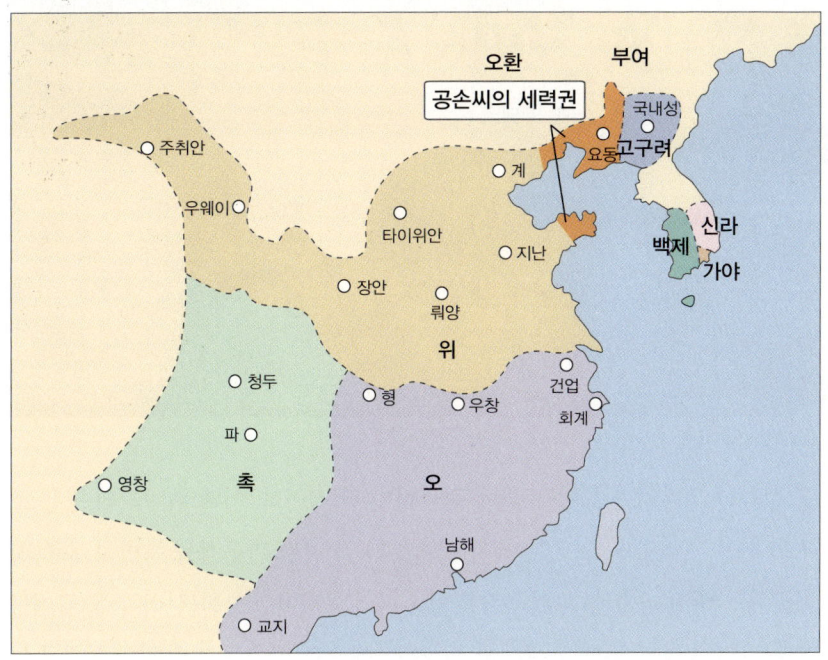

기반을 확보했다. 그는 오환과 고구려를 공격하고, 부여왕에게 딸을 시집보내 사돈으로 만들었으며,[29] 산동까지 진출해서 동래군을 점령했다. 이것은 산동과 발해만을 잇는 대 조선항로의 확보를 의미했다. 이로써 고구려와 낙랑, 한반도는 육로와 해로로 공손탁의 위협권에 들어갔다.

　위·오·촉의 삼국은 서로 각축을 벌이느라 요동에 신경을 쓸 틈이 없었다. 위는 공손씨를 후로 책봉하고, 장군, 태수로 임명하며 그들의 독립성을 인정했다. 그 사이에 공손씨는 세력을 더욱 키웠다. 서기 230년경부터 오나라는 요동의 공손씨와 동맹을 맺고 위나라를 남북에서 협공하려는 전략을 추진한다. 요동은 위나라 정벌에 꼭 필요한 군마의 공급처이기도 했다.[30] 공손씨의 위상이 갑자기 높아졌다. 손권은 아예 1만 군대를 요동으로 파병해서 공손씨의 요동군과 합쳐 위나라를 협공하려고 했다. 계획이 추진되던 중에 공손연이 오나라의 국력에 불안감을 느꼈다. 동맹을 눈치 챈 위나라도 협박을 해오자 공손연은 손권과의 동맹을 파기하고 오나라 사신을 참수하고 구금해 버렸다.

　이 기회주의적 배신은 공손연에게 부메랑이 되어 돌아왔다. 공손씨의 위험

중국 삼국시대의 군대

을 절감한 위나라가 요동 토벌에 적극적이 된 것이다. 이때 위나라의 왕은 조조의 아들 조비였다. 조비는 세자 시절부터 잘 알던 관구검을 특별히 유주 자사로 천거하여 파견했다. 관구검은 공손씨의 숙적이던 오환(선비족)을 끌어들이고, 고구려와도 동맹을 구성한 뒤 237년에 공손연을 공격했으나 쉽게 승부가 나지 않았다. 그러자 238년 조비는 제갈량의 숙적으로 유명한 위나라 최고의 전략가 사마의를 파견했다. 238년 8월 공손연은 사마의와 관구검의 양동작전에 휘말려 패배, 살해되고 말았다. 고구려도 이때 수천 명의 군대를 보내 공손연을 공격했다.[31]

공손씨가 멸망하자 고구려는 이제 위나라와 국경을 마주하게 되었다. 위나라와 고구려의 관계도 난세답게 복잡했다. 공손연이 오나라를 배신하고 사절을 살해할 때 일부 사절들이 고구려로 탈출했다. 이들은 자신들이 고구려와 동맹을 맺기 위해 파견된 사신이라고 거짓말을 했다. 공손연과 대립하고 있던 동천왕은 좋은 기회라고 생각하고 오나라와 동맹을 맺었다. 235년 손권은 사굉 등을 고구려로 파견하고 동천왕을 선우로 책봉했다. 아마도 손권은 고구려를 흉노와 같은 북방 유목민 수준으로 생각하고 있었던 것 같다.

손권은 공손씨에게 배신을 당했지만 우연히 고구려라는 새로운 파트너를 만나 꽤 공을 들였다. 다시 한 번 고구려와 오나라 간에 남북 협공전략이 추진되었는데, 이번에도 위나라가 끼어들었다. 위나라와 고구려는 국경을 접하지 않고 있었으므로 공손씨에게 했던 직접적인 협박 대신 고구려에게 새로운 미끼를 던졌다. 공손씨에 대한 협공이었다. 고구려 입장에서는 위나라 공격보다는 훨씬 현실적이고 이로운 제안이었다. 동천왕은 손권과의 협약을 파기하고 오나라 사절의 목을 잘라 위나라로 보냈다.

손권은 소설 『삼국지』에서 그려진 이미지와는 달리 잔혹하고 음모의 대가였다. 그런 그가 공손연에게 배신을 당하자 "일생 최대의 수치"라고 말하며 분노했다. 그런데 고구려에게 또 당하고 말았다. 음모와 정치의 천재가 두번이나 같은 꼴을 당했으니 그 분노란 상상 이상이었을 것이다.

공손씨는 위나라와 고구려의 연합공격에 멸망하고 말았다. 그러자 이제 고구려와 위나라가 국경을 마주하게 되었다. 고구려가 공손씨를 제거하려고 했던 이유는 고구려의 숙원인 서진을 위해서였다. 요동을 위나라가 차지한다면 상황은 달라질 것이 없다. 242년 고구려군이 서안평을 습격했다. 예상 외로 위나라의 반격은 거셌다. 유주 자사 관구검은 1만 병력을 이끌고 고구려 정벌에 나섰다. 현도 태수 왕기와 선비족 계통의 이민족인 오환, 낙랑 태수 유무, 대방 태수 궁준의 병력도 합세했다. 만 명이 이들의 숫자까지 포함한 것인지, 유주군만의 수인지는 분명하지 않은데 상식적으로 봐서는 요동군의 병력만이 아닌가 싶다. 동천왕은 철기 5천을 포함한 2만 대군을 동원했다.

위나라는 『삼국지』의 세계를 거쳐온 군대답게 세련된 전략을 구사했다. 관구검의 본대는 고구려의 중심부로 진격하는 한편, 유무와 궁준의 군대는 고구려에 예속되어 있던 동예를 공격했다. 왕기는 부여로부터 군량미를 제공받으며 북쪽으로 진출했다.[32] 고구려와 예속국과의 관계를 단절시키려는 의도였다. 하지만 이 전술의 최대 장점은 고구려의 장기인 수비전술(농성전)을 무력화시키는 것이었다. 고구려가 주변의 동맹국, 예속 세력들이 유린되는 상황을 지켜보며 자기 거점만 방어한다면 적을 격퇴한다 하더라도 동맹국들로부터 신뢰를 잃게 될 것이다.

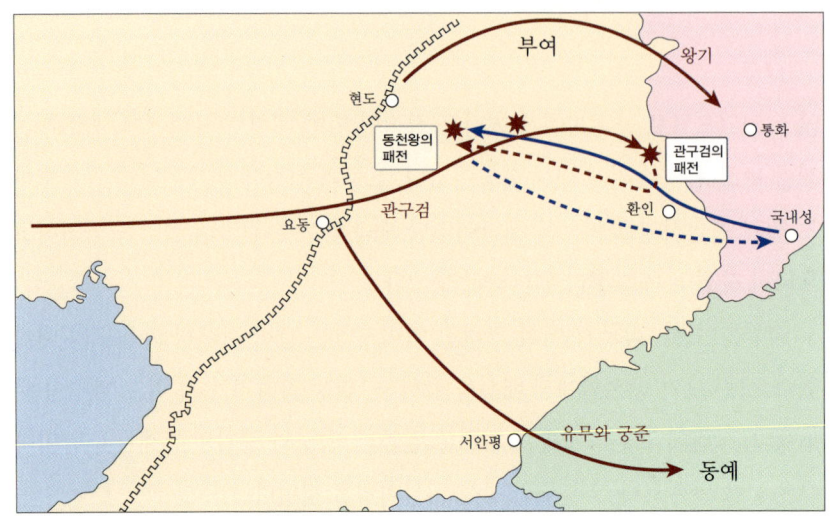
관구검의 침공도

고구려로서는 수성전술을 포기하고 온 힘을 모아 관구검의 주력부대를 격파하는 수밖에 없었다. 동천왕은 국내성을 나서서 앞으로 진군했다. 관구검의 공격 루트는 고대로부터 한나라 부여군이 쳐들어오던 그 루트로서, 혼하-소자하-부이강-신개하-국내성으로 진입하는 길이다.[33]

고구려군의 방어선도 이전과 비슷했다. 8월에 동천왕이 친히 인솔하는 고구려군은 환인 분지 주변의 비류수에서 관구검과 대치했다. 고구려군은 멋지게 싸워 위군 3천 명을 살해했다. 관구검은 오던 길을 되돌아 후퇴했다. 고구려군은 위군을 추격하여 양맥 골짜기에서 다시 위군 3천 명을 살해했다. "위나라의 대군이 우리의 소군보다 못하구나. 관구검은 위나라의 명장인데, 오늘 그의 목숨은 우리 손아귀에 있다." 동천왕이 승리에 감격해서 한 말이다. 그리고 그는 친히 중장기병 5천을 인솔하고 위군의 뒤를 쫓았다. 더 이상 도망칠 수도 없게 된 위군은 개활지에서 사각형의 방진을 치고 고구려군을 맞았다. 보통 이런 경우 바깥에 수레를 두르고 그것을 바리케이트로 삼는다.

우리는 수레 하면 짐수레를 연상해서 수송부대에나 배치되었을 것이라고 생각한다. 그러나 옛날 군대에서 수레는 상당히 다용도로 사용되었다. 수레는 평소에는 그 부대의 짐과 식량을 운송하고, 전투 시에는 공격용 장갑차로, 수

비 시에는 바리케이트로 사
용되었다. 때로는 수레 전면에
창과 방패를 설치했다. 방진 안에
는 보병을 두고, 기병은 방진 밖에 두
어서 엄호하게 한다.[34]

전면에 창날을 댄 수레

임시방편인 듯하지만 이 전술은 의외로 위력이 있었다. 명나라의 명장 척계광이 쓴 『기효신서』를 보면 몽골 기병을 상대하는 데 제일 좋은 전술이 바로 이 방법이라고 했다.

동천왕이 철기 5천 명만 거느리고 쫓아갔다고 표현한 것으로 보아 위군이 궤멸 직전이라고 판단하고 기병에게 적을 추격하여 섬멸하라는 명령을 내린 것 같다. 동천왕은 포위된 위군을 철기로 압박하면 위군이 완전히 무너질 것이라고 기대했을 것이다. 그러나 『삼국지』의 시대를 살아온 위군은 경험도 많고 훈련도 잘된 군대였다. 위기의 순간에 위군 병사들은 뿔뿔이 흩어져 달아나는 대신 냉정하게 깃발 아래로 모여들었다. 적이 일단 진형을 갖춘 이상 동천왕은 서두르지 말고 퇴로를 끊고 기병과 보병의 공조체제를 갖추었어야 했다. 그러나 맹렬하게 쫓아가던 기분에 자제하지 못하고 성급하게 기병 돌격을 감행한 것으로 보인다.

기병이 단독으로 보병 진지에 정면으로 돌격하기가 쉽지 않다는 얘기는 앞에서 했다. 그렇다면 적의 진지를 빙빙 돌면서 화살을 날리는 방법은 어떨까? 그러다가 어느 한쪽에 구멍이 생기면 그리로 뛰어든다. 개척자들이 포장마차로 바리케이트를 쌓고 인디언들이 그 주변을 돌면서 화살을 날리는 옛날 서부극에서 자주 나오던 장면 그대로다.

보병의 엄호 없는 기병의 단독 돌격은 어떤 방식이든 항상 위험하다. 나폴레옹도 워털루 전투에서 전황이 여의치 않자 방진을 치고 있는 영국군의 심장부로 기병을 단독 돌격시키는 도박을 해보았다. 이때도 서부극처럼 보병은 진

고구려의 중장기병 안악 3호분 벽화

워털루 전투 묘사 그림

지 안에서 사격하고, 기병은 주변을 돌며 사격하면서 돌격할 틈을 노리는 그런 장면이 연출되었는데, 나폴레옹의 기병은 커다란 손실을 입고 후퇴해야 했다.

그때 영국군은 활이 아니라 총과 대포를 사용하지 않았냐고 반문할 수도 있다. 그러나 당시의 머스킷 소총의 유효사거리는 50m도 되지 않았다. 그나마 50m에서 쏘면 그저 약간 유효하다고 할 정도였고, 실제로는 한 20m까지 접근해야 사격을 했다. 참고로 조선시대의 무과에서 보병의 사격표적은 화살 종류에 따라 다르지만 최하 80보, 최대 240보였다. 주척으로 계산하면 1보는 약 1.2m이므로 최하 96m에서 288m가 된다. 이렇게 보면 소총이라고 해서 유효사거리나 살상력이 활보다 나을 것도 없다. 발사 속도는 비교할 대상도 못 된다. 머스킷 소총은 장전하는 데만 수초가 소요되므로 사실상 20m 선에서 발포한다면 쏠 기회가 한 번밖에 없다.

이날 기병 돌격을 감행했던 고구려군도 비슷한 패배를 맛보았던 것 같다. 기병이 큰 피해를 입자 고구려군 전체가 동요하고 패주했다. 기회를 놓치지 않고 위군이 역습을 가하는 바람에 고구려군은 전멸에 가까운 피해를 입었다. 기병은 5천 중에 4천이, 보병은 1만 5천 중에서 1만 4천 명이 전사했다. 동천왕은

가까스로 탈출해서 국내성으로 돌아왔다.[35]

　이 전투에 동원한 2만이 고구려군의 전체 병력은 아니었지만, 당시의 인구 상황으로 보면 굉장한 피해였다. 참고로 40년 전인 201년 조조와 원소가 화북의 패권을 놓고 결전을 벌인 관도전투 때 원소가 거느린 군대가 10만, 조조군이 2만이었다(『삼국지연의』에서는 원소군의 병력을 70만으로 부풀렸다). 더욱이 이때의 고구려군이 일가친척, 직할 무사, 자기 식읍의 병사와 하호가 주력이 되는 봉건적인 군대였던 점을 감안하면 동천왕과 측근 세력이 입은 타격은 심대한 것이었다. 국왕군의 주력이 붕괴한 이상 다른 부족의 병력을 끌어들이기도 쉽지 않았다. 게다가 동천왕은 소노부나 절노부와의 관계도 소원했다.

　유주로 돌아간 관구검은 곧바로 군사를 재정비하여 다음 해 10월에 다시 쳐들어왔다. 지난 전투의 피해가 얼마나 컸던지 동천왕은 이때까지도 제대로 군대를 재건할 수 없었다. 지금까지 국내성은 여러 번 공격당했지만 환도산성은 한 번도 함락된 적이 없었다. 하지만 동천왕은 전투를 치를 엄두도 내지 못하고 고추가, 대가와 같은 가加급 인사만 데리고 함경도 산맥지역인 옥저로 도망쳤다. 국가의 지도부만 달아난 것이다.

　왕과 지도부는 달아났지만 남아 있는 지도부와 병사들은 관구검군을 맞아 항전했다. 하지만 성은 함락되었다. 이 공성전에서 고구려 병사 8천

관구검

조비의 총애를 받았던 관구검은 고구려 원정 이후 오나라 전선에 투입되어 양자강 가의 대도시인 수춘을 근거로 활약했다. 조비가 사망한 후 사마씨가 위나라의 정권을 찬탈하자 관구검은 양주 자사로 있던 문흠과 함께 사마씨 정권에 대항하여 거병했으나 당시 위나라 최고의 명장이며 촉한 정복에 수훈을 세운 등애鄧艾와 왕기王基(현도 태수 왕기와는 다른 인물)의 군대에 패했다. 오나라로 달아나던 관구검은 추격병에게 쫓겨 아들과 함께 갈대밭 속에 숨었다. 위군은 갈대밭을 포위하고 무차별 사격을 가해 관구검 부자를 살해했다. 등애는 그와 아들의 목을 잘라 수도로 이송했다.

관구검비 현재 심양박물관에 있다.

명이 살해되었다. 관구검은 국내성의 이름을 불내성不耐城 즉 견디어낼 수 없는 성이라고 바꾸고 성벽을 파괴했다. 또 자신의 공적을 기록한 비석을 세웠다. 나중에 고구려 사람들이 이 비를 때려 부순 것 같은데, 20세기 초에 국내성 부근 고개에서 비의 파편 하나가 발견되었다.

관구검은 이 참에 고구려를 아주 멸망시키기로 작정하고 현도 태수 왕기를 시켜 동천왕을 추격했다. 왕기의 추적은 집요했다. 도망치던 동천왕은 죽령이라는 곳(황초령 부근으로 추정)[36]에서 왕기의 선봉부대에게 따라잡혔다. 여기서 다시 패전한 고구려군은 산산이 흩어졌다. 왕의 후퇴를 엄호할 부대조차 남지 않게 되자 순노부 출신 밀우가 결사대를 이끌고 추격군 속으로 돌격하여 적을 저지했다. 덕분에 동천왕은 겨우 고개를 넘어 산속으로 도주했다. 산속에서 패잔병을 수습한 동천왕은 소노부 사람 유옥구가 인솔하는 특공대를 보내 밀우를 구해 오게 했다. 다행히 밀우는 부상을 입고 적진 속에 쓰러져 있다가 구출되었다.

일단 한숨은 돌렸지만 산속의 동천왕과 현도군은 대치 상태에 빠졌다. 현도군은 공격은 하지 않았지만 출구를 봉쇄했다. 왕기의 주력이 도착할 때까지 고구려군을 묶어두려는 것이었다. 동천왕은 꼼짝 못하는 신세가 되었는데, 이번에는 순노부 출신 유유가 계교를 냈다. 유유는 음식을 갖추고 적장을 찾아가 항복 의사를 밝혔다. 가져간 음식을 풀어 놓던 유유는 그릇 속에 감추었던 단검을 꺼내 적장을 찔러 죽이고 자신도 그 자리에서 자결했다. 지휘관을 잃은 현도군은 후퇴했고 동천왕은 포위를 벗어나 다시 도주했다.

왕기는 그 뒤로도 계속 쫓아오다가 숙신 땅의 경계(지금의 간도 지방으로 추정된다)에서야 발을 돌렸다. 왕기도 이곳 바위에 기록을 새겼다고 하는데, 그 바위는 발견되지 않았다. 동천왕은 수도로 귀환했으나 그들의 세력근거인 국내성과 그 일대는 크게 파괴되었다. 새 근거지를 위하여 동천왕은 평양을 개발·육성했다. 이것이 나중에 평양이 고구려의 수도로 성장하는 계기가 된다.

7 심화되는 위기

관구검의 침입으로 고구려 지도부는 큰 타격을 입었다. 동시에 그것은 고국천왕 때부터 추진해 온 개혁의 실패를 의미하는 것이기도 했다. 개혁이 성공하지 못했다는 의미는 아니다. 고구려는 내전까지 치르면서 변화를 추구했지만, 그것만으로는 중국을 당해낼 수 없었다.

그러나 천만다행으로 당시 중국도 삼국으로 분열되어 통일전쟁을 치르는 통에 지속적인 정복을 감행할 여력이 없었다. 게다가 위나라도 곧 사마씨에게 나라를 뺏겼다. 덕분에 고구려는 한숨을 돌릴 수 있었다. 하지만 어찌 생각하면 운이 좋은 것만도 아니었다. 갑작스런 정세의 변화로 고구려는 여전히 답을 찾지 못하고 있었다.

요동에서도 공손씨보다 더욱 강력한 세력이 발생했다. 사마씨의 진晉은 천하를 통일하는 데 성공하지만 중원의 한족 사회는 삼국항쟁으로 지칠 대로 지쳐 버렸다. 이 틈을 타서 중국을 빙 둘러싸고 있던 변방부족이 일시에 치고 들어왔다. 그들은 제각기 중국으로 침입하여 양자강 이북을 나누어 점령해 버렸다. 북중국은 다시 수많은 국가가 명멸하는 혼란기로 들어갔는데, 역사에서는 이를 5호16국시대라고 한다. 5호16국은 다섯 오랑캐가 세운 열여섯 나라라는 뜻인데, 실제로는 더 많았다.

이 혼란기에 요동을 차지한 세력은 요동 서쪽 대능하 지역에 살던 모용씨의 선비족이었다. 선비족 지도자 모용외(또는 모용회)는 중국의 혼란을 틈타 요동에서 세력을 확장했다. 그는 같은 선비부족인 우문씨와 단씨, 그리고 중국과 고구려의 연합세력을 다 격파했다.

모용외의 아들 모용황은 요동 안쪽으로 진출하여 삼국시대에 공손찬과 원소의 땅이던 유주와 기주를 차지하고 337년에 연燕나라를 세웠다. 이를 전연이라고 한다. 고구려의 미천왕은 현도와 낙랑을 점령하고 모용외에게 도전했

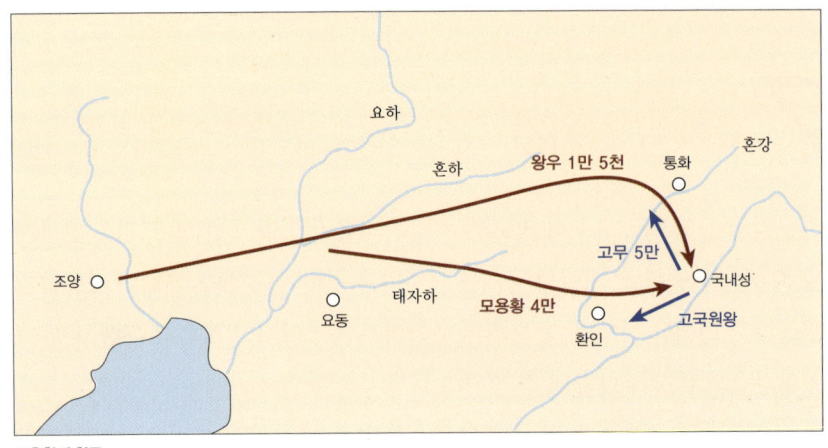

모용황의 침공

으나 패하고 말았다.

　미천왕의 뒤를 이은 고국원왕은 모용씨의 기세를 피해 근거지를 남쪽으로 옮겼다. 새로운 근거지는 동황성東黃城으로 추정되는데, 『삼국사기』에서는 동황성을 안학궁의 뒷산인 평양의 목멱산(대성산성)으로 보고 있다.[37] 평양 개발은 이미 동천왕 때 시작되었지만 고국원왕도 제2의 근거지라고 할 수 있는 이곳에서 힘을 비축하려는 의도를 갖고 있었다고 생각된다. 고국원왕 12년(342년)에 그는 피난생활을 정리하고 국내성으로 귀향했다. 그냥 돌아온 것이 아니라 파괴되었던 성벽과 산성도 말끔하게 복원했다. 하지만 이 소식은 재빨리 연의 수도인 용성龍城(지금의 랴오닝 성 차오양朝陽)으로 전해졌다.

　이때의 연왕은 모용외의 아들 모용황이었다. 그는 모용왕가가 배출한 가장 걸출한 인물이다. 선비족 추장의 아들이지만 꿈을 중국 제패에 두었던 그는 왕자 시절부터 한인 유학자 유찬을 스승으로 모시고 중국의 학문과 제도를 배웠다. 유비가 제갈량을 찾았듯 모용황도 유찬에게 배우기 위하여 온갖 예물을 갖다 바쳤을 뿐 아니라 공손하고 예의를 다해 명성이 자자했다고 한다. 고구려와의 전쟁 후의 일이지만 하북으로 진출한 후 모용황은 선비족을 농민으로 전환시키고, 자신들의 근거지에도 중국인의 개간을 허용하는 통큰 정치를 펼쳐서 한족 유이민을 대량으로 흡수했다. 그리하여 그와 그 다음 치세에 연은 157군에 1579현, 250만 호에 인구 1천만 명이 넘는 동북 지역 최대의 강국이 되었다.

이런 모용황이 고구려의 천도 소식을 들었다. 누가 보아도 고구려의 의도는 분명했다. 그는 중원으로 진출하기 위해서는 먼저 고구려와 우문씨를 완전히 제압하여 배후를 안정시켜야 한다는 참모들의 건의를 받아들인다. 342년 11월 모용황은 친히 정병 4만을 거느리고 고구려를 침공했다.

당시 요동에서 국내성으로 진군하는 데는 북쪽과 남쪽의 두 루트가 있었다고 한다. 북쪽 길은 쉽고 평탄했고, 남쪽 길은 험했다. 따라서 전통적으로 침공군은 북쪽 통로를 많이 사용했다. 두 길의 위치는 세세한 루트까지는 알 수 없는데, 지금도 국내성으로 오는 길이 환인에서 학반령을 지나 집안으로 오는 길은 좁은 산길의 연속이고, 통화 쪽으로 돌아오면 비교적 평탄하다. 대략 이 두 경로를 의미하는 것이 아닌가 한다.[38]

고국원왕은 연군의 주력이 북쪽 길로 오리라 예상하고 동생 무에게 정병 5만을 주어 북쪽 길을 막게 하고, 자신은 소수의 나머지 병력을 거느리고 남쪽 길로 내려갔다. 그런데 모용황은 이를 예측하고 북쪽 길로는 왕우가 인솔하는 1만 5천 명의 부대만 보내고, 자신이 인솔하는 선비족 주력부대 4만 명을 남쪽 길로 돌렸다.

후대의 사가들은 고국원왕의 판단 착오와 안이한 대응이 고구려군의 패인이었다고 말한다. 『삼국지』의 영향 때문인지 전통적인 문치주의 때문인지는 모르겠으나 동양의 역사책에서는 전쟁의 승인과 패인을 전술과 지략 위주로, 다시 말하면 지휘부(이 경우 거의가 문관이다)의 책략에 따라 승패가 결정되는 듯 정리해 버리는 경향이 있다. 그러나 실제 현장의 상황은 그렇게 간단하지 않다.

전투의 승패를 가르는 요소는 작전 이외에도 무수히 많다. 훈련 수준, 강군과 약군의 편성과 배분 방식, 날씨, 군수 및 보급체계, 그에 따른 병사들의 체력 관리, 우리가 흔히 간과하지만 훈련과 장비의 표준화도 대단히 중요하다. 혼잡한 전투 상황에서 부대마다 화살의 사거리가 다르고 방어력과 이동속도가 다르다고 생각해 보라! 그러니 역사책에 달랑 한 줄 남겨진 기록만으로 누가 무엇 때문에 졌다고 단정해서는 안 된다. 동양의 역사책은 군인이 아니라 문관관료와 정신교육이 필요한 독서인층을 대상으로 쓰여졌다는 사실을 꼭 염두에 두어야 한다.

다시 만주벌판으로 돌아오자. 고국원왕의 경우도 주력인 북쪽 군을 자신이 인솔하지 않고 친히 남쪽 군의 지휘를 맡은 것을 보면 결코 남쪽 방어를 안이하게 생각한 것은 아니다. 선비족도 북방 유목민족이라 고구려와 똑같은 강력한 중장기병대를 보유하고 있었다. 그 외의 부대편제도 고구려와 유사했을 것이다. 하지만 이때의 전연은 이미 이전의 유목민족 수준을 벗어나 있었다. 병력은 비슷하지만 물자나 장비, 병력 동원 능력과 통제력, 조직력에서 획기적인 발전을 이루고 있었다.

그러므로 전력상으로 열세인 고구려는 정예병을 최대한 한쪽으로 몰아주어 적의 주력을 강타하고, 그동안 남쪽에서는 험한 지형을 이용하여 최소한의 병력으로 버틴다는 작전이었던 것 같다. 그러니 남쪽 부대도 비장한 각오로 전투에 임해야 했다. 약한 부대라 겁을 먹고 도주하거나 항복해 버리는 사태를 방지해야 했기 때문에 고국원왕이 친히 이 부대의 지휘를 맡았다.

여기까지는 특별하지도 어리석지도 않은, 전쟁사에서는 기본 중의 기본이라고 할 수 있는 전략이다. 제대로 된 전쟁이 시작되었다고 할 수 있는 춘추전국시대부터 군대를 삼군으로 나누어 지휘관은 중군에 위치하고 강한 군대는 우군으로, 약한 군대는 좌군으로 편성하여, 서로간에 강군으로 약군을 치고 약군으로 강군을 막는 것이 전투의 기본이었다. 그래서 강군이 적의 약한 군대를 먼저 깨뜨리거나 혹은 아군의 약군이 최대한 오래 버텨주어서 강군(우군)이 먼저 적의 중군의 측면이나 후방을 위협하게 되면 이기는 것이었다. 때로는 반대로 강군으로 강군을 치고, 약군으로 약군을 막는 방식도 효과를 많이 보았는데, 어느 방식이 좋은가는 피아간의 전력과 상황에 따라 달랐다.

고국원왕이 선택한 작전은 전술의 기본형에서 가져온 것이었다. 그러나 결과론이지만 병력의 배분 방식에 문제가 있었다. 혹 당시 고구려군의 상황이 우리 생각보다 훨씬 열악해서 그렇게밖에 할 수 없었다고 할지라도 이 전술은 약점이 너무 분명했다. 이 방법을 사용하려면 춘추시대의 좌군과 우군처럼 만약의 경우 지원해 줄 군대가 가까이 있어야 한다. 그러나 고국원왕의 부대는 남북으로 크게 갈라져 있었다. 더욱이 이때의 고구려는 방어선이란 게 없었다. 후기의 고구려는 성과 성으로 연결된 방어선을 이중 삼중으로 구성해서 한두 군데가 함락되어도 항전을 계속할 수 있었다. 하지만 이때는 한 곳이 돌파당하면 바로 국내성이었다.

고국원왕의 계획은 대담하지만 지나치게 모험적이었다. 반면 모용황은 자신의 대군 앞에서 고구려가 이런 선택을 할 수밖에 없다는 사실을 정확하게 꿰뚫고 있었다. 그는 왕우의 군대를 천천히 진군시켜 북쪽의 고구려 대군을 묶어두고, 남쪽 군은 빠르게 진군시켜 북쪽 고구려군이 남쪽으로 지원병을 보낼 기회를 주지 않았다. 처음 계획했던 대로 뚫리면 끝장이라는 각오로 남쪽의 고구려군이 결사항전을 했던 것 같다. 고구려의 장군 아불화도가가 전사할 정도였다. 그러나 시간을 끄는 데는 실패했다. 패주한 고구려군은 환도성으로 돌아갔지만, 고국원왕은 고구려 본대와 분리되어 국내성으로 돌아가지도 못하고 단웅곡斷熊谷이란 계곡으로 들어가 숨었다. 중국 기록에는 고국원왕이 말 한 필을 타고 겨우 도망쳤다고 했는데, 패잔병을 이끌고 험준한 산속으로 들어갔던 것 같다.

다행이라면 북쪽으로 간 연의 왕우 군이 양동작전의 본의를 잊고 뒤늦게 고구려의 정예병과 대결하여 큰 손실을 입고 패주했다는 사실이다. 이 때문에 모용황은 더 이상의 전투는 피하고 철수했다. 대신 그는 국내성을 완전히 약탈한 후 성벽을 헐고, 궁성은 불질렀으며, 인질로 미천왕의 미망인 주씨와 고국원왕의 왕비, 가족, 주민 5만 명을 잡고, 미천왕의 무덤을 파헤쳐 시체를 꺼내 수레

집안 서대총 국내성 서문 바깥에 위치하고 있으며 무덤이 많이 파괴되었다. 미천왕의 묘로 추정하고 있다.

에 싣고 갔다.

다음 해에 고국원왕은 엄청난 양의 재물을 바치고야 겨우 미천왕의 시신을 돌려받았다. 가족도 석방되었던 것 같으나 미천왕의 미망인 주씨는 그 후 12년이나 더 연에서 인질 생활을 해야 했다.

적기|赤旗 vs 황기|黃旗

요동을 향한 고구려의 집념은 두 번이나 참담한 실패로 끝났다. 환도성이 또다시 파괴되자 고국원왕은 평양으로 이주했다. 그 후 약 20년 동안 별다른 행적이 드러나지 않는 것으로 보아 군사력을 재건하기 위해 절치부심했던 것 같다. 그동안에 연은 계속 성장하여 화북 지방의 패권을 완전히 거머쥐려 하고 있었다.

이 시점에서 고국원왕이 갑자기 목표를 남쪽으로 바꿨다. 그 이유는 연에 도전하기는 버겁다고 생각했거나 아니면 다시 도전하려면 힘을 더 키워야겠다고 생각했기 때문일 것이다. 혹은 이 무렵 고구려의 뒤를 이어 국가체제 정비에 힘쓰고 있던 근초고왕의 백제가 위협적으로 치고 올라왔기 때문이거나 이 모든 이유 전부일 수도 있다.

369년(고국원왕 39년) 9월에 치양성, 즉 개성 서쪽, 예성강 하구 북단에 위

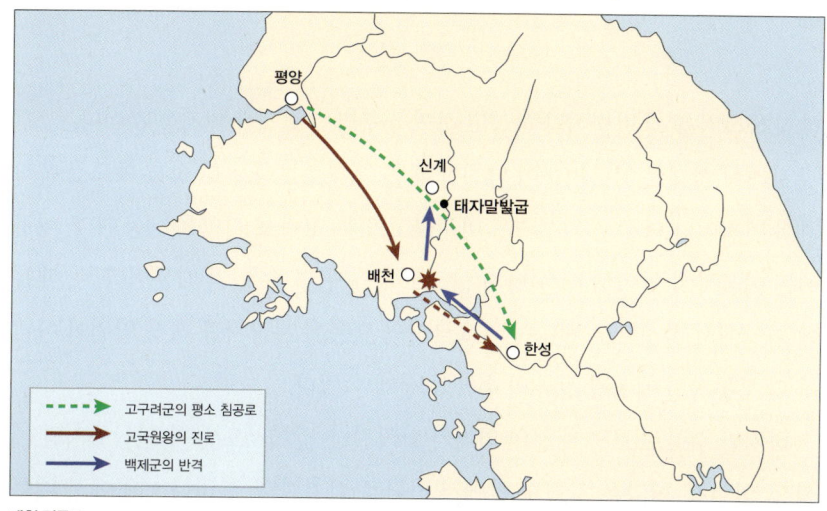

배천 전투도

치한 지금의 배천에 갑자기 고국원왕이 인솔하는 고구려의 대군이 나타났다. 병력은 무려 2만이었다. 백제 측에서는 "고구려군이 치양에 주둔하고 병사를 나누어 보내 민가를 약탈했다."고 기록했다. 추수가 끝난 후이기는 했지만 시골마을이나 약탈하려고 왕이 이 정도의 대군을 끌고 내려왔을 리 만무하다. 이것은 백제를 몰아내고 임진강, 예성강, 가능하면 한강 유역까지 장악하려는 시도였다. 배천은 육로로는 해주와 개성의 연결선 상에 존재한다. 개성→장단→금촌→고양으로 이어지는 길은 예로부터 북부 지방과 서울을 연결시키는 제일의 통로였다.

그러나 배천의 진짜 가치는 수로에 있다. 이곳에서 육로로 한성까지 내려가려면 예성강, 임진강, 한강을 건너야 한다. 예나 지금이나 도하작전은 위험부담이 크다. 흔히 생각하듯이 강을 건너는 동안 공격에 취약해서가 아니다. 병력이 분리되기 때문이다. 게다가 이 지역은 모두 하류지역이라 강폭도 넓다. 만약 군대가 일부만 건넜을 때 적이 급습한다면 퇴로도 없는 그들은 궤멸당하고 말 것이다. 중국 병서에 30%의 적을 살상하면 대승리고, 10%를 살상하면 보통의 승리라는 내용이 있다. 그러니 적이 1/2이나 1/3쯤 건넜을 때 전 병력을 끌고 급습하여 20% 이상의 적을 살상한다면 승리는 우리의 것이다. 그러니 이런 위험

제3장 삼국의 풍운

한 도하작전을 세 번씩이나 하라고 하면 누구라도 고개를 내저을 것이다.

그래서 실제로 고구려군이 남침할 때면 이 루트보다는 더 상류 쪽으로 올라가서 연천이나 파주군 적성면을 마주보고 있는 고랑포 지역을 애용했다. 이곳에는 여울목이 있어서 배를 타지 않고도 강을 건널 수 있기 때문이다. 이 때문에 평양에서 한성으로 진출하는 육로상의 요충은 지금처럼 개성 일원이 아니라 더 북동쪽인 예성강 상류의 수곡성(신계)이었다.

하지만 수로로 보면 배천의 의미가 달라진다. 앞에서도 누차 언급했지만 예성강, 임진강, 한강은 강화도 앞에서 하나로 합쳐진다. 그러니 이곳에서 배를 타면 예성강과 임진강 중류는 물론 한강으로 들어가 북한강을 따라 청평·춘천으로, 남한강으로는 충주·단양까지도 손쉽게 갈 수 있다. 나중에 광개토왕도 육로로 남하하지 않고 한강 수로를 타고 올라와 백제의 수도 한성을 공략했다. 그러므로 고구려가 배천 지역 즉 예성강 하구나 강화도만 장악해도 백제의 임진강 방어선이나 한강 북단의 방어기지는 사용하기 곤란할 정도로 위험해진다.

그러니 고국원왕이 이곳에 주둔한 이유는 누가 보아도 뻔한 것이었다. 백제에서는 고구려군이 사방으로 약탈하러 다녔다고 했지만, 그가 부대를 사방으로 내보낸 것도 약탈을 위해서가 아니라—가는 곳마다 대접이야 받았겠지만—이 지방의 토호와 지방세력들을 고구려에 복속시키려는 의도였을 것이다.

그러나 고국원왕의 상대는 이번에도 강적이었다. 근초고왕은 백제 역사상 가장 뛰어난 왕이다. 그는 고구려의 남침을 보고받자 주저 없이 태자를 사령관으로 하는 요격군을 편성하여 북상시켰다.

백제군의 숫자는 기록이 없지만 고구려군이 2만이었으니 최소한 그 수준은 되었을 것이다. 양쪽의 대군은 배천 벌판에서 대치했다. 삼국이 다투기 시작한 이래 최대 규모의 전투였다.

병력이 2만이면 고구려군 진의 규모도 2~4km는 되었을 것이다. 이런 엄청난 규모는 피차간에 위압감을 주기에 충분하다. 백제군도 고구려군의 위용에 상당히 긴장했다. 이때 고구려군의 탈영병 하나가 백제군 진영으로 도망쳐 들어왔다. 그는 사기斯紀라는 인물로 원래 백제 사람이었다. 예전에 그는 실수로 국용으로 쓰는 말의 발굽을 상하게 했다. 말은 발이 생명이다. 지금도 경주마가 발을 다치면 바로 안락사다. 그리고 특별한 말일수록 무섭게 비싸다. 조선시대에도 제일 좋은 품종의 말은 한 필에 면포 500필이었는데 당시 남자 노비의 값이 면포 100필 정도였다. 혹 그 말이 왕이나 귀족이 애용하던 말이었다면 값으로 따지기 곤란했을 것이다. 벌도 벌이지만 엄청난 보상액이 무서웠을 사기는 고구려로 도망쳤는데, 마침 이 원정군을 따라왔다가 다시 백제군 진영으로 귀순한 것이었다.

그는 귀순의 대가로 중요한 정보를 가지고 왔다. 고구려군의 숫자는 허세다. 대개가 억지로 징집해서 숫자만 채운 부대에 불과하다. 정예부대는 붉은 기를 사용하는 부대뿐이니 그들을 격파하면 나머지는 저절로 달아날 것이라는 정보였다.

사실 이런 사정이야 백제군도 마찬가지였을 것이다. 그러나 고구려군 중에 정예부대가 하나밖에 없고, 백제군이 이 정보를 알아차렸다는 사실이 중요했다. 이를 보면 고구려가 국내성 함락으로 입은 피해가 대단히 컸고, 이때까지도 그 손실을 제대로 회복하지 못하고 있었음을 알 수 있다. 태자는 이 정보를 믿고 붉은 기를 지닌 부대를

백제군 병사

충남 부여 백제군사박물관. 발굴 유물에 의하면 백제군에는 낫 형태의 창이 있었다. 이 창 역시 기병이나 말을 공격하기 위한 무기였던 것으로 보인다.

집중공격해서 깨뜨렸다. 물론 이것도 말처럼 쉬운 일은 아니다. 상대의 약점을 알아차렸다고 해도 고구려군과 평지에서 정식으로 군사적 대결을 벌여 승리했다는 사실은 태자나 백제 장군들의 지휘 능력과 백제군의 수준도 고구려군에 상응하는 실력을 갖추었다는 사실을 증명하는 것이다.

이 전투에서 백제는 고구려군 5천 명을 사로잡았다. 포로는 종군한 장수와 무사들에게 배분했다. 패주하는 고구려군을 뒤쫓아 태자는 예성강 상류인 수곡성(신계) 서북지역까지 단숨에 쫓아갔다. 태자는 이 참에 고구려 국경 너머로까지 깊숙이 추격하려고 했으나 장군 막고해莫古解가 태자를 말렸다. "만족할 줄 알면 욕 볼 일이 없고, 그칠 줄 알면 위태롭지 않다고 하였습니다. 지금 얻은 바가 많으니 더 구할 것이 무엇이 있겠습니까?" 태자는 막고해, 아니 사실은 노자의 말씀에 경의를 표하고 추격을 중지했다.

이때 태자는 기념으로 돌을 쌓아 표를 만들고는 그 위에 올라가서 좌우를 돌아보며 "나중에 누가 다시 여기에 올 수 있을까?"라고 말했다고 한다. 참 분위기 있는 대사지만 사실성은 의심스럽다. "그래도 지구는 돈다"(갈릴레오), "악법도 법이다"(소크라테스), "자유가 아니면 죽음을 달라"(패트릭 헨리), "빵이 없으면 과자를 먹으면 되지"(마리 앙투아네트) 등 역사에 길이 회자되는 명언들은 거의가 후대의 조작이다. 그래도 후대인의 통찰이 들어간 대사라 상황 묘사 하나는 적절해서 버리기가 아깝다. 태자의 말발굽도 그런 대사인데, 『삼국사기』를 편찬하던 고려 중기까지도 이 유적이 남아 있었던 모양이다. 이곳에 말발굽처럼 갈라진 돌이 있어서 이곳을 '태자의 말발굽 자리'라고 불렀다.

태자의 이 말발굽 자리 이야기는 꽤 유명한 전설이어서 그 바람에 이 전투가 남긴 좀더 현실적인 유산 하나는 잊혀졌다. 『삼국사기』에는 태자의 말발굽 이야기 바로 다음에 아주 짤막한 기사 하나가 나온다.

한강 백사장에서 군대를 사열했다. 깃발은 모두 황색 기를 사용했다.

황색기를 사용하는 백제군의 사열 (복원모형) 충남 부여 백제역사문화관

    상대의 패배에서 교훈을 얻은 백제는 바로 깃발의 색으로 부대를 구분하는 방식을 버리고 모든 부대의 기를 황색으로 통일했다. 하필 황색을 사용한 것은 황색이 오행사상에서 중앙을 뜻하므로 독립적인 부족의 군대가 중앙군으로 편입된 것을 의미한다고 보는 견해도 있고,[39] 백제가 황제국임을 선양한 것이라는 의미도 있다고 한다.[40] 그러나 군사 기능적으로 보면 고구려와 같은 허망한 패배를 방지하기 위한 것이었다. 부대를 식별할 필요는 있었을 테니까 무늬나 모양은 달리했겠지만 그 정도면 적군이 멀리서 구분하기는 불가능했다. 이것도 쉬운 일은 아니다. 부대의 기와 상징은 귀족가문 혹은 그 부족집단의 긍지요 자부심이 아니겠는가? 고구려군의 무참한 패배를 보지 않았더라면 그들은 절대로 이런 개혁을 받아들이지 않았을 것이다.

    승리한 백제가 이렇게 했으니 고구려도 당연히 개혁을 했을 것이고, 신라도 첩보를 입수하거나 한 번 쓴 맛을 본 뒤에 고쳤을 것이다. 이렇게 해서 부족시대의 유산이 또 하나 자취를 감춘다.

　분하고 원통하게도 고국원왕은 가는 곳마다 강적을 만났다. 억세게도 운이 없었다. 그러나 과연 운이 전부였을까? 짧은 사료로 함부로 판단하기는 곤란하지만 강운과 불운에는 다 이유가 있다. 고국원왕의 행적을 보면 그는 조급하고 성급하게 힘 자랑을 하는 경향이 있었다. 좋게 보면 결단력 있고 용감한 인물이었지만, 손자의 기준에 따르면 그것이 최고가 아니다.『손자병법』에서는 치밀한 계산과 정확한 상황 판단 능력을 장수의 제일 요건으로 친다. "적을 알고 나를 알라"라든가 "훌륭한 장수는 싸우지 않고도 이긴다"는 말은 괜히 어렵고 심오하게 생각할 필요가 없다. 정세 분석을 정확히 하고 피아간의 전력과 대응방식을 주밀하게 계산하여 행동하라는 뜻이다.

　손자의 기준이 절대적이라고 할 수는 없지만, 고국원왕의 행적 중에 만약의 경우를 생각지 않는 태도에는 확실히 문제가 있다. 우리는 그가 모용황과의 전투에서도 지나치게 극단적인 전술을 사용했던 사실을 기억한다. 대백제전에서도 궁극적인 패인은 정보가 샜기 때문이 아니라 고구려군의 전력이 충분하지 않은 상태에서 남침을 했고, 극단적으로 한 부대만을 강화시켰던 것이 잘못이었다고 할 수 있다. 고국원왕은 운을 걸고 승리에 도전하곤 하였다. 그렇게 얻은 승리는 비교할 수 없는 짜릿한 쾌감을 주고 오래도록 자랑거리가 되겠지만, 승부와 경영의 기본은 확률 싸움이다. 이 부분을 간과했던 고국원왕은 국운을 건 두 번의 대전에서 다 패배하고 말았다. 승운이 그를 비켜 간 것은 아니었다. 오히려 그가 승리했더라면 억세게 운이 좋았던 것이리라.

　다음 해에 원수 모용씨의 전연이 멸망했다. 중국 동북부를 평정하고 기세 좋게 서쪽으로 진군하던 연은 강력한 적을 만난다. 저족인 부苻씨가 세운 진秦(역사책에서는 전진이라고 해서 다른 진과 구분한다)이었다. 진의 왕 부견은 천하통일 직전에 비수淝水 전투에서 어처구니 없는 패전으로 비참하게 몰락하기는 하지만 5호16국시대를 통틀어서 가장 위대한 군주의 한 사람으로 꼽히는 걸물이다.

반면 이와 대결하는 연은 모용황의 손자대에 이르자 왕실에 내분마저 발생했다. 370년 모용씨의 나라는 부견의 명재상 왕맹王猛이 이끄는 군대에 멸망하고 말았다. 고국원왕은 땅을 쳤을지도 모른다. 백제 공격을 1년만 참았더라면 백제전에 투입했던 병력을 이 기회에 요동으로 돌릴 수도 있었을 것이다.

하여간 연이 망한 다음 해에도 고국원왕은 백제부터 침공했다. 그러나 국경이랄 수 있는 예성강변에서 백제의 복병에게 당하고 말았다. 이 패배로 고구려군은 굉장한 타격을 입은 것 같다. 생각지도 않은 호기를 잡은 백제는 역습으로 나왔다. 근초고왕과 태자가 친히 인솔하는 3만의 정예군은 작년에 태자가 중얼거렸다는 말이 무색하게 '태자의 말발굽 자리'를 훨씬 지나 10월에 평양에 도착했다.

몇 번 실수는 했지만 용감하고 뚝심있는 고국원왕은 과감하게 백제의 대군을 맞아 싸웠다. 이번에는 성공이었다. 고구려군의 역전 내지는 결사항전으로 백제군은 평양성을 떨어뜨리는 데는 실패했거나 어쩌면 패했던 것 같다. 그러나 고국원왕은 끝까지 불운했다. 그는 전투중에 화살에 맞아 중상을 입었고, 달을 넘기지 못하고 10월 23일에 사망하고 말았다.

고구려와 백제의 공방전은 요동을 두고 벌어진 중국과 고구려의 전쟁과 마찬가지로 삼국 간에 피할 수 없는 대립의 시기가 도래했음을 알리는 사건이었다. 고구려와 똑같은 이유로 백제 사회도 팽창을 요구받고 있었다. 그리고 고구려에게도 남쪽 지역, 특히 한반도의 패권을 가늠하는 임진강·한강 유역에 대한 유혹은 컸다. 단지 치고 올라오는 세력을 방어하기 위해서가 아니라 그들이 서쪽으로 향하는 어려운 싸움을 지원하기 위해서도, 새로운 국가를 이끌어 갈 왕실 세력을 강화하기 위해서도 남쪽의 땅은 필요했다. 초전은 고구려의 패배로 끝났지만 요동에서의 패배와 마찬가지로 이 패배는 끝이 아니라 시작을 의미하였다. 그것도 '복수'라는 명분까지 붙여준 새로운 전쟁의 시작이었다.

그리스 중장보병대의 전투도

8 폴리스를 넘어서

두 번에 걸친 국내성 함락, 고국원왕의 전사, 사실상 피난 생활인 평양 천도 등 고구려가 고난의 시기를 보내는 동안 요동에서는 공손씨보다 더 강한 모용씨가 일어나고, 고구려보다 더 빠르게 성장하고, 더 무서운 세력을 만나 멸망했다. 고구려의 지배층들도 교훈을 얻어야 했다. 고구려가 모용씨나 전진보다 지지부진한 이유는 한 가지뿐이다. 고구려의 지배층들이 여전히 부족연맹체제의 특권에 미련을 버리지 못하고 있었기 때문이다.

군사적으로 볼 때 부족국가의 군대와 제국의 군대는 커다란 차이가 있다. 이집트, 앗수르, 고대 중국, 알렉산더와 로마 등 고대의 제국을 건설했던 군대에는 한 가지 결정적인 특징이 있다. 소위 종합군이 되어야 한다는 것이다.

부족국가체제에서는 병종과 편제, 전술, 장기도 제각각이었다. 부족마다 자신들이 살고 있는 지역적 특성에 맞춘 군대를 보유하기 때문이다. 개마고원에 사는 부족에게는 수군이 필요 없고, 남쪽 해안가의 주민은 스키 부대를 키우지 않는다. 그들도 지형이 다른 지역을 정복할 경우가 있겠지만, 부족체제로는 재력과 인력에 한계가 있어서 이동하거나 약탈할 때를 제외하고는 자연환경이나 기후대가 현저하게 다른 지역을 병합하지는 않는다.

그런데 이 부족군(지역군)에게는 또 하나의 거대한 제약이 있다. 바로 사회

의 신분구성이다. 전쟁의 승패는 그 집단의 생과 사, 정복과 멸망을 가늠한다. 그러니 우리는 당연히 한 나라의 군대는 최강의 전투력을 발휘할 수 있는 체제와 전술을 사용할 것이라고 생각한다. 그러나 그것은 큰 오산이다. 인간 사회가 형성된 이래로 권력은 군사력과 떨어져서 존재하지 않았다. 그렇기 때문에 전근대 사회의 군사체제는 최강의 전투력이 아니라 그 사회 지배층의 지위 및 존재 형태에 맞추어 결정된다. 새로운 전술이 아무리 효율적이라고 해도 그것이 기득권층의 신분적 특권과 권위를 파괴하는 것이라면 절대로 채용하려 들지 않는다.

   이런 경우의 대표적인 사례를 우리는 고대 그리스의 중장보병대에서 찾을 수 있다. 중장보병은 자비로 무장을 갖추어야 했으므로 부유한 소수의 상층 시민들만이 중장보병이 될 수 있었다. 전쟁이 나면 중장보병은 전차를 타고 여러 명의 하인을 거느리고 전투지로 갔으며, 그 몇 배가 되는 가난한 시민들은 경보병이 되어 중장보병의 갑옷과 방패, 식량을 들고 걸어서 그 뒤를 따랐다. 전투를 대비해 중장보병은 체력을 아껴야 한다는 것이 이유였다. 전투가 벌어지면 중장보병은 머리단장까지 하고 대형을 갖추고 똑같은 무장과 대형을 갖춘 상대도시의 중산시민층과 싸웠다. 경보병은 궁수로 동원되는 외에는 보급 ·

수색 · 추적 등 보조적인 역할만 했다.

그런데 중장보병대를 격파하는 대단히 간단한 방법이 바로 이들 경보병을 활용하는 것이었다. 중장보병대의 약점은 측면과 후면이었는데, 경보병이 중장보병을 포위하고 돌팔매와 투창으로 공격하면 중장보병은 얻어맞다가 쓰러지는 것 외에는 다른 방법이 없었다. 중무장한 그들의 걸음걸이로는 경보병을 따라잡을 수가 없었다.

그리스 사람들은 이 비밀을 알고 있었지만, 정 위급한 상황이 아니면 절대로 사용하지 않았다. 경보병의 역할이 증대하면 그들의 사회적 신분도 상승시켜야 했다. 승리를 얻더라도 사회적 기득권을 포기해야 한다면 그 승리가 무슨 의미가 있겠는가? 아테네와 테베는 이 전술을 사용해서 무적의 스파르타를 물리쳤지만 한 번 승리한 후에는 없었던 일처럼 침묵을 지켰다.

중장보병대의 또 하나의 약점은 싸울 수 있는 지역과 전술이 한정된다는 것이다. 멀리 원정을 가고 다양한 지형을 정복하려면 기병, 궁병, 공병대 등 다양한 병종이 필요했다. 하지만 그리스 인들에게는 이것도 상관없었다. 애초에 중장보병대는 도시국가(폴리스) 간의 분쟁을 해결하기 위해 만든 군대였다. 그들은 나름대로의 룰을 가지고 전투를 벌였다. 대페르시아 전쟁을 통해 그들은 더욱 다양한 병종과 군의 운영체제에 대해 알게 되었지만, 폴리스만으로 충분했던 사람들은 군대와 전술을 개량할 필요를 느끼지 않았다.

이 새로운 전술을 제대로 활용한 사람이 마침 테베에 인질로 와 있던 마케도니아의 필립 왕자였다. 마케도니아는 그리스 북방의 후진지역이어서 그리스처럼 상층 시민층이 발달하지 않았다. 이 때문에 필립은 힘 들이지 않고 새로운 전술을 그의 부대에 적용할 수 있었다. 필립은 기병에 돌팔매 부대까지 다양한 병종을 도입하는 동시에 중장보병의 전술에서 상층시민적(귀족적) 요소를 떼어냈다. 마케도니아의 중장기병은 전차에 탈 수도, 종자를 데리고 갈 수도 없었다. 그들은 자신의 무장을 직접 짊어지고 행군해야 했다. 대신 전차에는 식량

알렉산더 대왕 제국의 판도

과 보급품을 실었다.

이것이 부족군과 종합군의 차이다. 다양한 병종, 표준화된 무장과 전술, 군수와 수송체제를 보유해야만 병력과 물자를 집중적이고 효율적으로 운용할 수 있으며, 다양한 지형과 환경을 정복할 수 있다. 하지만 부족군에서 종합군으로 변모하기 위한 절대적인 조건은 사회구조와 신분에 대한 의식의 변화다. 필립의 성공을 보면서도 그리스 시민은 개혁에 소극적이었다. 기존의 폴리스 사회에서 자신들이 누리던 기득권을 포기하기가 아까웠기 때문이다. 그 사이에 필립은 카이로네아 전투에서 그리스 연합군을 물리치고 그리스의 패자가 되었다. 필립의 아들 알렉산더는 이 군대로 페르시아와 중앙아시아를 점령했다. 알렉산더가 점령한 제국과 그리스의 폴리스를 비교하면 아테네나 스파르타도 바늘구멍만한 작은 점에 불과하다. 그리스 인들은 세계를 정복할 수 있는 저력을 보유하고도 그 작은 점 속의 기득권에 집착하느라 역사가 마련해 준 기회를 사용하지 못했다.

그러면 고구려는 어땠을까? 천만다행으로 이 시대에 고구려군의 퍼레이드를 찍은 낡은 사진 한 장이 남아 있다. 황해도 안악군에 있는 안악 3호분의 행렬도다.

안악 3호분의 행렬도

　무덤의 주인공은 수레를 타고 어디론가 가고 있는 중인데, 고맙게도 그 주위를 완전무장한 고구려군이 에스코트하고 있다. 벽화는 너무나 사실적이어서 기병, 궁수, 보병, 도부수, 군악대, 의장대 등 다양한 병사들의 장비와 무장을 있는 그대로 묘사했을 뿐 아니라 이들간의 수적 비율까지도 맞춰 놓았다. 이 벽화에 등장하는 기병과 보병의 비율은 1 : 3 정도인데, 이는 기병과 보병의 표준적인 비율과도 유사하다. 그러니 사진이나 다름이 없다.

　더욱 고맙게도 이 무덤에는 무덤의 주인공이 중국의 망명객인 동수冬壽라는 기록까지 남아 있다. 동수는 고구려의 숙적이던 연나라의 고위관료였는데, 서기 336년(고국원왕 6년)에 고구려로 망명했다가 서기 357년(고국원왕 27년)에 사망한 사람이다. 무덤의 주인공에 대해서는 이론도 있어서 동수가 아니라 미천왕이나 고국원왕, 혹은 장수왕이라고 보는 견해도 있다. 그 근거는 주인공의 복장, 특히 머리에 쓴 관이 고구려 국왕이 썼다는 백라관이라는 것이다.

　주인공이 누구든 간에 이 무덤의 주인공이 국왕이나 국왕과 거의 동렬에 선 고위 귀족임에는 틀림없다. 그리고 국왕이든 고급 귀족이든 그들이 거느리는

안악 3호분 주인공 부부의 초상

부대의 구조는 기본적으로 같았던 게 분명하다.

그런데 이 벽화가 고국원왕이나 혹은 그 이전의 미천왕대의 군대를 묘사한 것이라면 고구려군은 이미 종합군의 면모를 갖추고 있다고 해야 한다. 무엇이 잘못된 것일까? 배천에서 백제군과 마주했던 2만의 고구려군은 겉모습으로는 구분이 안 갈 정도로 고른 무장을 갖추고 있었다. 그러나 정작 정예군은 붉은 기 부대 하나밖에 없었다고 하였다. 그 부대는 당연히 국왕의 직할부대였을 것이다. 그렇다면 그 외 귀족들의 주력군은 이 남방원정에 참여하지 않았다는 뜻이 된다.

고구려군은 아테네와 스파르타 군의 수준을 넘어서 종합군의 외형은 갖추었지만, 그것을 통합적으로 운영할 국가적 시스템과 의식이 갖춰지지 않았다. 사실 내전까지 야기했던 을파소의 개혁도 부족연맹체제의 개량형 수준에 불과했다. 이것이 태조왕의 서안평 공격 이래 300년 동안 고구려가 피의 경험을 통해 체득할 수밖에 없었던 처절한 한계였다. 하지만 결국은 그 한계와 위기가 지배층의 각성을 불러일으켰다. 이어지는 소수림왕, 고국양왕 대에 고구려는 본격적인 체제정비를 시도한다.

　국사 교과서에서 고대국가의 4요소로 왕위세습제·관료제·율령제·불교 공인을 거론한다. 이 제도의 의미를 하나하나 설명하기는 곤란하지만, 한마디로 말하면 전체 부족이 공동의 룰과 기준을 갖추고, 국가의 이익이 부족의 이기주의를 극복해야 한다는 의미다. 동시에 이 체제는 한두 부족이 전체를 지배하던 시대에 비해 적어도 부족장, 씨족장, 촌락의 지배층들에게는 이전보다 훨씬 공정하고 넓은 기회의 시대가 왔다는 것을 의미했다. 이제야 정복전쟁은 약속의 땅을 향한 행군이 되었다. 넓은 땅과 기회가 그들 앞에 놓여 있다. 이것이 고구려의 팽창을 이끌어낸 진정한 에너지였다.

● 로마군과 표준화

로마 중장보병의 갑옷

시오노 나나미의 『로마인 이야기』에 보면, 로마인의 전술 및 훈련교본을 언급하면서 로마인은 어떤 분야에서든 교본 만들기를 좋아하는 사람들이었다는 표현이 나온다. 그럼 로마인은 왜 교본 만들기를 좋아했을까? 로마인들이 교본을 좋아했기 때문에? 그 대답은 고구려인들이 직면했던 딜레마와 마찬가지로 로마인들도 표준화된 군대를 필요로 했기 때문이다. 당시 로마군은 묘한 성격의 군대였다. 원로원이 사령관을 임명하였고, 군단을 편성하고 보유하는 수는 원로원의 허가를 받아야 했다. 군대의 구성원은 귀족 청년, 중산시민, 평민농민들로 구성되었으며, 때로 군단은 정부의 명령을 받아 여기저기로 이동하고, 배속을 바꾸기도 했다.

이렇게 보면 일반 징집부대와 다름이 없다. 그럼에도 불구하고 군대를 무장시키고, 월급을 주고, 유지하는 비용은 사령관의 부담이었다. 그리고 군 전력의 핵심이라고 할 수 있는 백부장들은 출신이 무엇이든 대개가 직업군인으로서 지휘관과 각별한 유대를 쌓았다. 이런 점에서 로마군단은 반은 사병적인 군대였다. 제국이 확대된 이후로는 해외에서도 군단이 편성되고 로마와는 혈연적 관계가 전혀 없는 각종 이민족이 로마군으로 편입되었다. 아무리 군단이 많고 무장과 훈련이 잘 되어도 각양각색의 부대를 모아 놓으면 결국은 오합지졸이 될 수밖에 없다. 그렇기 때문에 어느 지역에서 누구에 의해 창설된 부대든, 어느 부대에서 종군했던 병사들이든 간에 똑같은 모습의 로마군, 표준화된 군대가 필요했고, 이를 위해서는 전술 및 훈련교본이 필요했던 것이다.

그렇다면 중국과 한국에서는 왜 이런 교본이 발달하지 않았을까? 그 이유는 로마제국처럼 잡다한 이민족의 연합체가 아니었고, 동양에서는 일찍부터 집권체제와 관료제가 발달하여 교본이 없어도 국가와 관이라는 조직체를 통하여 통일성을 유지할 수 있었기 때문이다. 어찌 되었든 여기서 말하고 싶은 것은 동서양을 막론하고 지역군대가 제국군대로 거듭나기 위해서는 영토를 넓혀 징집병의 수만 늘려서 되는 것이 아니라 군대의 표준화라는 과정을 반드시 겪어야 한다는 사실이다.

고구려 고분벽화를 보면 카이젤 수염을 기른 사람을 간간이 찾을 수 있다. 요즘은 거의 찾아보기 어렵게 되었지만 한때 최고 멋쟁이의 표상이었던 카이젤 수염은 의외로 손을 많이 타는 수염이다. 기름도 바르고, 모양도 신경 써서 가다듬어야 한다. 우리나라 사람의 수염이 대체로 팔자 수염이어서 카이젤 수염과 비슷하기는 하지만, 일반적인 팔자 수염과 카이젤 수염은 다르다. 삼실총 벽화의 수문장을 보면 수염이 각도 있게 꺾어지고 끝이 뿔처럼 뾰족하게 솟아 있다. 이런 모양이 되려면 상당한 공을 들여야 한다.

고구려인들이 콧수염에 포인트를 준 것은 카이젤 수염이 주는 강인하고 약간은 거만한 듯한 인상이 맘에 들었기 때문일 것이다. 고구려의 풍습도 카이젤 수염의 이미지와 걸맞았다.

중국 사서에서는 고구려 사람들은 어려서부터 활쏘기와 말타기를 익히고, 앉을 때는 의자에 걸터앉기를 좋아하며, 설 때는 꼭 팔짱을 끼고 턱을 들어 한껏 거드름을 피우고, 평소에도 천천히 걸어가는 법이 없어서 걸음걸이가 달음박질치는 것 같고, 인사할 때는 한쪽 무릎을 꿇은 채 구령을 붙여 인사한다고 했다.

한쪽 무릎을 꿇고 인사하는 방식은 중국에도 있고, 여진, 몽골족에게도 있는데, 중국에서 이 인사법은 무관의 인사법이다. 무장들의 경우 전시에는 절을 할 여유도 없고, 갑옷 입고 무기를 든 채 절을 하기도 어려우므로 요즘의 경례에 해당하는 읍만 하거나 한쪽 무릎만 꿇는 것이다. 고구려에서 이런 인사법이 보편적이었다는 것은 고구려의 사회 분위기가 상무적이었음을 말해준다.

그리고 보면 현대에도 외국인들이 가장 인상 깊게 느끼는 한국의 특징이 사람들이 빨리 걷고 성격이 급하다는 것인데, 그 연원도 고구려 또는 고대 한국의 상무적인 사회 분위기, 무사풍에서 유래한 것이 아닌지 모르겠다.

서기 2~3세기까지도 삼국은 부족연맹적 사회였다. 왕이 있었지만 중세 유럽

제4장 새로운 군대와 전술

의 봉건영지처럼 수많은 성읍과 촌락들이 자신들의 지도자를 가지고, 피라미드형으로 연결되어 있었다. 성읍과 촌락의 지배층들은 대개가 무사요 군사지도자였다. 중세 유럽의 기사들과 마찬가지로 삼국의 지배층들도 먹고 살기 위한 노동에 종사할 필요는 없었다. 반대로 아랫사람들이 군말 없이 노동에 종사하도록 하려면 권력의 근원인 힘을 키우고 연마해야 했다.

특별한 신체장애만 없다면 탁월한 전사가 되는 것은 어려운 일도 아니었다. 고구려 무사의 장기인 기마와 활쏘기는 좋은 교사와 충분한 훈련이 필수지만, 장비도 좋아야 하고 돈도 많이 든다. 좋은 환경과 식생활, 훌륭한 말과 가정교사, 거기에 일반인은 도저히 누릴 수 없는 시간과 여유, 그리고 사명감을 통해 그들은 최고 용사까지는 아니더라도 지도자 자리에 걸맞는 무용은 충분히 습득할 수 있었다.

전쟁이 벌어지면 이들은 각기 자신의 군대를 끌고 집결하고, 그들의 서열에 따라 편제되었다. 국왕도 자신의 직할하는 영지와 예속민이 있었으며, 이들로 구성된 직할의 군대를 가졌다. 그래서 삼국시대에는 왕이 직접 군대를 이끌고 전투에 참전하며, 장군이 재상이 되는 사례를 흔히 볼 수 있다.

이런 군대는 훌륭한 전사가 많고, 단결력이 높아 전투력이 강하다. 그러나 그것은 국지전일 경우다. 국가적인 규모의 전투에서는 심각한 한계를 드러낸다. 부족간의 이해가 다르고, 통제가 잘 되지 않는다. 부족마다 장기와 전술이 다르고 훈련과 장비, 무기체계가 들쑥날쑥하다. 이런 군대로는 전면전을 수행할 수 없다.

왕이 명령을 내려 무기와 전술을 통일하면 되지 않을까? 그게 그리 쉽지 않다. 이 개혁을 하려면 먼저 부족의 세력을 억눌러야 한다. 한마디로 국가와 사회의 구조와 권력지도를 바꾸어야 한다. 긴 시간과 고통이 필요하다. 고구려의 경우 2세기경에 시작한 이 구조조정은 5세기가 다 되어서야 일단락되었다. 그 기념비적인 성과가 광개토왕의 대정복전과 장수왕의 위례성 함락이었다. 고구려가 팽창해 오자 위협을 느낀 백제와 신라도 맹렬하게 변신을 시도하기 시작했다.

1 병종별 특징

4~5세기, 고대국가의 성립기에 진행된 종합군의 편성과 운영은 이제부터 시작되는 고구려의 대정복전과 수당전쟁, 치열한 삼국항쟁의 동인이 된다. 그러면 그들은 어떤 무기와 전술로 어떻게 싸웠던 것일까? 이 장에서는 안악 3호분의 행렬도를 이용해서 병종들의 특성과 기능, 전술을 종합적으로 살펴보도록 하겠다. 단 여기서 부연해야 할 것은 고구려가 제일 먼저 종합군으로의 개혁을 이루지만, 지금부터 이야기하는 병종과 전술이 고구려군의 전유물은 아니라는 것이다. 백제, 신라도 시간차가 있을 뿐이지 기본적으로는 같은 전술, 같은 병종으로 구성되었다.

1) 중장기병

중장기병은 말과 사람이 갑옷으로 중무장을 한 병종이다. 투구, 목가리개, 손목, 발목까지 내려덮는 갑옷을 입으면 노출되는 부위는 얼굴과 손뿐이다. 발에도 강철 스파이크가 달린 신발을 신는다.

갑옷은 일반적으로 비늘갑옷이다. 가죽조각에 철조각을 덧대고 그것을 가죽끈으로 비늘처럼 연결해서 만든다. 찰갑이라고도 하고, 물고기 비늘모양이라고 해서 어린갑魚鱗鉀이라고도 한다. 판금갑옷도 고대 유적에서 출토되고 있

중장기병 안악 3호분 벽화

지만, 고구려 고분벽화에서는 판금갑옷은 보이지 않고 비늘갑옷이 대세다. 판금갑옷은 차별화되고 멋있어 보이는 효과는 있으므로 무덤에 부장품으로 넣을 수 있는 지도자급이 사용했던 것이 아닌가 싶다. 그렇다고 비늘갑옷이 품위가 떨어진다는 의미는 아니다. 신라 고분에서는 찰갑에 금동을 씌운 금빛 찬란한 찰갑 조각들이 발견된 사례도 있다.

동서양을 막론하고 갑옷은 크게 판금, 비늘, 철사를 엮어서 만든 사슬갑옷의 세 종류가 있다. 세 가지 갑옷은 우열을 나눌 수는 없고 각각 장단점이 있다.

판금갑옷은 백병전, 치고 베는 무기에 강하다. 하지만 창과 화살같이 강하게 찔러 들어오는 힘이 철판이 버티는 힘보다 강하면 무조건 관통당한다. 제일 무겁고 운신도 불편하다. 판금갑옷은 동양보다 서구에서 애용되었다. 판금갑옷의 최고 사양으로 12세기 이후에 등장한 플레이트 메일의 발전형은 15~25kg 정도 나간다. 옛날에는 이 갑옷을 입으면 거의 움직이지 못할 것이라고 생각했다. 그러나 몸 전체에 힘을 나누어 받도록 설계해서 막상 입으면 더 가볍고 행동도 자유스러웠다고 한다. 화살에 약한 단점을 커버하기 위해 현대의 탱크장갑처럼 투구와 갑옷의 표면 각도를 경사지게 해서 화살을 미끄러뜨리는 디자인도 등장했다. 갑옷의 무게로 인해 낙마하면 큰 충격을 받을 것이라는 우려도 있었으나 안에 가죽이나 천으로 만든 완충복을 입으면 말에서 떨어져도 충격을 받지 않고 벌떡 일어나기도 했다고 한다.

하지만 이것은 중세에 등장하는 아주 발전된 형태고, 우리나라에서

판금갑옷
가야의 판금갑옷(좌)과 판금갑옷을 입은 유럽의 중장기병과 말(우)

는 판금갑옷보다는 비늘갑옷이 발달했다. 고분에서 발견되는 고대의 판금갑옷은 서양의 그것처럼 발전한 형태는 아니다. 그리고 화살을 미끄러뜨리는 구조를 도입했다고 해도 우리나라의 각궁이 서양 중세 최강의 활인 영국의 롱보우보다도 두 배 이상 강하기 때문에 효과가 미지수다.

그래도 판금갑옷이 생각보다는 덜 불편하다. 삼국시대에 판금갑옷이 덜 애용된 이유는 불편함 때문이라기보다는 우리 민족의 장기가 화살이었기 때문일 것이다.

사슬갑옷은 판금보다 싸고, 가볍고 수선하기 편하고, 방호력도 괜찮은 등의 장점이 많아 서구에서 보편적으로 애용되었다. 판금갑옷과 사슬갑옷을 조합해서 움직임이 많은 부위는 사슬을 사용하는 복합 갑옷을 만들기도 한다. 하지만, 타격무기를 막을 수 없고 끝이 뾰족한 무기는 사슬 사이로 통과해 버린다는 치명적 약점이 있다.

화살에 대한 방호력은 의문이 있는데, 송곳처럼 뾰족한 화살은 사슬 사이를 관통하기 쉬울 것 같다. 그러나 사슬갑옷도 제작법이 다양하다. 사슬을 여러 겹으로 해서 빈틈없이 겹치고, 구멍을 작게 하면 화살에 대한 방호력도 괜찮은 듯하다. 왜냐하면 몽골군같이 화살을 주무기로 하는 민족이 사슬갑옷을 사용한 사례가 있기 때문이다. 그러나 우리나라에서는 거의 발견되지 않는다.

쇠사슬갑옷

비늘갑옷은 화살에 대한 방호력이 뛰어나다는 점이 최대의 장점이다. 화살을 장기로 하는 민족들에게서 비늘갑옷이 발달하는데, 고대 이집트에서는 청동판으로 제작한 비늘갑옷도 사용되었다. 갑옷이 수많은 비늘 조각으로 되어 있어서 화살이 갑옷에 닿을 때 갑옷이 판금처럼 철판 전체가 저항하지 않고 여러 개의 조각이 밀려들면서 힘을 분산시키고, 출렁이면서 튕겨내기도 한다. 물론 비늘갑옷도 조각편의 중심에 화살을 맞으면 꼼짝없이 관통한다. 그러나 전투중에 몸이 항상 움직이고 있다는 점을 감안하면 화살이 에너지의 손실없이 치명적으로 관통할 확률은 크게 줄어든다. 소나무는 바람에 부러지지만 갈대는 휘청거려도 부러지지 않는 원리와 같다.

2009년 KBS의 역사스페셜에서 자문을 구한 적이 있다. 이때 비늘갑옷 사격 실험을 해보자고 제안을 했다. 방송에서 진짜 실험을 했더니(2009년 11월 14일 방영) 그 결과도 이와 같았다. 그런데 이 실험에서는 생각보다 관통률이 높았는데, 갑옷을 입은 허수아비를 말뚝으로 땅에 고정시켰기 때문이다. 촬영 형편상 어쩔 수 없었겠지만, 표적을 나뭇가지에 달아매어 흔들리게 했더라면 관통률은 더 줄어들었을 것이다. 말을 타고, 움직이는 실전에서는 더 줄어들 것이다.

몸이 편하고 동작이 비교적 자유롭다는 것도 큰 장점이다. 손상된 조각편만 바꾸면 되므로 수리도 쉽다. 대신에 가죽끈이 잘 끊어져서 생각보다는 유지·관리 비용이 많이 든다.

비늘갑옷은 철퇴나 도끼 같은 타격무기에는 판금갑옷보다 약할 수밖에 없다. 오늘날의 방탄조끼나 방탄헬멧과 마찬가지로 완벽한 방호구란 없다. 갑옷의 주 기능은 전투중에 적의 창과 활을 막는 것도 중요하지만 행군, 접전 중에 아군의 창칼이나 자신의 무기로부터 입는 상처를 방지하는 효과가 더 크다고도 할 수 있다. 갑옷과 투구를 쓰지 않고, 날이 선 무기를 다루다 보면 다치기가 쉽다. 항생제가 없던 옛날에는 손가락을 베인 상처만으로 사망할 수도 있었다.

말에게도 얼굴에는 철판으로 만든 안면갑을, 몸에는 발목까지 내려오는 미늘갑옷을 씌운다. 안악 3호분 벽화의 기병은 방패가 없는데, 신라 기마형 토기의 중장기병은 방패도 들고 있다.

1620년 독일 30년 전쟁, 밀집기병대와 창장 등 밀집보병대와 창을 장면을 그린 기록화

최강의 공격력과 장갑을 자랑하는 중장기병의 주 임무는 적진 돌파와 대형 파괴다. 중장기병은 밀집대형 혹은 쐐기꼴(∧) 대형으로 긴 창을 앞으로 내밀고 돌격하여 적진을 허문다. 기병의 창은 보병의 창보다 길고 무겁다. 이를 중국에서는 삭, 서구에서는 랜스(Lance)라고 했다(서로 모양은 다르다). 중국의 삭은 한대에는 길이가 1장 8척이었는데, 양대에는 2장 4척으로 늘어났다고 한다. 보통 4m고 특별히 긴 것은 6m 정도다.[1] 고구려군은 길이 5.4m에 무게 6kg 정도 되는 삭을 사용했다는 기록도 있다.

이처럼 표준을 넘어서는 긴 창을 사용했다는 것은 고구려 기병이 그만큼 단련되고 숙련된 무사였다는 의미다. 이런 창을 다루려면 탁월한 기마술과 창술, 그리고 숙련이 필요했다.

그러나 이렇게 긴 창은 보편적이지는

서양의 랜스

않았다고 보아야 할 듯하다. 너무 긴 창은 실전에서는 불리했다. 정확히 찌르기도 어렵고 힘도 덜 받고, 회전반경은 너무 길고, 무겁고 둔하다. 사실 5.4m라는 길이가 가능할지도 의문스럽다. 그래서 어떤 책에서는 창 끝에 줄을 달아 목과 어깨에 감아서 고정시켜 사용하는 것으로 추정하기도 했는데, 이렇게 하면 기병이 충돌이라는 단 한 가지 기능을 한 번밖에 수행할 수 없게 된다. 즉 아주 특별한 경우에나 사용할 수 있는 방법이다. 아니면 중국의 단위인 척이라는 것이 시대에 따라 달랐는데, 단위에 따라 1.5배까지 차이가 난다. 1척이 주척으로는 20cm, 영조척이면 30cm, 고구려척은 35.6cm 정도다. 따라서 고구려 삭의 길이가 과장되었을 수도 있다.

서구에서도 기병창의 최적의 길이는 오랫동안 고민거리였는데, 기병창이 없어질 때까지 답이 나오지 않았다. 서구 랜스의 표준 길이는 독일 3.52m, 러시아 3.16m, 프랑스 3.29m, 오스트리아 2.63m였다.[2]

오늘날 고구려 고분벽화에서 보이는 기병창의 길이를 추정해 보면 대략 2.5m 정도로 파악되고 있다.[3] 그러므로 창의 길이로 고구려와 중국군의 수준을 가늠해 볼 필요는 없다고 생각된다.

적의 진이 단단하면 직접 충돌하는 대신 투창을 사용하는 방법도 있다. 신라 기마형 토기의 중장기병은 자세를 보면 삭이 아닌 투창을 들고 있다. 투창은 가볍고 조금 짧다. 거란기병의 무장을 보면 장창과 단창을 겸비했다. 짧은 적진과 충돌할 때 장창과 투창의 조합도 가능하다. 먼저 투창을 집중적으로 던져 수비군의 전열을 흐트러뜨리거나 방패를 못 쓰게 한다. 그리고

신라토기 기마무사상 방패에 투창을 들고 있는 자세인데 투창은 가늘어서 부러졌거나 만들지 않았던 듯하다.

약수리 고분 벽화 행렬 모사도 행렬 오른쪽에 중장기병대가 창을 세우고 밀집대형으로 움직이는 것이 보인다.

고구려의 창

이 틈을 이용하여 삭을 앞으로 내밀고 적진을 돌파한다.

고대 그리스의 전략가인 크세노폰은 장창보다 단창이 더 효과적이라고 주장했다. 장창은 불편하고 잘 부러지는 반면 단창은 던질 수 있고, 사용 반경이 짧아 여러 방향으로 찌를 수 있었다.[4] 하지만 크세노폰의 단창 유용론은 그리스 기병이 발받침인 등자가 없었다는 사실을 감안해야 한다. 발받침이 없기 때문에 안장과 다리를 이용해서 말에 몸을 밀착시킨다. 그러므로 이들이 고구려 기병처럼 장창을 사용했다가는 말에서 떨어지고 말 것이다. 크세노폰의 주장은 장창이 전부가 아니고 단창도 꽤 유용하다는 선에서 이해하면 될 것 같다.

중장기병대가 적진에 충돌할 때는 개별돌진보다 밀집대형을 선호했다. 약수리 고분에는 중장기병대가 창을 세우고 밀집대형으로 돌진하는 모습이 그려져 있다. 밀집대형은 속도가 느리고 훈련이 많이 필요하지만 일단 적진으로 밀어붙이면 적에게 위압감을 주기에 충분했다. 소수의 용사만이 뛰어든다면 적군은 그를 포위하고 처치하려고 할 것이다. 그러나 집단이 밀고 들어온다면 대항할 방법이 마땅치 않았다.

기병의 또 하나의 무기는 칼이다. 손잡이 끝에 둥근 장식을 두는 것이 유행이어서 보통 환두대도라고 불리는 칼은 삼국, 가야에서 고르게 발견된다. 모양은 거의 직도에 가깝기는 하지만, 그래도 자세히 보면 약간 휘었으며 끝이 부러진 것처럼 넓고 뭉툭하다. 이렇게 하면 끝부분이 무거워져 내려치고 베는 데에 유리하다. 말을 타고 휘두르는 것이므로 찌르기를 포기하고 치고 베는 데에 중점을 둔 것이다. 그 이유는 찰갑이 찌르는 힘에는 강하지만 베는 힘에는 약하기 때문이라고 보기도 한다. 그러나 갑옷을 입은 상대에게는 강한 찌르기가 더 효과적이라는 주장도 있어서 환두대도가 베기용이라고 확신할 수는 없다.

서양에서는 17세기에 에스톡이라고 하는 찌르기용 기병도도 제작되었다. 하지만 그것은 훨씬 나중의 일이고, 찌르기가 좋으냐 베기가 좋으냐는 기병도를 둘러싼 논쟁 역시 기병창의 길이와 마찬가지로 기병이 완전히 사라질 때까지 결론이 나지 않았다. 하지만 마상에서 전투를 벌인다면 칼보다는 창이나 극을 애용할 것이다. 칼은 적의 대형을 돌파하고 난 다음 경장갑 병사를 치거나, 창을 사용할 수 없을 정도로 근 거리에서 싸울 때, 도주하는 적을 추격하여 등 뒤에서 내리칠 때 아주 효과적이다.

짧은 칼과 긴 칼

중장기병이 활을 사용하는 경우도 있다. 중장기병에게는 활이 어울려 보이지 않지만, 활도 기본적인 장비였다. 기병의 최고 장점은 장창, 단창, 철퇴, 칼, 활 등 여러 종류의 무기를 장착해서 여러 상황에 대응할 수 있다는 것이다. 그러나 긴 갑옷이 사격할 때는 불편하다. 그러므로 활은 개인적으로 특별한 적을 쓰러트릴 때나 갑옷을 벗고 경기병 전술로 전환했을 때 주로 사용했고, 중장기병의 집단 전술에서는 사격이 중요한 비중을 차지하지는 않았던 것 같다.

중장기병은 다른 병종의 사람보다 신분이 높다. 투구에 달린 유난히 높고 화려한 술은 이러한 우월한 지위의 표식이다. 그것은 기마와 중장갑이 고위 신분을 상징한다는 매력 때문이기도 하지만—조선시대까지도 기마는 신분의

팔뚝가리개 황남대총, 5~6세기

상징이었다. 그래서 도성 안에서 관료는 반드시 말을 타야 하고, 반대로 평민이나 승려는 절대 말을 탈 수 없다는 법이 있었다—말과 갑옷이 매우 비싼 장비였기 때문이다.

삼국시대 말의 가격은 알 수 없지만, 조선시대에 전마로 사용하는 최상급 말은 한 필에 쌀 33석, 짐말로 쓰는 중간 말은 16~20석 정도였다(5인 가족 표준농가의 1년 소득이 15~20석이었다). 장비값도 만만치 않았다.

유럽의 경우 9세기경 프랑크 왕국의 중장기사가 장비를 완비하려면 암소 45마리나 황소 23마리, 또는 15마리의 암말이 필요했다.[5]

투구 : 암소 6마리 쇠미늘갑옷 : 암소 12마리
칼과 칼집 : 암소 7마리 다리 보호대 : 암소 6마리
창과 방패 : 암소 2마리 군마 : 암소 12마리

소와 말의 가치는 지역마다 크게 달라서 이 수치를 우리나라에 그대로 적용할 수는 없겠지만, 프랑크 왕국을 기준으로 이 정도 마리수라면 보통 마을 전체가 보유한 수치였다. 신라 촌락문서에 기록된 4개 촌 중 제일 큰 사해점촌에는 142명의 인구에 말 25마리, 소 22마리가 있었다.

병사 개개인의 전투력도 중장기병이 탁월하게 높았다. 기마술은 오랜 훈련을 요구했다. 중장기병이 밀집대형 전술을 사용하기 위해서도 고난도의 훈련이 필요했다. 사람만이 아니라 말도 우수한 군마를 얻어야 했고, 오랜 기간 훈련을 시켜야 했다.

중장기병이 전장에 나갈 때는 종자도 데리고 갔다. 가난한 기병이라도 말이 최소한 세 마리 이상은 필요했다. 말도 군마와 짐말은 다르다. 전투에서 멋진

활약을 보이려면 군마도 두세 필은 보유해야 했다. 말을 교대로 휴식시키고, 부상을 입을 경우도 대비해야 했기 때문이다. 그러니 말에게 밥을 주고 손질하고 갑옷도 입혀 주려면 종자도 최소한 말의 수만큼은 있어야 했다. 멋진 카이젤 수염까지 유지하려면 전투 전에는 손질을 해서 각을 세워야 했다. 쇠의 약점은 녹이므로 갑옷도 매일 닦고 조이고 기름쳐야 했다. 그런데 철판을 연결한 가죽끈은 기름에 절면 쉽게 약해진다. 그러니 갑옷 관리도 상당히 섬세하고 비싸고 힘든 작업이었다. 여기에 사람 갑옷의 몇 배가 되는 말갑옷까지 있었다.

고비용에 버금가는 단점이 하나 더 있다. 낮은 기동력이다. 말갑옷은 무게만 40kg이 넘으며, 병사의 무장도 20kg은 족히 된다. 체중 60kg의 병사라면 말은 120kg의 하중을 받는다. 그래서 중장기병은 속도와 이동거리에 제한을 받는다. 특히 도주하는 적을 추격할 때 느린 속도는 안타까운 단점이 된다. 전투에서 적에게 최대한의 손상을 가할 수 있는 때가 바로 이때다. 적에게 회복 불가능한 타격을 입히면 전쟁은 그것으로 끝나지만 추격전의 기회를 놓치면 전력을 회복한 적은 다시 공격해 올 것이다. 그러나 중장기병에게 맹렬한 추격이나 장거리 추격은 거의 불가능했다.

고비용과 전문성 때문에 중장기병이 양적인 제한을 받는다는 것도 문제다. 그래도 초원이라는 지리적 여건과 만주 일대의 풍부한 철광 덕분에 고구려를

중장기병은 고구려의 전유물이 아니다

중장기병은 고구려의 전유물이며, 광개토왕의 빛나는 정복전이 중장기병대 덕분이었다고 믿는 분들이 너무나 많다. 심지어 신라, 백제에도 중장기병은 없었다고 믿고 싶어하는 분들도 있다. 그러나 역사를 이해할 때는 상식을 벗어나서도 안 된다. 중장기병대는 말과 갑옷만 있다면 구상이 가능한 병종이다. 따라서 사막 같은 특수한 경우를 제외하고는 세계 어느 나라 군대에나 있었다. 그리고 가야, 신라 지역에서도 중장기병의 마구와 갑옷이 충분히 발굴되고 있으며, 형태와 기술 수준도 거의 같다.[6]

같은 이유로 중장기병대가 천하무적이라는 관념도 매우 위험한 생각이다. 이 세상에 천하무적의 병종이란 없다. 모든 병종은 각각의 장점과 단점이 있으며, 각자의 기능이 있다. 그리고 그들의 능력과 효용성은 지형, 기후, 상대에 따라 또 달라진다.

비롯하여 북방의 기마민족은 중국에 비해 훨씬 많고 우수한 중장기병을 확보할 수 있었다.

2) 경기병

경기병이란 갑옷을 입지 않는 혹은 핵심 부위만을 엄호한 경무장 기병을 말한다. 우리는 중장기병에 너무 경도되어서 경기병의 중요성을 과소평가하는 경향이 있는데, 절대로 그렇지 않다. 특히 우리 민족에게 전투에서 더 중요하고 활용도도 높은 병종이 경기병이다.

기병의 중요한 역할은 연락, 수색, 정찰, 적진 교란, 적진 돌파와 대형파괴, 추격이다. 그런데 중장기병은 느려서 돌파와 대형파괴 이외의 항목에서는 효용성이 떨어진다. 나머지는 모두 경기병의 몫이다.

그런데 고구려군의 병종에서 가장 애매모호한 부분이 이 경기병이다. 벽화에 경기병대가 분명하게 묘사되어 있지 않기 때문이다. 그래서 안악 3호분의 벽화를 그릴 당시 고구려군은 경기병은 운영하지 않았다고 보는 견해도 있다. 하지만 기병의 역할 중 80%는 중기병이 아닌 경기병의 임무다. 그러므로 경기병은 말이 없는 지역만 빼고는 어떤 지역에서도 없어서는 안 되는 병종이다.

벽화에 등장하는 경기병이 없지는 않다. 이들은 갑옷을 전혀 입지 않고 화살만 장착하고 있다. 이들이 경기병대일까? 그런데 이들은 너무나 일상적인 복장을 하고 있어서 과연 전투 때에도

경기병 안악 3호분 벽화

갑옷을 입지 않은 무사의 사냥 모습 무용총 벽화

이런 무장과 장비로 참전했는지는 의문이다.

그러나 몽골군도 그들의 자랑인 경기병대는 갑옷을 전혀 입지 않았다. 그 이유는 그들의 목숨을 보호하는 장비는 갑옷이 아닌 스피드와 기동력이었기 때문이다. 무게를 가능한 줄여야 속도도 빨라진다. 활로 무장한 경기병을 궁기병이라고도 하는데, 최고의 기동력과 놀라운 활솜씨로 경기병대는 중장기병의 돌격을 엄호하고, 적진을 초토화했다. 특히 적진의 측면과 후면으로 돌아서 날리는 화살은 적진을 교란하고 대형을 허무는 데에 가공할 위력을 발휘하였다. 그렇다면 고구려군의 경기병대 역시 갑옷을 입지 않았을 가능성도 높다. 무용총의 벽화에서 호랑이와 사슴을 사냥하고 있는 무사들도 똑같이 평범한 복장을 하고 있다. 그러니 전투 때에 이런 복장으로 참전하지 말라는 법도 없다.

경기병은 약점이 백병전이라고 쉽게 생각할 수 있으나 그것도 절반의 진실이다. 경기병은 백병 공격을 할 수 없지만 받지도 않는다. 중장기병이든 보병이든 이들을 따라잡을 수가 없고, 괜히 공격하다간 화살 세례를 받는다. 이들에 대한 화살 공격도 별로 유용하지는 않다. 장갑은 없지만 원거리에서 빠르게 움직이는 이들을 화살로 맞추는 일은 결코 쉽지 않다.

방탄 대책도 있다. 몽골군의 사례로 보면 경기병들이 애용한 방탄복은 의외로 얇은 비단옷이다.[7] 경기병을 잡을 수 있는 무기는 화살뿐이다. 그런데 모든 화살촉은 낚시 바늘처럼 생겨 한번 박히면 빼기 어렵게 만든다. 사람의 살은 자기 보호를 위해 상처가 나면 빨리 붙어버리거나 살 속으로 파고든 이물질을 감싸버리는 특징이 있다. 이 상태에서 살촉을 억지로 빼내면 살점이 떨어지거나 더 큰 상처가 생긴다. 그런데 올이 굵은 천이나 가죽은 화살이 뚫고 지나가면 구멍이 나버리지만 비단은 올이 가늘고 가볍기 때문에 화살과 함께 살 속으로 밀려 들어가서 상처 부위의 살이 맞붙어 버리는 것을 방지한다. 그러므로 비단옷을 이용해서 상처 부위를 살살 벌리면 찢거나 살점을 떼어내지 않고 화살을 뽑을 수 있었다.

마지막으로 기병은 만주 평원에서는 유용하지만 산이 많은 한반도에서는 적합하지 않다는 이론에 대해 살펴보아야 하겠다. 이 생각은 일반인에게까지 굉장히 널리 퍼져 있는데, 완전한 오해다. 기병이 달린다고 해서 수십 km를 달리는 것도 아니다. 전투 시의 잠깐의 거리다. 활의 사거리는 100~200m다. 반경 200m 이상의 공간만 있으면 기병은 유용하고, 웬만한 비탈에서도 충분히 위력을 발휘한다.

산길, 심한 고갯길이라도 얼마든지 간다. 기병에 대해서 잘못 알고 있는 사실 중 하나가 기병이라면 항상 말을 타고 이동한다고 생각하는 것이다. 특수한 경우, 수색정찰, 연락, 소규모 기습부대, 작전상 신속한 이동이 필요한 잠깐 동안은 말을 타고 이동할 수도 있다. 하지만 보통은 기병도 말을 보호하고 체력을 아끼기 위해 말에서 내려 끌고 다닌다. 전투중에도 말에서 내려 대기하다가 출격 명령이 떨어지면 말에 오른다. 말을 타고 이동하다가 험로를 만나면 내려서 걷다가 다시 탄다. 하다못해 몽골 기병도 이런 식으로 이동한다.

반대로 어디든지 갈 수 있다는 보병부대도 짐과 장비를 운반하기 위해 말과 수레, 소를 함께 사용한다. 다시 말하면 기병과 보병의 차이는 전투 현장에서의 차이지 이동할 때는 병사와 동물이 함께 도보로 행군하는 것은 똑같다. 그러므로 산이 많아 기병을 쓸 수 없다면 보병도 쓸 수가 없다.

그래도 미심쩍어하는 분을 위해서 최후의 증거가 있다. 조선시대에도 군의 주력은 궁기병이었고, 전투부대는 보병보다 기병이 많았다. 지형이 험한 덕분에 기병에게는 더욱 뛰어난 기마술이 요구되었다. 덕분에 조선의 기마술은 중국, 일본에서도 명성을 떨칠 정도로 유명했고, 조선통신사가 일본에 가면 서비스로 꼭 펼쳐 보이는 묘기가 마상기예였다.

3) 중장보병

안악 3호분의 벽화 좌측 상단과 하단에는 중장갑을 한 보병의 행렬이 있다. 갑옷은 기병과 마찬가지로 비늘갑옷(찰갑)인데, 소매가 반팔이고 상의만 입었다. 중장기병의 긴 소매 갑옷은 보병이 입기에는 너무 무겁다. 거기에 하의까지 입으면 무거워서 제대로 움직이지를 못할 것이다. 무릎 아래 다리에 붙이는 경갑이 출토된 경우도 있는데, 이것이 보병용인지 기병용인지는 확실하지 않다.

중장보병의 모습 안악 3호분 벽화

이들은 가늘고 길쭉한 방패를 들고 어깨에는 갈구리 창(모)을 맸다. 한 사람의 몸을 겨우 가리는 가늘고 긴 방패와 창은 이들이 밀집대형을 이루며 보병 대열의 최전방에 배치되었을 것이고, 이들의 임무가 공격보다는 수비라는 사실을 짐작하게 해준다. 방패의 벽은 궁기병의 화살을 막고, 밀집대형은 중장기병의 돌격을 저지하는 데 아주 효과적이었다. 이들이 들고 있는 창에는 갈고리가 붙어 있다. 이 갈고리는 기병공격용으로 개발된 것으로 기병을 걸어 떨어뜨렸다. 그만큼 삼국의 군대가 기병이 많고, 보병들의 주 기능이 보병 간의 공격보다는 기병 방어에 주 목적이 있었음을 의미한다.

　안악 3호분 벽화에는 없지만 출토유물로 보면 삼국시대에는 낫처럼 생긴 창도 많이 사용되었다. 이 창도 기병을 걸어 떨어뜨리는 것이 주 용도였다고 보인다.

　그러나 그렇다고 해서 보병이 기병방어용만은 아니었다. 그래서는 다양한 전투를 감당할 수 없다. 벽화 하단의 중장보병은 그리스 보병처럼 붉은색의 둥근 방패를 들고 있다. 둥근 방패는 이들이 공격용 또는 보병전투용 중장보병임을 말해준다. 긴 일자형 방패는 수비에는 좋지만 시야를 가리고 불편해서 백병전에는 불리하기 때문이다. 단 로마군은 처음에는 그리스식 둥근 방패를 사용하다가 밀집대형을 빈틈없이 붙이기 위해 사각형 방패로 바꾸었다. 그 밖에도 몇 가지 전술적 개량을 했고, 이것이 지중해 세계를 제패한 무적 로마군을 탄생시켰다. 안악 3호분의 보병은 둥근 방패라 그 정도까지는 진행되지 못한 것 같다.

　보병은 개개인의 전투력이 기병보다 떨어진다고 해도 어떤 지형에서든 위력을 발휘한다는 장점이 있다. 우리처럼 산악지형과 공성전이 많은 전쟁에서 보병은 기병 못지않게 중요하고 활용도도 높았다.

　적진 돌파도 중장기병의 몫만은 아니다. 쐐기꼴로 밀집대형을 만들어 적의 진형을 뚫고 나간다고 할 때, 적이 강하고 수비대형의 종심이 깊다면 적은 쉽사리 관통당하지 않고, 오히려 뚫고 들어오는 충격대형을 감싸버릴 수도 있다. 이럴 때 보병이라면 적군에 포위되어도 추진력을 가지고 밀고 나갈 수 있다. 그러나 도리어 기병은 적이 측면과 후면에서 밀착하여 감싸면 대항할 방법이 없고 추진력을 상실해 버린다. 보병들은 먼저 말을 공격해서 기병을 땅에 떨어뜨리는데, 중장기병은 떨어지면 움직이기도 힘들었다.

이것은 쉽게 말하면 현대전에서 탱크 돌격과 유사한데, 보병진 속에 갇혀버린 탱크는 금새 파괴당한다. 그래서 보병의 엄호가 없는 탱크 돌격은 특수한 상황이 아니면 금기로 되어 있다. 이 원리는 고대에도 똑같았다. 그래서 중세로 가면 기병의 밀집대형이 좌우로 보병의 엄호를 받으며 전진하는 전술이 발달하기도 했다.[8]

게다가 기병은 치명적인 약점이 있다. 방어전투가 불가능하다는 것이다. 물론 공격이 최선의 방어라고 달려나가서 적을 치는 것도 방어라고 하면 할 말이 없지만 방어작전과 방어전투는 다르다. 기병은 방어작전에는 사용할 수 있지만 방어전투는 할 수 없다. 적이 접근하면 나가서 적을 처치하거나 철수해야 한다.

넓은 평야에서 야전을 벌인다고 할 때 전투는 공격과 수비로 이루어진다. 한쪽이 공격하고 한쪽이 수비한다. 이때 수비 즉 전투의 절반을 담당해 주는 병력이 보병이다.

4) 경보병

다양한 무기를 장착하는 기병과 달리 보병은 한 사람이 오직 한 가지 무기만 들었다. 그것은 갑옷과 무기가 부족하며, 기병보다는 보병이 가난하고, 걸어다녀야 하는 보병의 특성상 한 사람이 여러 가지 무기를 착용하기 곤란했던 탓도 있겠지만, 그만큼 보병의 역할이 세분화·전문화되었기 때문이라고 볼 수도 있다.

경보병대의 주력을 이루는 도부수 안악 3호분 벽화

행렬도를 보면 행렬의 바깥 부분은 중장보병과 기병이 서고, 안쪽과 후미에는 경보병과 경기병대가 섰다. 이를 전투대형으로 즉 횡대로 환원하면 경보병은 중장보병의 뒷선에 배치한다는 뜻이 되겠다.

경보병대의 주력은 도끼를 멘 도부수다. 이들은 갑옷을 전혀 걸치지 않았다. 전투력과 신분이 낮다는 증거다. 전투력이 떨어지고 신분이 낮은 부대에 부여되는 임무는 늘 사역이다. 이들이 멘 도끼는 전투와 사역 양쪽에 모두 유용한 도구다. 길을 내거나 목책 같은 방어기구를 설치할 때나 공성구를 만들 때 언제나 필요한 자재가 통나무다.

그러나 이들을 전투에서는 필요없는 사역부대라고 쉽사리 단정해서는 안 된다. 사역도 사역 나름인데, 적의 병사를 찢고 죽이는 것만이 전투가 아니다. 무너진 방어벽을 보수하고, 적의 기병이 들이닥치면 2선에서 장애물을 설치하는 일도 전투의 중요한 과정이다. 공격중에는 전투중에 녹각(나무를 사슴뿔 모양으로 깎아 땅에 박는 장애물)과 같은 장애물을 제거한다거나 목책을 부숴 아군 기병이나 공성구의 진입로를 여는 임무에도 유용하게 사용되었을 것이다. 노르망디 상륙작전에서 제일 장렬한 활약을 펼친 병사들이 토치카와 콘크리트 방벽 파괴 임무를 맡은 전투 공병이었다.

전투 기능도 있다. 갑옷도 입지 못하는 낮은 수준의 병사들이 도끼를 들고 현란한 무술을 발휘하지는 못하겠지만, 전투에서 도끼는 분명한 용도가 있다. 도끼는 내려치는 힘이 매우 강하다. 특히 투구를 쪼개고 비늘갑옷을 찢는 데 매우 효과적인 무기다. 미늘갑옷은 창과 화살같이 찌르는 힘에는 강하지만 베

서양의 다양한 도끼와 도끼창

거나 도끼와 같은 강한 충격을 동반한 공격에는 취약하다. 이들은 중장보병의 2선에 서 있다가 갈고리 창에 걸려 떨어진 기병이나 부상당하거나 넘어진 중장보병을 공격했을 것이다.

이 도부수들의 앞에 갑옷을 입고 칼을 메고 방패를 든 보병이 있다. 칼은 기병의 칼과 같고 방패는 중장기병의 것과 같다. 단 이들은 투구를 쓰지 않았다. 자유로운 시야를 확보하기 위해서였다. 이들은 도부수들의 지휘관급이거나 무장이 약하고 다양한 상황에서 대응력이 떨어지는 도부수들을 엄호하기 위해 함께 배치한 병사들일 가능성이 높다. 때로 칼은 도부수들이 겁을 먹고 도주하려 하거나 진격을 꺼릴 때 도망자를 베고, 이들을 독려하는 무기가 되기도 했을 것이다.

5) 궁수

궁수는 어깨에 활을 메고, 허리에 전통을 찼다. 갑옷은 반팔도 아니고 소매가 아주 없다. 투구도 쓰지 않았다. 머리를 자유롭게 해서 시야를 넓히려 한 것 같다. 투구는 무거워서 한번 쓰면 앞만 보게 되고 좌우의 시야를 제한한다.

제4장 새로운 군대와 전술   229

고구려의 궁수 안악 3호분 벽화

궁수는 공격 때는 아군을 엄호하고, 수비 때는 돌격해 오는 적군을 공격한다. 특히 쳐들어오는 적의 중장기병이나 보병의 공격을 방어할 때는 궁수의 역할이 절대적이다. 적이 원거리에 있을 때는 진형의 앞에 나가서 혹은 중장보병의 엄호를 받으면서 사격하고 적이 접근하면 2선으로 후퇴하면서 사격한다.

궁수의 단점은 활 이외에는 다른 무기가 없어서 백병전이 벌어지면 무용지물이라는 것이다. 궁수를 증강하면 원거리 공격력은 증가하지만 백병전에서는 가용 병력이 줄어든다. 그래서 궁수의 비율을 정하는 것도 전술가의 고민의 하나였다.

궁수는 고구려만이 아니라 조선시대까지도 주력 병종이었다. 수백 년간 조선족의 장기였던 신기의 활솜씨를 논할 때 빼놓을 수 없는 요소가 활이다. 중국에서는 조선인의 활을 '맥궁'이라고 불렀다. 활은 나무활과 같이 단일 재료로 만드는 활이 있고 복합궁이라고 해서 여러 재료를 붙여서 만드는 활이 있다. 조선의 활은 복합궁인데, 뿔이 주 재료가 되기 때문에 각궁이라고 했다.

우리가 정확히 알 수 있는 활은 조선시대에 만든 각궁이다. 이 활은 물소뿔을 주 재료로 해서 뿔의 한쪽 면에 소의 힘줄을 풀로 붙여 만들었다. 소 힘줄은 여러 겹으로 붙이면 마치 생고무 같아지는데, 활에 시위를 걸어 당기면 뿔과 생고무 같은 힘줄이 결합해서 엄청난 장력을 만들어 낸다. 당기기 무척 힘든 이 활은 작아도 보통 강력한 게 아니다. 위력은 사수의 힘에 따라 큰 차이가 나기는 하지만 가까운 거리에서는 갑옷도 꿰뚫는다. 어떤 장수는 갑옷도 여러 벌을 꿰뚫었다. 조선에서는 서로 상대방의 활시위를 당겨 보면서 누구 활이 더

고구려의 기사 시험 장면 덕흥리 고분 벽화. 조선의 활쏘기 시험 방식과 거의 똑같다. 앞으로 쏘기와 뒤로 돌아 사격하는 파르티안 사격 두 가지를 다 사용하고 있다. 오른쪽 그림은 조선시대의 무과 시험 장면이다.

센가를 가지고 힘자랑을 하는 풍습도 있었고, 명중률이 좋아도 활 힘이 약하면 일류 궁사로 쳐주지 않았다.

다만 고려 중기에 송나라 사신으로 고려에 왔던 중국인 서긍이 쓴 『고려도경』에 보면, 고려군의 활이 약하고 사수들이 활을 끝까지 당기지도 않고 몸을 흔들어 튕기면서 뿌려던지듯 날려보내니 화살에 힘이 없다는 이상한 기록이 있다. 절대 그럴 리가 없다. 그것은 아마도 고려에서 전력을 노출시키지 않으려고 중국 사신 앞에서 일부러 엉터리로 사격했거나, 특별한 원거리 사격기술을 보여준 것이리라. 조선시대의 무과에서도 활을 완전히 당겨 쏘지 않으면 실격이었는데, 고구려 벽화에 있는 궁수들의 사격 장면을 보면 사격 방식이나 표적 모양이 조선시대의 무과에서와 거의 똑같다. 그러니 유독 고려시대에만 갑자기 사격 방식이 바뀌었을 리 없다.

제4장 새로운 군대와 전술

무과나 병사 선발시험을 기준으로 보면 조선의 활은 표준 사거리가 철전 80보(96m), 편전 130보(156m), 목전 240보(288m)였다. 목전의 경우 최고 무사는 350m 이상도 쏘았다.

다만 이 성능은 조선시대 활을 기준으로 한 것으로, 활을 만드는 재료에 따라 성능에 차이가 있다. 조선시대 활의 주재료는 물소뿔이었다. 삼국시대에는 화살 재료로 물소뿔을 사용하지는 않은 것 같다. 활의 재료가 모두 뿔, 힘줄, 나무같이 썩는 재료여서 유물이 거의 없다. 유일하게 소의 갈비뼈로 만든 활이 발견된 적이 있다.[9] 조선시대에 물소뿔이 없으면 국내산 소뿔이나 사슴뿔 등을 사용했는데, 이런 활은 물소뿔로 만든 흑각궁에 비해 위력이 많이 떨어진다고 했다. 그러므로 삼국시대 활의 사정거리나 위력이 조선시대 무과 규정만큼은 나오지 않았을 가능성이 있다.

평양 고분에서 나온 활은 길이가 80cm다. 고분벽화에서 보이는 활도 대략 80~90cm 정도 크기로 추정된다.[10] 신라와 백제의 활도 별 차이가 없다.

활의 단점은 일단 고가품이라는 것이다. 재료비가 너무 비싸고, 제작기간도 꼬박 1년이 걸린다. 유지비용도 꽤 든다. 습기에 약하고, 겨울에도 적당한 온도를 유지해 주어야 해서 보존·관리가 힘들다. 조선시대 병서를 보면 습기를 방지하기 위해 옻칠을 하는 방법도 있었다고 하는데,[11] 삼국시대에도 사용되었는지는 모르겠다.

활은 평소에는 활줄을 풀어 놓아야 하므로 기습에 취약하다. 전투가 벌어지면 활줄을 매야 하는데, 이 시간이 빨라도 20분 정도는 걸린다.

조선 활이 명성이 워낙 높다 보니 각궁이 우리나라에만 있다는 말도 있는데, 그렇지는 않다. 재료나 성능은 좀 달라도 각궁 자체는 중국과 만주에도 있고 이집트와 초원의 부족에도 있었다. 각궁의 약점은 역시 습기다. 덥고 습기가 많은 지방에서는 쉽게 상해서 사용이 곤란했다. 그래서 각궁은 몽골이나 중앙아시아 초원처럼 건조한 스텝지역에서 발달했다.

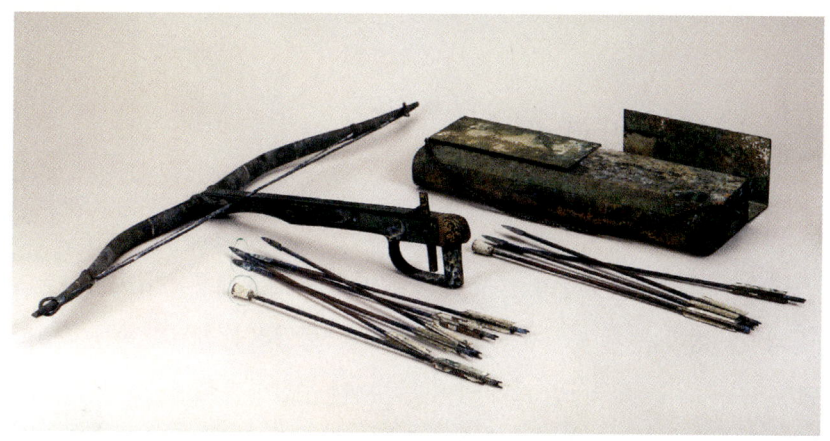

전국시대의 노 (복원 모형)

6) 노수

노(쇠뇌)는 요즘은 석궁이라고 하는데, 나무틀 위에 활을 고정시키고, 방아쇠를 당겨 화살을 쏘는 무기다. 활에 비해 시위를 당기는 수고가 덜 들고, 총처럼 조준해서 사용할 수 있는 것이 장점이다. 일반 병사를 숙련병으로 훈련시키기에는 활보다 노가 편리하고 빠르다. 단점은 발사 속도가 활보다 늦고, 말에서는 사용하기 불편해서 기병은 잘 사용하지 않는다는 것이다. 활이 상대적으로 약했던 중국에서는 노가 일찍부터 애용되었다. 진시황의 병마용에도 노수가 상당한 비율로 등장한다. 중세에 신벽궁이라고 두 손으로 당기는 노가 발명되면서 노의 사거리가 크게 증가하지만, 고대의 노는 사정거리도 활보다 그리 우수하지 않거나 짧았던 것 같다.

안악 3호분에서 노수는 전혀 발견되지 않는다. 각궁의 사정거리가 워낙 좋고 기병이 많다 보니 노가 애용되지 않았던 것 같다. 그러나 기록을 보면 노를 전혀 사용하지 않았던 것은 아니다. 후기로 가면 노의 사용 사례도 보인다. 노는 성벽에 받침대를 박고 고정해서 사용하면 명중률이 크게 높아지므로 수성전에서 유용한 무기였고, 수레에 장착하는 대형 노는 공성·수성에 모두 긴요했다.

2 전투방법과 전술

1) 대형을 허물다

옛날 전쟁에서 승패를 가늠하는 가장 중요한 요소는 대형이다. 카이사르의 『갈리아 원정기』는 체력과 체격에서는 압도적으로 우세한 게르만 족들이 밀집대형으로 싸우는 자그마한 로마 군에게 얼마나 무참하게 패배하는가를 잘 보여준다. 숫자야 과장이 좀 들어갔다고 해도 그 위력이 엄청났던 것은 사실이다.

그렇기 때문에 대형의 위력을 아는 군대끼리의 싸움, 즉 그리스의 폴리스와 폴리스 간의 전투, 로마 군과 로마 군과의 전투는 상대방의 대형을 먼저 허물어뜨리거나, 허물어지기 직전의 상태를 연출하면 즉 아군이 적의 대형을 뚫고 들어가 적의 후면이나 측면을 먼저 포위하면 이기는 것이었다. 일단 대형이 허물어지거나 측면이 노출되면 대개는 싸움을 포기하고 도주했다.

이 진리는 총포와 창검을 병용한 근대까지도 변함이 없었다. 나폴레옹 전쟁이나 미국 남북전쟁을 다룬 영화를 보면 총알이 날아오고 포탄이 작렬하는 가운데서도 병사들이 꼿꼿하게 서서 사각형 대열을 이룬 채 전진하는 것을 볼 수 있다. 그들은 왜 몸을 낮게 숙이고 넓게 산개해서 전진하지 않을까? 그 이유는 아직 전투에서 백병전의 비중이 높았기 때문이다.

그들이 들고 있는 총은 아직 사거리도 짧고 총과 화약을 따로따로 장전해야 하는 것이라 사격하는 데 시간이 오래 걸린다. 그러므로 밀집대형으로 전진해도 집중사격이 날아오는 것은 한 번 내지 두 번이다. 진짜 승부는 백병전으로 판가름 난다. 그런데 어떤 군대든 간에 관운장처럼 혼자 적진으로 뛰어들 수 있는 용사가 과연 몇이나 될까? 그러므로 이때까지만 해도 공격이든 수비든 먼저 대형이 깨지는 쪽이 지는 것이었다. 이렇게 뻣뻣하게 서서 걸어가는 공격이 완전히 사라지는 것은 포와 기관총이 맹위를 떨쳤던 1차 세계대전이나 되어서다.

중장기병 덕흥리 고분 벽화

2) 기병 돌격

적의 대형을 허무는 이 중요한 임무는 기병대에게 떨어진다. 기병을 내보내 밀집대형의 측면 또는 약한 부분을 뚫고 들어가면, 보병이 전진해서 적을 강타하는 전술은 서양에서는 알렉산더가 개발했고 한니발을 통해 로마에 전해졌다.

그러나 동양에서는 양적으로나 질적으로 훨씬 강력하고 정교한 기병전술이 사용되었다. 기병돌격의 총아는 역시 중장기병이다. 그런데 여기서 먼저 꼭 알아두어야 할 사실이 하나 있다. 중장기병대가 고구려만 보유한 독창적인 부대는 아니었다는 사실이다. 고구려 주변의 북방민족들은 물론이고 중국, 페르시아, 로마 군까지도 중장기병대를 운영했으며, 무장이나 병기체제는 전문적인 시각에서 보면 차이가 있지만 기본적으로는 유사했다.

특히 고구려와 맹렬한 전투를 벌였던 5호16국시대의 전연, 후연, 그리고 수나라는 다 북방민족이 세운 국가이므로 중장기병대가 전력의 중추를 이루었다. 당대 이후로 중국에서는 중장기병대의 비중이 줄어들지만, 북방민족들인 거란족의 요나라, 여진족의 금나라, 몽골족의 원나라, 만주족의 청나라는 모두 중장기병을 중시했다.

　　중국의 사례를 보면 전투의 기본형은 대체로 보병과 궁병을 가운데에 두고 중장기병대를 양 측면에 두는 것이었는데, 경우에 따라서는 가운데에 두기도 했던 것 같다. 전투가 시작되면 중장기병대가 먼저 전진한다.

　　기병돌격 하면 먼지를 일으키며 달려가는 기병들의 맹렬한 돌진을 연상하기 쉽지만 그렇지 않다. 중장기병은 밀집대형을 이루어 천천히 진격한다. 밀집할수록 방어력은 단단해진다. 말이 과연 어느 정도까지 밀집할 수 있을지는 의문이지만 말이 서로 부딪힐 정도로 밀집대형을 형성하는 사례도 있다.[12] 문제는 이처럼 단단하게 결합하기 위해서는 그만큼 집단적인 훈련이 필요하다는 것이다.

　　중장갑 때문에 기동력과 속도에 크게 제한을 받았다. 그러므로 병력이 소규모여서 진이 넓지 않을 때는 빠르게 적진을 우회하거나 뒤로 돌아 적을 강타하는 방법도 사용할 수 있겠지만, 대병력이 횡대로 장사진을 치고 있을 때라면 중장기병이 빠르고 변화무쌍한 기동전을 펴기는 어려웠다. 중장기병을 양 측면에 두는 것도 이런 사정 때문이었다. 아무리 탱크 같은 중장기병이라도 적진 가운데로 충돌하면 적진의 중앙은 물론이고 좌·우군의 십자포화를 받아야 한다. 그러므로 적의 공격을 덜 받고 효과적으로 적의 대형을 분쇄하려면 모서리나 측면을 공격하는 게 유리했다. 그래서 중장기병을 미리 좌·우측에 포진시켜 최단거리로 적의 측면이나 모서리로 진출하게 했다.

　　중장기병도 적진에 충돌하여 백병전

페르시아 중장기병(좌)과 로마 중장기병(우)

을 펴야 하므로 밀집대형을 유지해야 한다. 적진에 충돌할 때는 방진 또는 쐐기꼴(∧) 대형으로 창을 앞으로 내밀고 부딪힌다.

이 최초의 충돌에서 동양의 중장기병대는 알렉산더나 로마의 기병대와는 비교할 수 없는 엄청난 위력을 보여주었다. 그 위력의 비밀은 안장 밑에 다는 발받침인 등자였다. 유럽에는 등자가 8세기경에나 보편화되었다. 그래서 알렉산더와 유럽의 기병은 등자 없이 말을 탔다. 그러니 돌격할 때의 폼은 멋있지만 막상 적과 충돌하면 기사는 그 충격을 감당해 낼 수가 없다. 그래서 그들은 돌격해서 창으로 직접 찌르기보다는 3m 정도 근접하면 말 위에서 창을 적에게 집어던졌다. 때문에 창은 좀 가벼워야 했다. 창이 가벼워도 달려오는 탄력을 이용해서 던지므로 이 투창 공격도 꽤 위력적이었다. 그러나 아무래도 정확도나 위력, 공격 방식의 다양성에서는 손으로 직접 휘두르는 것만 못하다.

동양의 중장기병은 창을 어깨와 겨드랑이에 밀착시키고, 말과 기사의 갑옷과 체중에 달려오는 탄력까지 모두 합하여 적에게 부딪혔다. 권투에서의 잽과 페인팅 모션처럼 수비군의 눈을 혼란시키는 현란한 창놀림과 함께 말이다.

그렇다고 동양의 중장기병이 투창을 사용하지 않은 것은 아니다. 적의 방어가 단단하다면 투척 거리까지 접근해서 창을 던지고, 빈틈이 생기면 후위 부대가 돌격해서 돌파하는 방법도 사용했을 것이다.

이 위력적인 중장기병대의 돌격을 저지하는 데는 두 가지 방법이 있다. 첫째는 수비 측도 중장기병대를 보유하고 있을 때 중장기병대를 내보내 격투를 벌이는 것이다. 기병과 기병의 싸움에서 밀집대형의 충돌은 불가능하므로 중장기병 간의 전투는 종종 서로 산개하여 뒤엉키는 백병전으로

완전무장한 동양의 중장기병 발을 보면 페달처럼 안장에 달린 등자에 발을 걸고 있다.

(좌) 서양의 중장기병 간의 전투
(우) 중국 서위의 중장기병과 보병 간의 전투

전개되었다. 승부는 기병 개개인의 전투력과 기마술, 말의 우수성에 의해 판가름 난다. 과거 영웅시대에 행해지던 일대일 결투의 집단적 형태라고도 할 수 있는데, 이런 전투를 수행했기 때문에 중장기병의 지위나 위상은 특별할 수밖에 없었다.

두 번째는 사격이다. 중장기병은 밀집대형을 이루고 오므로 집중사격의 표적이 된다. 빨리 달리고 싶겠지만 대형을 허물 수 없으므로 진군 속도도 느리다. 그러나 장갑이 워낙 우수해서 웬만한 사격은 버텨낸다. 이것도 오랫동안 기병 지휘관들을 괴롭힌 딜레마의 하나다. 장갑과 속도는 상극이다. 장갑을 높이면 속도가 떨어지고, 속도를 높이려면 장갑을 가볍게 해야 한다. 어느 쪽이 좋은가는 지금까지도 전차부대의 지휘관을 괴롭히고 있다.

역사에서도 이 선택은 반복되었다. 당나라 기병대는 장갑보다는 속도를 선택했고, 금나라는 반대로 속도를 아예 포기하고 말에 두벌 세벌의 갑옷을 껴입혀 그야말로 화살로는 파괴할 수 없는 탱크를 만들었다.

두세 벌까지 껴입지는 않았지만, 고구려의 중장기병도 상당한 장갑력을 발휘한다. 기병은 또 말이 방패가 되어 주는데, 좋은 말은 화살 한두 대로는 쓰러지지 않는다. 북방민족의 활은 가공할 위력이 있지만, 보통 사수가 갑옷을 뚫고 치명상을 입힐 수 있는 거리는 길어야 50m, 확실하게 하려면 30m 미만이다.

그런데 아무리 중장갑을 했어도 말은 속도가 있으므로 적 기병이 50m 이내로 들어오면 사격을 할 수 있는 기회는 한두 번밖에 되지 않는다. 말은 빠르고 적 기병은 5m나 되는 창을 내지르며 들어온다. 적이 20~30m 이내로 들어오면 내가 도망칠 기회가 없다. 그러므로 적 기병에게 치명상을 입힐 수 있는 거리는 곧 내가 한순간에 목숨을 잃을 수 있는 거리이기도 하다. 그래도 두려워하지 않고 적이 코앞에 다가올 때까지 기다렸다가 사격을 가한다면 꽤 큰 타격을 입히겠지만, 이런 승부사적 기질과 실력을 지닌 용사는 드물다. 더욱이 부대원 전원에게 이런 용기를 기대하기란 불가능하다.

그래서 이 20m의 저지선에서 보병들의 용기를 북돋워주기 위해 보통은 진지 앞에 녹각, 마름쇠 같은 장애물이나 함정을 설치한다. 우수한 보병부대라면 꽤 강력한 저항을 할 것이다. 중장기병대의 장갑력은 상당히 강하지만, 보병에 비해 대형이 쉽게 허물어진다는 약점이 있다. 보병대형은 중간에 병사가 쓰러져도 뒷줄의 병사가 재빨리 메우거나 부상자를 뒤로 빼돌릴 수 있다. 그러므로 상당한 손상을 입어도 백병전에 자신만 있으면 꿋꿋하게 전진한다. 그러나 말들은 사람과 달라 그러기가 쉽지 않다. 도중에 넘어지고, 엉키고, 부상하여 날뛰기 시작하면 대형은 쉽게 허물어진다.

금나라의 삼중기병대는 진격 속도가 느렸기 때문에 대형을 유지하기 더욱 힘들었다. 그들은 이 문제도 해결하기 위해 말들을 몇 마리씩 사슬로 묶어 연결함으로써 말들이 웬만큼 상처를 입어도 기병대형이 무너지지 않게 하는 전술을 사용하기도 했다.

3) 경기병의 출동 : 활과 기마술의 결합

이처럼 수비 측의 대응전술도 위력적이기 때문에 공격 측에서는 중장기병대가 보병과 충돌하기 이전에 가능한 그들을 동요시킬 필요가 있다. 그래서 경기병대가 함께 출동한다. 기마민족의 상징처럼 된 환상의 기마술과 사격솜씨를 자랑하는 부대는 중장기병대가 아니라 이 경기병대다.

말 달리며 활 쏘는 기술을 기사騎射라고 한다. 무용총 수렵도에는 말을 타고 활로 사냥하는 장면이 있고, 덕흥리 벽화에는 표적을 세우고 활쏘기 연습을 하는 그림이 있다. 이 그림들을 보면 말을 탄 용사는 앞으로 사격을 하기도 하지만, 몸을 뒤로 돌리고 쏘기도 한다. 이 뒤로 돌려 사격하는 방법을 서구 사람들은 파르티아 사법이라고 불렀다.

이 기사 역시 등자 덕분에 가능했다. 등자를 몰랐던 서구의 기사들은 말 달리며 활을 쏘는 동양 기병대의 솜씨에 경탄을 금치 못했다. 몸을 뒤로 돌려 쏜다는 것은 더더욱이 꿈도 꾸지 못할 일이었다. 몽골군과 싸워 본 유럽의 기사들은 몽골군이 달아날 때 절대로 함부로 쫓지 말라고 신신당부를 했다. 달아나다가 몸을 돌려 날리는 그들의 화살에 엄청나게 당했기 때문이다.

이러한 기술은 『삼국지』에도 자주 나오는데, 거기서는 타도계拖刀計라고 해서 일대일 결투 장면에서 잘 등장한다. 일부러 혹은 진짜로 등을 보이며 도망가다가 몰래 활시위에 활을 걸고는 재빨리 뒤로 돌아 쏘는 것이다. 적장이 가까이 다가왔을 때, 좀더 극적이려면 상대가 바짝 뒤쫓아와 뒤에서 막 창을 들어 내리치려는 순간—권투로 비유하자면 이 순간이 가드를 완전히 내린 무방비 상태가 되기 때문에—뒤돌아서 활을 쏘면 아주 효과적이다. 화살이 급소를 비켜 간다 해도 대개는 말에서 떨어진다. 무거운 갑주를 입었기 때문에 떨어질 때의 충격은 굉장하다.

태조 이성계도 여러 번 이 수법으로 적장을 쓰러뜨렸다. 하지만 파르티아 사법이 이런 속임수를 위해서 개발한 것이 아니다. 이동목표를 쏠 때도 그렇고 자신이 이동하면서 쏠 때도 마찬가지지만, 표적이 계속 움직이므로 겨냥을 하거나 사격을 할 때 조준점을 이동시킬 충분한 공간이 필요하다. 그런데 앞으로 쏘려면 말의 머리 때문에 방해를 받고 사각지대가 생긴다. 그러므로 말을 타고 사격할 때는 목표를 측면에서 뒤로 가도록 하고 쏘는 게 시야도 넓고 효율적이다. 신체구조 상으로도 앞으로 쏘기보다 뒤로 돌아 쏘는 경우가 사격 자세도 안정적이어서 명중률이 높다. 좌우간 이 기술 덕분에 기병은 말을 타고 달리면서 사방으로 화살을 날릴 수 있었다.

신기의 활솜씨와 기마술, 강력한 활로 무장한 경기병대는 적진의 주변을 돌며 화살을 날린다. 밀집대형의 약점은 언제나 측면과 후면이므로 경기병대도 이곳을 주로 노렸을 것이다. 경험이 적은 군대라면 경기병대를 잡으려고 응사하다가 화살을 소진하거나 이리저리 움직이다가 체력을 소모하거나 대형을 흔들어 놓을 것이다.

피로해진 적의 대형에 빈틈이 생기면 중장기병대가 돌격한다. 상대도 완강해서 적진에 근접해도 진이 동요하지 않으면 무리한 충돌을 피해 후퇴하고, 이런 공격을 여러 번 되풀이함으로써 상대를 약화시키기도 했다.

경기병대의 또 하나의 임무는 중장기병대의 엄호였다. 경기병대가 가까이 접근해서 사격하면 중장기병대도 큰 피해를 입는다. 갑옷도 입지 않고, 활 하나 외에는 아무런 무기를 지니지 않아서 백병전 능력은 제로라고 해도 바로 그 이유 때문에 중장기병대는 경기병대를 잡을 수가 없다. 기습적으로 와락 덮쳐보려고 해도 이들은 달아나면서도 몸을 돌려 활을 쏠 수 있기 때문에 큰 피해를 입게 된다. 우리 측 사료에는 경기병대와 중장기병대의 활약을 나누어서 설명한 기록이 없기 때문에 정말 이런 경우가 있었는지 정확히 알 수가 없다. 하지만 유럽의 중무장한 기사단이 몽골 경기병대에게 바로 이렇게 당했다.

이런 불행한 사태를 방지하려면 오늘날 탱크가 반드시 보병의 엄호를 받으며 전진해야 하는 것과 마찬가지로 중장기병대는 반드시 경기병대의 엄호를 받아야 했다. 나중에 금나라에서는 이 중장기병과 경기병의 상호협조체제를 더욱 긴밀하게 하기 위하여 아예 기병 1대를 20명의 중장기병과 30명의 활로 무장한 경기병으로 섞어 편제했다.

4) 보병 : 결코 만만히 볼 수 없는 그들

우리는 고구려 하면 흔히 기병을 연상한다. 역사 지식이 좀 있는 분들은 중장기병을 떠올린다. 전투는 이들이 도맡아서 치르는 것 같다. 그러나 기병의 신화는 언제나 과장되어 있다. 그들이 아무리 막강해도 그 역할은 제한적이며, 전투의 일부분만을 담당할 뿐이다.

전투의 다른 장면에 보병이 있다. 보병의 불행은 흔하고, 신분이 낮다는 것이다. 어느 민족, 어느 지역이나 보병 없는 군대는 없다. 그러나 기병은 특수한 지역에서만 양생된다. 군마는 소처럼 여물을 먹여서는 안 되고 꼭 생초나 곡물을 먹어야 하므로 식사비도 꽤 든다. 게다가 기마술을 익히려면 상당한 시간을 투자해야 한다. 그러므로 언제나 상층계급이 기병이 되고, 보병부대에서도 높은 사람이 말을 탄다.

그러니 기병 개개인의 전투 실력은 징집되어 끌려 온 농민병사보다 월등할 수밖에 없다. 또한 기병이 있으면 전술이 다양해지고, 추격이나 섬멸과 같은 전투의 극적인 부분을 기병이 장식하게 되므로 문헌사료에서는 기병의 숫자만 기록하거나 기병의 역할만을 두드러지게 표현하는 경향이 있다.

그런데 이렇게 머릿수에도 들어가지 않는다고 해서 보병을 우습게 보지 말자. 혹 그 중에는 기병의 종자까지 포함되었다고 해도 말이다. 보병은 기병의 보조부대로만 존재하지 않았다. 더욱이 기병이 단독으로 전투를 한다든가 기병이 보병에 대해 절대우위를 점한다는 생각은 대단히 잘못되고 단순한 생각이다.

중장갑을 하고, 훈련이 잘된 보병대열은 제 아무리 중장기병대라도 결코 만만히 볼 수 있는 상대가 아니다. 정제된 보병진지에 기병이 단독으로 돌격하는 것은 금기 중의 하나다. 말은 장애물을 싫어하고 겁이 많은 동물이라 아무리 기수가 명령을 해도 자신을 겨누고 있는 창날과 장애물 앞으로 무모하게 돌격하지 않는다.

이건 역사로도 증명된다. 알렉산더도 카이사르도 밀집보병부대로 기병부대를 격파하는 기록을 남겼다. 특히 카이사르의 사례가 인상적이다. 그는 숙적 폼페이우스를 패퇴시킨 파르살로스 전투에서 고참병만으로 구성한 2천 명의 중장보병으로 7천 기병대의 돌격을 가로막게 했다. 고참병만 뽑은 것은 보병이 겁을 먹고 먼저 무너지지 않는 한 기병은 밀집대형을 돌파할 수 없다는 진리를 경험으로 체득한 병사들이 필요했기 때문이다.

거세게 달려오는 기병대를 바라보면서 카이사르의 고참병들은 분명 "겁먹지 마라. 물러서지 마라. 물러서지 않으면 우리가 이긴다."고 서로를 격려했을 것이다. 정말로 폼페이우스의 말들은 번쩍거리는 창과 방패의 벽을 보자 거짓말처럼 멈췄다. 이 틈에 보병대가 창을 앞세우고 일렬로 전진하여 양떼를 몰 듯 기병대를 몰아세웠다. 대형을 상실한 기병대는 숫적으로 우세했음에도 불구하고 도주하고 말았다.

중무장한 고구려 보병을 보면 고구려군도 무모하게 기병부대만으로 싸우지는 않았을 것이라고 쉽게 짐작이 간다. 기본적으로 전술은 기·보병의 혼합 전술이다. 중장기병대도 단독 작전은 위험하다. 경기병을 내보내 사격전을 하고, 밀집중장보병대까지 보병전을 펴기도 하면서 적의 빈틈을 노린다. 효과적인 승리를 위해서는 보병부대와의 협력 및 유인, 교란, 양동 작전 등 다양한 전술이 필요했고, 지형도 잘 활용해야 했다. 이것은 지휘관의 몫이었다.

특히 중장기병대의 최대의 약점은 수가 적다는 것이었다. 기병과 보병의 비율을 1 : 3으로 하고 중장기병을 전체 기병의 40%로 설정해도 중장기병의 비율은 전체 병력의 13.3% 정도밖에 되지 않는다. 그러므로 병력이 서로 백중세라고 할 때 적의 대형을 돌파해 들어갔다고 해도 그것으로 상황 끝은 아니다. 후속부대의 도움이 없다면 상처는 메워지고, 기병대는 포위 고립될 것이다.

적진을 돌파한 기병은 적진의 중심부로 진격할 수도 있고, 측면과 후면에서 수비군을 압박할 수도 있다. 어느 경우든 보병이 그 틈에 진격하여 적을 완전

마케도니아 장창 보병대

히 허물어뜨려야 한다. 기병돌격은 일종의 쐐기다. 쐐기를 박았다고 벽이 허물어지지는 않는다. 쐐기를 때려 벽을 허무는 최후의 일격은 보병이 담당한다.

보병 공격의 선두는 밀집중장보병대다. 이들은 수비만이 아니라 공격에서도 상당한 위력을 발휘하며 역할도 크다. 지형에 따라서는 기병의 활약이 크게 제한되는 곳도 있다. 이때는 보병전으로 승부가 난다.

중장보병의 밀집대형전술은 그리스 중장보병과 로마 군의 전매특허처럼 알려져 있지만 우리나라에서도 일찍부터 개발되었다. 『후한서』에 예족들이 보병전술에 능하여 길이가 9m나 되는 창을 여러 사람이 함께 들고 다닌다는 기록이 있다. 예족은 고구려가 집안 부근으로 이주해 오기 전부터 이 지역에 살던 민족으로 나중에 고구려에게 복속되었다. 필자는 역사 공부를 하기 전에 우연히 이 기록을 읽었는데, 그때는 고대의 이야기에 가끔 그런 것이 있듯이 기괴한 이야기를 적어 놓은 것이라고 생각했었다.

그러나 이것은 여러 사람이 긴 창 한 자루를 들고 제멋대로 싸운다는 이야기가 아니다. 마케도니아 군의 자랑스런 발명품이 밀집장창대였는데, 그들은 그리스의 중장보병전술을 개량하여 '사이라'라고 부르는 4~6.5m가 넘는 장창으로 무장한 역사상 최강의 밀집보병대를 창안해 냈다. 물론 무적 알렉산더 군의 신화가 이 한 가지 발명만으로 이룩된 것은 아니다. 마케도니아 군 수준이 되려면 기병, 병참, 기타 여러 구색을 갖추어야 한다. 그러므로 사이라 비슷한 장창을 사용했다는 기록만 가지고 예족의 군대가 마케도니아 군과 동격의 군대였다고 단정할 수는 없다. 하지만 밀집보병전술만 두고 보면 예족의 보병전술은 상당한 조직력과 구성원에 대한 통제를 요구하는 것으로서, 밀집보병전술 중에서도 일정한 과정을 거쳐야 가능한 수준인 것은 분명하다. 그리고 이들의 전술은 그들의 정복자인 고구려에게도 전수되었을 것이다.

5) 섬멸전 : 망치와 모루

적진을 허물었다면 아군의 승리다. 그러나 적진을 허물기까지는 시간이 많이 걸리지 않고, 피차간에 사상자가 많지 않은 경우도 많다. 전쟁의 진짜 클라이막스는 여기서부터다. 이겼다고 해도 적의 사상자가 많지 않다면, 적군의 위협은 계속될 것이다. 전투는 이기는 것 못지않게 적을 섬멸해서 재기 불능의 타격을 주는 것이 중요하다. 그래야 전쟁을 완전히 종료시킬 수 있고, 그것이 궁극적으로는 희생도 제일 줄이는 방법이다.

이 섬멸전에서 유명한 원칙이 망치와 모루다. 모루란 대장장이들이 망치질을 할 때 사용하는 강철 받침이다. 모루에 물건을 놓고 망치로 타격하듯이 한 부대가 모루가 되어 적의 퇴로를 막고, 한 부대가 망치가 되어 적을 완전히 섬멸한다는 방법이다. 고대부터 현대까지 무기가 바뀌고, 전투 방식이 바뀌어도 망치와 모루의 원칙은 바뀌지 않았다. 이 모루와 망치의 원칙을 어떻게 실현하느냐가 전쟁의 예술이다.

고대 전쟁에서 제일 기본적인 형태는 기병이 모루 보병이 망치가 되는 것이다. 적진을 돌파한 중장기병대는 바로 적의 측면으로 밀고 들어가 붕괴시키는 방법도 있지만, 적진을 돌파한 뒤 적의 뒤에 자리잡기도 한다.

이제 보병이 전진해서 적을 밀어붙인다. 적은 대형의 일부가 궤멸되고 뒤에서는 기병, 앞에서는 보병의 협격을 받아 붕괴된다. 기병이 모루, 보병이 망치가 되는 것이다.

망치와 모루에 의해 적은 살해되고 파괴되었다. 살아남은 병사들, 혹은 이 광경을 보고 전의를 상실한 후위나 다른 부대가 도망하기 시작한다. 섬멸전의 2단계는 추격전이다. 경우에 따라서는 이 추격, 섬멸전에서 희생자가 가장 많이 발생한다. 그런데 공격 측의 보병이 열과 오를 맞추어 추격하자니 흩어져 자유롭게 달아나는 적군을 도저히 따라잡을 수 없다. 그렇다고 대형을 허물고 쫓아가자니 상대와 똑같은 상태가 되어 버린다. 훈련과 경험이 부족한 군대일수록 승리감에 도취되어 마구 추격하다가, 전열을 정비한 적군에게 역습을 당해 되려 대타격을 입는 경우도 종종 발생한다. 임진왜란 때 왜군이 이런 역습에 특히 강했다. 전국시대라는 오랜 전쟁기를 겪은 덕분에 전투 경험이 풍부하고 노련한 하사관과 고참병들이 많았기 때문이다.

이 장면에서 등장하는 히어로가 경기병이다. 빠른 속도로 뒤에서 쫓아가 헤집고 치는 것이므로 적군은 숨을 돌릴 여유가 없다. 기병이 빠르게 압박할수록 적군의 대형은 더 심하게 흩어진다. 뒤도 안 돌아보고 마구 달아나는 훈련 안 된 군대라면 자칫 대량살륙을 당한다. 그래서 기병 지휘관에게 요구되는 가장 중요한 자질이 돌격과 추격의 시점을 정확히 파악하는 능력이었다. 반대로 비록 패하여 후퇴했더라도 대형을 잃지 않고 후퇴한 부대와 지휘관은 최고의 칭송을 받았다. 이상의 내용을 간략하게 정리해 보면 다음과 같다.

전투 준비를 알리는 나팔 소리가 길게 울렸다.

대열 중간중간에 포진한 깃발들이 그 소리를 들었다는 듯 위로 솟구치더니 좌우로 흔들리기 시작했다. 장군은 눈을 가늘게 뜨고 적진을 응시했다. 그곳에서도 똑같이 깃발들의 용트림이 시작되고 있었다.

아주 옛날의 전쟁은 규모도 작고 단순했다. 중장기병, 경기병, 궁수, 중장보병, 창병, 방패병, 돌팔매 부대, 이처럼 다양한 병종을 다 갖추지도 못했다. 기병은 아예 없거나 희미했고, 지역에 따라 그저 이 중 한두 개가 군대의 주종을 이루었다.

그 시절의 전투는 간혹 치열한 접전이 벌어지더라도 단조롭고 명쾌했다. 무엇보다도 아무리 치열해도 희생자가 그리 많지는 않았다. 각각의 병종들은 자신들이 잘 싸울 수 있는 지형이 정해져 있어서 싸울 수 있는 땅이 정해져 있었다. 평야라고 해도 기병이 없는 군대는 추격이 쉽지 않았다. 전차가 있었지만 사방으로 흩어지면, 전차의 진행 방향에 걸린 운없는 병사들만이 희생을 당했다.

그러나 어느 때부턴가 군대들이 모든 병종을 갖추고, 기병이 전차를 대신하면서 전쟁터는 더 빠르고 복잡하고 현란한 살육장이 되었다. 장군들은 말의 속도, 부대 간격, 이동거리, 화살의 사거리, 인접 부대의 수준과 병기 등 더 많은 것을 생각하고, 더욱 신속하고 정밀하게 결정을 내려야 했다. 병사들에게도 점점 더 많은 훈련과 복잡한 전술 이해가 강요되었다. 도망을 쳐도 예전처럼 눈치와 발의 힘을 믿고 달려서는 목숨을 부지하기 힘들었다. 진형을 갖추고, 인접 부대의 상황, 아군의 공포, 적군의 맹렬함을 가늠하면서 퇴각해야 할 지점과 안전지대까지의 거리, 그리고 최후의 순간 모든 것을 버리고 뛰어야 할 시점을 판단해야 했다.

두 번째 나팔 소리가 잠깐의 망상을 깨웠다. 뒤이어 재촉하듯이 북소리가 천천히 울려 퍼졌다.

아군의 우익에서 경기병대가 돌진을 시작했다.

적진은 아무런 변화가 없다. 기병으로 맞받아치지 않는 것을 보니 위축된 모양이다. 종대로 달려나간 기병대는 적의 사거리 못 미쳐서 횡대로 전개하더니 2개 대로 나뉘어 적진의 좌우로 흩어졌다. 사열식을 하듯 멋진 움직임이었다. 병사들이 환호하며 깃발을 흔들었다. 아군의 기세가 올랐다. 좋은 징조였다. 그러나 장군은 예리한 시선으로 부대를 훑고 있었다. 기병 중 몇 명이 낙마했다. 적진에서 화살 구름이 피어오르고 있었지만 아직 사정거리는 아니었다.

좌익으로 전개한 부대는 전개 과정에서 말 두세 마리가 서로 부딪혀 넘어졌다. 적진 앞이라 긴장하고 서두르다가 앞 말에 부딪힌 탓이었다. 그런 사고는 좌익 부대에서만 발생했다. 우익에서도 두세 명이 떨어졌는데, 역시 화살은 아니었고, 앞 열 기병에서 떨어진 부착물에 맞았거나 먼지, 혹은 기마술 부족으로 중심을 잃어 떨어진 것 같았다. 그런 사고는 어느 정도는 피할 수 없는 필연적인 것이었다. 장군은 좌익의 대오가 좀더 불안하다고 느꼈다.

기병들은 적의 화살 세례를 피해 선회하면서 적진에 화살을 날렸다.
적진의 희생은 알 수 없지만 이 과정에서 기병 몇 명이 또 낙마했다. 그러나 그 정도면 희생이 적은 편이었다. 우익보다는 좌익이 좀더 빠르게 움직였다. 병사들에게는 좌익의 속도감이 더 멋져 보였지만 장군의 눈으로 보면 침착함과 확고함이 부족했다. 좋지 않다는 생각이 들었다. 장군은 좌익에 대기하고 있는 중기병대에게 신호를 보냈다. 예상보다 조금 이른 출격이었다. 그러자 적진 우익에서 경기병대가 출격해서 좌익의 아군을 습격했다. 예상대로였다. 아군 경기병대가 지치기를 기다리고 있었던 것이다. 다행히 아군 좌익이 아직 지치기 전이었고, 중기병대가 출격하자 적의 경기병대도 다시 적진의 뒤로 숨었다. 장군은 다시 북소리를 늦춰 중기병대의 진격 속도를 늦추도록 지시했다. 다행히 노련한 중기병대의 지휘관은 이미 눈치를 채고 아주 천천히 진군하고 있었다. 좌익의 경기병대도 짧은 순간에 교훈을 얻은 모양이었다. 그들은 사거리의 경계선으로 물러서서 대오를 정돈하고, 적의 경기병대가 중기병대를 엄습하지 못하도록 엄호 태세를 갖추었다.

그동안에도 우익의 경기병대는 적진을 흔들고 수비벽을 약화시키는 임무를 차분하게 시행하고 있었다. 장군은 싱긋 웃으며 전 부대를 약간 전진시켜 적진과의 거리를 좁혔다. 중장기병대의 돌격거리는 최대한 좁혀주려는 배려였다. 그러나 진짜 이유는 숨겨놓은 주공이 좌익이 아닌 우익이었기 때문이었다. 적을 흔들고 적의 우익을 소란스럽게 하고, 일찍 출격시킨 아군 좌익 중기병으로 위협한 뒤, 우군의 중기병대를 평소보다 빠르게 돌격시킬 예정이었다.

(1) 전투 시작 : 중장기병의 출격

좌우익의 중기병대를 출동시키자 적진에서도 중기병대가 출동했다. 그러나 우세한 아군의 경기병대가 화살 세례를 퍼붓자 대형이 상당히 동요했다. 그 틈에 중기병대가 돌진해서 적의 중기병대를 격퇴했다. 그래도 적이 강하게 저항하는 바람

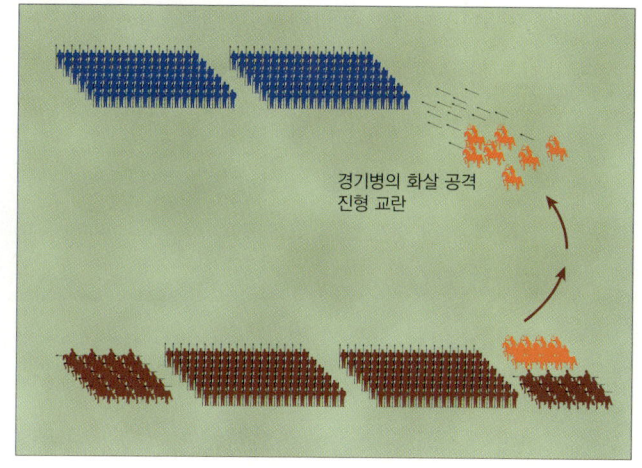

에 상당한 접전이 펼쳐졌다. 하지만 굳건하게 대형을 갖춘 아군에 적의 중기병은 튕겨나가거나 밟혀 쓰러졌다. 중기병대는 기세를 잃지 않고 바로 적진을 향해 제파공격을 시도했다. 좌우익의 지휘관은 다 노련해서 부대를 천천히 진군시켰다. 지켜보는 사람들의 터질 듯한 긴장감에 비해서는 느리다는 느낌이 들 정도였다. 적의 중기병이 도주하자 궁수들이 화살을 퍼부었다. 새까맣게 날아온 화살이 기병의 머리 위로 쏟아질 때쯤 되자 기병은 속도를 올려 화망을 벗어났다. 두 번째 사격은 그리 쉽게 피하지는 못했지만, 그래도 꽤 성공적으로 돌파했다. 이제 최후의 돌진이었다. 전황을 지켜보던 장군도 침을 삼켰다. 그때 우익 경기병의 노력이 효과를 보이기 시작했다. 중기병이 충돌하기 전에 적의 좌익 보병대형이 움찔거리는 것이 느껴졌다. 장군은 성공을 확신하고 서둘러 보병에게 진군을 명령했다.

(2) 중장기병의 돌파

중기병대의 돌격은 예상보다 더욱 순조로웠다. 우익 중기병이 적진을 허물자 측면 노출이 두려워진 인접 보병대형이 연달아 붕괴했다. 좌익 기병은 조금 고전했지만, 확고하게 적진 안으로 밀고 들어가고 있었다. 장군은 잠시 아군 보병의 진

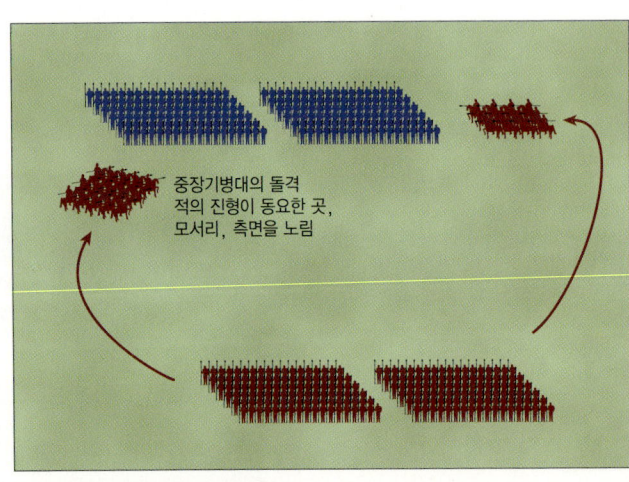

격 명령을 너무 빨리 내린 것이 아닌가 하는 후회가 들었다. 아직 양쪽의 중기병이 적진의 뒤로 돌아가 완전히 자리를 잡지 못했다. 보병으로 너무 일찍 몰아세워 적진이 붕괴하면 아군은 쉽게 승리를 거두고 희생도 줄겠지만, 적을 섬멸시킬 기회도 놓치게 된다. 중기병이 적진을 돌파해서 뒤에 자리를 잡고, 적이 아군 기병과 보병 사이에 완전히 끼어야 대장장이가 철물을 모루 위에 놓고 망치로 내려치듯이 완벽한 타격을 먹일 수 있다. 그러나 이제 와서 보병의 진군을 멈출 수도 없었다. 장군은 마음속으로 자신의 실수를 수없이 탓하며 적이 좀더 오래 버텨주기를 빌었다.

(3) 섬멸

적군은 걱정했던 것보다는 좀더 오래, 기대했던 것보다는 좀더 짧게 버텨주었다. 그러나 좌우익 중기병의 돌파 속도가 달라 두 부대가 완전히 자리를 잡기 전에, 즉 우익이 먼저 적군의 뒤로 들어가 자리를 잡자 적의 대형이 돈좌되기 시작했다. 그 광경을 보자 북이 최고 속도로 울부짖기 시작하고, 모든 깃발

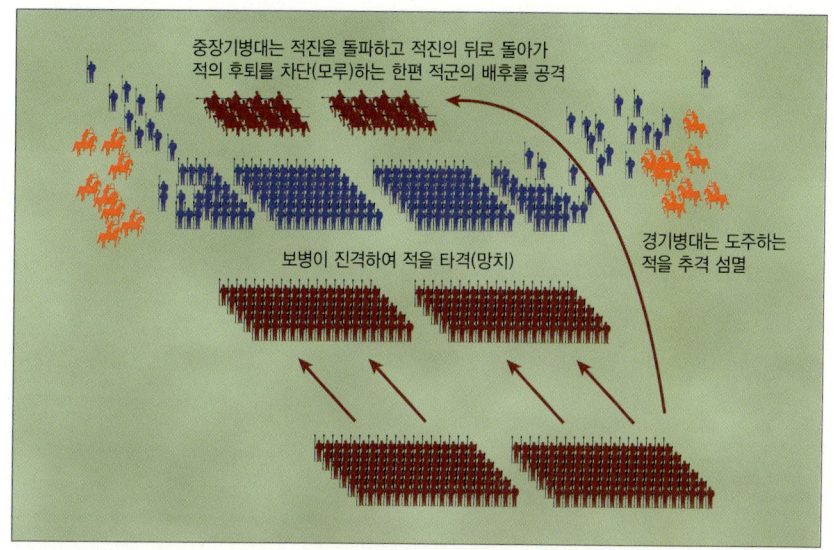

이 좌우로 미친 듯이 흔들리다가 앞을 향해 뻗었다. 돌격 신호였다. 보병들이 함성을 지르며 앞으로 내달았다. 덕분에 대형이 많이 어그러졌지만, 이미 승세를 잡은 뒤라 문제될 것이 없었다. 적은 완전히 동요했다. 좌우로 흩어져 달아나는 병사, 그 자리에 주저앉아 항복하는 무리, 장군은 흐뭇한 마음으로 마치 밀물이 밀려들 듯이 아군의 대형이 적진을 삼켜버리는 것을 바라보았다.

아군 보병의 함성이 포효하듯 전장을 휘감아 퍼졌다. 그들 역시 뛰어난 성공에 흥분이 절정에 달했다. 그러나 좌우익 중장기병의 벌어진 틈 사이로 적군의 일대가 구멍으로 물줄기가 뿜어나가듯이 빠져나가고 있었다. 흥분한 보병들이 그들을 추격하려고 했지만 아군의 중기병대가 오히려 그들을 저지했다. 중기병대는 혼란해진 보병을 밀어내며 혼란한 전쟁터를 관통하는 통로를 확보, 유지하기 위해 안간힘을 썼다. 잠시 후 그 통로를 따라 경기병대로 구성된 섬멸부대가 도망치는 적병을 쫓아 질주를 시작했다. 장군의 얼굴에 드디어 환한 미소가 피어올랐다. 완벽한 승리였다.

서기 475년, 고구려 장수왕 63년, 백제 개로왕 21년 음력 9월.
　50고지 정도의 강변 언덕 위에 자리잡은 고구려군의 보루에서 십여 명의 병사들이 추위에 떨며 강 건너편을 응시하고 있었다. 계절상으로 가을이라지만, 강바람을 정면으로 받아야 하는 고지는 매우 추웠다. 1500년의 세월이 흐르고 나면 이 언덕에는 밤마다 무희들이 출연하는 최고급 호텔이 들어설 것이지만 지금은 반지하의 움막뿐인 황량하고 스산한 언덕이다.
　눈 아래로 흐르는 큰 강을 그들은 아리수라고 부르고, 백제군은 욱리하라고 부른다. 이 강이 굽이쳐 흐르는 지점에 바위산이 하나 있는데, 높이는 해발 약 300m다. 중남부 지방에서 흔히 볼 수 있는 평범한 형태의 산이지만 바로

제5장 동상이몽

앞이 한강이고 주변에는 산다운 산이 없어 이 일대에서는 제법 높아 보인다. 이 산은 강쪽으로는 상당한 급경사를 이루며 장벽처럼 버티고 서 있다. 그리고 오른쪽으로 뻗어 내려간 줄기는 산을 엄호하듯 오른쪽에서 왼쪽으로 다시 감듯이 휘어지며 강변으로 흘러 내려와 원추형의 봉우리 하나를 이루고, 그 봉우리에서 50m 정도 타고 내려온 능선이 강변 바로 앞에 또다시 똑같은 모양의 작은 봉우리를 이루며 끝난다.

고구려군은 이 봉우리에서 뒤편 산능선을 따라 30여 개가 넘는 보루를 세웠다. 그 보루들 중에서도 이곳의 두 보루가 강변으로 제일 많이 돌출한 곳으로 최일선 진지 겸 관측소 역할을 하고 있었다.

강이 바로 이 아래서 굽이치기 때문에 이곳에서는 강 양쪽의 동향을 한눈에 파악할 수 있었다. 게다가 아래 강변에는 이 일대에서 제일 좋은 나루터가 몇 개씩 있었는데, 그곳의 전망도 한눈에 들어왔다.

지금은 어둠에 묻혀 보이지 않지만 건너편 강안에는 백제군이 쌓은 토성이 강변을 따라 기다랗게 뻗어 있다. 꽤 긴 장성이지만 강 언덕 자체가 낮아 토성이라기보다는 강변 모래사장 위에 있는 자연 제방처럼 보였다. 그 뒤로는 기껏해야 얕은 구릉이나 있는 평평한 습지였다.

방어가 곤란한 개활지인 탓에 도시를 세우기도 곤란했으므로 경작지는 넓었지만 사방에 제멋대로 흩어져 있는 민가들은 낮고 초라했다. 그들의 고향에서도 흔히 볼 수 있는 흙으로 지은 낮은 움막들이다. 그나마 상당히 많은 집들은 쓰러지거나 버려져 있었다. 큰 수해를 당하고 아직 복구하지 못한 흔적이 역력했다.

그 강변 둔덕에 바로 백제의 수도 위례성이 있었다. 삼중으로 된 해자와 성벽은 우람하고 견고했지만 이 산에서 내려다보면 시시해 보일 뿐 아니라 백제군의 이동 상황도 한눈에 감지되었다.

병사들은 조만간 대전투가 있을 거라는 생각에 긴장하고 있었다.

오늘 하루종일 보루 아래의 나루는 강을 건너가는 고구려군으로 붐볐다. 그 중에는 복장이 좀 이상한 부대가 하나 있었는데, 그들은 수년 전 백제에서 있었던 내분으로 고구려로 망명한 장군과 그 부하들이었다. 반역자가 된 이상 그들의 재산은 몰수되고, 가족들은 노예가 되거나 험악한 꼴을 당했을 것이다. 그들의 심중이 무척 궁금했지만 그들은 별다른 내색을 하지 않았다. 단지 전투에 대한 결연한 의지만을 보이며 선두에 서서 강을 건너갔다.

백제군의 저항이 없었으므로 도하작전은 싱겁게 끝났지만, 나룻배에 오르는 병사들의 얼굴에는 긴장한 빛이 역력했다. 한 나라의 수도를 공격하는 일이 쉽게 끝날 리가 없다. 위례성을 가까이서 보면 산에서 볼 때와는 전혀 달랐다. 게다가 백제는 최근에 도성을 크게 수축하여 망대는 지금까지 본 어떤 망대보다도 크고 높으며, 성벽을 통째로 구워 성벽의 경사면을 전부 옹기처럼 단단하고 매끈하게 만들어 버렸다.

 또 남쪽에서 출발한 신라와 백제의 구원병이 이미 강의 상류에 도달하여 대기하고 있다는 소문도 돌았다. 그 말이 사실이라면 고구려군이 도하하여 위례성으로 진출하면 백제군은 엄청나게 요새화된 도성에서 지구전을 펴고, 그 사이에 상류에서 대기하던 구원병이 배를 타고 내려와 고구려군의 후미를 기습하고 보급로를 차단할 것이다. 그러고 보니 한 나라의 도성을 공격하는데 백제군의 저항이 너무 없는 것이 수상쩍고, 장수들이 유달리 속전속결을 외치며 서두르는 것도 이상했다.

 그러나 오늘 아침 이곳을 시찰한 염 뭐라고 하는 장군은 너털웃음을 터뜨리며 확신에 찬 모습을 보여주었다. 장군은 북부여 시절부터 고구려 국왕을 모셨다고 하는 유서 깊은 가문의 사람으로 건국 이래 지금까지 고구려가 치렀던 수많은 전투에 그 집안 사람이 빠졌던 적이 없었다고 했다.

 장군답게 그는 이곳에서 만난 병사들에게 일장 연설을 남기는 것도 잊지 않았다. "오늘 우리는 100년의 한을 푼다. …… 너희들은 지금 역사적인 순간에 서 있다. 너희들의 용기와 명예는 가문과 조국의 역사에 영원히 새겨질 것이다." 하는 식의 말들이었다. 병사들은 환호로 장군의 연설에 답했다.

 그러나 그 중에서도 주로 흥분하는 쪽은 술이 달린 투구를 쓴 장교들과 멋진 미늘갑옷을 차려입은 중장기병, 그리고 나이 어린 병사들이었다. 평민들로 구성된 말단 병사들은 장군의 연설을 곧 잊어버렸다. 고참 병사들은 장군이 자기들 눈앞에 자주 나타나면 꼭 엄청난 전투가 뒤따른다는 사실을 기억하고 있었다.

전투에 대한 두려움을 잊기 위하여 그들은 자신에 관한 일을 생각했다. 어느 시대, 어느 지역에서나 사병들의 관심사는 따뜻한 잠자리와 뜨거운 식사다. 병사들은 좀더 위쪽 봉우리에 있는 산성과 보루에는 뜨뜻한 구들을 깔고 급수대까지 갖춘, 50~60명을 수용할 수 있는 제대로 된 병영시설이 있다는 사실을 떠올렸다. 오늘 그들은 행운의 50명 속에 들어가지 못했다.

내일은 비켜간 운이 돌아와 줄까? 아니 내일은 더 재수 없게도 강 건너편으로 투입될지도 모른다. 이런 생각을 하자 갑자기 더 추위졌다. 추위가 살을 파고들기 시작하자 병사들은 내일 무슨 일이 일어날 것인가 따위의 걱정은 다 잊어버리기 시작했다. 전염병이 번지듯 한 가지 생각만이 그들의 마음 속을 점령해 들어갔다.

염모 명 파편. 아차산성에서 발견된 토기 중에 염모라는 이름이 새겨진 토기가 있었다. 이 염모가 모두루의 묘지명에 나오는 모두루의 주인 대형 염모일 가능성이 높다.

'빨리 날이나 밝아라'

고급 지휘관들과 귀족 또는 무사계급으로 이루어진 중장기병들은 말단 병사들과는 달리 명예와 복수라는 개념에 예민했다. 오늘 아침 장군이 한 말은 빈말이 아니었다. 내일은 역사적인 날이 될 것이다. 그들은 백 년 전 백제의 근초고왕이 평양을 공격하여 그들의 국왕(고국원왕)을 살해하고, 그 전투에 참전했던 선조들의 명예를 땅에 떨어뜨렸다는 사실을 되새기고 있었다. 탁월한 무용, 전투에서의 승리가 곧 지배계급의 존재 의의이며 권위이던 시절에 전투에서 자신들이 모시던 주군을 적군에게 잃었다는 사실은 그들에게 오랜 수치가 되어 왔다.

그뿐인가. 이후 백 년 동안 고구려군과 백제군은 한강, 임진강, 예성강을 넘나들며 일진일퇴의 공방전을 펼쳐 왔다.

이제 그 긴 싸움의 결말을 보려 하고 있다. 지금의 고구려는 수도를 함락당하고 왕이 살해되던 그때의 고구려가 아니다. 지난 백 년 사이에 새로운 편제와 새로운 전술로 무장한 고구려군은 요동과 만주를 석권했고, 이제 최후의 복수를 위해 백제의 수도로 남하하는 중이었다.

승리는 확실했다. 그들은 백제의 수도를 떨어뜨리고 왕과 귀족들을 사로잡을 것이다. 잘하면 엄청난 보물과 백여 년 동안 그들이 안고 살았던 수치를 상쇄하는 커다란 영예까지 얻게 될 것이다. 이 영광스런 날과 그날의 무용담은 오래오래 후손들에게 기억되고 노래될 것이다. 긴장어린 설레임으로 그들은 잠을 이루기 어려웠다. 전투가 시작되면 누구는 죽고, 누구는 불구가 되겠지만 살아남는 자들은 영광을 볼 것이다. 역사에 길이 남을 영광을……

며칠 후 위례성으로 진군해 간 고구려군은 단 7일 만에 위례성을 떨어뜨렸다. 개로왕은 탈출을 시도했으나 고구려 편에 섰던 백제 망명군에게 잡혀 아단산, 즉 지금의 워커힐이 있는 아차산 아래에서 살해되었다.

고구려군은 멋진 복수를 했다. 그러나 그들의 기대는 빗나갔다. 역사는 그들이 누구이며, 어떻게 싸웠으며, 누가 공을 세웠는가 따위는 금세 잃어버릴 것이다. 1500년 후 그들이 흘린 몇 개의 토기와 화살촉이 드러나기까지는 이곳에 고구려군의 기지가 있었다는 사실조차 까맣게 잊혀지고, 이 고지는 낯선 이방인의 이름으로 불릴 것이다. 그저 그 이방인이 기병 대신 기갑사단을 끌고 유럽 평원을 질주했던 장군이었다는 사실이 위안거리가 될까(워커힐은 한국전쟁 때 미8군 사령관으로 재직하다가 사망한 워커 중장의 이름을 딴 것이다. 워커는 제2차 세계대전 때 유명한 패튼 전차군단에서 복무하면서 소령에서 소장까지 진급했다. 그는 별명이 패튼 2세였을 정도로 패튼의 전술을 추종했고, 패튼도 제일 신임했던 사단장이었다).

1 정복왕

소수림왕~고국양왕의 치세에 고구려는 율령을 반포하고, 불교를 수입하는 등 내치에 힘을 기울였다. 이 개혁은 효과가 확실했다. 377년(소수림왕 7년)만 해도 백제의 대군이 또다시 평양까지 밀고 올라왔을 정도로 고구려는 지쳐 있었지만, 385년이 되면 4만의 군사로 요동과 현도를 함락시키고 모용 씨의 군대를 격파할 정도로 힘을 회복했다.

391년 고국양왕이 사망하자 태자 담덕이 즉위했다. 그가 바로 광개토호태왕이다.[1] 어릴 때부터 웅대한 꿈과 기상이 있었다는 그는 즉위하자마자 전쟁을 시작했다. 7월에는 백제의 10여 성을 함락시키고, 10월에는 관미성을 공략했다.

관미성은 사방이 절벽이고 바다로 둘러싸인 요새였다고 한다. 관미성의 위치에 대해서는 지금 통일전망대가 위치한 파주 오두산성, 교동 등 여러 설이 존재한다. 나중에 광개토왕이 수군을 동원하여 한강 하구로 들어와 한성을 공략하는 사례가 있고, 관미성 사방이 바다고 절벽이라는 기술로 보면 교동이나 강화도일 가능성이 높아 보인다. 그러나 387년에 백제군이 관미령에서 말갈군을 격퇴했다는 기록이 있는 것으로 보면 교동이나 강화도 같은 섬은 아니고 북쪽에서 백제 영토로 진입하는 요로에 위치했으며, 강 하구에 있

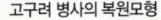
고구려 병사의 복원모형

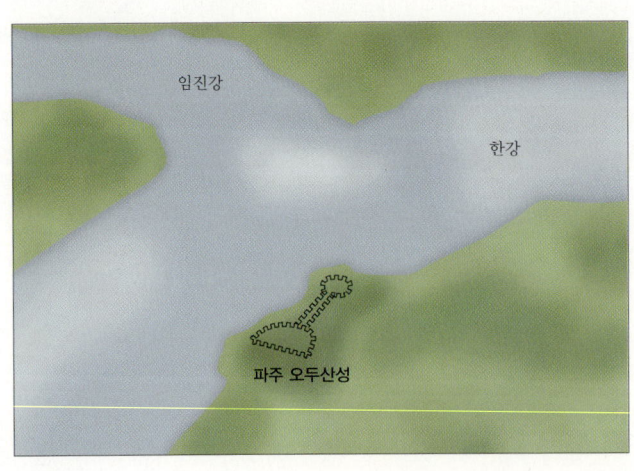

258

는 성이 분명하다. 그런 점에선 파주 오두산성이 차라리 가능성이 높아 보인다. 지금은 통일전망대가 자리잡고 있는 이곳은 임진강 도하지점을 지키는 요새로 산이 말발굽 모양으로 강변을 감싸고 있다. 이 지세를 이용해서 가운데 봉우리에 주성을 쌓고, 강변 바로 앞의 작은 봉우리에는 보루를 쌓았다. 그리고 주성과 보

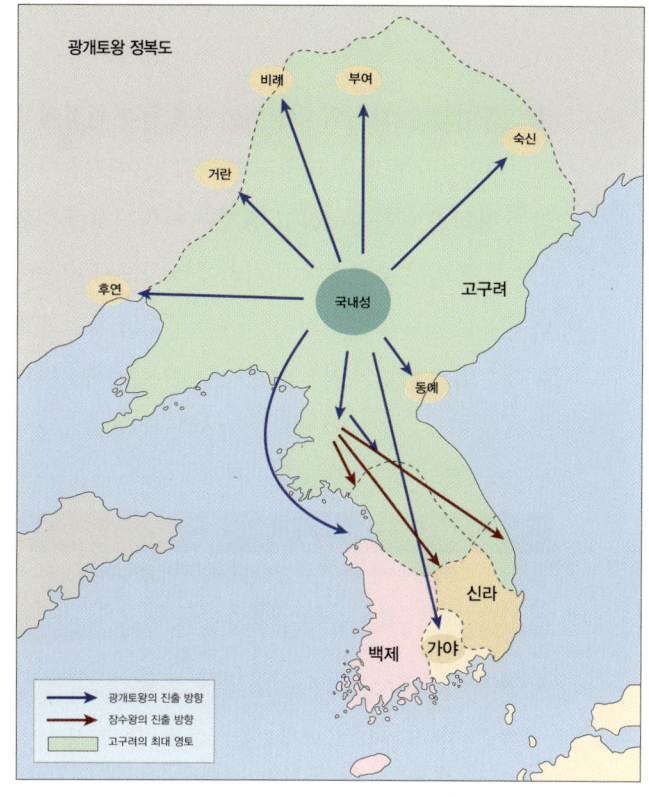

루를 이어주는 능선에는 성벽길을 낸 독특한 구조를 하고 있다. 이곳은 한국전쟁 때도 주요 도하지점이자 격전지였다. 이곳도 아니라면 황해도에서 경기도로 이어지는 해안가에 위치한 어느 성일 가능성도 있다.

광개토왕은 군대를 일곱으로 나누고, 20일 동안 공격해서 이 관미성을 함락시켰다. 글쎄 전투가 끝난 후 젊은 혈기로 너무 조급하게 몰아붙였고 희생이 너무 컸다고 후회했을지도 모르지만, 이제 군대를 처음 지휘하는 18세의 소년이 희생을 무릅쓰고 이런 요새를 집요하게 공격해서 함락시킬 만큼 배짱과 추진력이 있었다는 것은 놀라운 일이다. 그는 군사적으로 비범한 자질을 지닌 인물이었다. 이 소문은 곧 한반도에 퍼졌고 담덕은 곧 공포의 이름이 되었다.

그런데, 우리는 광개토왕이라고 하면 지나치게 군사적인 업적만 열거하는 경향이 있다. 그는 군사적인 재능만이 아니라 통치자로서도 안목과 역량을 갖

춘 인물이었다. 최초의 대원정이었던 거란 원정에서 그는 거란 땅에 살고 있던 고구려민 1만여 명을 타일러 데리고 돌아왔다.[2] 『삼국사기』에서는 이들이 거란에 잡혀간 인물들이라고 했지만 타일러서 돌아왔다는 기사를 보면 이들은 거란으로 망명했거나 이미 거란에 정착해서 적응한 부족들이 분명하다. 이처럼 대규모 집단을 회귀시키는 데는 특별한 자질과 백성의 신뢰가 필요하다. 그 외에도 여러 면모가 있는데, 이 부분은 나중에 살펴보겠다.

● 광개토왕의 전적 기사 ((삼)은 『삼국사기』 기록)

연 도	내 용
391	백제 10성 함락, 관미성 함락, 거란 정벌(삼)
393	기병 5천으로 백제 침공군 격파(삼)
394	패수에서 백제 격파, 8천 포로 획득(삼)
395	거란(비려) 정벌, 염수(시라무렌 강)까지 진출. 600~700부락을 깨트림
396	수군을 이끌고 백제 공격 영팔성·구모로성 함락, 한강을 건너 수도에 육박, 백제왕이 항복하고 남녀 1천과 포 1천 필을 바치고 노객이 되겠다고 함. 백제왕의 동생과 대신 10명을 인질로 잡고 58개 성과 700개 촌 획득
398	백제가 왜와 결탁, 왜가 신라에 침입, 신라가 구원을 요청
399	보병과 기병 5만을 파견. 신라, 임나에서 왜를 격퇴 연이 3만으로 습격, 신성과 남소성 함락, 고구려민 5천 호를 옮겨감(삼)
401	요령성에 있는 연의 숙군성 공격(삼)
403	왜가 대방에 침입. 왕이 친정하여 평양 남쪽에서 격파
407	보병과 기병 5만을 파견, 백제와 전쟁.[3] 갑옷 1만 개를 얻음
409	동부여 정벌. 64개 성과 1400부락 점령

안타깝게도 이런 탁월한 재능과 엄청난 업적에 비해서 『삼국사기』의 기록은 오히려 다른 왕들보다도 소략하다. 광개토왕비와 대조하면 연대가 틀린 경우도 있다. 그것은 김부식의 조작이었다기보다는 사료 부족 때문인 듯한데, 업적에 비해 문헌사료가 되려 부실하게 전해진 이유는 미스터리다(이 점은 장수왕대의 기록도 마찬가지인데, 그 사연은 장수왕의 기사에서 살펴보겠다). 다

요동 지역 태수들의 알현도   덕흥리 고분 벽화

행히 사면에 빽빽하게 비문을 새긴 거대한 광개토왕비가 남아 있어 많은 기록을 보충해 주고 있지만, 비문도 비문대로 필요한 이야기만 하고 있다. 어쨌든 두 기록을 통해 광개토왕의 전역을 정리한 것이 앞의 표다.

광개토왕은 재위 22년 동안 말 그대로 사방의 적을 격파하면서 불꽃 같은 삶을 살았다. 앞의 〈광개토왕의 전적 기사〉 표를 보면 왕은 거의 2~3년에 한 번꼴로, 많을 때는 매년 원정을 떠났다. 그가 군대를 이끌고 밟았던 땅은 여러 설이 있기는 하지만 북쪽으로는 거란의 발원지인 시라무렌 강과 다싱안링 산맥의 몽골 접경지역까지 이른다. 서쪽으로는 숙적이던 후연을 쳐부수고 만리장성을 넘어 지금의 베이징 부근까지 진출했다는 설도 있다.

이 설을 제일 뒷받침하는 증거가 1976년 평안남도 대안시 덕흥리에서 발견된 덕흥리 고분 벽화다. 이 무덤의 주인공은 진鎭이라는 인물인데(성은 지워짐) 신도현(평안북도 박천)에서 태어나 건위장군 국소대형, 좌중군 동이교위, 유주 자사를 지내다 서기 408년(광개토왕 18년)에 77세로 사망해서 여기에 묻혔다고 한다.

그런데 이 벽화에는 유주 자사인 주인공이 13개 군의 태수 내지는 태수가 파견한 사람을 알현하는 그림이 그려져 있다. 이 13개 군 태수들은 연군燕郡 태

제5장 동상이몽   261

수, 범양范陽 내사, 어양漁陽 태수, 상곡上谷 태수, 광녕廣寧 태수, 대군代郡 내사, 북평北平 태수, 요서遼西 태수, 창려昌黎 태수, 요동遼東 태수, 현도玄免 태수, 낙랑樂浪 태수(1명은 판독 불능)다. 대체로 랴오둥에서 베이징 주변 지역들이다. 이 알현 장면과 지역의 비밀은 앞으로 더 추구해 보아야 할 문제지만, 이 벽화로만 보면 광개토왕 말기에 고구려가 베이징 일대까지 지배했던 것 같다.

북쪽으로는 농안 지방에 있던 부여를 멸망시켰고, 남으로는 백제를 한강까지 완전히 밀어내고 백제 아신왕의 항복을 받았다. 후반기에는 주로 왜와 격전을 치러 신라와 가야에 침공한 왜구를 격퇴했고, 신라는 반半속국으로 만들었다. 이 빛나는 원정사는 근본적으로는 고구려의 잠재력을 결집시킨 국가체제 개혁의 결과였다. 그러나 아무리 구조가 훌륭해도 그것이 실전에서 발휘되려면 구체적 전술과 노력, 지도자의 통찰력이 필요하다. 광개토왕의 거침없는 진격에도 숨은 비밀이 있다.

태조왕 때부터 고구려는 혼강의 서쪽, 즉 만주평원으로 진출하기 위해 애를 태웠다. 그런데 전술적으로 고구려의 발목을 잡았던 것이 고구려의 험한 산악 지형이었다. 고구려가 약했던 시절에 이 첩첩산중과 좁은 고갯길은 고구려 생존의 은인이었다. 그러나 고구려가 바깥으로 팽창하려고 하자 역으로 이 산악 지형이 장애가 되었다. 특히 고구려가 오랫동안 점령하고자 했던 서안평(현재의 신의주 건너편 단동)은 요동과 한반도로 동시에 진출할 수 있는 요충이고 만주평원이 시작되는 지점인데, 집안에서 압록강을 따라 서안평까지 가는 길이 250km가 넘는 고갯길이다.

누구는 알프스도 넘었다는데, 강인한 병사들이라면 가지 못할 것도 없지 않느냐고 생각하기 쉽지만 전쟁은 병사들만 보낸다고 되는 일이 아니다. 점령지를 확보하고 유지하기 위해서는 지속적인 보급과 효율적인 지원체제가 필요하다(더욱이 상대는 세계 최고의 부국이었다). 그러기 위해서는 도로도 좋아야 하고 중간중간에 충분한 거점도시도 있어야 한다. 그런데 이 압록강변의 북

국내성에서 서안평(단동)으로 가는 길의 산과 평야 이 정도가 이 루트에서 제일 넓은 들판이다.

단을 따라가는 길은 너무나 척박하다. 지금도 집안에서 단동 사이에는 드문드문 흩어진 작은 마을들밖에 없다. 제일 큰 마을이라야 동네 가운데, 초등학교가 있는 작은 면소재지 정도의 읍 2개뿐이다. 그래서 고구려는 서안평을 무수히 습격하고도 번번이 그 유지에는 실패했던 것이다.

고구려에게 필요한 땅은 약탈지가 아닌 정착지였다. 그것을 위해서는 산악지대를 돌파할 수 있는 해법이 필요했다. 광개토왕 때에 고구려는 그 답을 찾았다. 바로 수군이다. 압록강을 이용해서 함대로 병력과 보급품을 실어내는 것이다. 너무나 쉬운 생각 같지만, 결코 쉽지 않다. 광개토왕은 수군을 이용해서 서안평까지만 내려간 것이 아니라 서해를 따라 백제를 침공하고, 한강을 거슬러 올라가 한성(서울)까지 점령했다. 이 정도로 작전을 하려면 대규모 수군을 양성해야 한다. 그러나 고구려는 바다가 없는 나라다. 있다면 겨우 압록강에 사는 어부들뿐이다. 훈련을 시키면 되지 않겠냐고 반문할 수 있다. 배를 모는 수부야 어떻게 조달할 수 있겠지만, 수군은 절대 쉽지 않다. 해전이 무서운 것이 풍랑을 만나거나 해상에서 패전하면 살아날 기회가 없다. 수군은 아무리 훈련을 시켜도 바닷가에서 배를 부리며 사는 사람들을 절대로 당할 수는 없다.

어떤 분들은 광개토왕의 백제 침공을 수륙병진책(육군과 수군이 함께 전진

국내성 남쪽을 흐르는 압록강

하는 협동작전)이라고 하면서 광개토왕을 전략의 천재라고 평한다. 그러나 수륙병진책 자체는 앞으로도 보겠지만, 이 시기에는 보편적인 전술이다.[4]

　광개토왕의 전술가로서의 진면목은 수륙병진책을 생각해 냈다는 데에 있는 것이 아니라 산사람들을 배에 태워 강이나 바다로 내려보내는 발상을 했고, 이들이 한강을 거슬러 올라가 백제의 수군을 격파하고 위례성을 장악했다는 데 있다. 이것은 광개토왕의 놀라운 용기와 추진력의 증거다. 이런 용기와 성공 사례는 세계사적으로도 유례가 거의 없다. 1차 포에니 전쟁 때 배를 저을 줄도 모르는 로마 군은 육지에서 노젓기 연습을 하고, 배에 올라 지중해 최고의 해상왕국인 카르타고를 격파했다. 이 전쟁으로 로마 군은 불멸의 명성을 얻었다. 아마 이 정도가 비슷한 사례일 것이다. 물론 이것은 광개토왕의 리더십만으로는 되는 일이 아니고, 수많은 모험적이고 진취적인 장병이 필요했다. 고구려가 그들을 얻었다면 이 역시 사회를 더 개방적으로 바꾼 개혁의 힘이었다.

　그런데 이 광개토왕의 정복전쟁에서 우리가 간과하는 사실이 하나 있다. 우리는 늘 광개토왕이 그려 놓은 영토의 넓이에 열광한다. 그러다 보니 그의 시대에 행해진 중요한 역사적 결단과 거의 헌신적이라고밖에 말할 수 없는 수많은 전역의 목적을 놓친다.

광개토왕비에는 고구려의 정복 기사만이 아니라 몇 가지 숨은 비밀이 더 있다. 첫째 비문의 첫머리가 왕가의 시조인 주몽설화로부터 시작한다. 그렇다고 광개토왕 때까지 19대의 족보를 줄줄이 나열한 것도 아니다. 이것은 고구려 왕가가 주몽부터 자신에 이르기까지 처음부터 하나의 계보로 내려왔음을 강조하기 위한 것이다. 여러 맹주가 연립하던 연맹 시절의 추억은 결혼관계로 처리되었다.

이런 조작이 가능했던 이유는 이전에는 국왕의 능에도 비가 없었기 때문이다. 광개토왕비에 의하면, 선조들의 왕릉에 비석을 세우고 비문을 새기는 일은 광개토왕이 처음 시작했다고 한다. 어찌된 일인지 이 비석들이 하나도 발견되지 않았는데, 그 비석에 어떤 족보가 새겨져 있었는지 정말 궁금하다. 어찌되었든 거대한 광개토왕비의 규모와 개성있는 비문의 글자체는 광개토왕 생전에 진행한 비석 건립사업의 축적된 경험과 기술의 결과였고, 비문은 광개토왕이 추구했던 국가 비전을 반영한 것이었다.

그 비전은 무엇이었을까? 광개토왕릉과 비의 위치에 시사성이 있다. 광개토왕 이전 왕들의 능은 하나도 밝혀진 것이 없지만 제법 큰 능들은 주로 환도산성 아래 또는 국내성 성벽 외곽의 벌판에 있다. 하지만 광개토왕의 능은—자신이 선정한 것이든 아들 장수왕이 결정한 것이든—국내성 중심부의 강가, 서울로 치면 한강변의 용산이나 성수동쯤 되는 곳에 떡 하니 자리잡고 있다. 능 주변에 조성한 수묘호만 330호였으니 서울로 치면 구 하나 정도를

광개토왕비에서 바라다본 장수왕릉

남쪽을 바라보고 있는 광개토왕비 앞에 보이는 언덕 아래가 압록강이고 멀리 보이는 산이 북한 땅이다. 오른쪽은 광개토왕릉비 (모형)다.

차지한 셈이다. 한편 장수왕의 능으로 추정되는 장군총은 좀더 동쪽 높은 곳으로 가서 아예 국내성 전체를 굽어보며 서 있다.

이런 능의 위치는 무엇을 의미하는 것일까? 중국이나 일본이나 고대의 수도는 왕과 지배부족 또는 지배씨족이 함께 거주하는 공간이었다. 고대의 수도가 바둑판 모양을 하고 있는 이유도 종족과 지위, 신분별로 거주구역을 배분했기 때문이다. 그러나 중앙집권화가 추진되고 황제가 부족의 위원장에서 초월적 권력자가 되면서 수도의 의미도 절대자의 거주지로 바뀌었다. 광개토왕릉과 장군총의 입지는 이런 의미와 맞아떨어진다. 국내성은 이제 더 이상 지배층이 공유하는 도시가 아니라 절대자의 영지였다.

광개토왕릉이 지닌 또 하나의 암시는 비의 방향이다. 비는 능과 조금 떨어진 곳에 서 있는데, 이 비는 기능상으로 보면 우리가 생각하는 묘지 앞에 세우는 묘비가 아니라 길가에 세워 고인의 업적을 자랑하는 신도비에 가깝다. 이 거인의 육성을 담고 있는 듯한 비는 어디를 보고 있을까? 모든 사람이 당연히 만주벌판일 것이라고 생각한다. 아니다. 그의 능과 비는 압록강 바로 앞에서

장수왕릉에서 바라본 국내성 장수왕릉은 산 중턱에서 국내성을 굽어보고 있다.

강 건너 지금의 북녘 땅을 바라보고 서 있다.

 이것은 비에 새긴 정복 기사의 뉘앙스와도 맞아 떨어진다. 광개토왕은 북쪽과 남쪽을 쉴 새 없이 오가면서 전쟁을 벌였다. 그러나 전쟁에는 중점 방향이 있기 마련이다. 자세히 보면 북쪽 원정은 남쪽으로의 정복전을 시행하기 전에 후연을 비롯한 북쪽과 서쪽 국경을 안정시키기 위한 예방전쟁이거나 후연의 침공에 대한 보복성 공격이다. 그의 주 공격 방향은 확고하게 남쪽이었다.[5]

 광개토왕은 아무 생각 없이 영토만 넓히거나 정복지만 확대하려 한 그런 인물이 아니었다. 넓어진 영토를 통치하려면 새로운 거점이 필요하다. 고구려의 원거지는 너무 좁고 교통이 불편했다. 그런데 문제는 그가 새로 만들어 놓은 영역이 너무 넓고 인구는 부족하다는 것이었다. 모두를 지배하면 좋겠지만 그렇게 하려면 그만한 인구가 필요하다. 399년 고구려가 5만이라는 유래없는 대군을 징발해서 한반도에서 왜구와의 전쟁에 전념하는 사이에 후연은 고구려를 침공해서 5천여 호를 잡아갔다. 광개토왕 치세에 경험한 최대의 피해였다.

제5장 동상이몽 267

광개토왕은 백제의 수도를 함락시켰지만, 백제를 존속시키고 그냥 회군했다. 왜? 정복지를 완전한 자기 영토로 만들려면 식민의 과정이 필요하기 때문이다.

이상의 사례는 고구려의 한계를 잘 보여준다. 안타깝게도 고구려는 우리가 예상하는 것보다는 인구가 적었다. 당나라 기록에는 고구려가 멸망할 당시 호구 수가 69만여 호였다고 되어 있다. 1호의 인구가 얼마인지는 정확히 알 수 없지만, 이 수치는 백제의 호구 76만여 호보다 작아서 우리를 당황하게 만든다. 만주의 그 넓은 영토를 지닌 고구려가 그 정도 인구밖에 되지 않을 리가 있는가? 이 통계가 말갈족은 뺀 통계일 수도 있고, 아직 당나라에 항복하지 않은 고구려 지역이 많아서 그 수가 빠진 것일 수도 있다. 그러나 이 호수가 부정확하고 의심스럽다고 해도, 고구려의 인구가 백제에 비해 월등히 많지는 않았다는 정도는 진실이었다고 생각된다. 그리고 그것이 고구려의 약점이었다. 광개토왕이 그려 놓은 영역에 살고 있는 사람은 그보다 훨씬 많았겠지만, 그들 스스로가 고구려인이라고 간주하는 인구는 적었을 것이다.

광개토왕은 결단을 내려야 했다. 누가 봐도 만주평원은 매력적이다. 그런데 그곳을 지배하려면 요령이나 심양을 근거지로 삼아야 한다. 하지만 이 지역은 평원이다. 더 많은 인구가 필요하고 더 많은 위험부담을 감수해야 한다. 이곳의 거주민들이 중국, 말갈 등 문화와 언어가 다른 종족으로 채워져 있다는 점도 심각한 문제였다. 문화와 언어가 주는 배타성은 의외로 높다. 정복은 쉽지만 통치와 동화에는 오랜 시간이 걸린다.

고구려인을 이주시킨다고 해도 생활환경이 갑자기 바뀌는 것도 문제다. 농작물, 건축, 생활관습을 모두 바꾸어야 하기 때문이다. 후연 세력도 아직은 위협적이었다. 차라리 한반도를 먼저 제압하면 어떨까? 그곳은 환인·집안 지역보다는 평야가 좋고, 산지와 산곡이 적절히 섞여 있어서 적응하기도 쉽다. 무엇보다 같은 언어와 문화를 사용하는 종족이 살고 있다. 그들은 만주인과는 비

태왕릉 광개토왕의 능으로 추정되고 있다.

교할 수 없는 속도로 빠르게 고구려인이 될 것이다.

일단 한반도를 흡수하고 만주로 치고 올라가자! 그것이 광개토왕의 구상이 아니었을까? 이것은 대왕 자신이 모든 정복지를 직접 답사하고 경험한 끝에 내린 결정이었다. 이제껏 고구려는 북쪽과 서쪽의 영토를 두고 부여, 선비족, 한나라와 힘든 싸움을 벌여 왔다. 광개토왕은 강력해진 고구려군을 이끌고 그들을 격파하며 고구려를 수세에서 공세로 전환시켜 놓았다. 하지만 동시에 그는 고구려가 지닌 힘의 한계도 느꼈던 것 같다. 한번씩 무력시위를 하면서 힘으로 아우르고 복속시키는 국가가 아니라, 치밀한 행정조직과 지배체제를 갖춘 국가를 만들려면 단계적 전략이 필요하다고 말이다.

물론 이런 구상은 광개토왕이 아니라 다음 대인 장수왕대의 결정일 수도 있다. 태왕릉을 조성하고, 비를 세우고, 평양 천도를 결행한 것은 광개토왕 사후의 일이었으니까. 누구의 결정이든 광개토왕과 장수왕 대의 적극적인 남하정책은 이렇게 시작되었다.[6]

이 결정은 한반도의 정치질서를 완전히 바꾸고, 다음 세기에 고구려·백제·신라의 삼국항쟁이 치열해지는 계기가 되었다. 백제와 신라는 살아남기 위해서는 주변의 작은 나라들을 통합하고 자신들도 서둘러 체제개혁에 나서지 않을 수 없게 되었다. 전쟁 못지않게 삼국의 사회 내부에도 격렬한 파고가 밀어닥쳤다.

2 평양 천도와 북위와의 전쟁

광개토왕이 치고 내려오면서 백제의 북쪽 국경이던 예성강 방어선이 무너졌다. 개로왕의 할아버지 아신왕阿莘王 5년(396년)에는 광개토왕이 수군을 거느리고 상륙하여 한성을 공략하고 왕의 동생과 대신을 인질로 잡아갔다. 이때의 백제 수도에 대해서는 오랫동안 설왕설래했지만, 풍납토성의 발굴로 위례성의 위치는 거의 확정적이 되었다.

그런데 풍납토성 지하 유적이 발굴되기 얼마 전인 2004년 워커힐의 뒷산인 아차산, 용마산 능선과 봉우리에 설치한 고구려 보루가 발견되었다. 주로 능선 정상부에 구축한 보루 중 큰 것은 둘레가 250m 정도로 그 안에는 온돌과 우물, 취사 시설을 갖춘 병영을 세웠다. 일부 보루에서는 지하 무기고, 대장간, 디딜방아 등이 발견되기도 했다. 성벽은 대개 직사각형의 석축 성벽인데, 성이 작고 공간이 부족했으므로 방어력을 보완하기 위해 치를 사방으로 설치하고, 치 중간에 사람 한 명이 다닐 정도로 좁은 통로를 만들어 치를 이중성벽으로 만들었다. 성이 작고 좁은 능선과 봉우리에 있다 보니 공격하는 입장에서도 공간이 부족했다. 이 보루에서 전투가 벌어지면 천상 격렬한 백병전을 벌여야 했을 것이다.

이 보루성은 고구려군이 바로 아래 나루 건너에 자리잡은 백제의 수도(풍납토성)를 직접 위협하는 자리에 기지를 건설했음을 보여준다는 점에서 충격적이었다. 또한 지금까지 거의 알 수 없었던 삼국

취사용 그릇과 부뚜막 복원모형
아차산 보루에서는 취사 도구로 주로 시루를 사용했음이 확인되었다. 시루는 식은 밥을 데울 수도 있으므로 야전에는 훨씬 효과적이었을 것이다.

대성산성 남문

대성산성 성벽

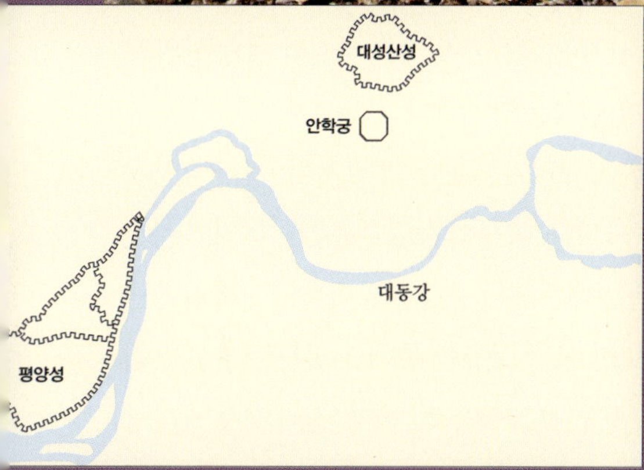

● 안학궁과 대성산성

장수왕이 천도한 곳은 평양의 안학궁과 대성산성으로 추정된다. 안학궁은 둘레 2,488m, 대성산성은 9,284m다. 새 수도로서 평양성의 건설은 광개토왕대부터 시작되었다.

안학궁 복원모형

아차산 구의동 보루(좌) 및 투시도(우)

시대 병사들의 생활상을 보여주는 유적이라는 점에서 커다란 의미가 있다.

그러나 이 보루성 유적이 말해주는 진정한 증언은 분명 5~6세기 무렵에 이 지역을 둘러싸고 벌어진 격렬한 공방전의 흔적이다. 발굴팀은 지하 무기고에서 2천 개가 넘는 화살을 찾아냈다. 이 양은 지금까지 전국에서 찾은 화살보다 더 많다. 그것은 이 보루성을 지키던 고구려군이 급습에 의해 철수했으며, 이런 사태를 예상하고 지하에 잘 위장된 무기고를 두었다는 사실과 이 능선의 보루를 두고 뺏고 뺏기는 공방전이 치열했음을 말해준다.

이 지역은 광나루를 건너 중남부로 내려가는 교통의 요지며, 광나루 북쪽 지역 평원을 굽어보는 거의 유일한 산지다. 한성의 중앙부를 장악하려면 북한산을 장악해야 하고, 서울의 동부 즉 동대문에서 중랑천 일대를 장악하려면 반드시 이 아차산을 점거해야 했다. 또한 한강 상류를 통해 진입하는 수로를 감제하는 데도 최적의 장소다. 그러므로 이곳은 고구려, 백제, 신라 모두에게 중요한 지역이었다. 남진하는 고구려군이나 북상하는 백제, 신라군 모두에게 이 보루들은 언제나 중요했다. 이 능선 전체에는 30개가 넘는 보루가 있는데, 그 중 60% 이상은 백제와 신라의 보루다.

시계를 앞으로 돌려 광개토왕의 남진 직후로 되돌아가보자. 나라가 멸망하기 직전까지 가는 치욕을 겪었던 아신왕은 국력을 회복하기 위해 절치부심했다. 태자인 전지腆支를 일본에 인질로 보내는 굴욕까지 감수하면서 왜와 동맹

아차산에 복원된 고구려 4보루의 전경 왼쪽은 4보루의 성벽치, 오른쪽은 성벽이다.

을 맺고 광개토왕에게 다시 도전했다. 그러나 이 시도는 참담한 실패로 끝났다. 광개토왕은 백제·가야·왜의 연합군을 두 번이나 통렬하게 격파했다. 아신왕은 그래도 굴하지 않고 필사적으로 고구려에 도전했으나 너무 조급했다. 잦은 출정과 연이은 패배로 민생은 고통에 빠졌고, 백성들은 신라로 도망했다. 마지막에는 출정군을 모으는 데까지도 실패했다. 백제의 완패였다.

그런데 위례성이 다시 함락되고 개로왕이 고구려군에게 살해된 것은 아신왕이 항복하고 80년이 지난 후였다. 그동안 장수왕은 평양으로 수도를 옮기고 남진정책을 다시 시행했다. 천도라는 큰 역사가 있었지만 아무리 그래도 80년은 너무 길다.

전쟁사에서 예가 없는 교훈은 두들길 때는 확실히 두들겨라, 즉 승기를 잡았을 때 어떤 희생을 치르더라도 끝까지 밀어붙이라는 것이다. 이 교훈을 무시했다가 수십 배의 희생을 치르거나 승리를 패배로 바꾸어 버린 사례는 너무나도 많다. 그런데 고구려는 이 예외를 택했다. 두 번째 망치질에 무려 80년이란 시간이 걸렸던 것이다.

더욱 이상한 일은 이 이상한 공백기에 대해 고구려 측의 기록 또한 철저히 침묵하고 있다는 것이다. 원래 어느 나라나 국가적 전성기에는 없는 기록도 만들어 넣어가며 한껏 자랑을 하는 법이다. 웅대한 광개토왕비도 전성기적 자각의 산물이다. 그런데 정작 광개토왕대보다 더 넓은 영역을 차지하고 최고의 힘을 자랑했다고 알려진 시기 — 실제로 장수왕 시절에 위나라도 고구려의 힘을 인정해서 외국 사신을 접대할 때 제나라 사신이 서열 1위, 고구려 사신이 서열 2위였다고 한다 — 인 장수왕 시대의 연대기는 백지나 다름없다. 『삼국사기』 장수왕대의 기록은 거의 전부가 위나라와의 사신 교환 기록뿐이다. 고구려측 기록이 전혀 없어 『삼국사기』 편찬자들이 신라, 백제의 기록과 중국측 사료를 보고 있는 대로 찾아 끼워넣은 것이다. 그러니 중국측 기록에 있는 게 사신 교환 기록뿐일 밖에. 고구려의 전성기가 역사기록의 암흑기라니 이럴 수가 있을까? 광개토왕비는 그리 웅장하게 세워놓고, 장수왕의 비는 어디로 사라진 것일까?

광개토왕의 비문과 비의 방향은 남진정책과 한반도 평정이 대왕의 유지임을 밝히고 있다. 그러나 그것은 대왕의 뜻이 아니라 비를 세운 사람, 즉 장수왕의 의지일 가능성도 있다. 누구의 뜻이든 이런 가시적 상징물이 필요했다는 것은 장수왕의 남진정책과 국내성에서 평양으로의 천도가 평안하게 진행되지 않았다는 암시다. 이 시기는 국가가 현대처럼 국민 한명 한명을 직접 제어하는 사회가 아니라 5부, 그 내부의 나부, 또 그 내부의 족단, 씨족 세력 등 수많은 집단의 연합체다. 고대국가에서 왕경인으로 산다는 것은 오늘날처럼 특별시에 산다는 수준이 아니라 신분 자체가 다르다는 의미다. 왕경인과 지방인은 그 자체가 신분을 구분하는 선이었고, 그 차이는 거의 지배층과 피지배층 수준으로 엄청났다.

그러므로 수도가 이전하면 집단의 권력기반과 힘, 세력구도가 단박에 바뀐다. 이때 박탈당하는 권력의 양과 질은 결코 말과 명분으로 해결할 수 있는 수준이 아니다. 침이 마르도록 칭찬해도 부족할 광개토왕과 장수왕의 연대기가 이토록 부실한 데는 광개토왕과 장수왕의 평양 천도와 이것이 야기한 지배층의 갈등 특히 귀족층의 불만이 숨어 있는 것이 아닐까?

장수왕의 평양 천도와 관련해서 고구려 정계가 홍역을 치렀다는 증거는 고구려 기록이 아닌 백제측 기록에 남아 있다. 472년 개로왕이 북위에 고구려를 비방하고 백제를 도와달라고 부탁하기 위해 보낸 국서에 다음과 같은 내용이 있다.

> 지금의 연(장수왕)은 죄가 있어 나라가 어육이 되고, 대신과 힘센 귀족들을 죽이고, 살해하기를 마지않아 죄가 차고, 악이 쌓여 백성들은 무너지고 흩어졌습니다. 이는 멸망시킬 수 있는 시기요 손을 써야 할 때입니다. 풍족(고구려에 망명한 북연의 왕 풍홍과 그 세력을 말함)의 군사와 말들은 새와 짐승이 주인을 따르는 정(본국으로 돌아가고 싶은 마음)을 가지고 있으며 낙랑의 여러 군들은 수구지심首邱之心을 품고 있으니 천자의 위엄을 한번 떨치면 정벌은 있을지언정 싸움은 없을 것입니다. (『삼국사기』 권25, 백제본기3 개로왕 18년)

백제의 국서는 장수왕대에 귀족들에 대한 대숙청이 있었다고 증언하고 있다. 정계 개편과 수도 천도가 단기간에 이루어질 리가 없다. 평양 천도는 장수왕이 즉위한 지 15년 만인 427년 여름에 행해졌는데, 그 정도면 빨리 진행된 것이다. 천도 후에 도시 건설과 지배층 이주는 여러 가지 문제를 발생시켰을 것이다. 대숙청은 국력의 분열과 약화를 가져오고, 수도 건설은 엄청난 재정과 인력 투입을 요구한다. 전쟁을 벌일 여력이 소진될 수밖에 없다.

개로왕은 북위에 보낸 국서에서 본래 한반도의 강국은 고구려가 아닌 백제였음을 강조하고자 했다. 백제는 고국원왕을 살해할 만큼 강했다. 오늘날 고구려와 백제의 전세가 역전된 것은 우연한 사건 때문이다. 백제가 지목한 그 우연한 사건이란 북연의 투항이었다.

북연은 5호16국 중 하나다.[7] 407년 후연의 마지막 군주 모용희가 고운에게 살해된다. 고운은 고구려의 후예라는 설도 있는데, 새로 북연을 세우고 천자로 즉위했다. 하지만 409년 부하였던 풍발馮跋이 고운을 시해하고 천자가 되었다. 430년 풍발이 위독해지자 왕위계승을 둘러싸고 내분이 벌어졌는데, 풍홍이 무력으로 궁중을 제압하고 천자가 되었다. 그는 형의 아들 100여 명을 모조리 죽였다. 풍발도 병석에 있다가 궁실로 난입한 풍홍의 부하가 풍발의 시녀를 쏘아 죽이자 놀라서 죽었다고 하지만 풍홍에게 살해되었을 가능성이 크다.

풍홍은 즉위 후에 왕후를 모용씨로 교체하고 그 아들을 태자로 삼았다. 그러자 원 왕후의 아들과 일족이 바로 북위로 투항했다. 그것은 당연했는데, 풍홍이 풍발의 아들을 몰살시키는 것을 지켜본 그들이 왕위계승에서 밀려난 자신들의 운명을 예측하지 못할 리가 없었기 때문이다.

북연은 풍씨 일족을 중심으로 구성된 국가인데, 내분이 너무 심했다. 풍발이 즉위할 때도 풍씨 일족의 반란이 있어서 풍홍이 진압했고, 풍홍이 즉위하는 과정에서 대숙청과 집단도주가 발생했으니 국가가 유지

남북조시대와 북위(386~534년)

5호16국시대라고도 하는 남북조시대에 처음 두각을 나타낸 왕조는 백제에 불교를 전한 부견의 전진前秦이었다. 부견이 비수의 전투에서 한순간의 실수로 패망한 뒤 화북 지방을 통일한 국가가 북위다. 북위는 선비족 탁발부가 세운 국가로 같은 선비족인 모용부의 후연을 제압하고 장안을 점령, 화북을 통일했다. 북위는 단명한 다른 국가들과 달리 중국화에 성공하여 유목국가의 한계인 부족체제를 해체하고, 한족 사대부를 포섭하여 균전제와 부병제, 과거제를 시행하였다. 이 제도들은 나중에 당나라로 계승되어 당나라의 전성기를 이끌었다. 효문제(467~499년)는 낙양으로 천도하고 선비족의 성을 중국식 성으로 모두 바꾸는 등 극단적인 한화정책을 수행했다. 그러나 이런 제도개혁이 무색하게 북위 조정은 소수의 족장 계열이 장악하고 있었다. 이런 체제는 국가를 분열시켰고, 결국 내란으로 동위와 서위로 분열하였다.

북조의 도기 인형 남조 한족 관리의 복장과 구별이 안 될 정도다.

될 수가 없었다.

북연과 인접했던 북위는 기회를 놓치지 않고 북연을 공격했다. 풍홍은 항복을 거부하고 여차하면 고구려에 망명하여 후일을 대비하겠다는 결심을 하게 된다. 436년 4월 북위가 최후 통첩을 보내고 정벌군을 발진시켰다. 이 중에는 북위의 정예 기병 1만이 있었다. 풍홍은 이미 밀약이 되어 있던 대로 고구려에 급히 전갈을 보냈다.

북위군 기병과 보병

고구려는 갈로와 맹광의 지휘 하에 보병과 기병 2만 명을 북연의 수도인 화룡和龍(랴오닝 성 차오양)으로 파견했다.

고구려군은 화룡에 도착해서 동쪽의 하천 가에 진을 쳤다. 북위군은 조금 먼저 도착한 모양으로 고구려의 반대편에 진을 친 듯하다. 묘한 대치 상태가 진행되는 동안 북연의 대신이던 고니古泥와 곽생郭生은 풍홍이 백성을 버리고 망명하려는 계획에 불만을 품고 반란을 일으켰다. 고니는 성문을 점거하고 북위군에게 성문을 열어주었다. 성문이 열렸지만, 북위의 장군이던 고필은 함정이라고 의심하고 성에 진입하지 않았다.

북연군이 진입하지 않자 고니와 곽생 등은 자기 병력을 모아 풍홍을 공격했다. 궁전에서 격심한 내전이 벌어지는 동안 고구려군이 동문을 통해 화룡성 안으로 진입했다. 고구려군은 곽생을 사살하고 화룡성을 장악했다.[8]

갈로와 맹광은 화룡성에 진입한 뒤 연나라의 군복과 무기를 탈취하고 성을 대대적으로 약탈했다. 특히 미녀는 고구려군이 모조리 차지했다는 설도 있다.[9] 그리고 궁을 불사르고, 북연의 왕족과 주민을 호송하여 고구려 영내로 이주시켰다.

연나라 왕과 용성에 거주하는 가호를 거느리고 동쪽으로 옮기면서 궁전을 불태 웠다. 불은 10일이 되어도 꺼지지 않았다. 부인들은 갑옷을 입고 가운데 있게 하 고, 양이(연에서 고구려에 파견했던 사신) 등은 정예군을 통솔하여 바깥에 서게 하고, 갈로와 맹광은 기병을 거느리고 대열의 맨 뒤에 섰다. (『자치통감』 권123, 송기5, 문제 원가元嘉 13년 4월, 『위서』 권97, 해이풍발전海夷馮跋傳)

이 대열의 길이는 80리에 달했다. 이미 북위군이 화룡을 포위하고 있던 상황에서 고구려군은 여인들까지 데리고 가는 위험한 호송작전을 펼쳤다. 그만큼 고구려군의 전투력이 당시 중원 최강이라는 북위군도 겁을 먹을 만큼 강했다는 증거다. 그렇다고 해도 진 중간에 노약자와 여인들을 품고서는 제대로 싸울 수가 없다. 그래서 부인들에게 갑옷을 입혀 이들을 병사로 위장했다. 동시에 성 안에 여자는 남겨두고 간다는 암시를 던졌다.

북위군은 요하까지 추격했으나 뒤따라오기만 할 뿐 고구려군에게 감히 덤벼들지 못했다. 참다 못한 북위군의 부장 고순자가 기병을 거느리고 공격하려고 하자 고필은 술에 취해서 칼을 휘두르며 막았다. 이 보고를 받은 북위의 태무제는 지휘관인 아청과 고필을 모두 파면해서 군졸로 만들었다. 북위측 기록

풍홍의 운명

고구려 영내에 망명정부를 세우겠다는 풍홍의 예상은 완전히 빗나갔다. 고구려도 풍홍처럼 난폭하고 무책임한 인물을 우대하거나 이용할 생각이 애초부터 없었다. 풍홍은 고구려에 도착한 뒤 고구려가 황제를 칭하며 자신은 황제의 아래인 용성왕으로 부른다고 화를 내며 꾸짖었다. 자신의 처지와 운명을 전혀 인식하지 못하고 있었던 것이다.

장수왕은 풍홍을 평곽에 두었다가 북풍으로 옮겼으며, 풍홍의 시녀를 뺏고 태자를 인질로 삼았다. 태자를 인질로 보내라는 북위의 요구에 고구려로 망명했던 풍홍은 그제서야 사태를 짐작한 듯 싶다. 그는 남쪽 송나라에 사신을 보내 두 번째 망명을 요청했다. 송 태조는 고구려에 사절단을 보내 풍홍의 인도를 요구했는데, 풍홍의 후송 비용까지 모두 고구려에 요구했다. 장수왕은 장군 손격, 고구 등을 보내 풍홍과 자손 10여 인을 모두 죽였다.

북연의 山 모양 금장식 북연의 재상 풍소불의 묘에서 출토

에서는 지휘관의 무능으로 풍홍과 고구려군을 놓친 것처럼 서술했지만, 할 수 있었다면 민간인까지 거느리고 가는 군대를 왜 공격하지 못했겠는가? 이 사건은 고구려군의 수준을 객관적으로 가장 잘 보여주는 예화라고 생각된다.

이상이 북연 사건의 전모인데, 개로왕의 말처럼 이 사건이 고구려 중흥의 계기가 되었다고는 볼 수 없다. 개로왕은 고구려의 위험성을 지적하고, 북위의 협력을 끌어내기 위해 북위의 아픈 추억을 건드렸던 것뿐이다. 개로왕의 의도와는 반대로 이 사건은 이 무렵 고구려의 남진이 지체된 또 하나의 이유를 설명해주고 있다.

고구려는 서쪽에 중국, 남쪽에 백제와 신라, 동쪽의 말갈족까지 포함하면 3개의 전선을 가지고 있었다. 이것이 문제였다. 광개토왕의 전성기에도 고구려는 강력한 라이벌인 모용씨의 후연과 백제를 동시에 대적해야 했기 때문이다. 앞서도 살펴보았지만 399년 광개토왕은 왜구 축출에 5만을 동원한 대가로 후연의 요동 침공과 무려 5천 호의 손실을 허용해야 했다. 장수왕 때는 북연과 북위가 고구려의 발목을 잡았다.

이상의 상황을 정리하면 438년 무렵까지 고구려는 사정을 정확히 알 수 없는 정치적 갈등과 평양 천도로 인해 남진정책에 국력을 집중할 수가 없었다. 반대로 생각하면 고구려가 발원지를 벗어나 새로운 제국으로 발돋움하기 위해서는 귀족의 세계관을 바꾸어야 했고, 이를 위해서 정계개편과 천도작업이 필요했다고 볼 수도 있다. 세계관 개조작업이 성과를 거둘 무렵, 이번에는 북위라는 강력한 위협이 등장했다. 북위는 혼란했던 5호16국시대에 제일 빛나는 발전을 이룬 국가로 오랫동안 고구려를 괴롭혔던 모용씨의 연을 가볍게 제압하고, 한때 중원 통일의 첫 번째 주자로 손꼽혔던 국가다. 고구려는 북위의 군대도 머뭇거리게 만드는 강력한 군사력을 보유했지만 그렇다고 북위를 옆에 두고 주력을 남쪽으로 내려보낼 수는 없었다.

● 전성기의 고구려는 왜 백제와 신라를 정복하지 못했을까?

4~5세기의 역사지도를 보면 고구려의 영토는 멀리 만주까지 뻗쳐 있고, 백제와 신라는 각기 전라도와 경상도의 좁은 땅에 웅크리고 있다. 아무리 백제와 신라가 협력하여 저항했다고 해도 저 넓은 땅을 지배하고 수와 당의 침략을 격퇴하는 실력을 가진 고구려가 왜 통일을 이루지 못했을까?

일단 고구려가 서쪽에 중국, 남쪽에 백제와 신라라는 두세 개의 전선을 가지고 있었다는 지정학적 사정이 컸다. 이 사실은 많이 언급되었지만, 또 하나 사회의 내적인 이유는 거의 언급되지 않고 있다.

이 시대의 국가는 분권적 성격이 강했다. 아직 귀족들이 자신의 땅과 백성을 직접 지배하고 있었다. 때문에 군대를 동원하려면 귀족의 협력을 얻어야 했다. 새 땅을 점령해도 대개 그곳은 누군가의 영지 같은 곳이 된다. 국가에서 지방관을 파견하는 경우도 있지만 그래도 그 내부에는 사적인 지배구조와 질서가 엄연히 살아 있다.

그러면 만주에 영지를 두고 사는 귀족에게 남부지방을 정복하자고 하면 그가 선뜻 응할까? 그렇게 먼 곳에 영지를 두면 별 이득이 없다. 수·당과 같은 강대국에서 쳐들어온다면 지배층이 총체적인 위기를 느낄 테니까 거국적으로 군사를 동원할 수 있다. 그러나 타 지역을 정복하는 일은 다르다. 혹 로마 제국같이 제국 내부에 거대한 상권이 형성되었다면 장거리 원정에서도 이익을 얻겠지만, 당시의 우리 사회는 농업과 반유목 사회가 주류를 이루었으므로 너무 멀리 떨어져 있거나 교통이 불편한 지역에 대해서는 큰 흥미를 가질 수 없었다.

그러므로 남부의 땅을 탐내는 귀족은 역시 가까운 중부의 귀족이거나 아예 독립하여 새 땅을 찾으려는 인물들, 그리고 약탈물에 눈이 먼 소수의 난폭자 집단이다. 이들만도 적은 수는 아니었을 것이다. 하지만 또 하나의 문제가 있다. 누가 열심히 싸워서 많은 땅을 정복했다고 그 땅을 다 그들에게 주면 당장 귀족 간의 세력균형이 깨지고 소수가 급성장하는 결과를 가져올 것이다. 국왕이 직할세력을 동원하여 자기의 영토를 확장해도 마찬가지다. 힘의 균형이 급격히 바뀌는 것은 모두에게 경계심을 준다. 더욱이 고구려의 구성원 중에는 말갈족을 위시하여 여러 다른 종족이 섞여 있었다.

정복전에 참가한 집단도 가능한 한 손실을 보지 않으려 할 것이다. 승리를 하더라도 손실이 크다면 그것은 곧 자신의 세력 약화와 직결된다. 이런 사정 때문에 고구려는 영토가 크고 인구가 많다고 해도 가용할 수 있는 병력에 제약을 받았으며, 지속적으로 전투를 벌이기 매우 곤란하였다.

3 계림의 수탉

400년경부터 70~80년간 고구려의 남진정책에 제동이 걸렸다. 눈앞에 놓인 기회를 보고만 있어야 하는 고구려의 심정도 애가 탔을 것이다. 어떻든 이 남진을 재개하려면 지금의 상태라도 유지해야 한다. 그래서 고구려는 적극적으로 신라를 지원한다.

고구려는 일단 나제동맹과 같은 신라와 백제의 연합을 염려했을 것이다. 적을 분열시키는 것은 전술의 기본이다. 백제의 가야 진출도 억제해야 했다. 가야는 여러 나라로 분열되어 있고 백제계 이주민이 주축이 된 왜의 세력도 진출해 있어서 정세가 복잡했는데, 백제의 가야 흡수를 막으려면 신라를 통하는 방법밖에 없었다.

이보다 더 중요한 이유가 백제와 왜의 관계다. 이 시기 둘의 관계는 정확히 알 수는 없지만, 정치적으로만이 아니라 인적으로도 긴밀했다. 특히 일본에서 백제에 원병을 파견할 때는 늘 규슈의 후쿠오카(『일본서기』에는 쓰쿠시筑紫라는 지명으로 나온다) 지역이 중심이 되는 것을 보면 이곳에 백제계 이주민의 영지가 발달한 것이 틀림없는 것 같다. 그러므로 이들이 신라를 정복하거나 복속시킨다면 백제는 한반도 내에 단단한 동맹자를 얻게 된다.

당시 신라는 매우 어려워서 국가의 존망 위기로까지 몰리고 있었다. 내물왕은 신라사에서는 김씨 왕가의 왕위세습을 확립하고 중국 문물을 유입하는 등 신라를 발전기로 이끈 왕으로 평가되고 있지만, 실제 그의 치세는 그 어느 때보다 힘들었다. 특히 일본의 침공이 급격히 거세졌다. 『삼국사기』에는 비교적 승리한 기사만 수록했지만 수도인 금성이 포위되고 전쟁터가 되는 일이 몇 번이고 있었다. 견디다 못한 그는 392년 왕족이며 유력한 왕위계승자였던 실성을 고구려에 인질로 보내고 동맹을 맺었다. 나중에 왕이 된 실성은 이 일을 무척 원망했지만 내물왕의 선견지명은 옳았다. 393년 왜군이 금성을 5일이나 포

창녕 화왕산성 창녕은 역사적으로 왜의 주요 공격목표였다.

위했고, 399년경에는 왜군이 신라의 여러 곳과 가야를 점령했다. 이 해의 상황은 매우 심각해서 "왜인이 나라 안에 가득하여 성과 못이 부서지고 깨져 백성이 노비로 되고 있다."(광개토왕비문)고 할 정도였다. 다음 해 광개토왕은 5만의 대군을 보내 신라, 가야 일대를 탈환해 주었다.

그러나 왜구의 침공은 수그러들지 않았다. 고구려의 후원에도 불구하고 402년 실성왕은 내물왕의 아들 미사흔을 일본에 인질로 보내야 했을 정도로 절박했다. 내물왕이 자신을 고구려에 인질로 보낸 데 대한 보복이었다고 하지만, 왜의 위협이 위험수위였던 것도 사실이다. 408년에 왜는 대마도에 병영을 세워 더욱 노골적으로 신라를 위협했다. 실성왕은 412년 내물왕의 아들 복호를 다시 고구려에 인질로 보냈고, 내물왕의 맏아들 눌지까지 고구려로 보내려다 눌지에게 살해당했다.

내물왕 37년에 실성을 고구려에 볼모로 보냈다. 실성이 돌아와 왕이 되자 내물

명활산성 경주에서 동쪽 포항 쪽으로 나가는 길목을 지키는 산성이다. 왜구가 서라벌을 공격하려면 반드시 지나야 하는 요충으로 여러 번 전투가 벌어졌다.

왕이 자신을 외국에 인질로 보낸 것을 원망하여 그 아들을 해쳐 원한을 갚으려고 했다. 사람을 보내 고구려에 있을 때 알고 지낸 사람을 불러 몰래 이르기를, 눌지를 죽이라고 했다. 그리고 눌지를 (고구려로) 보내 도중에서 만나게 했다. 고구려 사람이 눌지의 외모와 정신이 시원스럽고 우아하여 군자의 풍모가 있는 것을 보고 "당신 나라 왕이 나로 하여금 그대를 죽이라고 했으나 지금 그대를 보니 차마 해칠 수가 없다."고 고백하고 되돌아갔다. 눌지가 그것을 원망하여 돌아와 왕을 죽이고 스스로 왕위에 올랐다. (『삼국사기』 권3, 신라본기 눌지마립간 원년)

이 이야기는 여러 가지 사실을 암시한다. 실성왕은 고구려에서 인질 생활을 하다가 돌아와 왕이 되었고, 고구려에 그를 후원하는 세력이 있었다. 그러나 그 후원자가 눌지의 암살을 거부하고 오히려 눌지 편을 들었다. 눌지는 그와 헤어진 후 돌아와 실성을 죽이고 왕이 되었다. 눌지는 어떻게 그렇게 쉽게 실성왕을 죽일 수 있었을까? 눌지를 죽이려던 고구려인은 단순히 눌지의 용모와 인품만 보고 암살을 포기하고 돌아가 버렸을까?

　이 낭만적인 이야기의 뒤에 숨어 있는 진실은 실성왕의 즉위나 눌지의 즉위에 모두 고구려의 후원이 작용했다는 것이다. 그리고 무슨 일인가로 고구려는 실성에게 실망하면서 눌지를 대안으로 세웠다. 이것은 당시 신라가 왕위계승에까지 고구려의 간섭을 허용할 정도로 고구려의 보호가 절실한 상황이었음을 말한다.

　그러나 이런 신라가 5세기 무렵부터 적극적인 반고구려 정책으로 돌아섰다. 신라가 고구려에 인질을 보낸다고 해서 마음으로까지 복종했을 리는 없다. 고구려와 왜라는 양쪽으로 강적을 두고, 양쪽에 인질을 보내며 굽실거리고 있지만, 허리를 굽히는 이유는 힘을 키우기 위해서였다. 눌지왕이 박제상을 파견하여 고구려와 왜국의 인질로 간 두 동생 복호와 미사흔을 빼낸 것이 변화의 시작이었다. 434년 눌지왕은 백제와 화친을 맺고 왜와 고구려에 저항하기 시작했다. 그러나 결과는 별로 신통치 않았다. 444년 눌지왕은 금성을 공격한 왜구를 향해 과감하게 공격을 시도했다가 신라군 절반이 넘게 전사하는 참패를 당했다. 눌지왕은 산으로 도망쳤는데, 거의 포로가 될 뻔하다가 밤안개가 짙게 깔리는 덕에 간신히 살아났다.[10]

장사 벌지지. 일본으로 떠나는 박제상을 쫓아갔다가 만나지 못하고 돌아오던 박제상의 부인이 슬픔을 이기지 못하고 목놓아 울었다고 전하는 남천. 사람들이 부인을 일으켜 세우려 했으나 펴진 다리가 접히지 않았다고 해서 장사 벌지지라고 불렀다고 한다. 비석의 위치는 붉은 동그라미 안이다.

450년 하슬라주(삼척)의 성주가 근방에서 사냥하던 고구려 장수를 급습해서 죽였다. 고대의 사냥이란 기동훈련을 겸할 때가 많다. 하슬라주는 위기를 느끼고 선제공격을 감행했을 것이다. 그러나 이 보복조치로 장수왕이 침공하자 신라군은 패배했고, 눌지왕은 용서를 빌어야 했다. 하지만 455년 눌지왕은 다시 고구려의 비위를 건드렸다. 고구려가 백제를 침공하자 백제에 원군을 파견한 것이다. 이 무렵 눌지왕은 왜와의 교류도 완전히 끊었다.[11]

이 단교 조치는 일본 천황의 왕위가 인교允恭 천황에서 유랴쿠雄略 천황으로 바뀌는 과정에서 발생했다. 그 이유가 인교 천황은 신라계 인물이고 유랴쿠 천황은 백제계였기 때문이라고 보는 설도 있다.

그러나 이 시도도 또다시 실패로 돌아갔다. 자비왕이 즉위하는 458년 이후로 왜의 공세는 더욱 사나워졌다. 459년 왜군이 무려 100척의 병선을 끌고 침공하여 반월성을 포위했다. 자비왕은 격전을 치르며 월성을 지켜냈고, 회군하는 적을 추격해서 많은 적을 살상했다. 하지만 또다시 서라벌이 약탈되고 초토화하는 것은 막을 수가 없었다. 462년에는 왜군이 활개성(위치 미상)을 깨트리고 1천 명을 잡아갔다. 이것은 단순한 약탈이 아니었다. 『일본서기』에도 분명히 말하고 있지만 유랴쿠 천황은 대규모의 신라공격을 추진하고 있었다.

신라는 다시 고구려에게 손을 벌릴 수밖에 없었다. 의외로 장수왕은 신라의 요청을 너그럽게 받아들였다. 그리고 왜구와의 전투를 돕는다는 명분으로 100명의 무사를 군사고문단 형식으로 파견했다. 고문단을 파견한 시기는 알 수 없지만, 정황으로 봐서 대략 455년에서 462년 사이인 것 같다. 하지만 여기에는 고구려의 음모가 있었다. 눌지왕의 행동을 보면서 장수왕도 지금까지의 방식으로는 신라를 장악하기가 쉽지 않겠다고 판단했을 것이다. 좀더 적극적인 조치가 필요했다. 그 조치는 왕을 교체해서 신라를 완전히 속국으로 만들어버리거나 왕조를 없애버리는 것이었던 것 같다. 그러나 사소한 일로 이 계획이 누설되었다.

고구려왕(장수왕)이 정병 100명을 보내 신라를 지키게 하였다. 얼마 뒤에 고구려인 군사 한 명이 잠깐 동안 귀국했다. 이때 신라인을 마부로 삼았다. 몰래 그에게 말하기를 "너희 나라가 우리나라에게 패망할 날이 얼마 남지 않았다."라고 하였다. 그 마부는 듣고서 거짓으로 배가 아프다며 핑계를 대고 물러가 뒤로 처졌다. 드디어 나라 안으로 도망하여 그가 들은 바를 전하였다.

신라왕이 고구려가 거짓으로 지켜주는 것을 알고, 사자를 보내 나라 사람들에게 달려가 "사람들이여, 집에서 기르는 수탉을 죽여라."라는 말을 전하였다. 사람들이 그 뜻을 알아듣고, 국내에 있는 고구려인을 모두 죽였다. 그때 살아남은 고구려인이 본국으로 탈출하여 상황을 상세히 전하였다. 고구려왕이 즉시 군사를 일으켜 축족류성築足流城(대구라고 보는 해석이 있다)에 주둔하였다.

이 이야기는 『일본서기』에 있는 것으로[12] 고구려인을 수탉으로 비유한 것은 고구려의 상징인 삼족오三足烏를 빗댄 것이다.

고문단이 살해당하고, 음모가 실패하자 고구려는 군대를 동원해 신라를 침공했다. 신라는 이번에는 반대로 임나(가야)에 구원병을 요청했다. 『일본서기』는 이 임나의 구원병이 왜군이었다고 하는데, 이들이 왜군이라고 해도 백제계 왜군으로서 가야에 반독립적 영지를 구축하고 있던 세력일 가능성이 많다. 어쨌든 이들은 신라의 요청에 응해서 고구려군과 전투를 벌였다. 『일본서기』는

삼족오

삼족오는 발이 셋 달린 검은 새라는 뜻으로 새의 머리에 관이 있어 공작새와 비슷하다. 원래는 검은 새가 아니고 태양을 배경으로 떠 있는 새를 실루엣으로 묘사하여 검은 새가 된 것이다. 흔히 삼족오를 고구려의 독자적인 창안으로 알고 있는데, 삼족오는 도교와 관련이 있는 상징으로서 중국에서 이미 사용되던 것이다. 다만 고구려로 들어와서는 새의 모양이 조금 바뀌었고, 태양을 이용한 상징성 덕분에 하늘의 후손을 자처하던 계루부의 상징이 된 것 같다. 왼쪽은 고구려의 삼족오(각저총), 오른쪽은 당 고종의 아들인 장회태자의 묘에 그려진 삼족오다.

이 전투의 승리가 전적으로 자신들의 공이었다고 주장하는데, 임나군은 밤에 험지를 골라 참호를 파고 병력과 물자를 숨겨놓았다. 고구려군이 이들이 도망갔다고 생각하고 추격에 나서자 숨어 있던 임나군이 기병과 보병으로 협공해서 크게 승리했다고 한다. 하지만 이것은 『일본서기』가 임나군의 활약만 기록했기 때문이다. 아쉽게도 신라문서에는 이 전투 자체가 남아 있지 않다.

이 전투를 끝으로 고구려는 신라를 속국으로 이용하면서 백제를 공략하려는 조금 복잡한 그러나 유일하게 통일 가능성이 있었던 노력을 완전히 포기한다. 이제 남은 방법은 백제와 신라의 동시공략밖에 없었다.

신라는 양다리 외교에서 또 한 번 쾌거를 거두며 위기에서 벗어났다. 왜가 신라를 노리고 있다는 사정을 역이용한 것이다. 왜의 입장에서는 신라를 정복하기 위해서는 신라를 지켜주는 고구려 세력을 축출해야 했기 때문이다.

고구려가 철수하자 왜는 본색을 드러내어 바로 신라 공격을 추진한다. 『일본서기』에 의하면 유랴쿠雄略 천황이 친정을 하겠다고 했을 정도였다. 왜국의 입장에서는 흥분할 만도 했다. 일이 되어 가느라고 마침 백제와 왜의 동맹도 특별히 강화되어 있었기 때문이다. 4년 전인 461년 고구려의 압박에 고민하던 백제의 개로왕은 동생 곤지를 일본으로 이주시켰다(『삼국사기』는 곤지가 개로왕의 동생이라고도 하고 문주왕의 동생이라고도 했다. 문주왕이 개로왕의

임나일본부의 구원병

『일본서기』의 임나 구원병 파견 기사에서 임나일본부라는 명칭이 처음 등장하며, 이는 일본이 가야에 식민지를 두었다는 임나일본부의 기원이 되었다. 하지만 임나일본부가 실존했다고 해도 그것은 작은 영역이며, 일본에 백제와 신라인의 거주지가 있었던 것과 마찬가지로 집단 간의 이주와 교류가 활발했던 고대사회의 한 현상에 불과하다. 이것을 일본의 한반도 정복설로 확대하는 것은 심한 비약이다. 나아가 임나일본부의 실존과 20세기 일제의 식민지배는 아무런 논리적 연관이 없으며, 정당성의 근거가 되지 못한다. 그러므로 임나일본부의 실체는 냉정하고 합리적으로 접근할 필요가 있다.

진구 황후를 '삼한정벌' 전설의 소재로 삼은 무수한 다색판화의 하나. 19세기 초반에 그려진 것이다.

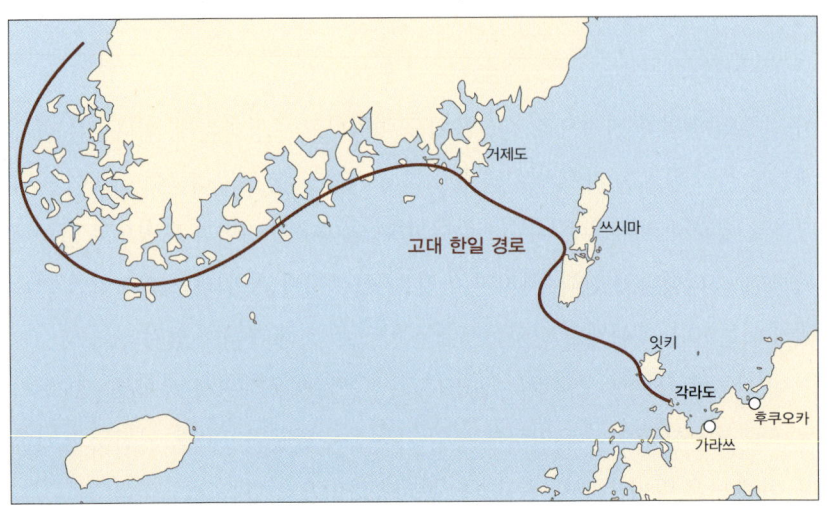
무령왕의 출생지로 알려진 각라도의 위치

아들이라면 이 기술은 모순이다. 그러나 문주왕이 개로왕의 아들이 아니라 동생이라면 곤지는 개로왕의 동생이자 문주왕의 동생이 되므로 이 기술은 모순이 아니다). 백제계 유민과 일본의 지원을 더욱 크게 유치하려는 시도였다. 곤지 입장에서는 일본 이주는 국내에서의 정치적 입지를 약화시킬 우려가 있었다. 곤지는 일본행의 대가로 개로왕의 왕비를 자신에게 줄 것을 요구했다. 왕비가 이미 만삭의 몸이었음에도 개로왕은 이 제안을 수락했다. 곤지가 왕비를 사랑한 것인지 인질로 요구한 것인지는 알 수 없지만 곤지와 함께 일본으로 가던 왕비는 후쿠오카에 도착하기 전 각라도各羅島(가카라노시마. 오늘날의 사가현佐賀縣 가카라지마加唐島)에 정박했을 때 왕자를 낳았다. 이 왕자가 나중의 무령왕인데, 섬에서 출생했다고 해서 이름을 시마로 지었다고 한다(시마는 일본어로 섬이라는 뜻이다).

465년 유랴쿠 천황은 기소궁숙례를 대장군으로 삼고 소아한자숙례, 대반담련, 소록화숙례를 장군으로 삼아 신라 공략의 명령을 내렸다. 이 원정군도 순수한 왜군이 아닌 백제계의 혼성군대가 분명하다. 장군 중 한 명인 소아蘇我(일본어 발음은 소가) 씨는 대표적인 백제계 귀족이다.

이 전투도 『삼국사기』에는 나와 있지 않다. 다만 자비왕 5년(462년)과 6년

(463년)에 왜군이 대거 급습한 것이 기록되어 있고 위치도 비슷하다.『삼국사기』의 연대는 몇 년씩 오차가 있는 경우가 많아서 이 전투일 가능성이 높다.

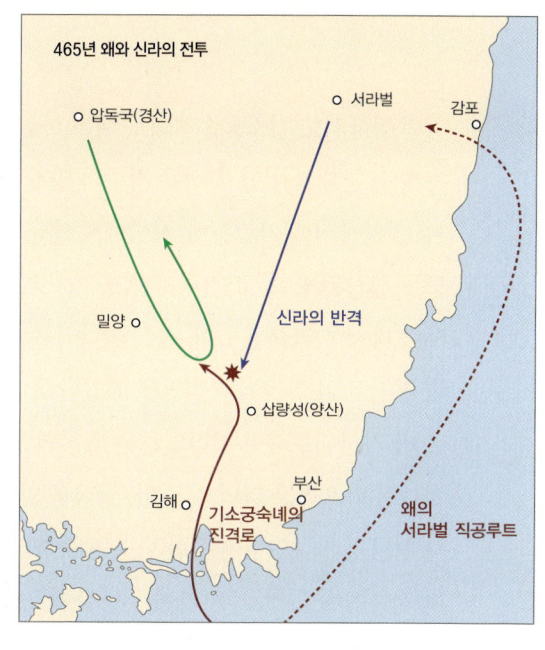

신라로 상륙한 왜군은 서라벌을 바로 치지 않고 주변 군현을 약탈하다가 삽량성(양산)으로 진입했다. 약탈을 목적으로 하는 부대라면 늘 그렇듯이 경주와 가까운 감포 쪽으로 상륙해서 명활산성을 지나 서라벌로 진입, 서라벌의 주력부대를 월성에 몰아넣고 포위한 뒤 주변을 약탈하다가 돌아가려고 했을 것이다. 그러나 기소궁숙례의 군대는 양산에서부터 올라오고 있다. 낙동강 하구인 김해나 남해안으로 상륙해서 가야 지방을 거쳐 낙동강을 따라 북상하는 코스로서 이들의 전술적 목적이 단순한 약탈이 아님을 보여주고 있다. 신라와 동맹 내지는 복속중인 도시들이 유린되는 것을 서라벌이 구경만 하고 있었다면 신라의 권위는 땅에 떨어질 것이고, 어떤 도시들은 이 기회에 왜군에 합세해서 패권을 얻어보려고 할 것이다. 어쩔 수 없이 자비왕은 직접 군대를 이끌고 왜구를 찾아나섰다.

왜군이 바로 서라벌로 진군하지 않은 이유는 유리한 위치로 서라벌군을 끌어내기 위해서였다고 보인다. 전투 장소를 선택하는 것은 전쟁에서 매우 중요하다. 약탈부대는 매우 사납고 주체적으로 보이지만 실제로는 장소 선택권을 제한당한다. 약탈할 만한 도시는 정해져 있고, 길과 퇴로도 뻔하다. 서라벌이 자주 약탈당했지만, 왜군이 포위를 풀고 돌아갈 때 기습을 해서 성공한 적이 많았던 것도 서라벌이 전쟁 장소에 대한 선택권을 행사할 수 있었기 때문이다.

이런 점에서도 기소궁숙례의 군대는 확실히 달랐다.

양측 군대가 만난 지점은 경주와 양산 사이의 지점이었던 것 같다. 『일본서기』는 양군이 대치했는데, 사방에서 왜군의 북소리가 울리자 자비왕이 탁국이 모두 점령된 줄 알고 기병 수백을 거느리고 도주했다고 하였다. 왜군은 이 기세를 타서 신라군을 크게 깨트려 탁국을 거의 평정했고, 기소궁숙례는 신라군의 진지로 치고 들어가 적장을 베었다.[13]

이 기사대로라면 서라벌군은 탁국의 군대와 협력해서 북상하는 왜군을 동서에서 막으려고 했던 것 같다. 탁국은 앞에서도 나왔지만 경산의 압독국이거나 경남의 가야연맹에 속한 나라인 듯하다. 어느 경우든 이들은 양산의 서쪽이나 서북쪽에 있었고, 서라벌은 동북에 있었다. 왜군은 탁국 군대를 먼저 깨트렸거나 계략을 써서 아마도 소부대를 서북쪽으로 보내 북을 울리며, 왜군이 탁국을 이미 장악한 것처럼 했다. 자비왕은 탁국군이 이미 무너졌다고 속단하고 도주했다고 했는데, 이런 상황 묘사는 나름 설득력이 있다. 이 시대는 아직 우리가 생각하듯이 완전한 삼국시대는 아니었다. 신라와 백제가 최후의 승자가 되었기에 역사가 신라와 백제 중심으로 쓰여졌지만, 실제로는 많은 소국들이 반독립적 상태로 존속했다. 경산, 대구 지방에 있던 압독국은 신라에 공물을 바치고 복종은 하고 있다고 해도 강력한 라이벌이기도 했다. 신라가 이 압독국을 완전히 병합해 버리는 것은 7세기경이었다. 이런 상태였으므로 신라는 탁국군의 충성도가 조금 못 미더웠을 것이다. 탁국이 가야연맹의 국가였다고 해도 마찬가지다. 왜군이 선제공격을 하자 왜군에 투항 내지는 도주해 버렸다고 속단할 가능성은 충분하다.

하지만 『일본서기』의 서술처럼 왜군의 일방적 승리는 아니었다. 『일본서기』의 기사도 이 부분에서는 약간은 솔직하다. 이 전투에서 승리함으로써 왜군이 탁국을 모두 평정했지만, 남은 군사들이 따르지 않았다고 한다. 당시 왜군의 네 장수가 불화가 심각해서 협조가 잘 되지 않기는 했지만 그것만이 이유는 아니다. 바로 그날 저녁에 2차 전투가 벌어졌기 때문이다. 그리고 탁국 평정은커녕 왜군은 거의 그 장소에 그대로 있었다. 그리고 저녁 전투에서 왜군의 주력은 대패했고, 장군 대반담련이 전사했다. 일본군은 전투 능력을 상실할 정도는 아니었지만 신라 공격은 완전히 좌절되었다. 대장군 기소궁숙례도 얼마 후 병사했다.

신라측 기록에 삽량성 전투에서 "왜군이 이기지 못하고 돌아갔다."라는 모호한 표현을 쓴 것으로 보아서 신라군이 열세에 몰렸던 것은 사실인 듯하다. 하지만, 왜군도 승리라고 장담하지 못할 수준의 전투를 벌인 것 같다. 그러나 2차 전투에서 신라군은 벌지와 덕지 두 장수가 왜군의 이동경로를 예측하고 중간에 공격하여 대승리를 거두었다. 이 전투에서 활약한 덕지는 탁월한 장수였던 모양으로 476년에도 왜군을 격퇴했고 495년에는 고구려의 공격을 받고 있는 백제의 치양성을 구원했다.

신라는 극적으로 고구려와 왜군을 동시에 물리쳤다. 이 전투가 의미 깊은 이유는 이후 신라의 회복세가 완연하기 때문이다. 신라가 능력을 보이자 주변 소국들의 태도와 충성도도 확 달라졌을 것이다. 권위와 힘을 회복한 신라는 대략 465년부터 474년 사이에 대대적인 축성사업을 벌였다. 삼척 주민을 동원해서 이하에 성을 쌓아 동해안 통로를 차단했다. 소백산맥을 통과하는 요충 중의 요충인 보은의 삼년산성을 쌓은 것도 이때다.

삼년산성은 470년(자비왕 13년)에 축조했다. 3년 동안 쌓았다고 해서 삼년산성이란 이름이 붙었다고 한다. 16년 후인 486년(소지왕 8년)에 일선군의 장정 3000명을 동원해서 개축했다. 발굴 조사에 의하면 기본 구조는 이미 자비왕 때 구축되었다고 한다.[14]

성벽은 4개의 봉우리를 축으로 능선을 따라 축조했다. 산의 고도는 325m, 둘레는 1680m, 높이는 10m 정도나 일부 구간은 13~20m로 상당히 높은 편이다. 성벽 두께는 5~7m 정도다. 성벽 안은 원형의 분지로서 1만 평에 달하는 농

삼년산성 전경

지가 있고, 사계절 마르지 않는 우물이 5개나 있었다. 성에는 멋진 치가 있는데, 총 7개로 일정한 간격을 두고 축조한 것이 아니라 지형상 적이 접근하기 쉬운 산 능선과 연결되어 있는 요지에 치를 조성했다.[15]

삼년산성은 독특한 건축법을 사용했다. 보통 산성은 봉우리의 경사면 위쪽 가까이, 봉우리의 바깥쪽 면에 성벽의 기초를 잡는다. 그래야 산성 내부가 조금이라도 넓어진다. 그런데 삼년산성은 봉우리와 능선의 제일 높은 부분에 기초를 잡았다. 이렇게 함으로써 성벽은 최대한 높아지고, 성벽 아래는 더욱 가팔라진다.[16] 덕분에 오늘날 볼 수 있는 신라의 산성 중에서 삼년산성은 제일 멋있고 웅장한 모습을 보여주고 있다. 성의 상당 부분이 허물어져서 본래의 위용을 보여주지 못하는 것이 너무 안타깝지만, 삼년산성의 독특한 위용은 신라의 역사에서 보은 지역의 확보와 이 축성사업이 얼마나 중요한 것이었는가를 웅변해 주고 있다.

해안지방에도 왜구의 침입경로에 성을 쌓았고, 경주를 지키는 명활산성도 보수했다. 위치 비정이 쉽지는 않지만 474년(또는 475년)에는 군위, 포항, 청원, 상주, 옥천, 영동 지역에도 성을 쌓았다. 소백산맥을 이용해서 경주의 북쪽

삼년산성의 치

삼년산성의 연못터

통로에 이중삼중의 방어망을 구축한 것이다.

  그동안 자비왕의 시대는 신라 역사에서 별다른 주목을 받지 못했다. 그것은 큰 잘못이다. 그의 치세에 이룬 이 고구려와 왜의 격퇴와 축성사업은 신라의 생존사에서 무엇보다도 지대한 업적이 되었다. 잘 알려진 대로 삼국 중에서 제일 약했던 신라가 오랫동안 버틸 수 있었던 이유는 태백산맥과 소백산맥, 남한강과 낙동강이 지켜주는 천연장벽이었다. 하지만 아무리 첩첩산중에 좁은 골짜기라고 해도 그대로 방치해 두면 넘어오지 못할 군대는 없다. 천혜의 자연지형이 방벽이 되려면 인간의 노력이 가미되어야 한다. 이때의 축성작업으로 소백산맥은 진정한 요새지대가 되었다. 고구려를 향해 나가 싸우지는 못해도 덤빌 테면 덤벼 보라고, 최소한 속으로라도 중얼거릴 수 있는 수준은 된 것이다.

신라의 유일한 지형적 약점은 수도 방어가 취약하다는 것이었다. 특히 동해안과는 너무 가깝고 막을 수 있는 지형도 명활산성과 그 앞의 고개뿐이었다. 건국 이래 왜구에게 월성이 포위당하고 서라벌이 약탈당한 적이 몇 번인지 모른다. 그러니 주변의 소국(성읍)들에게 권위도 서지 않고, 그들이 세금과 인력 징발에 째째하게 굴어도 위협을 가하거나 세력을 확대하는 데 투자할 여력도 없었다.

하지만 이 축성사업으로 국경선이 탄탄해지자 방어선 안의 국가들에 대해서도 힘이 생겼다. 정말로 신라는 변했다. 475년 장수왕이 한성을 공격하자 즉시 백제에 구원병을 보낸 것도 이런 자신감의 소산이었다. 이어 476년과 477년 왜군의 공격을 연달아 물리쳤다. 특히 477년의 침공은 기소궁숙례의 침공 이후 대규모의 침공으로 왜군이 5방면으로 길을 나누어 쳐들어왔다. 시원스런 승리까지는 아니었지만 신라는 어쨌든 이들을 막아냈다.

4 운명의 망치

아신왕의 항복과 죽음 이후 백제 왕실은 더욱 초조한 시간을 보내야 했다. 대내외적 문제로 고구려가 멈칫한 것은 천운이었지만, 이 상태가 오래 간다는 보장은 없다. 주어진 시간 내에 백제는 서둘러야 했다. 그러나 왕실의 권위는 약화되어 귀족들의 협력은 충분치 않았고, 영지는 줄고 백성은 도망쳤다. 이를 틈타 불만이 터져나왔다. 자고로 권력자가 힘이 꺾이면 불만과 내분이 발생한다.

아신왕이 죽자 일본에 갔던 전지가 후계자가 되었다. 전지가 돌아오는 동안 아신왕의 동생 훈해訓解가 국왕대리로 정사를 보았다. 그러자 아신왕의 막냇동생 혈례가 훈해를 살해하고 자신이 왕이 되었다.[17] 전지는 일본에서 100여 명의 무사를 대동하고 귀국했지만 혈례를 제거할 수는 없었다. 다행히 부여계

소백산맥의 협로(단양 온달산성의 북쪽길) 소백산맥은 가파른 산들이 빽빽하게 중첩되어 있어 우리나라의 그 어떤 산지보다도 통과하기 어렵다.

귀족인 해씨가 전지 편으로 돌아서서 혈례를 제거하고 전지를 즉위시켰다. 전지왕은 이 보답으로 근초고왕대부터 5대째 왕비를 배출해 온 최대 귀족인 진씨를 밀어내고, 내각을 온통 해씨로 갈아치웠다. 왕비도 해씨로 얻었다. 이때부터 5대 동안 해씨가 왕비를 독점한다.

　전지왕과 다음의 구이신왕은 왜와의 우호를 더욱 돈독히 하고, 중국의 남조와도 활발하게 교류했다. 그러나 내정은 전혀 안정되지 않았다. 구이신왕 시절에는 왕비가 목라근자의 아들 목만치와 사통하면서 정국이 다시 소용돌이쳤다. 이 사건의 배후는 왕족과 백제의 정통귀족, 가야와 왜에 기반을 둔 귀족 간의 갈등이었다고 할 수 있다. 이 싸움에서 해씨가 승리했다. 해씨는 구이신왕을 죽이고 구이신왕의 이복형제 비유왕을 즉위시켰다.[18]

　용모가 아름답고 말솜씨가 있어 사람들의 추대를 받았다고 하는 비유왕은 비교적 괜찮은 활약을 보였다. 누이동생 신제도원新齊都媛과 7명의 여자를 일본에 보내 결혼동맹을 형성하고, 433년에는 신라 눌지왕과 동맹을 맺는 데 성공했다. 백제는 동맹 기념으로 양마 2필과 흰 매를 보냈고, 신라는 답례로 황금과 야명주를 선사했다.[19] 선물 교환만이 아니라 실제로 군사협력이 진행되었다. 비유왕 재위 29년째인 455년, 고구려가 백제를 침공하자 백제와 신라의 연합군이 그들을 격퇴했다.

그런데 이 기념비적인 해에 비유왕이 사망했다. 특별한 증거는 없지만 여러 학자들은 비유왕의 죽음이 비정상적인 것이 아닌가 하는 의심을 품고 있다. 비유왕이 사망할 때 불길한 사건을 의미하는 흑룡이 나타났다고 하는 기사가 있으며, 개로왕이 즉위하고 10년이 지나도록 비유왕의 능묘가 조성되지 못했다.[20] 이것은 개로왕의 즉위 초에도 무슨 정변이 있었던 것이 아닌가 하는 의심을 주고 있다. 개로왕 14년 이전의 기록은 하나도 남아 있지 않기 때문이다. 그 와중에 백제의 유력한 장군 두 사람이 고구려로 망명했는데, 그들은 나중에 장수왕의 군대와 함께 고구려군의 선봉이 되어 돌아왔다.

신라가 소백산맥의 협로를 요새화하고 있는 동안 고구려는 신라에 대한 귀찮은 정치공작은 포기하고 백제 공략에 전념했다. 사태의 심각성을 모를 리 없었던 개로왕은 모든 수단을 동원하면서 위기 타개를 위해 전력을 다했다. 즉위하던 455년 왜왕이 미녀를 요구하자 모니慕尼 부인의 딸을 보내주었다는 기록이 있다.[21] 이것은 일본과의 동맹관계를 강화하려는 노력으로 보인다. 462년에는 왕비까지 내주며 동생 곤지를 일본으로 파견했고, 최후의 힘을 짜내 한강 이북을 탈환하려고 했다. 한성을 보호하려면 반드시 한강 이북에 1차 저지선을 구축해야 했기 때문이다. 469년(개로왕 15년) 백제군은 군사적으로 상당한 성공을 거두었다. 한강 이북으로 북진해서 과거 백제의 북쪽 국경지대에 있던 쌍현성을 수축하고, 청목령에 목책을 설치하고, 북한산성에 군사를 배치했다.[22]

그러나 이 점령은 오래가지 못했다. 더 이상 고구려를 공격하기에 힘이 부쳤던 그에게 한 줄기 서광이 비쳤다. 고구려의 전통적인 약점인 중국과의 갈등이었다. 그러나 그것도 애가 타기는 마찬가지였다.

고구려와 북위의 관계는 정말 복잡하게 전개되었다. 아주 우호적이던 양국은 풍홍 사건을 계기로 전쟁 일보 직전까지 갔고, 수탉 사건으로 고구려는 신라에 대한 통제권까지 잃어 버렸다. 개로왕은 이 기회를 노려 신라와 동맹하고 북진을 시도했다. 그러나 이 성공이 고구려가 북위와 관계를 개선하는 계기를 마련해 주었다. 462년 고구려는 껄끄러운 상대인 북위와 외교를 재개했다.[23] 북위는 북위대로 일진일퇴의 공방전을 거듭하고 있는 송과 승부를 가르려면 고구려를 묶어 두어야 했다. 고구려와 북위의 화친 소식은 고구려가 다시 남진 정책을 추진하겠다는 통보나 다름없었다.

임박한 침공에 대처하기 위해 백제에서 거국적인 소동이 났을 법한 상황에서 희한한 소식이 하나 들려왔다. 466년 북위가 장수왕의 왕녀를 후궁으로 달라고 요구했다. 일설에는 혼인을 제안한 것은 고구려가 먼저였다고 한다(『삼국지 위서』 정준전).

> 문명태후(북위 헌문제의 모친으로 섭정을 했다)가 현조의 육궁이 구비되지 않았음을 이유로 칙령으로 연璉(장수왕)에게 딸을 천거하라고 명령했다.[24]

세상에서 제일 짜증나는 상황이 낭보인지 비보인지 구분이 안 가는 정보가 들어올 때다. 그 결과가 극과 극이라면 더욱 그렇다. 육궁은 황제의 후궁 수를 말하는 것으로, 황제의 체통에 맞는 후궁 숫자가 갖추어지지 않았다는 이야기다. 그런데 장수왕에게 공주를 후궁으로 달라고 한 것은 현실적으로 고구려와 북위의 동맹관계를 확고히 하자는 의미도 있지만, 고구려를 북위의 제후국으로서 낮추고, 예의를 갖추라는 의미도 된다. 현대인의 입장에서 보면 실리와 명분의 갈등으로 보이지만 이 시대에는 실리와 명분이 꼭 구분되는 것도 아니었다.

처음 북위의 혼인 제안에 대해 장수왕은 딸이 이미 출가해서 동생의 딸을 주겠다고 했다. 이때 장수왕의 나이 73세였고, 북위 헌문제는 12세였으니 거짓말도 아니었다. 북위도 수긍을 하고 안락왕과 대신을 파견해 폐백까지 전달했다. 그러나 장수왕은 다시 국서를 보내 조카딸이 죽었다고 거짓말을 했다. 좌우의 신하들이 북위가 예전에 북연과 결혼동맹을 맺고도 북연을 멸망시켰으니 혼인을 거절해야 한다고 간언했기 때문이라고 한다.[25]

『삼국사기』에서는 북위가 북연과의 혼인을 계기로 북연에 드나들면서 지세를 파악한 것이 북연 멸망의 원인이었다고 했다.[26] 고구려는 고구려대로 북위를 믿을 수가 없었다. 하여간 양국은 다시 타협을 해서 조카가 안 되면 종실녀라도 보내기로 했다. 그러나 이 혼담은 몇 년을 질질 끌다가 헌문제가 갑자기 사망하는 바람에 끝내 성사되지 못했다. 양국 다 동맹이 필요하면서 서로 믿을 수 없는 그런 상황이었다.

한편 고구려의 북쪽에 있는 말갈족은 말갈족대로 고구려에 반란을 기도하고 있었다. 말갈족과 고구려와의 관계는 좀 애매한데, 말갈족도 여러 부족이 있어서 고구려에 복속한 부족도 있고, 적대적인 부족도 있었다. 북위측 기록에 의하면 475년 말갈이 북위에 사신을 보내 백제·북위와 연합해서 고구려와 싸우고 싶다는 의견을 제시하였다.[27] 이처럼 사방에 적을 두고 있는 것이 백제나 신라와는 다른 고구려만의 고충이었다.

472년 고구려와 북위의 혼담이 깨지자 양국의 실체를 파악한 개로왕은 북위에 획기적인 제안을 한다. 백제의 공주를 후궁으로 보내고, 필요하다면 왕자까지 인질로 보내겠다는 제안이었다.[28] 아울러 백제는 고구려가 서해에서 위나라의 사신을 살해했다는 사실까지 고발했다. 440년 이후 백제는 서해바다에서 10여 구의 시신과 의식용 기구, 안장 등을 발견했는데, 이들이 북위가 백제에 보낸 사신임을 나중에 알게 되었다고 했다. 그리고 증거로 자신들이 발견한 난파선에서 주운 말안장까지 제시했다. 고구려에 대한 북위의 의심을 자극하고 고구려는 신의 없는 국가임을 상기시키려는 것이었다.

그러나 북위 조정의 반응은 냉담했다. 말안장에 대해서도 당시 사신이 탔던 말안장과 대조해 보았는데 중국 물건이 아니었다. 이런 불확실한 것을 가지고 함부로 단정하는 잘못을 범할 수 없다고 백제 사신에게 면박을 주었다. 백제에 보낸 국서는 더 자극적이었다.

> 고구려는 선조 때부터 변방의 신하국으로 칭하면서 조공을 바친 지 오래되었다. 그대들과는 오래 전부터 사이가 나쁜 모양이지만 우리에게는 아직 명령을 거역한 허물이 없다. 경(개로왕)이 우리와 사신을 처음 통하면서 당장 고구려를 정벌해 달라고 하길래 일의 시비를 따져 보았지만 이는 사리에 맞는 일이 아니다. (『삼국지 위서』 백제전)

북위의 일차적 목표는 송이었으므로 백제와 동맹을 맺어 고구려를 자극할 필요도, 백제의 도움을 받아 고구려와 일전을 치를 이유도 없었다.[29] 개로왕의 북위에 대한 청병 요구는 국제정세에 대한 명확한 오판이었다. 그것이 개로왕을 더 화나게 한 것 같다. 그는 북위와 단교했다. 단교할 정도라면 확실히 엄청 화가 났거나 상황이 급박했던 것 같다. 반대로 이 사건은 북위에 대한 고구려의 걱정을 덜어주고 백제공략을 더욱 서두르게 만들었다.

초조한 개로왕에게 말벗이 한 명 생겼다. 도림道林이라는 고구려 출신의 승려였다. 도림은 절묘한 조합을 지니고 개로왕에게 왔다. 아무리 종교인이라고 해도 이 시기에 왕과 친하게 지낼 인물이면 왕족급이거나 상위귀족 출신이었다. 그는 고구려의 국내 상황에 대한 고급정보를 잔뜩 가지고 왔을 것이다. 그가 승려였다는 것도 재미난 사실인데, 고구려는 원래 불교보다 도교를 숭상했다. 그 외에도 무슨 일이 있었는지 이 무렵 고구려 승려들의 불만이 컸다. 이런 상황도 도림의 정치적 망명을 믿게 하는 구실이 되었다.

위기와 불안감은 가중되고, 국내의 정치 상황이나 귀족들의 태도도 마음에 들지 않았을 개로왕이었다. 종교는 위로와 인간적 교감을 나누기 좋은 매개가 되었다. 설상가상으로 도림은 이 인간적 교감을 위한 개인기까지 보유했다. 바로 바둑이었다. 조용한 곳에서 바둑을 두며 복잡한 세상사를 잊고, 인생을 논하고, 그러다가 미운 놈 욕도 하고, 정책도 논의하고, 거기에 맞춰 고구려의 정세도 듣고, 비교하고, 종교적 위로도 받고 도림과의 바둑판은 개로왕을 둘러싼 사바세계의 종합판이 되었다.

　도림의 목적이 개로왕을 자극하는 것이었다면 고구려왕과 백제왕의 권위를 자꾸 비교하려고 했을 것이다. 이 자극법은 백제왕들에게는 특히 유효했다. 백제 정치사를 보면 왕들이 일종의 강박증에 시달리는 듯 권위와 자기 과시에 민감하고, 서두르고 쫓기는 듯한 분위기를 준다. 그 이유는 백제가 설립될 때부터 이민정권으로 시작했으며, 강력하고 고집 세며 이질적인 귀족집단에 둘러싸여 있던 탓이 아닌가 싶다. 그러다 보니 무언가를 해보려고 하는 왕들은 자신들의 정체성과 권위를 강조하는 사업에 우선적으로 몰두하곤 했다.

　개로왕도 예외가 아니었다. 개로왕이 집권 4년째인 458년에 송나라에 사신

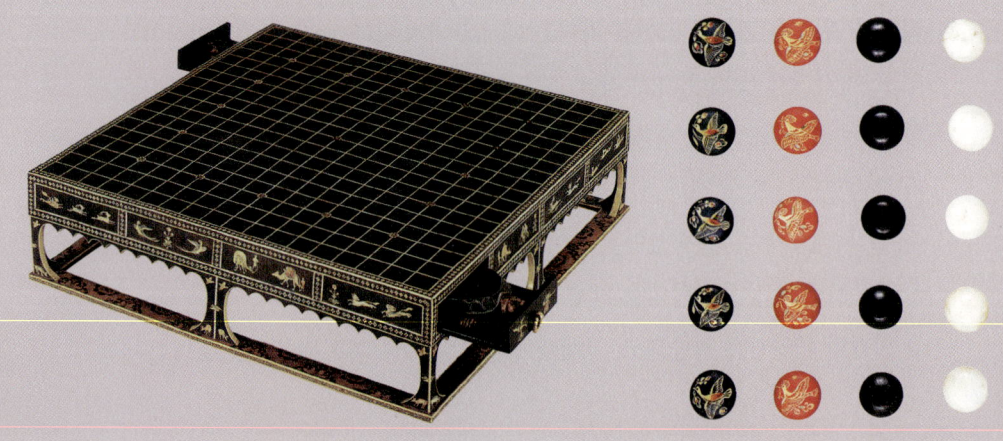

백제왕의 바둑판과 바둑알
의자왕의 바둑판이라고 전한다. 일본 나라 쇼소인正倉院 소장.

을 보냈다. 이때 개로왕은 송나라 황제에게 백제의 중신들에게도 관직을 내려달라고 청원했다. 그런데 관직 후보자로 거론된 사람 11명 중 8명이 모두 여씨 즉 백제 왕족인 부여씨였다. 나머지 3명도 여씨와 관련된 인물로 보이며, 백제의 왕비족이던 해씨와 진씨는 한 명도 없었다.[30] 더욱이 전통적으로 왕비족이 맡는 것이 관례였던 병권마저 왕의 동생인 곤지에게 넘겼다.

또한 이때 관작을 받은 사람 중 여기는 우현왕, 여곤(곤지)은 좌현왕으로 책봉되고 있다. 그렇다면 왕인 개로왕은 대왕이나 황제가 되어야 하는데, 송나라 황제로부터 책봉을 받고 있으니 황제라고 할 수는 없어서 '대왕'으로 했다.[31]

국제사회에서 국왕과 국가의 격을 높이려는 것 자체는 잘못된 행동이 아니다. 삼국 간의 경쟁이 치열하고, 일본과도 정치·인맥으로 복잡하게 얽혀 있는 상황에서 위계는 국민의 사기에도 매우 중요하다(송나라는 일본왕은 대왕이 아닌 왕으로 책봉했다).

하지만 이것을 국력신장 내지는 고구려 따라잡기의 수단으로 이해했다면 문제가 좀 달라진다. 국가로서 고구려와 백제의 힘의 차이는 권위의 차이가 아니라 국가체제의 차이에서 기인하는 것이다. 예를 들어 어떤 기업의 회장실이 경쟁사의 그것보다 훨씬 크고 으리으리하다면 그것은 기업 규모와 재력의 결과지 으리으리한 회장실이 두 기업의 차이를 만들어낸 것은 아니다. 그러나 현대인들도 종종 이것을 착각한다. 저 기업은 회장의 권위가 서서 직원들이 잘 복종하고, 우리보다 열심히 일한다. 우리가 저 기업을 따라잡으려면 그래, 회장의 권위를 세우자. 이것도 나름 일리가 있는 말이지만 방법이 잘못되었다. 회장의 권위를 세우는 절대조건은 기업의 업적과 회장의 능력이지 회장실의 크기와 인테리어가 아니다.

개로왕도 이 함정에 빠졌다. 그는 도림의 충고를 받아들여 궁실을 크고 화려하게 개축하고, 성벽은 구워 옹성을 만들었다. 당시 백제의 도성은 토성이었다. 토성은 돌과 같이 일직선으로 쌓을 수 없으므로 둑이나 산등성과 같은 모

석촌동의 백제 적석총

양으로 쌓게 된다. 여기에 장작을 쌓고 불을 질러 표면의 흙을 구워 옹기면처럼 매끈하게 만든 것이다(최근에는 이것이 조개를 구워 석회를 제조해서 성의 강도를 보강한 것이라는 설도 제기되었다). 또한 성벽 곳곳에는 방어 보조시설인 돈대를 세워 방어력을 보강했다. 이 기사의 의미를 예전에는 정확히 알지 못했는데, 최근에 위례성이 풍납토성이라고 확정하고 보니 이해가 간다. 현재 남아 있는 풍납토성의 성벽은 거의 직선 형태로 치와 같은 방어시설이 부족하다. 성벽이 지금보다 높았던 것은 사실이지만 그래도 성벽이 너무 단조롭다. 그래서 개로왕은 성벽 보완사업을 추진했던 것인데, 앞으로 발굴이 더 진행되어야 확인할 수 있겠지만 현재의 성벽에서는 별다른 흔적이 보이지 않는 것으로 보아 전체를 개조하기보다는 목조의 망대를 세우는 것과 같은 보완시설을 하는 수준이 아니었나 싶다.

한강에서 돌을 채취하여 부친의 무덤도 성대하게 만들고, 수도 방어를 위해 아차산의 고구려군 진지에 대응해서 한강변에 토성을 쌓았다. 이 토성의 흔적이 지금도 암사동 일대 강변에 남아 있다.

도림의 계략은 후대의 설화적 가필이거나[32] 장수왕의 공격을 정당화하기 위해 지어낸 이야기일 것이라는 해석도 있다. 그러나 개로왕이 이런 사업을 벌인 것 자체는 사실일 것이다. 개로왕의 건축사업은 한성의 방어시설을 강화하고 한성을 고수하겠다는 의지를 천명하는 의미도 있었다. 그러나 이런 공사는 전투력을 강화시키는 효과보다 오히려 민력을 소모하고, 백제 정권의 갈등을 부추기는 결과만 낳았다. 강변의 토성은 군사적으로 무용지물이었다.

정말로 고구려의 간첩이 있었다면 그의 공로는 백제의 내분, 개로왕과 귀족 세력 간의 갈등 같은 정보를 알아낸 것이 아닐까? 개로왕은 과거 귀족들이 맡았던 중요 관직에 동생을 포함하여 왕족들을 임명하고 있었다. 이것은 국가체제를 강화하는 방법으로는 적당하지 않으며, 왕권을 강화시키는 방법도 아니었다. 왕실은 스스로 자신을 지배층 내부에서 고립시켜 가고 있었던 것이다.

이후 도림의 운명에 대해서는 알려진 바가 없다. 단지 고구려가 위례성을 포위했을 때 개로왕은 도림의 정체를 알고 있었다. 이때쯤 발각이 나서 체포되었거나 고구려로 도주했거나 했을 것이다. 그러나 물은 이미 엎질러졌다.

서기 475년 9월 3만의 고구려 군대가 한강을 건너 질풍같이 위례성으로 밀어닥쳤다. 개로왕은 동생(아들이라는 설도 있지만 동생이 유력하다고 본다)[33]이며 태자였던 문주와 중신인 목협만치와 조미걸취를 신라로 보내 구원을 요청하게 하고 자신은 성을 지켰다. 백제의 사정을 잘 아는 고구려군은 속전속결로 나왔다. 신라의 구원병이나 중남부 지방에서 지원군이 오기 전에 한성을 함락시켜야 했다. 고구려군은 사면에서 성을 에워싸고, 밤낮으로 맹렬하게 성을 공격했다. 마침내 7일 만에 북성이 떨어졌다.

> 고구려군의 병력은 3만, 지휘관은 고구려의 대로對盧인 제우와 재증걸루, 고이만년이었다. 이 중 재증걸루와 고이만년은 백제 장군 출신이었다. 백제군이 병력이 없어 나가 싸우지 못하고 성을 지켰다. 고구려군은 먼저 북성을 공격했다. 병사를 네 길로 나누어 협공하고 바람을 이용해서 성문을 태웠다. 7일 만에 북성이 함락되자 남성은 인심이 흉흉해지고, 항복하려는 자들도 생겼다.

북성과 남성의 의미는 모호하다. 위치로 보면 풍납토성이 북성, 몽촌토성이 남성일 가능성도 있다. 한강 이북의 성이나 다른 지역의 성으로 보는 견해도 있다. 혹은 북성을 성의 북쪽에 두는 내성으로 보기도 한다. 성은 성벽 일부가 돌파당할 경우를 대비해서 성 안에 다시 성벽을 쌓아 이중 삼중의 방어선을 형성한다. 이 중에서 성의 북쪽에 망대를 쌓고 이중으로 작은 성벽을 둘러놓은 경우가 종종 있다. 이런 곳은 대개 가장 높거나 험한 지역이며, 최후의 항전거점이 되기도 한다. 흔히 쓰는 말에 "아성이 무너졌다"란 말이 있는데 그 아성이 바로 이런 곳이다. 그런데 고구려성에서는 이 아성을 북쪽에 두고 북성이라고 부르기도 하였다. 평양성이나 요동의 백암성에서도 이런 모습을 볼 수 있다. 북성은 이런 곳이거나 아니면 본성을 엄호하기 위하여 북쪽에 두었던 별도의 작은 성(이런 성을 부성이라고 한다)일 가능성도 있다.

그러나 풍납토성과 몽촌토성의 구조로 보면 북성은 풍납토성을 의미하는 것이 거의 분명한 것 같다. 『일본서기』에서도 『백제기』를 인용하여 7일간의 공격으로 함락되었다는 북성을 왕성 및 위례성으로 표기했다.[34] 풍납토성은 몽촌토성보다 넓고 성벽도 직사각형에 가깝다. 도성으로서 시가적 기능이 강조된 성이다. 몽촌토성은 군사적 기능이 부각된 성이다. 풍납토성도 지금 보는 모습보다는 방어력이 우수했다. 성벽은 지금 보이는 모습보다 최소한 두 배는 높았고, 최소한 성 북쪽 또는 성 전체를 둘러 해자가 있었을 것이 분명하다. 당시에는 기록에 나온 대로 성벽 중간 중간에 망루도 있었을 것이다. 그러나 성 자체가 평지에 세운 장방형 구조라 성이 너무 넓고 성벽이 굴곡이 없는 일직선 형태였다.

반면에 몽촌토성은 더 요새화된 성이었다. 일단 풍납토성보다 좁다. 성벽은 훨씬 높고, 병력의 집중과 배치도 효율적으로 할 수 있는 구조다. 그러나 몽촌토성은 방어의 중심이 남쪽이다. 즉 남쪽에서 오는 적을 가상하고 세운 성이다. 그래서 이 성이 풍납토성의 남쪽에 위치했던 것이다.

몽촌토성 전경

    그러나 정작 적은 북쪽에서 와서 북성(풍납토성)을 먼저 함락시켰다. 불타는 위례성을 보며 남성(몽촌토성)에 있던 개로왕과 백제의 주력군은 공포와 비탄에 젖었다. 이 최후의 순간까지도 남쪽에서 올라와야 할 백제의 구원병은 어떻게 된 것인지 소식도 없었다. 오히려 신라가 구원병을 먼저 출동시켰다. 태자는 1만의 구원병과 함께 돌아왔으나 이미 위례성이 함락된 뒤였다.

    사실은 이것도 의문이다. 백제의 최정예병이라 할 수 있는 수도군단이 몽촌토성 정도의 성을 지킨다면 아무리 장수왕의 대군이라고 해도 단기간에 함락시킬 수는 없다. 그러나 두 성 모두 너무 쉽고 빠르게 떨어졌다. 전염병이 돌아서 인구가 크게 줄었다거나 내부에 심어 놓은 스파이에 의해 식량창고가 불탔다거나 마침 군대가 어디로 출동했거나 하여간 우리가 모르는 무슨 사연이 있는 것이 분명하다.

    개로왕은 성이 함락되기 직전에 기병 수십 기를 거느리고 돌격, 고구려군의 포위를 뚫고 서쪽으로 달아났다. 남쪽이 아닌 서쪽으로 달아난 것으로 보아 과천, 성남 쪽으로 가려고 했거나 고구려군의 포위를 벗어난 후 바로 한강으로

제5장 동상이몽   305

가서 배를 타고 하류로 달아나려는 계획이었던 것 같다.

이런 경우 대개는 몇 개 팀으로 나누어 도망하거나 다른 사람을 왕으로 변장시키는 위장전술을 쓴다. 기록에는 없지만 개로왕도 틀림없이 그런 전술을 썼을 것이다. 그러나 이때 고구려군의 지휘부에는 재증걸루와 고이만년이라는 백제에서 망명한 장군이 있었다. 그들이 개로왕을 알아보았거나 탈출 루트를 미리 예상했던 것 같다. 개로왕은 그들 부대에게 추격을 당했고, 얼마 못 가서 체포되고 말았다. 걸루는 개로왕과 왕비, 왕자들을 다 아단산성 밑, 즉 지금의 아차산 워커힐 아래쪽으로 끌고 가 살해했다.[35] 장수왕은 8천 명을 포로로 잡아갔다.

걸루가 개로왕을 다시 강을 건너 아차산으로 끌고 간 것은 고구려군의 후방 사령부가 그곳에 있었기 때문일 것이다. 2004년에 고구려군의 보루가 있었던 아차산 아래 홍련봉이라는 낮은 언덕에서 산 위 능선에 있는 보루보다 크고 시설물도 좋은 보루터가 발견되었다. 발굴을 해보니 기와집―이때는 기와가 귀해서 기와집이라면 거의 왕궁급이다―과 대형 저장고, 대장간 등이 발견되어 이곳이 고구려군의 사령부가 있던 곳이라고 추정되고 있다. 개로왕과 백제의 귀족들이 끌려왔다는 아차산성 아래는 바로 이 장소가 제일 유력하다고 생각된다.

지금 워커힐이 서 있는 아차산 제일 관측소에 있던 초병들은 일국의 왕이 적병에게 잡혀 살해당하는 보기 드문 광경을 볼 수 있었다. 그들이 운 좋게 살아남아 군역을 마치고 고향으로 돌아갔다면 두고두고 주위 사람들에게 그 이야기를 들려주었을 것이다. 국왕이 적군에게 잡혀 살해당하는 일은 삼국시대를 통틀어 딱 두 번, 그것도 이상하게 백제왕들에게만 일어나는데, 이것이 그 첫 번째 사건이었다.

5 숙명적 만남

긴 공백과 신라와 백제의 연합전선에도 불구하고 고구려는 두 번째 남진에서 위례성 함락에 성공했다. 대업의 완수가 눈앞에 있었다. 한반도를 석권하면 고구려는 전력을 대중국 전선에 투입할 수 있고, 요동 지역의 석권도 가능할 것이다. 위례성을 점령한 장수왕은 도시의 이름을 남평양이라고 명명했다. 제2의 수도라는 의미도 있고, 평양과 마찬가지로 고구려 왕실과 집권층이 직접 다스리는 영지라는 의미도 있다. 어느 쪽이든 정복을 계속하겠다는 의지의 표현이었다.

한성을 잃은 백제의 통치층은 피난민이 되어 웅진(공주)으로 후퇴했다. 웅진은 북쪽으로 금강을 두고, 나머지 삼면은 산지로 둘러싸인 분지다. 아까운 영토를 생각하면 오산, 천안 정도에 방어선을 구축하면 좋겠지만, 이 주변은 큰 강이나 산줄기같이 제대로 된 방어지형이 없다. 따라서 한국전쟁 때와 마찬가지로 한강이 뚫리면 다음 방어선은 금강 유역밖에 없었다. 그 외에 정치적·사회적 요인도 있었겠지만 정확한 내막은 알 수 없다.

한강을 상실함으로써 백제 왕실의 권위와 힘이 크게 위축되었다. 건국 이래 왕실의 동맹자였던 왕비족 진씨와 해씨도 함께 피난민 신세가 되었다. 우리는 위기가 사람들을 뭉치게 한다고 믿고 싶어한다. 하지만 우리 주위를 둘러보아도 안 되는 집에 나쁜 일만 생긴다고, 위기는 일치단결보다는 분열과 내분을 가져오는 경우가 더 많다. 긍정적으로 생각하면 위기의 한쪽 끝은 분명 새로운 기회다. 하지만 보통 그 기회의 내용은 사람마다 다르고 그렇기 때문에 더더욱 위기는 사람마다 딴 생각을 하게 한다. 백제의 한성 상실도 비슷한 경우였다. 수도 함락은 처참한 위기였지만 한 가지 기회도 제공했다. 왕실 입장에서는 전통적 귀족을 누르고 신흥세력을 등용하고, 그 틈을 노려 왕실 세력을 확대할 수 있는 기회다. 웅진에서 문주왕은 급하게 일본으로 파견했던 동생 곤지를 불

공주 공산성 전경

러들였다. 얼핏 봐서는 일본에 저축해 둔 구원세력을 불러온 것 같지만 그것만이 아니었다. 문주왕은 곤지를 최고 재상인 내신좌평에 임명했다. 내신좌평은 전통적으로 왕비족이나 귀족 대표가 장악하던 자리였다. 일본 기록에서는 곤지의 직함을 군주軍主라고 적은 경우도 있다. 군주가 병권을 의미한다면 곤지는 내정과 병권을 함께 장악한 것이다.[36]

백제가 수도를 함락당한 상태에서도 재기할 수 있었던 주요한 요인은 일본에 심어놓은 식민세력이었다. 그들의 존재가치로 인해 일본 조정의 지원도 함께 끌어낼 수 있다. 문주왕이 한성을 탈출할 때 목협만치를 동반했다고 하는 것도 의미심장하다. 탈출한 귀족이 그들만이 아니었지만, 특별히 목협만치를 기록한 이유는 목씨가가 일본에 세력을 둔 백제 귀족이었기 때문이다. 문주왕은 국난의 타개라는 절대명분을 이용해서 왕실의 국정 장악력을 높이고, 일본계 세력의 위상을 높였던 것은 아닐까? 한 마디로 백제는 위기 속에서 오랜 숙원이던 정계 개편을 단행할 수 있는 기회를 얻었다. 그런 점에서 웅진도 백제에겐 운명의 땅이었다.

고구려의 남진은 순조로웠다. 충주의 남한강 북쪽 강변에 있는 〈중원고구려비〉는 세운 연대가 확실하지 않다. 하지만 위례성 함락 후 혹은 직전부터 고구려의 힘이 여기까지 뻗친 것은 분명하다. 이 비문에 의하면 신라왕은 거의 항복에 가까운 수준으로 머리를 조아렸고, 장수왕은 지배의 표시로 의복을 하사했다.

문주왕과 고위 귀족 몇 명이 도망침으로써 백제 왕가는 명맥을 유지했지만 정치 상황은 위태로웠다. 신라는 조금 나아졌지만 여전히 약했다. 내친 김에 조금만 더 몰아친다면 백제는 내분이 발생하거나 자멸할 것이고, 신라는 무너질 것이다.

예상대로 백제의 사정이 꼬여 갔다. 문주왕이 일을 너무 쉽게 생각했던 것일까? 아니면 운이 없었던 것일까? 문주왕이 구상했던 친위 쿠데타는 곤지가 내신좌평이 된 지 3개월 만에 사망함으로써 실패하고 말았다. 곤지의 갑작스런 사망은 암살일 가능성도 있다.[37] 시련은 여기서 끝나지 않았다. 다음 달 문주왕마저 사냥을 나갔다가 암살되었다. 『삼국사기』에는 문주왕의 암살을 사주한 사람이 해구解仇라고 지목하고 있다. 문주왕의 뒤를 이어 13세의 어린 아들 삼근이 즉위했다. 그러나 곤지가 맡았던 내신좌평과 병권은 모두 해씨인 해구에게 넘어갔다. 문주왕의 꿈과는 정반대로 정권이 정통 귀족에게 넘어갔다.

해구는 어린 왕을 끼고 권력을 전

중원고구려비

횡했다. 그런데 해구의 꿈 앞에 또 다른 꿈이 나타났다. 해씨 못지않은 귀족 진씨였다. 숙적 해씨에 대항해서 진씨는 국왕을 밀었다. 일이 뒤틀리자 해구는 직접적인 방법에 호소하게 된다. 반란이었다. 대두산성에서 반란을 일으켰다. 대두산성은 웅진 천도 후 한성에서 온 이주민을 모아 쌓은 성이다. 건국 이래 백제의 중심에 있던 이들이 갑자기 피난민이 되자 그것을 인정할 수 없었는지도 모른다. 그런데 이 반란에 연신이라는 인물이 참여했는데, 많은 연구자들이 추정하는 대로 그가 지금의 충북 연기군 일대의 지배세력이었다면 구토 한성에서 이주해 온 집단과 새 수도의 토착세력이 연합해서 반란을 일으켰다는 의미가 된다. 이것은 어느 한 집단이 반란을 주도한 것보다 더욱 나빴다.

 진씨가의 활약으로 해구는 살해되고 반란은 진압되었다. 그러나 삼근왕도 1년 반 후에 사망했다. 사람들은 곤지의 아들 동성왕을 추대했다. 일본에 머물고 있던 동성왕은 규슈의 군사 500명을 거느리고 백제로 와서 즉위했다.[38]

 동성왕은 담력과 무용이 뛰어난 전사형 지도자였다. 활솜씨는 백발백중이었다고 한다. 그러나 왕의 활솜씨로 정계를 진압할 수는 없다. 일본에서 자라 국내적 기반도 부족한 상황이라 이번에는 해구의 반란을 진압한 진씨가 권력을 장악했다. 486년 동성왕은 백가(苩加)를 위사좌평으로 등용해서 귀족의 균형을 맞추었다. 백씨도 백제 8대 성의 하나로 웅진 주변의 신진세력으로 보는 견해가 있는데,[39] 확실하지는 않다.

 간신히 내부의 균형을 맞춘 백제의 다음 과제는 국제관계의 균형이었다. 493년 동성왕은 신라에 혼인을 요청했고, 이찬 비지의 딸을 왕비로 맞아들여 나제동맹을 성사시켰다. 이것은 동성왕의 최대 업적이었다. 사료가 대단히 부실하지만 오늘날의 자유무역협정보다 더 힘들었을 이 동맹은 아슬아슬한 시기에 성사되었다. 바로 이 직후 고구려가 군대를 다시 내려보내기 시작했기 때문이다.

6 전격작전

장수왕이 직접 이끄는 고구려군은 백제의 수도 한성을 떨어뜨리고, 적성(단양)에서 제천으로 이어지는 신라의 국경선까지 남진했다. 이 역사적인 진군의 기억은 어떤 문헌에도 보이지 않고, 작은 비석 하나로만 간신히 남아 있다. 행여나 이

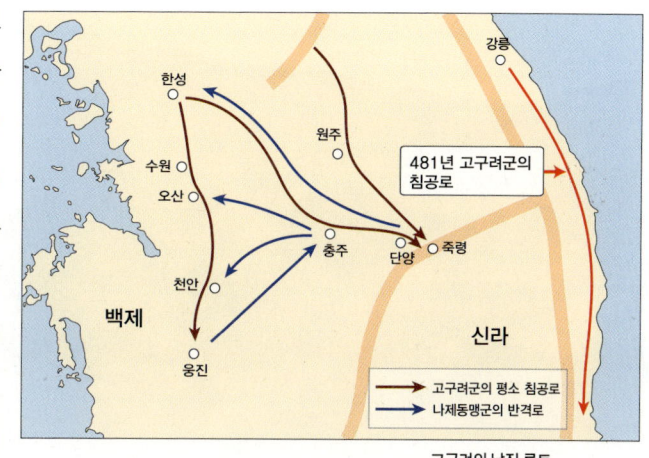

고구려의 남진 루트

진군에 참가했던 고구려의 장수들이 남긴 일기라도 있다면 분명 자신들이 이 땅에 도달하는 순간, 신이 자신들을 위하여 예비해 놓은 약속의 땅에 도달한 듯한 영감을 받았다는 서술을 발견할 수 있을 것이다.

그들은 1000km를 행군하고, 일부는 바다를 돌아 멀리 반도의 남쪽 끝에까지 왔다. 이제 그들 앞에 놓인 험지만 통과하면 바다에 도달할 것이다. 신라를 정복하고 나면, 특별한 방어지형도 없는 백제는 고구려군에 의해 완전히 포위되며, 고구려는 북쪽과 동쪽에서 동시 공격이 가능하다. 백제는 그 공세를 감당해 내지 못할 것이다.

그런데 언제나 최후의 고비가 가장 힘들다. 반도 석권을 눈앞에 둔 그들을 칼날 같은 경사를 지닌 첩첩산중과 강으로 보호되는 요새지대가 가로막았다. 화가 나야 할 상황이지만, 그 산하를 마주한 그들은 가슴이 벅차오르는 느낌을 받았다. 이 먼 남방의 땅, 깊숙한 산지에서 그들은 고향의 산천을 발견했다. 고구려의 본토나 한반도나 산이 많고 가파르기는 매일반이지만 만주의 산비탈

단양 온달산성 현재는 신라 산성으로 알려져 있는데, 고구려 성과 유사한 모습을 보여준다.

이 커다란 칼로 산을 베어낸 듯한 그러한 가파름이라면, 한반도의 산들은 둥글고 뾰족한 봉오리가 빽빽하게 들어찬 그러한 가파름이었다. 그런데 적성 일대의 산지는 고구려의 구토를 보는 듯했다. 지면에 흩어진 돌들도 낯이 익었다. 고구려와 같은 석회암과 벽돌처럼 쪼개지는 편마암이었다. 그들의 손에 익은 고구려식 성을 쌓기에 딱 좋은 재질이었다.

 모든 것이 그들을 위해 예비된 듯한, 그들의 도래를 오랫동안 기다려온 듯한 그러한 땅이었다. 70도 경사가 넘는 사면, 좁고 구불구불한 몇 안 되는 고갯길, 곳곳에 들어선 강력한 요새들, 관통하기가 결코 쉽지 않은 지형이었지만 그 산하는 두려움 이전에 설레임을 주었다. 한반도를 석권하면 그들의 조국은 모든 전력을 만주를 향해 내보낼 수 있다. 대고구려 제국을 향한 마지막 발판에서 그들은 500년 전, 혼강을 건넜던 주몽이 느꼈던 것과 같은 숙명적 영감에 사로잡혔다.

 그러나 그 숙명적 영감이 이번에는 그들을 속였다.

단양 적성 적성 앞으로 남한강이 흐른다. ① 온달산성과 매우 유사한 모양의 적성 ② 적성 전경 ③ 적성 원경

396년 광개토왕이 아신왕을 굴복시켰을 때 장수왕은 겨우 세 살이었다. 장수왕이 다시 위례성을 밟았을 때 그는 82세의 노인이 되어 있었다. 위례성 정복 후 다음 전략을 구상하면서 이 길었던 여정은 적지 않은 부담이 되었을 것이다.

하지만 다른 이유로 고구려의 남진은 다시 주춤거렸다. 불행하게도 이 땅은 너무 좁았다. 만주평원이라면 빙 돌아서 어느 한 나라를 쳐부술 수도 있었겠지만, 우리나라는 좁은 반도인데다가 동쪽 땅의 1/3은 산악지대여서 침공 루트가 뻔하다는 제약이 걸린다.

고구려가 남진에서 사용할 수 있는 루트는 백제를 친다고 하면 한성에서 수원, 오산, 천안을 거쳐 웅진으로 내려가는 길이 있고, 신라를 친다고 하면

제5장 동상이몽

한성에서 남한강을 따라 충주, 단양을 거쳐 죽령으로 돌입하는 코스와 춘천, 원주에서 충주-단양 길로 내려가는 코스가 제일 유력하다.

그러나 고구려가 신라나 백제 어느 쪽을 치고 어느 길을 사용하든지 간에 백제를 공격하면 신라에게, 신라를 공격하면 백제군에게 보급로가 노출된다는 약점이 발생한다. 신라와 백제도 이 사실을 알았고, 이것이 고구려가 나제동맹을 만만히 볼 수 없었던 진짜 이유였다. 흔히 나제동맹이라고 하면 신라와 백제의 합동작전에만 주목하는 경향이 있는데, 사실은 이 허리치기가 무서운 복병이었다.

마지막 망치질을 앞두고 고구려의 지휘부는 고민에 빠졌다. 어느 쪽을 먼저 공략해야 할까? 고구려는 백제보다는 신라가 더 위협적이라는 결론을 내린다. 신라군이 강해서가 아니라 지형적 요인, 바로 한강 때문이었다. 한강 상류인 남한강은 충주와 단양까지 흐른다. 오늘날에는 도로가 발달하고 댐으로 하상 교통이 폐쇄되어 수로의 중요성을 잘 모른다. 그러나 조선시대까지도 이 땅의 고속도로는 강이었다.

예를 들어 여주에서 아차산까지 온다고 할 때 배에 곡물을 실으면 한 배에 20~50석 정도는 하루에 운반할 수 있다. 그러나 그걸 달구지에 실어 끌고 온다고 생각해 보자. 달구지가 근 10대, 말과 사람이 또 그만큼 필요하다. 조선시대에 성종이 여주까지 행차한 적이 있는데, 아침 일찍 출발해서 꼬박 3일이 걸렸다. 군대가 행군할 때도 수색·정찰을 하며 대오를 유지하고 치중대(수송대)도 함께 가야 하므로 이 속도보다 결코 빠르지 않다. 그러니 수송인원도 몇 배로 들고, 중간에 먹어서 없애는 양도 몇 배로 늘어난다. 더욱 결정적인 것은 사람과 말이 지친다는 것이다.

그러니 설사 객관적인 전력에서 신라가 백제보다 약세고 군량미의 비축도 적다고 해도, 실제로 신라가 공격에 나설 경우 비용은 몇 배나 적게 들고 기동성은 몇 배나 뛰어나게 된다. 같은 이유로 고구려 쪽에서 공격을 할 때도 신라가 훨씬 쉬웠다. 전쟁을 하려면 후방에서 계속 보급지원을 해 줘야 하는데, 보급로가 길어지면 길어질수록 병력과 식량의 소모량이 기하급수적으로 늘어나게 된다. 그런데 지도상으로 보면 똑같은 거리라도 수로 덕분에 신라 영토가 이틀 길이라면, 백제 영토는 닷새 길이 된다.

백제는 서해안 바닷길을 이용하면 되지 않겠느냐고 되물을 수 있다. 하긴 이때 중국, 일본까지 이어지는 해상교통로가 운영되었고, 나중에 당나라군은 늘 바다를 건너 쳐들어왔다. 그러나 이때까지도 항해술이 미숙해서 해상교통로는 극히 불안정했다. 항해할 수 있는 시기는 정해져 있었고, 바람과 물때를 기다려야 했다. 그러니 시간 여유가 있는 평화 시라면 몰라도 시각을 다투고 합류시간을 정확히 맞추어야 하는 전시 수송에는 적합지 않았다.

해로가 지닌 또 하나의 단점은 좋은 항구가 드물다는 것이다. 바닷길을 이용하려면 항구로 물자를 집적해야 하는데 이게 보통 일이 아니다. 게다가 육로로 항구까지 운송해서 다시 해로로 나른다면 별로 절약될 것도 없다. 반면에 강은 웬만한 곳에서는 짐을 싣고 부릴 수 있다. 그렇기 때문에 바닷길을 활용한다 해도 먼저 강을 이용해서 주변 고을의 화물을 수집한 후 바다로 나가야 경제적이다. 이래저래 강은 소중했다.

그래서 고구려는 신라를 먼저 점령하기로 결정했다. 그러나 신라를 먼저 공격한다고 해도 보급선이 짧아지는 장점이 있을 뿐이지 백제에게 측면이 노출되는 문제는 여전히 남는다. 어떻게 해야 할까? 고구려 지휘부는 첫 번째 전략 목표를 신라로 설정하기는 했지만, 전쟁의 방식 때문에 무척 고심을 해야 했다.

우선 보급선이 위험하므로 고구려군은 느긋하게 장기전을 펼 수가 없었다. 꼭 그런 이유가 아니더라도 우리나라는 산악이 많은데다 여름에는 장마철이 끼여 있고 겨울은 길기 때문에 장기전은 여러 모로 힘들고 물자 소모도 많아서 삼국은 다 단기승부를 좋아했다. 이때도 고구려군이 택할 수 있는 가장 안전한 전술은 기습적으로 진격해서 성 하나를 뺏고, 실패하면 철군하면서 바둑 두듯이 요충을 하나하나 점령하는 방법이었다. 이런 방식으로 양쪽을 번갈아 두드리면서 국경선을 조금씩 남하시키는 것이다.

하지만 이런 식으로 하면 땅 하나를 뺏는 데도 시간이 많이 걸리고, 성을 빼앗을 때도 공격을 서둘러야 하므로 희생이 커진다는 게 단점이었다. 더욱이 신라와 백제는 고구려가 남하하기 시작하자 여기저기에 산성을 구축하면서 이중 삼중의 방어망을 치기 시작했다. 하나를 뺏으면 또 하나의 성이 생기는 그런 식이었다. 뭔가 획기적인 전기가 필요했다.

소설가와 역사가는 극적인 장면을 좋아한다. 그러나 막상 장군들은 확률없는 승부에 도전하거나 전선이 종잡을 수 없는 상태로 뒤엉키는 것을 꺼리는 경향이 있다. 전쟁은 모험이 아니라 경영이다. 이 점은 『손자병법』에서도 누누이 지적하고 있다. 군대는 전투부대만 있는 게 아니다. 그것은 하나의 사회이며 거대한 유기체다. 하나의 유기체가 새로운 활동을 하려면 먼저 편안히 자리를 잡고, 숨쉬기와 일체의 신진대사가 정상적이 되고, 주변에 충분한 먹을거리가 있어야 하는 것과 마찬가지로 군대와 전선도 잘 조직되고 정돈되고 체계화되어야 하며, 전력과 전투 상황은 정확하게 계수화되어야 한다.

그러므로 작전 사령부가 매일 제갈공명의 계략 같은 것만 구상하는 곳이라고 생각하면 큰 오산이다. 장군은 전선을 구축하고, 부대의 주둔지를 정하고, 보급로와 수송망을 정비하고, 이 거대한 녹색의 유기체가 생명과 기능을 잘 유지하도록 관리해야 한다. 실제로 우리가 알고 있는 전쟁영웅들도 그들이 가진 재능의 90%는 이런 수고에 할당했을 것이다.

그러나 일반 대중과 정치가와 역사가들은 무언가 획기적인 전술, 대담한 돌파와 역전에 열광하는 경향이 있다. 그리고 그들의 이야기도 이 10%의 재능을 중심으로 전해진다. 뭔가 불합리한 듯하지만 어쨌든 이 10%의 능력을 발휘해야 국민을 열광시킬 수 있고, 전쟁 영웅으로 기억될 수 있다는 것도 역사의 진실이다. 고구려의 지도부도 이 10%의 유혹을 이겨내기는 힘들었던 것 같다.

전격전을 소망하는 고구려군에게 백제군의 후방공격을 염려하지 않아도 되는 침공 루트가 딱 하나 있었다. 강릉→삼척, 울진으로 이어지는 동해안 길이다. 이 길의 왼쪽은 태백산맥이 철석같이 막아 주고 있기 때문이다.

신라도 이 길의 위험성을 잘 알고 있었다. 그래서 468년(자비왕 11년) 고구려와의 우호관계가 깨지자마자 이하泥河에 성을 쌓았다. 이하는 위치가 분명하지 않다. 강릉의 오십천으로 보기도 하고 울진 지역으로 비정하는 견해도 있다. 어떻든 이하성의 축성 목적은 이 동해안 길의 차단이었다.

그런데 고구려가 이 루트를 사용하는 데는 심각한 문제가 있었다. 동해는 융기해안이라 서해안과 달리 해안선이 거의 직선으로 되어 있다. 지도상으로 보면 길은 곧고 왼편은 바다라 푸른 바다를 끼고 달리는 멋진 드라이브 길을 상상하게 된다. 하지만 막상 달려보면 지도에는 나타나지 않는 장애, 위아래의 굴곡이 꽤 심하다. 지금은 고속도로가 있어 많이 좋아졌지만 그럼에도 불구하고 포항까지 내려가는 동안 지겹도록 롤링을 반복해야 한다. 이 엄청난 수의 고개를 고구려군은 철로 된 갑옷과 병기와 식량을 짊어지고 넘어야 한다. 말도 평지에 적응한 동물이라 산길에는 별로 익숙하지 못하다. 그랜드캐니언에서 말 대신 노새나 나귀가 관광객을 태우는 것은 다 이유가 있다. 더욱이 군마에는 함부로 짐을 싣는 게 아니다. 어쩌면 말이 입을 갑옷까지 사람이 메거나 달구지에 싣고 넘어야 할 판이다. 이 고통은 현대인이 상상하는 것 이상이다.

그러므로 이 루트가 측면 공격에는 안전하다고 해도 보급이 어렵기는 마찬가지라는 결론이 나온다. 그리고 보면 이 길의 진정한 장점은 하나뿐이다. 백제의 국경선과 멀리 떨어져 있어 백제의 구원병이 도착하는 데 오랜 시간이 걸린다는 것. 고구려군이 이 유일한 장점을 살리고, 보급이 힘들다는 약점을 커버하려면 전격전을 수행해야 한다. 그런데 이게 큰 모순이었다. 고구려군은 기동력을 살리기 어려운 험악한 길로 전격전을 수행해야 하는 것이다. 빨리 진군

한니발이 넘어간 알프스의 고갯길

하기도 힘들지만 행군 속도를 높일수록 말과 병사들이 지칠 것이고, 길이 외길인데다가 곳곳이 좁은 고갯길이라 신라군이 길을 막으면 모조리 정면으로 돌파하면서 길을 열어야 한다.

그러나 이렇게 모순되고 불리한 상황이 전쟁 영웅을 꿈꾸는 사람에겐 매력적으로 보일 수도 있다. 역사상의 유명한 기습은 다 모순되고 불합리한 조건에서 수행되었다. 그러나 불합리한 전술을 사용했다가 실패한 사례는 더욱 많다는 사실도 꼭 기억해야 한다. 알프스 산맥을 넘은 두 영웅 한니발과 나폴레옹이 천년씩이나 간격을 두고 등장한 것은 우연이 아니다.

하여간 481년 3월 고구려의 지휘부는 도박을 감행한다. 바로 이 루트를 따라 고구려와 말갈족의 혼성부대로 구성된 원정군을 내려보낸 것이다. 위례성을 떨어뜨린 후 최초로 시도한 대규모 신라침공이었다.

초전에서 고구려는 전격적으로 신라의 방어선을 돌파했다. 방어선상에 있던 호명성(위치 미상) 등 7개 성이 순식간에 떨어졌다. 그 뒤로는 별다른 요새가 없었던 것 같다. 고구려군은 거침없이 동해안을 따라 남하하기 시작했다. 고구려군의 일차적인 전략목표는 지금의 경상북도 흥해였다(포항시 흥해읍). 여기까지 오면 태백산맥도 기세가 누그러져 포항, 영천 등 여러 갈래로 길이 열린다. 그것은 방어선이 그만큼 넓어진다는 의미다. 게다가 포항에서 경주는 고개 하나 사이다.

고구려군은 신라의 수비군이 북상하여 고갯길에서 저지선을 치기 전에, 그리고 백제의 구원병이 도착하기 전에 흥해를 점령하고 경주를 짓밟아야 했다. 삼척 근처에서 출발한 고구려군은 강행군을 하여 10일 내지 길어야 15일 만에 울진에서 흥해 사이의 어느 지점까지 진출했다(『삼국사기』의 기록

고구려의 침공로

은 고구려의 침공이 3월에 시작되었다고 말할 뿐 끝난 날짜는 분명하게 전하고 있지 않다. 이하의 서술은 일단 모든 전투가 3월 한 달 동안 벌어진 일이라고 전제하고 서술하였다).

그러나 여기서 믿기지 않는 일이 발생한다. 고구려군이 흥해 점령을 목전에 두었을 때, 백제의 구원병에 가야군까지 합세한 대병력이 그들의 진로를 가로막았다. 『삼국사기』에 의하면 이들이 길을 나누어 맡아 고구려군의 진격을 막았다고 한다. 고구려군은 흥해를 통과하여 평야길로 나서기 직전에 저지되었던 모양이다.

당시의 교통 사정을 감안하면 이것은 기적과도 같은 일이었다. 전령이 신라 조정에 고구려군의 침공을 알리고 백제로 구원병을 요청하는 데만 아무리 빨라도 꼬박 일주일은 걸렸을 것이다. 백제군이 어디에서 출발해서 어느 길로 진군해 왔는지는 알 수 없으나, 소백산맥이나 형산강을 건너 신라 영토를 횡단해서 이동한 것은 분명하다.

어쩌면 고구려군의 작전계획이 사전에 누설되었는지도 모른다. 그렇지 않다면 당시의 신라와 백제의 공조체제가 상상 이상으로 대단했다고 말할 수밖에 없다. 성공을 바로 눈앞에 두고 고구려군은 후퇴할 수밖에 없었다. 공격해서 방어선을 돌파한다고 해도 손실이 클 것이고, 다른 부대에 의해 보급로는 차단될 것이 뻔했기 때문이다. 그러나 막상 후퇴를 시작하자 이 루트가 지닌 최악의 단점이 드러났다. 이 길은 외길이다. 추격하는 입장에서는 적이 어느 길로 도망갈까를 걱정하거나 교란될 우려가 없다. 그것은 추격의 속도를 높인다. 동맹군은 빠르게 고구려군의 후미에 따라붙었고, 그들에게 유리한 지점을 선택할 수 있었다.

쫓기던 고구려군은 국경선에 거의 근접한 이하 서쪽에서 동맹군에게 요격당했다. 지친 고구려군은 크게 패하여 천여 명이 넘는 손실을 입었다. 고구려의 모험이 성공했더라면 나제동맹은 큰 혼란에 빠지고, 중부지방의 토호들은 다투어 고구려에 투항하는 사태가 발생했을지도 모른다. 고구려군이 경주를 유린하고 혹 왕가를 살해하거나 잡아갔다면, 신라는 심한 권력투쟁의 소용돌이에 빠졌을 가능성도 있다. 그러나 이 실패는 반대로 신라와 백제가 단결만 하면 고구려도 단번에 한 나라를 점령하기란 불가능하다는 사실을 증명해 주었다.

나제동맹은 위력적이었다. 484년 고구려는 다시 신라를 쳤으나 모산성에서 나제연합군에게 패배했다. 494년 살수 들판에서는 신라가 고구려에게 패하여 견아성(위치 미상)에서 농성하자 백제는 3천 명을 파견해 신라를 구원했다. 다음 해 고구려는 공격 방향을 바꿔 유서 깊은 백제의 치양성을 포위했는데, 이번에는 신라가 덕지를 파견해 포위를 풀었다.

앞서도 말했지만 나제동맹은 이런 방어적인 기능만 있는 동맹이 아니었다. 고구려가 신라를 목표로 소백산맥 지역까지 남하하자 동성왕은 한성을 탈환하고, 동진해서 충청, 경상도로 들어간 고구려의 보급로를 끊으려고 했다. 이 작전에서 전략의 요충으로 등장하는 지역이 우두성이다. 동성왕은 우두성을 중수하고, 이곳의 점령과 유지를 위해 무척 노력했다. 우두성이 많은 사람들이 추정하는 대로 춘천이라고 보면(춘천이 아니라고 해도 양평-원주 사이의 지점임은 분명하다) 동성왕은 북한강을 따라 한반도를 횡단해서 죽령 이북의 고구려군을 고립시키려 한 것이다.

백제가 한성 지역의 지배권을 꾸준히 확보하지 못하고, 한성의 지배권이 고구려와 백제 사이에서 계속 왔다 갔다 하는 바람에 이 전략이 완전히 성공하지 못했지만, 고구려의 죽령 돌파를 저지하는 데는 확실히 성공했다.

화가 난 고구려는 496년 다시 백제군의 손길이 닿기 힘든 동해안 루트로 방향을 돌려 신라의 우산성을 쳤지만, 이하에서 다시 신라군에게 참패했다. 이후로 고구려의 기세가 완연히 꺾였다. 멋진 성공이었지만 백제 동성왕은 이 성공에 도취되지 않았다. 나제동맹은 효과적이었지만 위험성도 컸다. 그는 신라에 대한 경계를 늦추지 않아 신라와 백제 간의 요충인 탄현에 목책을 설치했다. 동시에 좌평 백가를 시켜 가림성을 쌓게 했다. 이 가림성은 현재 부여군 임천면에 있는 성흥산성이다.

가림성은 부여의 외곽, 지금으로 치면 위성도시 내지는 사비 방어를 위한 군사도시다. 사비 주변의 산성 중에서는 전쟁이 많이 벌어진 곳이다. 부여의 남쪽에서 접근하려면 금강을 건너고 이 가림성을 지나야 한다.

죽령 사진 가운데 가늘게 보이는 길이 죽령 고갯길이다.

금강과 약간 떨어져 있기는 하지만 금강 하구로 진입하는 배나 사비로 직행하지 않고 중간에 상륙해서 육로로 사비로 접근하는 세력을 차단하기에 아주 적절한 위치에 자리잡고 있다. 호태왕과 장수왕의 수륙병진책에 한성을 함락당한 쓰린 경험을 지니고 있는 백제로서는 수륙병진책에 대한 대비를 세우지 않을 수 없었을 것이다.

동성왕이 가림성을 쌓고, 여러 번 사비 근처에서 사냥을 한 것을 보면 나제동맹의 후속탄으로 사비 천도라는 깜짝 사업을 구상했던 것이 분명하다. 다음 장에서 살펴보겠지만 사비 천도는 백제 왕실에서는 숨겨놓은 야심작이었다. 왕실의 입장에서 보면 한성 천도 이후 더부살이 같은 전세 생활을 청산하고 다시 자기 집을 마련하는 것과 같다. 당연히 귀족들은 깜짝 놀랐을 것이다. 그들 중에는 동성왕에 의해 최고 귀족의 반열로 올라선 백가도 있었다. 동성왕은 백가를 자신의 충실한 지지자로 생각한 모양이지만 그런 백가도 귀족세력의 약화에는 동의할 수 없었다. 그의 꿈은 해씨나 진씨 같은 최고 귀족이 되는 것이었을 테니까.

동성왕은 가림성 축성 사업을 백가에게 맡겼다. 백가는 이 사업은 그럭저럭 해냈지만, 왕이 백가에게 가림성을 지키라는 명령을 내리자 크게 반발했다. 가림성을 지키라는 것은 단순히 성주로 부임하라는 뜻이 아니라 이 지역으로 이주하라는 명령일 수도 있다. 새 수도에 신임하는 세력을 채워넣어야 할 테니까. 가림성이 있는 임천면은 작고 아담한 현이지만 최고 귀족을 바라는 사람의 기준에서는 마음에 차지 않는 곳일 수도 있다. 동성왕이 자신의 생각과는 전혀 다른 길을 가고 있다고 판단한 백가는 자객을 고용해서 동성왕을 칼로 찔러 살해하고 반란을 일으켰다.

그런데 『일본서기』에는 동성왕의 죽음이 단순히 백가와의 갈등 때문이 아니라 왕이 포악해서 백성들에게 인심을 잃었기 때문이라고 기록되어 있다. 상투적인 설명이기는 하지만 동성왕의 심복이던 백가가 가림성주로 가라는 명령이 싫어서 동성왕을 죽였다는 것도 사실은 좀 이상하긴 하다. 그가 가림성주가 되고, 사비로 천도하면 동성왕의 최측근 세력으로 성장한다는 의미가 될 수 있기 때문이다. 동성왕의 전제정치와 사비 천도를 싫어한 귀족세력이 동성왕을 죽이고 무령왕을 옹립하자, 동성왕의 심복이던 백가가 반란을 일으켰고, 승자 쪽에서 백가에게 동성왕 살해죄를 뒤집어씌운 것은 아닐까?

어느 쪽도 가능성은 있지만 인간관계라는 것이 워낙 다양해서 우리가 알지 못하는 무슨 사연이 있었는지 모른다. 그러니 이런 추정으로 사실을 재단하기는 곤란하다.

동성왕이 죽자 개로왕의 아들, 또는 곤지의 아들로 동성왕의 이복형제인 무령왕이 즉위해서 백가를 진압했다. 이번에는 다시 해씨가 주도적인 역할을 했다. 이처럼 백제 내부의 세력구도는 복잡다단했고, 이런 일이 반복될수록 점점 더 서로 믿을 수 없는 상태가 되었다. 이것은 이후 백제의 역사에 중대한 영향을 미쳤다.

동성왕의 한성 탈환

『삼국사기』에는 동성왕 4년 말갈이 한산성을 깨트리고, 다음 해 동성왕이 한산성에 가서 사냥을 했다는 등 동성왕 시절에 한산이 백제의 국경 안에 있었음을 보여주는 기사가 여럿 있다. 이 기사에 대해 동성왕 때 한성을 탈환했다고 해석하는 견해도 있고, 한산 주민을 피난시켜 충청도 직산 같은 곳에 한산성이라는 지명을 부여했다고 보는 견해도 있다. 아니면 아예 잘못된 기사라고 치부하기도 한다. 논리적으로 보면 모두 가능성이 있다.

고대의 국경과 영역이란 다양한 성격이 있다. 백제가 한성을 완전히 탈환했어도 고구려의 습격을 두려워해 수도를 여전히 충청권에 두었을 수도 있고, 고구려와 백제의 각축전 속에 한성의 주민이 양쪽에 조공을 바치며 살았을 수도 있다. 그런데 고대에는 인력과 물자가 부족해서 한 지역을 점령했다고 해도 그 지역을 완전히 자기 영역으로 지배하기는 쉽지 않다. 한 마디로 정복과 영역화는 다르다. 아차산의 고구려 보루들이 군 주둔지나 계엄사령부와 비슷한 구성을 하고 있는 것이 하나의 증거가 된다. 고구려는 이곳을 거점으로 주변 중량천, 장안평 일대를 지배했지만 그곳을 영역화하지는 못했다. 고구려와 백제의 각축전이 치열했다면 주민들의 복속력은 더욱 불안정했을 것이다. 이런 사정으로 이 시기 고구려와 백제의 국경, 실제로는 세력 경계선은 계속 요동쳤고, 양쪽은 밀어붙이고 밀어내기를 계속 반복했을 것이다. 이런 상황은 무령왕, 성왕 시대까지도 계속된다.

서기 554년 7월 어느 날 밤.

지금의 충청도 옥천 부근의 평야로 한 떼의 군마가 밤길을 달리고 있었다. 병력은 약 50명 정도. 중무장한 기사들 가운데에 뛰어나게 건장한 말을 탄 인물이 한 명 있었다. 투구와 상의를 검은색 천으로 감쌌지만 바람에 펄럭이는 옷깃 사이로 슬쩍슬쩍 금빛 광채가 보였다.

성왕은 관산성(충북 옥천) 부근에 있는 백제군 본영으로 가는 길이었다. 그곳에는 태자 여창이 3만 대군을 이끌고 신라군과 대치하고 있었다. 보고에 의하면 백제군은 초전에서 승리했고, 여세를 몰아 신라군을 밀어붙이는 중이라고 하였다. 태자는 지금까지는 참 잘해 주었다. 벌써 몇 년째 그는 병사들과 침식을 같이하며 야전에서 생활하고 있다. 2년 전에는 한성으로 진군하여 막강한 고구려군을 몰아내고 한성을 탈환했으며, 작년에는 병력지원을 요청하러 일본에 다녀오기까지 하였다.

그러나 성왕은 마음이 놓이질 않았다. 태자의 나이 30세, 아직 혈기를 완전히 다스릴 수 있는 나이는 아니었다. 이번에도 과감한 것은 좋지만 너무 깊이 들어간 감이 없지 않았다. 성왕은 뒤늦게나마 자신이 직접 백제군을 지휘하기로 결정하고 백제군의 본영으로 출발한 길이었다.

말을 달리는 중이므로 긴 생각을 할 수는 없었지만, 성왕의 심정은 여러 가지 생각으로 복잡하고 착잡했다. 왕위에 오른 지 벌써 32년, 웅진에서 사비로 천도하고 국호를 새롭게 남부여로 바꾼 지도 17년이 지났다. 그 사이에 정말로 많은 일들이 일어났다. 혼란스럽기만 하던 정치는 안정을 되찾았으며, 한성을 상실한 후 이민 정권의 설움을 톡톡히 겪어야 했던 왕실도 부와 권력을 회복했다. 한때는 백제가 강국의 면모를 되찾았노라고 자부하기도 하였다.

그러나 그 모든 날들이 오늘 하루를 위하여 존재한 것만 같았다. 그의 왕국은 지금 운명의 기로에 서 있다. 이번 전투로 그의 평생의 꿈, 왕국의 부흥이 실현되느냐 마느냐가 판가름날 것이다. 이런 생각을 하자 갑자기 미운 인간들의 모습이 차례로 떠올랐다. 눈앞의 이익과 기득권에 얽매여 사사건건 옷자락을 붙잡고 늘

제6장 최후의 승지

어지기만 하던 귀족들, 그간의 도움과 조국과의 인연을 무시하고 제 잇속만 챙기는 왜국의 야마토 정권, 지금 자신들이 어떤 운명의 순간에 직면했는지조차 깨닫지 못하고 있는 한심한 군상들…….

이런 생각을 할 때마다 성왕은 그 분노의 절반이 자신에게 쏟아지는 것도 억제할 수 없었다. 그가 노구를 이끌고 친히 전쟁터로 달려가고 있는 것도 그러한 분노와 회한, 그리고 불안감 때문인지도 몰랐다. 돌이켜보면 지난 2년은 기막히고 어처구니없는 일들의 연속이었다.

대열이 잠시 주춤거렸다. 선두에서 정찰조를 교대하는 모양이었다. 앞을 보니 정찰조를 교대할 5기가 힘차게 앞으로 달려나가고 있었다. 저들이 앞에 와서 한쪽 무릎을 꿇고 투구를 벗을 때마다 그들의 너무 앳된 모습에 깜짝깜짝 놀란 적이 한두 번이 아니었다. 그것도 나이를 먹었다는 증거일까? 그럼에도 불구하고 완전 무장하고 말을 달리는 무사들의 모습은 언제나 믿음을 주었다. 밤이라 시야가 좁은 데다가 길 앞에는 얕은 야산이 있어 돌아오는 조는 아직 보이지 않았다. 성왕은 주변을 둘러보았다. 밤이지만 대략 어디쯤인지는 알 수 있었다. 멀지 않은 곳에 시조 온조왕이 낙랑의 침입을 막기 위해 세웠다는 구천狗川 목책이 있을 것이다. 토성을 두르고 그 위에 목책을 세운 것인데, 너무 평지에 있기 때문에 지금은 간혹 주둔지로나 이용할 뿐 요새로 사용하지는 않고 있었다.

여기까지 왔으면 거의 다 온 셈이었다. 내일 아침이면 백제의 용사들은 노구의 국왕이 그들과 함께하고 있다는 사실을 발견할 것이다. 왕은 태자를 대동하고 환호하는 병사들 사이를 지날 것이다. 행렬 어디쯤에선가 연설도 한번 해야겠지. 지휘관들과 장교들에게도 이번 전투에 왕국의 운명이 달려 있다는 사실을 다시 한 번 상기시킬 필요가 있을 것이다.

성왕이 잠시 생각에 잠긴 동안 기다리던 정찰조가 전방에 나타났다. 대열은 용트림을 하며 다시 움직이기 시작했다. 성왕은 심호흡을 하고 곧 만나볼 반가운 얼굴들과 내일의 일들을 생각해 보기로 했다. 그때 어둠 저편에서 무언가가 잠시 번쩍였다. 그러나 야산에 가려 아무도 그것을 보지 못했다.

1 반쪽의 성공

한성을 빼앗기고 남으로 내려온 후 백제는 이민정권의 설움을 톡톡히 겪었다. 왕들은 연이어 암살당했고, 그때마다 내전을 치러야 했다. 성왕의 부친 무령왕 때부터 이런 사태는 진정되었으나 오랜 갈등을 겪은 국내정치는 늘 분쟁의 소지를 안고 있었다. 귀족들은 늘 한쪽 눈에서 경계의 눈초리를 풀지 않았고, 왕실의 세력 확대에 반대했다. 구토 회복을 위한 전쟁에도 일부는 늘 비협조적이거나 신중론을 폈다.

그럴수록 잃어버린 한성 땅에 대한 왕실의 미련은 더욱 커졌다. 그들은 끈질기게 구토 회복을 노렸다. 무령왕 때에 백제는 상당히 힘을 회복해서 한 번은 한성 탈환에 성공하고, 수곡성(황해도 신계)까지 진군하기도 했다. 무령왕은 친히 한성으로 가서 이곳을 재건하고, 방어시설을 보강하기 위하여 무척 애를 썼으나 다시 고구려에게 빼앗기고 말았다.

그런데 백제가 한성에 집착한 이유는 반드시 구토 회복과 왕실세력의 확대라는 목적 때문만은 아니었다. 중·남부 지역의 패권을 차지하는 데 있어 한강 하류의 중요성은 거의 절대적이었다.

첫째는 교통이다. 이 시대 최고의 고속도로가 강이었다는 이야기는 이미 했지만 한강 상류는 북한강과 남한강으로 갈라져 각기 강원도 산간과 충청도 내륙으로 이어져 있다. 그뿐이 아니다. 한강 하류에서는 임진강·예성강이 함께 만난다. 5개의 고속도로를 확보하고 있는 셈이다. 그러니 한강 하류만 확보하면 황해도·충청도 지역은 절로 통치권 내로 들어온다.

그뿐인가, 이 강들의 유역에는 한반도에서 가장 풍족한 곡창지대가 펼쳐져 있다. 순수하게 평야만 갖고 따진다면 백제가 자리잡은 강경·호남 평야가 더 훌륭하다. 하지만 옛날의 기준에서는 넓다고 다 좋은 건 아니었다. 평야 말고도 적당한 산지와 강이 함께 있어야 했다. 곡식 못지않게 목재와 말을 키울 풀

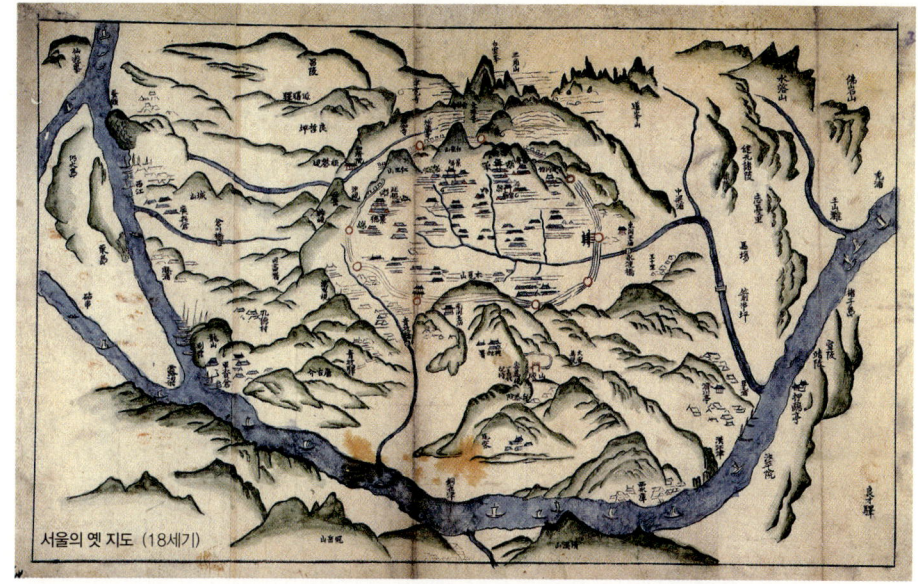
서울의 옛 지도 (18세기)

도 중요했고, 기타 여러 가지 자원과 산물을 종합적으로 이용할 수 있어야 하기 때문이다. 이런 기준에서 보면 한강·임진강·예성강 유역이 최고의 땅이었다.

게다가 4세기 이후로 삼국은 각기 국가체제를 강화해 가고 있었다. 그것은 땅과 백성에 대한 지배체제가 보다 효율적이고 일원적으로 되어 간다는 의미였다. 그러므로 앞으로는 영토의 크기 못지않게 물자와 자원을 얼마나 효율적으로 빠르게 이용할 수 있느냐가 국력을 가늠하는 중요한 잣대가 될 것이다. 다시 말하면 운송·물류 기능의 의미가 갈수록 높아진다는 것이다. 그러니 전 국토를 다 뒤져도 이처럼 훌륭한 곳이 없다.

수도로 삼으려면 방어에도 유리해야 한다. 백제의 한성은 지금의 서울이 아니라 몽촌토성과 풍납토성 일대였다고 추정되고 있다. 최근에는 풍납토성의 발굴로 이곳을 거의 하남 위례성으로 확정짓는 분위기다. 위례성 북쪽은 한강과 북한산 줄기가 막아주고 있다. 서울 북단의 출입구인 미아리나 무악재는 지금은 심하게 절개되어 옛날의 악명을 상실했지만, 꽤나 굴곡이 심해 지겨운 고개였다. 한말 때의 사진을 보면 이곳 길은 지그재그로 이어지고 있다. 옛날에는 물자를 달구지로 운반해야 했으므로 가능한 한 길의 경사를 줄여야 했기 때문이다. 이처럼 산이 천혜의 장벽이 되어 주고 고속도로 격인 큰 강이 있으면서 그 내부는 많은 사람을 수용할 만큼 적절하게 넓은 곳, 평양도 그럭저럭 이런 여건에 들어가지만 역시 한성만한 곳은 찾을 수 없다.

성왕은 한성 탈환을 위해 노력했지만, 고구려는 여전히 막강했다. 승리와 패배가 반복되었지만 재위 20년이 지나도록 고구려에게는 제대로 이겨보지 못했다. 이 와중에 전쟁의 규모는 무섭도록 커져 온조왕 시대의 10~30배가 되었다. 성왕이 즉위하던 해 고구려군과 패수(예성강으로 추정)에서 싸워 격퇴했는데, 이때 파견한 병력이 1만이었다. 성왕 7년(529년)에는 고구려의 안장왕이 직접 출전해서 혈성을 함락했다. 백제는 구원병을 보냈지만 패배했다. 이때 병력이 3만에 전사자가 2천 명이었다.

딱하기는 신라도 마찬가지였다. 고구려, 백제, 왜에게 계속 시달리던 후진국 신라는 이제 겨우 사로 6부족의 연맹체에서 벗어나 국가체제를 갖추기 위해 부지런히 노력하고 있었다. 그러나 일단 각성하고 변화를 추구하자 효과는

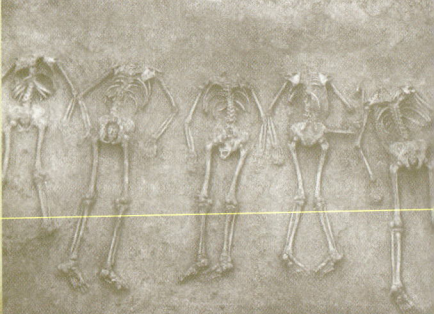

고대사회의 순장

왼쪽은 경남 김해 대성동고분박물관의 순장 모형, 오른쪽은 중국 은허에서 발굴된 목잘린 순장노예 들이다.

제법 괜찮았다.

502년(지증왕 3년) 순장을 금지하고, 우경을 실시했다. 같은 해에 벌어진 이 두 사건은 상징적 의미가 크다. 이때까지 신라는 왕이 죽으면 남녀 각각 5명씩 순장을 했다고 한다. 순장은 죽음을 다른 시대로의 여행이라고 생각했던 고대인의 내세관에서 비롯된 것 같은데—그렇기 때문에 생전에 사용하던 귀중품과 필수품을 빠짐없이 무덤으로 챙겨가야 했다—현세에 남겨놓은 귀중품과 미련이 많은 사람일수록 이 관념을 오래도록 유지했다. 그 중에서도 제일 귀한 것, 세상에서 제일 귀한 것은 사람의 목숨이다. 그래서 사람까지 껴묻는 순장은 지배층의 권위와 특권을 과시하는 상징 중의 상징이 되었다.

그러나 가져갈 것도 많은데 하필 사람 목숨을 가져가야 할까? 순장당한 사람 중에는 어린 소녀에 아이까지 있다. 그래서 순장은 지배층의 의무보다는 권력과 지위만을 생각하는 탐욕과 몰상식의 상징이기도 하다.

서기 500년이 되면 왕이라도 겨우 5쌍만 순장할 정도로 양심의 가책이 커지기는 했다. 3000년 전에 존속했던 은나라(상나라. 기원전 1700년경~1046년)에서는 몇백 명에서 천 명까지 순장을 했다. 우리나라의 순장묘는 청동기 시대인 고조선과 가야의 순장묘가 많이 발굴되었는데, 고령의 지산동고분에서는 최대 36명 정도를 순장한 경우가 있다. 은허와 고대국가 초기에 비하면 양심이 200배에서 7배는 커졌다.

그러다가 마침내 국왕 스스로 왕의 순장도 금지시켰다. 그리고 전국에 우경 즉 새로운 농업기술을 보급했다. 국민의 생명을 가져가는 국가에서 국민에게 봉사하는 국가로 변신한 것이다. 뭐 우경의 보급이 국민복지와 부의 증대를 위해서가 아니라 국가가 재정수입을 늘리기 위한 조치라는 해석도 있지만, 그것은 동전의 양면이므로 너무 따지지 않기로 하자.

기왕에 각성하는 김에 나라 이름도 바꿨다. 이 글에서도 번거로움을 피하기 위해 신라라고 써 왔지만 이때까지는 나라 이름이 사라, 사로, 계림 등이었는

울진 봉평비

데, 503년에 신라로 국명을 확정하고 이사금이란 호칭도 왕으로 바꾸었다. 중요한 지역에는 행정구역을 설정하고(소경, 주, 군) 관복도 정했다.

다음 왕인 법흥왕(514~540년) 때는 율령을 반포하고, 백제의 좌평처럼 재상인 상대등을 두고 관제를 정비했다. 다만 신라는 백제처럼 귀족이 많지 않아 거의 왕족 급에서 상대등을 맡았다. 물론 이런 개혁이 단박에 힘을 얻지는 못했다.

524년경에 세워진 것으로 보이는 울진의 봉평비에서 법흥왕은 자신을 왕이라고 부르지 않고 탁부의 '모즉지매금'이라고 자칭하고 있다. 『삼국사기』에서 부친 지증왕이 매금(이사금)이란 칭호를 버리고 신라국왕이라고 했다고 하지만 정작 아들인 법흥왕대까지도 차마 자신을 왕이라 부르지 못하고, 스스로 신라 6부 출신의 귀족의 한 명으로 자처하고 있는 것이다. 이것은 왕의 호칭 문제만이 아니라 국가가 6부의 권위와 6부의 귀족이 뚝딱뚝딱 해먹는 전통을 제압하지 못하고 있음을 의미한다.

그러나 서서히 효과가 나타났다. 왕은 왕이라고 불리기 시작하고, 국가조직은 힘을 발휘하기 시작했다. 이것은 대외전쟁에서 명확하게 드러난다. 512년 이사부가 우산국(울릉도)을 점령했다. 532년 신라와 국경을 접하고 있던 김해의 금관가야가 신라에 전격 투항한 사건은 가히 충격적이었다. 이 합병으로 금관가야의 왕족이던 김유신 집안이 신라의 진골로 편입되었고, 가야인을 군에 영입하면서 신라의 전력은 급상승했다. 하지만 이런 변화는 고구려와 백제에서도 이전에 일어났다. 신라도 성장했다고는 하지만, 아직 왜구에게 시달리고 소백산맥 안쪽에서 꼼짝 못하기는 마찬가지였다.

소백산맥은 신라의 북쪽 장벽이 되어 고구려로부터 신라를 지켜주는 데 큰 역할을 했지만 반대로 신라가 소백산맥을 넘어 진출하는 데도 큰 장애가 되었다. 신라 역시 고갯길을 돌파해야 하는데, 애로 사항이 한둘이 아니었다. 촉의 땅으로 들어간 유비와 제갈량이 직면했던 문제와 마찬가지다. 몇 군데 고갯길을 봉쇄하면 적이 침입하기 힘들지만 반대로 나가는 길도 봉쇄된다. 큰 맘 먹고 공격을 시작해도 문제였다. 신라의 보급선은 죽령·조령 등의 고개를 넘어와야 하는 반면 고구려군은 주변 성읍의 병사는 물론 남한강을 이용해 대량의 구원병과 물자를 신속하게 전선으로 투입할 수 있었기 때문이다.

신라가 소백산맥을 돌파할 수 있는 유일한 방법은 한국전쟁 때의 인천상륙작전처럼 한강 하류를 공격해서 고구려의 뒤를 끊는 것뿐이었다. 그러나 그 작전은 신라로서는 불가능했다. 그곳으로 가는 길은 해로뿐인데, 남해에서부터 백제 연안을 따라 서해까지 돌아야 하기 때문이다. 그저 백제가 해 주기만을 바랄 뿐이었다. 만약 백제가 한성과 한강 하류를 점령하면 신라를 저지하고 있는 소백산맥의 고구려군은 바로 후퇴해 버릴 것이다. 그런데 백제가 한성을 차지하고 신라가 그 덕에 소백산맥을 넘어 단양-충주를 차지한다면 한성의 백제군은 당장 신라군의 공격에 취약해진다.

이것이 백제의 고민이었다. 고구려군이 물러간 지역을 신라가 접수해 버린다면 한성으로 통하는 남한강 상류를 신라가 차지하게 된다. 그렇게 되면 한성을 탈환하더라도 백제는 충주·단양 쪽에서 오는 신라와 북쪽의 고구려를 동시에 상대해야 한다.

이 문제를 해결하려면 한성과 남한강 상류지역으로 동시에 병력을 출동시켜야 한다. 그런데 혼자 힘으로 고구려 하나도 막기 힘든 판국에 두 지역에 동시에 군대를 파견하고 점령하고 지킨다는 것은 불가능했다. 두 개의 전선을 유지하려면 누군가의 도움이 필요했다.

이 고민을 해결하기 위해 성왕은 가야와 일본에 눈을 돌렸다. 이 시기에 일본의 야마토大和 정권과 가장 친밀한 관계를 유지한 나라는 가야와 백제였다. 고구려는 일본과는 거의 소원했고, 신라는 더더욱 잘 사귀지 못해 싸움과 화해를 반복했다. 그 이유는 가야와 백제의 이주민 집단이 야마토 정권에 깊이 참여하고 있었기 때문이다. 성왕은 이 장점을 살려 일본과의 교류관계를 더욱 확대했다. 백제의 왕인 박사가 일본으로 건너가 경서를 가르친 것은 근초고왕에서 아신왕 때 사이였다. 이때부터 일본에 대한 백제의 문화사업이 시작된 셈인데, 성왕은 이 수준을 크게 높였다. 성왕 때에 백제의 외교관과 학자들은 주기적으로 교대해 가면서 일본에 거의 상주하다시피 하였다. 성왕은 불교도 전해

백제 문화의 일본 전파
왼쪽은 일본 호류지의 백제관음보살입상, 오른쪽은 전남 영암 군서면에 있는 왕인 박사가 공부했다고 알려진 책굴과 왕인 박사의 동상

주었으며, 보물과 물품, 전쟁포로도 아끼지 않고 풀었다.

이런 노력 덕택에 백제는 일본과의 외교전에서는 우위를 점하고 있었다. 그러나 외교전이란 게 늘 그렇지만 절대우위도 영원한 우정도 없다. 신라는 늘 훼방을 놓고 나왔고, 일본은 백제가 바라는 도움을 주기는커녕 그걸 이용해서 백제로부터 가능한 한 많은 것을 얻어내려고만 하였다.

성왕의 치세는 이렇게 흘러갔다. 성왕은 많은 노력을 기울였고, 변화도 많았다. 그러나 그렇다고 국면이 바뀌거나 화끈한 성과가 나타나지도 않았다. 하지만 참고 기다리며 노력하다 보면 때가 찾아오기 마련이다. 성왕 20년경부터 북방의 패자 고구려가 심각한 내분에 휩싸이기 시작했다. 마침내 성왕 22년에 왕위계승을 놓고 고구려 안원왕의 부인들이 각자 자기 소생을 왕으로 세우기 위해 암투를 벌였다. 이 과정에서 귀족층이 녹군鹿軍과 세군細軍이라는 두 패로 갈려 궁궐 문에서 격렬한 내전을 벌였다. 세군이 패해서 녹군이 죽인 세군이 2천이었다고 한다. 안원왕도 이때 사망했다.[1] 녹군이 옹립한 양원왕이 즉위했는데, 나이가 8세였다(『삼국사기』 기록에 의하면 안원왕 3년에 태자가 되고, 15년에 즉위했으므로 최소한 12세 이상은 되었다). 엎친 데 겹친다고 551년에는 돌궐이 고구려의 대당 방어선의 전초기지인 신성과 백암성을 침공했다.

성왕은 승리의 기회가 왔다고 판단했다. 하지만 세상사 이치라는 게 좋은 일은 절대 혼자서만 찾아오는 법이 없다. 고구려 세력이 약해지자 신라는 신라대로 이 틈을 노려 가야 정복의 야욕을 노골적으로 드러내기 시작했다. 신라로서는 소백산맥 안쪽에서 고사당하지 않으려면 어떻게 해서든 힘을 축적해서 팽창에 성공해야 했다. 이를 위한 가장 손쉬운 점령 대상이 가야였다.

신라의 가야 정복은 능구렁이 전술의 표본이었다. 『화랑세기』에는 신라는 이미 법흥왕 때 가야 지역의 정치에 개입해서 가야를 북가야와 남가야로 나누었다는 기록이 있다. 6가야를 통폐합한 것이 아니라 가야연맹의 질서를 재편한 것이다. 이는 가야 내부의 분열과 갈등을 유도하는 정책이었다. 이 정책은 성공해서 신라의 침공과 내분에 고전하던 금관가야의 지배층이 신라로 투항해 버렸다. 신라는 금관가야의 왕족들에게 잘 대해 주었고, 한편으로는 가야의 경계선상에 병력을 보강하면서 압박을 가했다. 가야의 지배층들은 혼란에 빠졌다.

그들은 각각의 이해관계에 따라 주변 강대국에 줄서기를 시작했다. 이게 약소국의 설움이다. 남은 5가야는 순식간에 서로 분열하고 반목하기 시작했다. 신라와 국경선에 있던 일부 귀족들은 재빨리 신라로 투항해 버리기도 하였다.

백제로서는 신라의 가야 정복을 용인할 수 없었다. 신라가 가야를 정복하면 신라는 위협적인 세력으로 성장할 것이다. 그렇다고 이 단계에서 신라를 적으로 돌릴 수도 없었다. 내분에 휩싸였다고는 하나 고구려는 아직 강국이었다. 차라리 신라와 연합하여 가야를 동시에 침공하는 방법도 있었다. 그러나 거리상으로 보아 가야 정복은 신라 쪽에 훨씬 유리했다. 더욱이 가야 사태는 복잡한 외교문제를 낳고 있었는데, 이를 잘못 처리하면 일본의 우호세력들에게서도 신뢰를 상실할 것이다.

성왕은 백제군을 가야동맹에 보내 백제의 신의를 과시하고, 신라의 가야 침공을 저지했다. 신라 역시 아직 백제와 충돌할 상황이 아니었으므로 백제군이 있는 한 함부로 침공할 수는 없었다. 하지만 백제는 가야 땅에 병력을 상주시킬 만한 여력이 없었다. 백제군은 몇 차례 국경에서 무력시위를 하긴 했지만, 가야를 완전히 안심시킬 수는 없었다. 성왕 스스로도 막상 신라가 가야를 기습하면 백제는 속수무책이라고 실토할 정도였다.

그러므로 가야가 살아남기 위해서는 가야 스스로 이전의 결속력과 힘을 되찾아야 했다. 백제군의 파병도 이런 효과를 노린 것이었지만, 인간이란 처지가 어려워지면 극도로 이기적이 된다. 가야의 지배층들은 잠시 왔다가 가버리는 백제를 믿을 수 없으며, 제각기 살 길을 찾기 시작했다. 차츰 신라로 투항하는 사람들이 늘어 갔다. 성왕은 가야의 분열과 친신라파 인사들의 행동에 크게 분노했으나 어쩔 수가 없었다. 아무래도 가야의 멸망은 시간 문제일 듯싶었다.

독산성의 치 현재의 독산성은 오산에 있다. 독산은 장독과 같이 매끈한 민둥산이라는 의미로, 이곳은 한성에서 남하하는 교통의 요지다. 그러나 삼국시대의 독산성이 이 독산성인지는 확실하지 않다. (촬영 이승환)

그렇더라도 신라의 가야 침공은 최대한 저지해야 했다. 최소한 백제가 한강 유역을 탈환하기까지는 말이다.

사정이 이렇다 보니 고대하던 기회는 왔건만, 한강 유역을 탈환하고 신라의 성장을 저지하는 두 가지 과제를 동시에 달성하려면 아무래도 병력이 부족했다. 성왕은 일본 야마토 왕국의 병력을 끌어내려고 무척 애를 썼다. 왜군의 식량과 의복은 백제에서 부담하겠다는 제안까지 하였다. 그러나 일본은 말로는 승낙을 하면서도 늑장을 부렸다. 성왕은 초조했다. 언제까지 꾸물거릴 수가 없었다. 고구려가 힘을 회복하기 전에, 신라가 가야에 세력을 확대하기 전에, 한성을 탈환해야 했다.

그나마 다행이라면 신라와의 관계가 표면적으로는 괜찮다는 것이었다. 548년 고구려가 동예인 6000명을 동원해서 백제의 독산성을 공격했다. 성왕이 신라에 구원을 요청하자 진흥왕은 중무장한 3000명의 정예병을 파견했다. 이들은 강행군을 해서 고구려군을 습격, 격파했다. 충분히 감동할 만한 헌신적인 구원이었다. 그러나 이 감동은 금세 배신감으로 바뀌었다. 550년 1월 백제

제6장 최후의 승자　335

단양 적성 현재의 구단양 시가지(왼쪽)와 남한강을 내려다보는 작은 고지에 서 있다. 북쪽 사면 아래는 남한강으로 이 성이 지닌 전략적 중요성을 잘 보여준다.

장군 달기가 1만의 병사로 고구려 도살성을 공격해서 탈취했다. 도살성은 천안이나 괴산 정도로 추정하고 있다. 충청 지역에서 한성으로 진입하는 통로다. 그러자 고구려는 3월에 바로 맞받아쳐 근처에 있는 백제의 금현성을 공격했다. 서로 배후를 찌르는 작전이었던 것 같은데, 양쪽이 서로 타격을 입고 물러서자 신라가 진격해서 두 성을 먹어 버렸다.

서로 동맹을 파기해 버릴 수도, 믿을 수도 없는 것이 백제와 신라의 관계였다. 그래서 일본의 원군이 더욱 절실했지만 일본은 마치 이 상황을 이용해 먹기라도 하려는 듯 얄밉도록 미적거렸다. 성왕은 초조해졌다. 무한정 기다릴 수도 없었다. 서기 551년 마침내 성왕은 일본의 지원병 없이 신라와 연합해서 거사하기로 결정한다. 고구려군 내부에 무슨 문제가 발생해서 백제가 이 기회를 놓칠 수 없었던 것인지도 모른다.

처음부터 작전을 그렇게 짠 것인지 신라가 교묘하게 수를 쓴 것인지는 모르지만 먼저 진군한 것은 백제군이었다. 그들은 한성과 주변의 5개 군을 탈환했다. 꿈에 그리던 구토의 회복이었다. 『일본서기』에는 한성과 평양을 점령했다고 했는데, 이것은 당시 고구려가 한성을 남평양으로 부르는 바람에 한성 점령을 평양 점령이라고 한 데서 온 착각인 듯하다.

한편 신라는 신라대로 전력을 다해 소백산맥을 넘었다. 파진찬이던 거칠부와 대각찬 구진, 각찬 비태, 각찬 탐지, 잡찬 비서, 파진찬 노부, 파진찬 서력부, 대아찬 비차부, 아찬 미진부 등 8명의 장군을 동원했다. 신라군이 진격한 코스는 의심할 바 없이 죽령을 통과해 단양으로 내려오는 코스였다. 특히 남한강을 낀 단양이 중요했는데, 소백산맥 북쪽에 지금의 충청, 경기, 강원 지역이 펼쳐져 있지만, 최종 목적지는 한성이었고 한성 진군을 위해 우선적으로 확보해야 하는 곳은 남한강 유역이었다. 바로 이 무렵에 신라가 단양을 확보한 기념으로 세운 비가 〈단양적성비〉다. 너무나 안타깝게도 비를 세운 연도를 새긴 부분이 파괴되어 건립 연도는 알 수 없지만, 비에 나오는 인물과 관직명으로 보면 540년경에서 551년 직전에 세운 것으로 보인다. 이것이 맞다면 551년의 대공세 이전에 신라도 북진을 위한 1단계 교두보는 확보하고 있었다는 이야기가 된다. 일반적 예상처럼 백제가 길을 터주기 전에 소백산맥 안쪽에서 꼼짝도 못하

단양적성비

1978년 단국대학교 박물관 팀에 의해 발견되었다. 비의 글씨는 아주 선명한데, 비의 윗부분이 파괴되어 모든 문장의 앞부분이 상실되었기 때문에 내용을 정확히 파악하기 힘들다. 대략 신라의 적성 공략에 공을 세운 야이차란 인물과 가족을 위시해서 이 지역의 공로자들에게 포상을 하는 내용이다. 이는 진흥왕이 신라의 고관이자 명사인 이사부, 거칠부, 김무력(김유신의 조부) 등에게 내린 교지 형식을 취하고 있는데, 이 인물들이 비의 내용에 공감하고, 보증하는 의미를 지닌다. 이렇게 비까지 세워 그 공로와 신라의 보상을 확신시킨 것은 이 지역 주민들의 충성을 확실하게 끌어내기 위해서였을 것이다. 그만큼 단양은 신라에게 소중한 곳이었다.

고 있었던 것은 아니라는 이야기다. 548년 독산성 전투 때 신라가 빠르게 구원병을 보낸 것이나 도살성과 금현성 전투에 개입하여 절묘하게 가로챌 수 있었던 것도 이미 단양 통로를 확보하고 있었기 때문인지도 모른다.

신라는 신라대로 북진을 위해 많은 준비를 하고 있었다. 단양 적성비는 적성 정복에 아마도 이 지역의 유력자였던 야이차란 인물과 일가의 공이 컸음을 말해주고 있다. 토착민의 도움을 얻었다는 것은 신라가 무력만을 사용해서 적성을 정복한 것이 아니라 상당한 사전공작과 공을 들였다는 사실을 암시한다.

내물왕의 직계 후손으로 신라정계의 거물이던 거칠부는 몸소 중으로 변장하고 고구려를 돌아다니며 고구려의 국내 정세를 살폈다.[2] 거칠부 열전에는 이 순례중에 혜량대사를 만났고, 혜량대사는 거칠부의 신분을 눈치챘지만 관에 고발하지 않고 오히려 몰래 거칠부를 불러 신분이 드러날 것 같으니 빨리 돌아가라고 알려주었다는 일화가 기록되어 있다. 나중에 거칠부가 신라군을 이끌고 진격하자 혜량대사는 문도들을 데리고 신라로 귀순했다. 이때 그는 고구려는 정치가 어지러워 멸망할 날이 얼마 남지 않았다고 말했다고 한다. 진흥

고구려의 도교 관련 벽화 그림

일월성수(좌, 장천 1호분), 학을 탄 선인과 옥녀도(우, 오회분 4호묘) 등이 보인다.

왕은 혜량을 우대하여 그를 승통으로 임명하고, 백좌강회와 팔관회를 설치했다. 여러 학자들은 혜량과 같은 고승이 신라로 귀순한 배경에는 고구려의 도교 우대정책이 있었던 것이 아닐까 추측한다. 고구려는 삼국 중 유일하게 도교와 오두미교가 불교보다 성했던 국가였다.

하지만 이때의 종교는 정치와 분리될 수 없는 것이었다. 화랑도만 해도 스스로 선도仙道라고 자칭했을 만큼 도교적 색채가 강하고 종교적으로는 불교계와 대치하는 성격의 집단이었다. 혜량이 승통이 될 정도의 인물이라면 최소한 왕족이나 최고위 귀족급 신분이어야 한다. 그러므로 혜량대사의 불만은 고구려 내의 정파적·종교적 갈등의 골이 상당히 깊었음을 암시한다. 거칠부나 신라가 이런 사실을 눈치채지 못했을 리가 없다.

준비한 만큼 신라군은 치밀하게—백제 측에서 보면 치사하게—움직였다. 신라군이 진격을 시작했을 때 신라군을 막아야 할 고구려군은 이미 크게 동요하고 있었다. 백제군이 먼저 한성과 주변을 점령한 뒤였기 때문이다. 한성에서 남한강을 따라 내려오는 고구려군의 보급로가 차단되었다. 모든 전쟁에서 보급로가 차단되는 것처럼 무서운 일이 없다. 더욱이 백제군이 한강을 따라 짓쳐 내려온다면 고구려군은 꼼짝없이 몰살당한다. 고구려군은 당장 퇴각해야 했다. 그것도 편하고 빠른 남한강 수로를 버리고, 충주-제천-원주의 육로로 탈출해야 한다. 지체할 시간이 없다는 이야기다. 신라군은 죽령 이북 10개 군을 석권했는데, 분명 거의 전투 없이 차지했을 것이다.

만약 백제가 한성을 공격할 때 동시에 보은·충주 쪽으로 병력을 투입할 수만 있었더라면, 이 부대는 신라군에 앞서 남한강 상류지역을 거저 점령할 수도 있었을 것이다. 그러나 백제 단독으로 고구려를 공격하기도 벅찬 판에 병력을 나누어 양쪽을 동시에 공략하기는 무리였을 것이다.

물론 이 밖에 우리가 알 수 없는 어떤 특별한 이유가 있었는지도 모른다. 성왕은 양쪽을 동시에 점령하려고 했으나 귀족층의 협력을 끌어내지 못해 병력에 차질이 생겼거나 보은·충주 쪽으로 파견한 병력이 어떤 사정으로 진군을 저지당했을 수도 있다. 하여간 성왕은 그렇게 원하던 한성 회복에는 성공했지만 그것은 반쪽의 그리고 불안한 성공이었다.

2 막다른 선택

현실은 냉혹하다. 백제의 불안은 곧 현실로 되어 나타났다. 2년 후인 553년 7월, 백제군은 한성을 포기하고 철수하고 말았다. 신라는 재빨리 김무력金武力(금관가야의 마지막 왕 김구해의 막내아들로 김유신의 할아버지)이 이끄는 가야군을 진주시켜 한성을 점령했다.

　이 상황에 대해 오늘날의 대부분의 역사책에서 신라가 동맹을 깨고 백제를 기습하여 한성을 점령했다고 서술하고 있다. 하지만 『삼국사기』 백제편에도 전투가 있었다는 기록은 없다. 특히 『일본서기』에는 당시 백제 측의 사정이 상당히 자세히 서술되어 있는데, 이 책에서도 백제군이 스스로 한성을 포기했다고 되어 있다. 백제는 왜 이렇게 쉽게 한성에서 물러났을까? 성왕으로서는 피를 토하고 싶은 사건이었겠지만 사서에는 명확한 설명이 없다. 가장 유망한 추정은 고구려와 신라의 동맹설이다. 『일본서기』에는 성왕이 고구려와 신라의 동맹을 이야기하면서 다급하게 원군을 호소하는 기록이 나온다.

　그런데 백제가 한성을 점령하고 나면 이번에는 고구려와 신라가 합세해서 백제를 견제할 것이라는 생각을 성왕이 미처 하지 못했을까? 그럴 리가 없다. 신라의 배신을 강조하기 위해서 백제가 예상치 못한 기습을 당했다고 말한다면, 그것은 성명왕聖明王이라고 하는 그의 이름을 오히려 무색하게 만드는 것이다. 그러므로 이 사태의 핵심은 고구려나 신라의 공격이라든가 신라의 배신 여부에 있지 않다. 백제가 그 공격으로부터 이 지역을 지켜내지 못했고, 그것

사비성 궁궐(복원) 충남 부여 백제역사문화단지

도 자진해서 철수해 버렸다는 사실이다.

백제군에 무슨 사정이 있었던 것일까? 추정을 해 보자면 질병, 자연재해, 국내혼란 등 가능한 요인은 수도 없이 많다. 그러나 더 본질적인 요인을 찾아보자면 두 가지 추정이 가능하다.

첫째로는 백제 귀족들의 비협조다. 이 시기의 중요한 전투를 보면 모두 성왕이나 태자 여창이 진두지휘하고 있다. 삼국시대에는 왕이 직접 출전하는 경우가 이상한 일도, 드문 일도 아니다. 그러나 신라의 왕들에 비하면 그 빈도수가 지극히 높다.

백제의 지정학적 구도

따지고 보면 성왕이 사비로 천도하면서 국호를 남부여라고 한 것도 생각해 볼 일이다. '남부여'라는 국호는 백제의 근원지, 만주의 고토를 연상시키는 지명이다. 왕족과 건국공신 집안에는 향수를 불러일으키는 지명이지만, 백제가 10제였던 시절의 향수이기도 하다. 백제는 이미 그때의 수십 배로 성장했다. 이 시기에 부여를 내세운다는 것은 남부의 귀족들을 포용하기보다는 오히

제6장 최후의 승자

려 백제 왕실과 귀족들을 차별화하고 자신들만의 아이덴티티를 강조하는 일이 된다. 이처럼 자신들만의 세계를 강조하는 것은 힘과 능력이 있다는 얘기도 되지만, 한편으로는 그만큼 그들이 고립되어 있었다는 증거이기도 하다. 『삼국사기』에서는 성왕을 평하길, 과감하고 결단력이 있다고 하였다. 남부여라는 국호와 이 평은 서로 잘 들어맞는다. 성왕은 귀족들의 반대나 미온적인 태도에 개의치 않고 왕실의 힘을 결집하여 강력하게 정복전쟁을 추진한 것은 아닐까?

이런 파워플레이는 당장의 효과는 괜찮지만, 속으로는 반목과 갈등을 키운다는 단점이 있다. 또한 이런 불만은 지도자가 힘이 있거나 승승장구할 때는 잠재해 있다가도 그가 조금이라도 곤경에 처하거나 도움이 필요할 때면 즉각 표출되는 특징이 있다. 실제로 나중에 백제의 신하들은 성왕의 출전이 "원로들의 반대를 듣지 않은 행동"이었다고 회고했다.[3]

일례로 성왕이 한성 지역을 자신의 세력기반으로 재건하고 안정적으로 확보하려면 백성을 이주시켜 정착시키고 방어시설을 갖추어야 한다. 이를 위해서는 상당한 물자와 인력의 지원이 필요하다. 그러나 이 사업에 동조할 귀족이 얼마나 될까? 성왕은 이 사업을 위한 거국적인 지원을 끌어내는 데 실패했을 가능성이 높다.

두 번째는 백제의 지정학적 위치다. 백제와 신라는 소백산맥을 경계로 한반도의 양쪽을 점유하고 있다. 얼핏 보면 공평하게 반쪽씩 차지한 것 같다. 그러나 전략적인 질로 보면 그렇지 않다. 지도를 자세히 보자. 백제의 수도 사비에서 동쪽으로 수평선을 그어 보면 보은이 나온다. 보은의 삼년산성은 고구려가 한성을 점령하자마자 신라가 국력을 기울여 축조한 요새다. 그 뒤가 속리산이고, 그 바로 위가 문경새재가 있는 조령으로 소백산맥으로 들어오는 관문이기 때문이다.

이곳에서 사비까지는 직선거리로 70~80km밖에 안 된다. 그 사이에 산지라고는 덩그러니 솟아 있는 계룡산밖에 없는데, 그 주변 평야로 돌아가면 하룻길도 되지 않는다. 신라가 기습공격을 하면 이삼 일이면 사비는 전쟁터가 된다. 백제로서는 심장부에 비수가 놓여 있는 셈이다. 이 지형이 얼마나 백제에게 불리했는가는 이 경계선 부근에 건설된 요새들에서도 볼 수 있다. 신라는 보은의 삼년산성을 중심으로 주변에 약 50리 간격으로 몇 개의 거점 산성만을 축조했다. 반면 백제는 하나의 선을 긋듯이 이 지역에 방어선을 형성하고 있다.[4] 즉 신라는 공격형으로, 백제는 수비형으로 요새선을 구축하고 있다. 5세기경 양국의 국력은 백제가 앞서면 앞섰지 부족하지 않았다. 그럼에도 불구하고 이 경계선에서는 신라 공격, 백제 수비라는 형세가 형성되고 있는 것이다.

성왕의 말대로 고구려와 신라가 동맹을 맺었다면 고구려는 북쪽에서 한성을, 신라는 동쪽에서 사비로 찔러 들어왔을 것이다. 백제는 양쪽 전선을 감당할 수 없었으므로 일본에 원군을 청했고, 그것이 안 되자 일단 심장부를 보호하기 위해 한성의 병력을 철수시킬 수밖에 없었다.

신라가 단독으로 한성을 공격한다고 해도 백제는 막아내기가 쉽지 않았다. 일단 백제는 상당한 병력을 사비와 웅진의 방어에 묶어 두어야 한다. 거꾸로 신라를 위협하면 되지 않느냐고 생각할 수 있으나 신라를 위협하려면 고구려도 넘지 못한 소백산맥의 요새지대를 돌파해야 한다. 한성과 사비로 전선이 양분되니 당연히 한성 지역에 투입할 병력이 부족해진다. 그뿐 아니다. 신라는 남한강 상류를 장악하고 있다. 남한강은 우리나라의 강 중에서도 최고의 수량과 풍부한 운송 능력을 자랑한다. 양측의 병력이 같더라도 한쪽의 기동력이 두 배라면 실제 전력은 두 배 이상의 우위를 점하게 된다. 결국 백제는 한성과 사비 방어에 병력을 나누고, 한성에도 신라보다 많은 병력과 물자를 고정적으로 배치해야 하는 어려운 상황에 처해 버렸다. 여기에 귀족세력의 지원은 충분치 않고 고구려까지 공격에 합세한다면?

결과론이지만 성왕으로서는 애초에 신라와 함께 고구려를 공격하는 게 아니었다. 무조건 신라는 소백산맥 저편에 묶어 놓았어야만 했다. 일반적으로 인

북한산 진흥왕 순수비(모형) 비의 건립 연대는 정확하지 않다. 진흥왕이 북한산을 순시했다는 555년이나 568년 무렵으로 보는 견해가 있다.

간은 기대가 너무 크면 지나치게 낙관적이 되거나 모든 상황을 자기에게 유리하게 재단하는 경향이 있다. 성왕도 이런 함정에 빠진 것일까? 처음부터 성왕 앞에 놓여 있는 선택은 최선 아니면 최악이었다. 차선책이란 없었던 것이다.

성왕의 입장에서 보면 결과는 너무나 잔인했다. 한성의 재건은 뜻대로 되지 않았고, 한성과 사비는 고구려와 신라로부터 동시에 압박을 받았다. 결국 백제는 한성을 포기할 수밖에 없었다. 성왕은 치를 떨었을 것이다. 그의 오랜 노력이 무위로 돌아가 버렸으며, 나라의 안위는 전보다 더 불안한 상태로 빠져 버렸다. 무엇보다도 그 책임의 일부가 자기 자신에게 있다는 사실을 부정할 수 없었다.

반면에 신라로서는 백제가 너무나 고마웠을 것이다. 이때 신라의 감격이 얼마나 컸는가는 하고 많은 이름을 두고 이곳을 단순히 '신주新州'라고 명명한 데서도 느낄 수 있다. 신라가 정복하여 얻은 땅이 이곳이 처음은 아니었건만, 이처럼 의미심장한 지역을 확보해 보기는 처음이었기 때문이다. 신라에겐 이 땅이 그야말로 신세계요 새시대의 시작을 약속하는 땅이었다. 한성을 차지한 다음 진흥왕은 몸소 이 지역을 방문하여 북한산에 순수비를 꽂았다. 한반도에서 신라의 위상이 한순간에 바뀌었다.

중장기병 전투도 삼실총 벽화

성왕은 분노를 죽이고 신라에 화친을 요청했다. 한성을 상실한 세 달 후인 553년 10월 공주를 신라로 시집보냈다. 우호 회복을 위한 정략결혼이었다. 그러나 이것은 계략이었다. 성왕은 회심의 반격을 준비하고 있었다. 이 가을의 결혼은 고구려와 신라의 동맹을 끊기 위한 수였다. 고구려는 신라가 한성을 얻었으니 이제는 신라를 칠 차례였고, 신라는 한성을 얻었으니 고구려와 동맹할 필요가 없었다.

3차 나제동맹이라고 할 것까지는 없지만 결혼이 행해진 바로 그달에 백제는 고구려를 공격했다. 이 전투는 장소가 명확치 않지만 고구려군을 상당히 밀어붙인 전투였다.

백제의 왕자 여창[위덕왕]이 나라 안의 군사를 전부 일으켜 고구려로 가서 백합야百合野에 요새를 쌓고 병사와 침식을 같이했다. 저녁에 멀리 바라보니 넓고 기름진 언덕과 평평한 들에 인적은 드물고 개짖는 소리도 끊겼다. 그런데 홀연히 극히 짧은 사이에 북과 피리 소리가 들려왔다. 여창은 크게 놀라 북을 치며 대응했다. 밤을 새워 굳게 지켰다. 새벽에 일어나 벌판을 보니 푸른 산을 덮은 듯이 깃발이 가득하였다. 날이 밝을 무렵에 머리 부분까지 갑옷을 입은 자가 1기, 징을 가진 자가 2기, 범꼬리를 머리에 꽂은 자 2기 합해서 5기가 말고삐를 나란히

제6장 최후의 승자 **345**

하고 나와서 "부하들이 말하기를 우리 들판에 손님이 왔다고 한다. 마중하여 예로 대하지 않으면 안 된다. 원컨대 나와 예로써 응답하는 사람의 성명, 나이, 지위를 속히 말하시오."라고 말했다. 여창이 대답했다. "성은 그대와 같고, 지위는 간솔, 나이는 29세다."라고 했다. 다음 백제 측에서 묻자 그도 같은 법도에 따라 대답했다. 그래서 깃발을 세우고 교전했다. 백제는 창으로 고구려의 용사를 말에서 찔러 내려 목을 베었다. 머리를 창 끝에 꽂아들고 돌아와서 군사들에게 보였다. 고구려의 장병은 격노하였다. 이때 백제의 환성이 천지를 흔들었다. 부장들이 북을 쳐 격렬하게 싸워 고구려의 왕을 동성산 위로 퇴각시켰다. (『일본서기』 권19, 긴메이 천황 14년 10월)

이 전투는 전투가 벌어진 위치를 알 수 없어 안타깝다. 그러나 내용으로 보면 백제는 신라와 다시 결혼동맹을 맺고 전력을 기울여 고구려를 밀어올렸다. 신라로서는 너무나 고마운 백제였다. 그러나 이것은 신라를 안심시키려는 술수였다. 성왕은 이 공격을 하기 전부터 신라 공격을 준비했고, 일본에 원병을 요청하고 있었다. 553년 정월 일본에 도착한 백제 사신 목협시덕木刕施德과 일좌분옥日佐分屋은 이렇게 말했다. "이번 싸움은 전보다 위험하니 군사의 파견은 정월 중에 해주십시오." 아울러 비용은 모두 백제에서 대겠다고도 했다. 이번에는 일본도 생색을 내서 다음 해 6월에 1천 명의 군대와 100필의 말이 백제에 도착했다. 이들은 축자(쓰쿠시, 규슈)의 군대였다. 맘에 차는 병력은 아니었지만 없는 것보다는 나았다.

554년 7월 9일[5] 3만의 백제, 가야, 일본의 연합군이 옥천(관산성) 분지로 쇄도해 들어왔다. 침공작전의 성패는 교두보 확보에 달려 있다. 먼저 강력한 공격부대를 투입해 적진에 돌파구를 뚫는다. 그 다음 돌파구로 신속하게 병력을 투입해 좌우로 전개하면서 나팔 모양으로 돌파구를 확대한다. 다음 왼쪽과 오른쪽 전개한 부대가 측면의 적군을 밀어내고, 고지나 방어거점을 장악하면 나팔 모양의 교두보가 안전하게 확보된다.

백제 연합군의 돌입지점은 산줄기 사이로 흐르는 작은 하천이 만들어 낸 한

줄의 소로였다. 지금은 경부선과 국도, 고속도로가 지나면서 산을 절개하고, 터널도 뚫어 길이 넓어졌지만, 예전에는 하천을 끼고, 산곡을 돌아가는 작은 길이었다.

 이 길에서 동쪽으로 꺾어지면 옛 옥천읍이 나오고 그곳을 지나면 보은으로 이어진다. 이 길의 진입로 양쪽에 서산성과 삼양리 토성이 초소처럼 자리하고 있다. 삼양리 토성은 해발 142m지만, 현장에서 보면 20m 정도도 안 되는 둥근 언덕에 자리잡고 있다. 그래도 비탈이 제법 가파르고, 그 앞을 감고 있는 작은 개울이 해자가 되어 주고 있다. 이곳만 공격한다면 그래도 해볼만 하지만, 토성의 200m 북쪽, 도로에서 옆으로 좀더 들어간 곳에서 서산성이 삼양리 토성을 굽어보고 있다. 서산성은 둘레 약 995m다. 경사가 가파르고, 2중 3중으로 방벽을 쌓아 작아도 만만치 않다. 서산성은 삼양리 토성보다 좀더 높고 가파른 봉우리에 위치해서 삼양리 토성을 공격하는 병사들의 측면과 등을 노린다. 그렇다고 서산성을 먼저 공격하면 삼양리 토성이 공격군의 뒤를 친다. 삼양리 토성은 도로변에 바로 붙어 있고, 서산성은 동쪽으로 좀 들어간 곳에 있어서 서

옥천 입구

옥천 삼거리 부근으로, 왼쪽 사진의 산은 경부선 터널이 뚫리면서 우측 사면이 약간 절개되었다. 오른쪽 사진의 앞에 보이는 야산의 삼양리 토성 뒤의 능선에 서산성이 있다. 두 사진 사이로 작은 개천이 흐르고 이 개천이 만들어낸 작은 공간이 옥천 분지로 들어오는 입구다.

하천을 끼고 있는 삼양리 토성의 모습

산성을 오르는 병사들은 삼양리 토성에 자리잡은 궁수들에게 측면과 등을 고스란히 내어 주어야 한다.

최선의 방법은 두 성을 동시에 공략하는 것이다. 그런데 도로 서쪽에는 삼성산성이 버티고 있다. 이곳은 서산성보다 더 높고, 산도 크다. 협공을 당하지 않으려면 이쪽 산줄기도 동시에 제압하지 않으면 안된다. 옥천의 입구에서 백제군은 세 방향으로 갈라졌다. 백제와 왜의 연합군은 불화살을 쏘며 치열한 격전을 벌인 끝에 오후 5~7시 사이에 함산성을 점령했다. 함산성은 관산성과 발음이 비슷해서 관산성으로 이해하기도 하는데, 성을 불태워서 빼앗았다는 기록으로 보면 토성인 삼양리 토성이 아닌가 싶다. 그곳은 옥천의 입구이고 좌우의 서산성과 삼성산성이 엄호하는 형태여서 상징성도 높았다.

태자 여창은 구타모라久陀牟羅에 요새를 쌓아 교두보를 강화했다. 구타모라의 위치는 미상이지만 전황으로 보면 삼성산성이 제일 유력하다. 삼양리 토성과 서산성은 너무 낮고, 동쪽 산줄기에 있었다고 추정되는 신라군 진지와 너무 가깝다. 삼성산성은 옥천 분지 전체를 조망할 수가 있고, 덤으로 백제의 보급부대가 오는 서쪽의 금강 줄기와 나루, 신라군이 올지도 모르는 북쪽 통로까지도 시야를 확보할 수 있다.

백제는 교두보 확보에 성공했고 전장에서 우세를 확보했다. 신라는 옥천의 군주인 각간 우덕과 이찬 탐지가 군을 이끌고 있었으나 전세가 불리했다.[6] 다음 단계는 백제가 공세로 나가 신라군을 진지에서 마저 몰아내거나 양군이 공평하게 옥천 들판으로 내려와 승부를 내는 것이었다. 그러나 신라군은 들판으로 내려올 마음이 없었고, 백제군이 공세로 나가면 희생이 클 것이었다. 백제군은 잠시 숨을 멈추고 신중하게 요새를 쌓고, 군대를 정비했다. 잠깐의 대치 상태가 유지되었다.

백제군은 국가의 운명을 건 승부처에 직면해 있었다. 전황은 유리하지만 옥천만 장악해서는 의미가 없었다. 이번 전역이 전략적 의미를 가지려면 관산성에 이어 삼년산성(보은)까지 점령해서 신라군을 다시 소백산맥 안쪽으로 밀어 넣어야 했다. 그렇게 되면 동쪽에서 찔러 들어오는 신라의 위협이 제거된다. 그 기세를 타고 충주·괴산까지 진출하면 남한강 상류를 완전히 장악하게 된다. 그러면 한성의 신라군은 고립되어 궤멸할 것이고, 한성은 다시 백제 땅이

삼성산성

왼쪽 사진은 산성 서문으로 오르는 비탈로, 왼쪽은 성벽이고 오른쪽은 낭떠러지다.
오른쪽 사진은 산성 정상부에 있는 우물. 산성 유적은 아주 적지만 이 우물은 석축으로 공들여 만든 흔적이 그대로 남아 있다. 산 정상부임에도 수량은 풍부해서 지금도 물이 가득 차 있다.

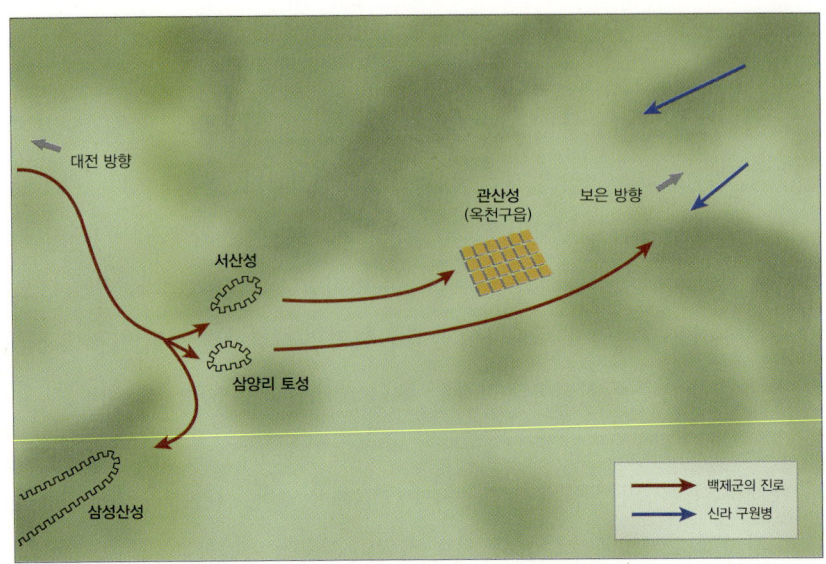

관산성 1차 전투도

될 것이다(『삼국사기』에 나오는 "○○성"이라는 명칭은 행정구역을 말할 때도 있고, 성을 지칭할 때도 있다. 문제는 단양의 적성처럼 둘을 혼용하기도 한다는 것이다. 그래서 관산성도 정체가 모호한데, 일단 여기서는 행정구역일 때는 옥천군, 산성을 지칭할 때는 삼성산성으로 보았다).

앞으로도 긴 여정이 남았기에 백제군은 신중할 수밖에 없었다. 태자 여창은 병사들과 함께 먹고 자면서 그들의 사기를 돌보았고, 그 사이에 백제는 일본에 포로와 전리품을 보내고 좀더 많은 원병을 요청했다. 성왕은 가야 지역에도 만 명의 군대를 파견할 계획을 세우고, 그쪽으로 원군을 보내달라고 요청했다. 신라군의 병력을 분산시키기 위해 가야 지역을 압박하는 양동작전을 구상했던 것 같다.

그런데 이 계획을 수행하는 데는 심각한 문제가 하나 있었다. 이 시점에서 백제가 취할 수 있는 작전이 이것뿐이라는 사실이다. 작전이 성공하려면 상대방이 최소한 두 가지 가능성을 두고 고민하게 만들어야 한다. 그러나 최악의 상황에 몰려 있었기 때문에 백제에겐 남은 패가 너무 궁했다. 백제든 신라든 한성을 양보할 수 없다는 것은 기정사실이다. 신라는 충분히 백제의 공격을 예상했

옥천군 전경 현재 보이는 읍은 신읍이다. 과거의 옥천읍은 사진 위쪽에 보이는 긴 능선 쪽의 골짜기에 있었다. 백제군도 그 쪽으로 진군해 갔고, 삼년산성에서 온 신라의 구원군은 사진 우측에 보이는 산쪽에 주둔했을 것이다.

을 것이다. 백제는 어떤 작전으로 나올까? 다시 한성으로 진군할 리는 없었다. 당장 사비성 외곽이 위협받고 있고, 한성을 점령해도 신라보다 보급선이 긴데다 그나마 중간에서 차단될 위험이 크고, 북쪽의 고구려와 동남쪽의 신라 양쪽으로부터 공격을 받게 될 것이기 때문이다. 바로 그 이유 때문에 작년에도 한성에서 자진 철수하지 않았던가? 그렇다면 남은 방법은 옥천-보은 라인으로 치고 나오는 방법뿐이었다.

『손자병법』에도 상대가 뻔히 아는 수는 절대로 써서는 안 된다는 내용이 있지만, 백제로서는 다른 방도가 없는 게 문제였다. 그래도 성왕은 서둘러 결전을 강행했다. 일반적으로 사람은 나이가 들거나 큰 좌절을 겪으면 소극적이 된다고 하지만, 다른 모든 진리처럼 항상 그런 것은 아니다. 자신의 삶이 실패로 끝날지도 모른다는 불안감이 들면 사람은 조급해지고 무엇인가 일을 벌이지 않으면 견딜 수 없게 된다. 그러므로 사람이나 동물이나 궁지에 몰리면 극도로 소극적이 되기도 하지만, 반대로 지나치게 과감해지기도 한다. 다시 말하면 모든 상황을 자신에게 유리하게만 생각하거나 반대로 비관하게 되는 것이다. 어

관산성에서 본 구천 강변 아래의 작은 사진은 구진벼루 쪽에서 본 것으로 왼쪽의 봉우리가 관산성이다.

느 쪽이 더 바람직할까? 필자의 판단으로는 정답은 없다. 어느 쪽이든 합리성을 상실하기는 마찬가지이기 때문이다.

성왕은 이 승리로 일본이 확신을 가지고 좀더 많은 병력을 보내주기를 바랐다. 고구려가 신라와 협조할 우려가 있으니 더 많은 병력이 필요하다는 것이었다. 특별히 규슈 주변의 병력을 요청했다. 이곳에 백제, 가야계 주민들이 많이 정착했기 때문일 것이다. "지금 일이 급하다!" 이것이 성왕의 메시지였다. 그러나 왜는 더 이상 꿈쩍하지 않았다.

옥천-보은과 창녕, 대야성 쪽을 동시에 공략하는 양동작전이 이루어졌다면 신라로서는 큰 위기였을 것이다. 하필 가야군은 김무력의 인솔 아래 한성 공격에 차출되어 떠났다. 성왕은 이 약점을 노렸던 것 같은데, 왜국의 비협조로 가야 공격은 성사되지 않았다. 백제는 양동작전을 구사하다가 괜시리 옥천 공세의 시간만 끈 결과가 되었다. 이제는 옥천 공격에 사활을 걸 수밖에 없었다.

그 사이에 신라군은 회심의 반격을 준비하고 있었다. 구조적으로 보면 신라의 군단은 크게 네 지역으로 분할되어 있어야 한다. 삼년산성을 거점으로 한 옥천-보은, 한성, 강릉-삼척 통로, 대야성을 중심으로 하는 가야 지역이다. 강릉 쪽은 너무 멀고 좁은 외길이라 이곳 수비대는 이동시킬 수 없다. 한성은 너무나 중요한 곳이고, 고구려와 백제의 양쪽에서 압박을 받고 있다.

그렇다면 옥천-보은 쪽으로 신속하게 지원할 수 있는 정예군은 가야 지역의 군대뿐이다. 백제는 이렇게 판단했던 것 같다. 성왕이 가야 지역에 양동작전을 구상한 것은 여러 가지 이유와 쓸모가 있었던 셈이다.

그러나 내 맘대로 되지 않는 것이 세상이다. 지금부터 벌어지는 상황은 모든 것이 너무나 절묘하게 들어맞아서 우연이나 불운이라고는 도저히 생각할 수 없다. 신라는 신라대로 준비를 하고 있었던 것이다.

옥천의 지세를 보면 마치 산줄기가 둥글게 감싸고 있는 듯한 작은 분지다. 신라군은 동쪽 산줄기를 따라 후퇴해서 진지를 구축하고 있었는데, 백제군의 눈으로 보면 그것은 전혀 이상한 일이 아니었다. 그쪽이 보은으로 가는 길목으로 삼년산성이나 경주에서 원군이 온다면 그 방면에서 도착할 것이기 때문이다. 백제군으로서는 신라군이 동쪽 능선에서 버틸 수밖에 없다는 사실이 오히려 고마운 편이었다. 옥천에 있는 성들은 서산성과 삼양리 토성에서 시작해서 모두 서쪽 능선을 따라 축성되어 있었다. 삼성산성 아래로도 봉우리마다 응봉산성, 동평산성, 마성산성이 줄을 지어 있다. 서쪽에서 올 백제군을 막기 위해서다. 반면에 동쪽 산줄기에는 성이 하나도 없다. 방어선을 서쪽 능선에 집중시킨 탓도 있지만, 동쪽 줄기는 산이 낮거나 높고 넓어서 산성을 쌓기에 적절한 지형도 부족했다.

백제군은 서서히 군대를 동진시키고, 옥천 들판과 야산, 구릉의 경사면에 공격진지를 구축하면서 신라군을 압박했을 것이다. 공격 준비가 끝났을 때쯤 성왕에게 보고가 갔을 것이고 성왕은 직접 백제군 사령부로 오겠다고 했다. 『일본서기』에서는 태자 여창이 오랫동안 야전에서 고생하고 있어서 그를 위로하기 위해서였다고 한다. 그러나 대결전을 앞두고 자신이 진두지휘를 하거나 전장을 직접 순시하고 확인하고 싶었을 것이다. 성왕으로서도 디데이의 날에 전사들과 함께하고 싶었을 것이다.

그 사이에 한성의 군주軍主 김무력이 과감하게 한성을 비우고 재빨리 남하했다. 김무력군의 접근을 성왕도 여창도 눈치채지 못했던 것 같다. 그들에게 한성은 너무 소중했기에 설마 한성을 비우고 남하한다고는 생각하기 어려웠을 것이다. 예상하지 못한 것은 그렇다치고 김무력군의 남하를 전혀 감지하지 못한 것이 큰 불행이었다. 신라는 백제군의 옥천 공격을 정확히 예측하고 있었고, 사전에 이를 대비한 시나리오와 한성군이 백제군의 눈을 피해 옥천까지 남하할 수 있는 기동로까지 확보해 두었던 것 같다.

이때 놀라운 정보가 신라군에게 전해졌다. 백제의 성왕이 기병 50여 명과 약간의 보병만을 거느리고 백제군 진영으로 오고 있다는 소식이었다. 왕의 동정까지 정확히 잡아낸 것을 보면 아무래도 백제군 내부에 거물급 정보원이 있었던 것 같다.

성왕 사건에 대해서는 『삼국사기』와 『일본서기』의 기록이 조금씩 다르다. 『삼국사기』에는 신라가 성왕인 줄 알고 공격한 것인지 아니면 성왕이 김무력군의 진출을 알지 못하고 가다가 우연히 매복에 걸린 것인지 분명하지 않게 적어 놓았다. 반면에 『일본서기』에서는 신라가 성왕을 목표로 특공대를 파견했다고 적어 놓았다. 이곳 지형으로 보면 성왕 사건은 『일본서기』의 진술이 맞다.

성왕은 논산에서 탄현을 거쳐 관산성(삼성산성)으로 왔을 것이다. 그런데 탄현을 넘어서 평탄한 대전 쪽으로 돌아서 오면 북쪽으로 돌아야 해서 길도 멀어지고, 아무래도 북쪽은 신라 쪽에 조금이라도 가까우니 위험하다. 따라서 최대한 남쪽으로 붙어서 관산성의 감시권 내에서 움직이는 것이 안전하다. 그 길이 금강이 곡류하는 구천 나루를 지나 관산성으로 오는 길이었다. 이 루트는 관산성에서 훤하게 보인다.

게다가 삼양리 토성이 있는 옥천의 북쪽 입구보다 남쪽이다. 김무력군이 관산성의 백제군에게 들키지 않고, 여기까지 진출하는 것은 불가능하므로 성왕

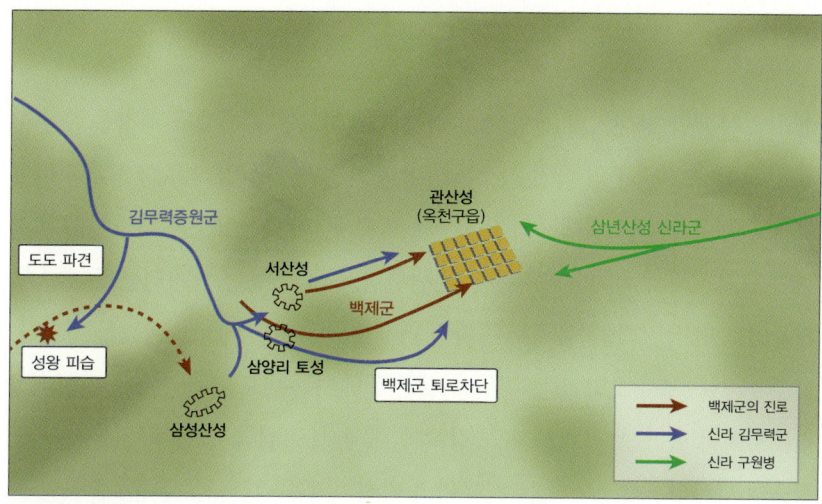

관산성 2차 전투도

이 관산성 공격을 준비하는 신라군과 우연히 조우할 가능성은 없다. 다만 작은 산과 계곡이 형성되어 있어서 부분적으로 관산성에서 감제가 안 되는 사각지 대가 조금씩은 있다. 이곳을 이용하면 소규모 부대는 매복이 가능했다.

이제 신라군은 두 가지 작전을 동시에 진행하게 된다. 먼저 백제군 주력의 섬멸작전이다. 신라군의 목표는 백제군이 들어온 그대로 옥천 입구로 진격해서 입구를 봉쇄해 버리는 것이었다. 그런데 만약 옥천의 신라군이 분전을 해서 삼양리 토성과 서산성을 탈환하고, 백제군을 삼성산성이 있는 서쪽 능선에 몰아넣었다면 김무력군이 도착해도 백제군을 섬멸하기는 어려웠다. 백제군은 서쪽 능선을 타고, 얼마든지 백제 땅으로 달아날 수 있기 때문이다. 백제군을 섬멸하려면 그들을 동쪽 능선으로 끌어들여야 했다. 그렇게 하면 김무력군이 지금의 옥천 삼거리를 봉쇄하는 순간, 옥천 분지는 마개 닫힌 병이 되어 버린다. 완전한 사지였다.

신라군이 옥천 삼거리까지 백제군에게 들키지 않고 전진하는 것은 불가능했다. 아마도 신라군은 공격개시선까지 야간에 행군한 후 동이 틀 무렵 공격을 개시했을 것이다. 백제군과 마찬가지로 서산성, 삼양리 토성, 삼성산성을 동시에 공격해야 했겠지만, 백제군 주력이 동쪽 능선으로 집결해 있었을 것이므로 소규모 부대만 보내거나 삼양리 토성만 제외하고는 무시해도 괜찮은 수준이었을 것이다. 신라군의 작전을 추론해 보자면 우군은 삼양리 토성을 점거하고 그대로 능선을 따라 백제군의 우측면을 파고 들어가고, 좌군은 서산성을 점령하면서 진격해서 백제군의 북쪽을 차단한다. 중군은 옥천 삼거리를 돌파한 후 지금의 옥천 삼거리-구읍가도를 따라 백제군의 후미를 파고 들어갔을 것이다.

한편 서쪽에서 오고 있는 성왕을 잡기 위해서는 별도로 특공대를 편성해서 침투시켜야 했다. 특공대를 이끈 장수에 대해서도 『삼국사기』와 『일본서기』의 진술이 다르다. 『삼국사기』는 김무력의 비장이며 삼년산군(보은군) 출신인 고우도도高于都刀였다고 했다. 『일본서기』에서는 그의 신분이 비장이 아니라 말 먹이는 종이었으며 이름도 고도苦都 또는 곡지谷智였다고 했다. 신라군은 천한 종인 그가 왕을 죽이면 후세에 길이 이름을 남길 것이라는 말로 유혹하여 그를 특공대에 끌어넣었다고 한다.

이름은 비슷하지만 신분이 다른데, 타협점이 있다. 비장이 나중에 상으로 내린 관직일 수도 있고, 말 먹이는 종이 생각처럼 천한 신분이 아닐 수도 있다. 조선시대도 국왕의 경호원인 겸사복은 명칭만 가지고 보면 마굿간지기나 마부였다. 말을 사육하는 직책은 의외로 중요한 직책으로 지방 유력자들이 임명되었을 가능성이 있기 때문이다. 고대에 '노奴'라는 말은 꼭 노비가 아니라 모두루의 경우처럼 주종관계를 의미하는 말로도 사용되었다.[7]

도도 일행은 주력부대와 떨어져 서진한 뒤 구천 나루(구진벼루) 부근에서 성왕 일행을 포착했다. 이곳은 하안단구가 멋지게 발달한 호젓하고 아름다운 곳이다. 하지만 하천의 굴곡이 심하고 구릉과 계곡이 구불구불하게 놓여 있어서 매복하기에도 그만이다.

성왕의 죽음에 대해서도 『삼국사기』는 혼전중에 사망했다고 하지만, 『일본서기』에서는 고도에게 붙잡혀 살해되었다고 하고 성왕과 고도의 마지막 대화까지 기록해 놓았다.

고도가 성왕을 붙잡고는 절하더니 "왕의 머리를 베게 하여 주소서."라고 하였다. 성왕이 "왕의 머리를 종에게 맡길 수 없다."고 말하자 고도가 "우리나라의 법에는 맹세를 어기면 왕이라도 마땅히 종의 손에 죽습니다."라고 하였다(또 다른 책에는 성왕이 의자에 걸터앉아 차고 있던 칼을 풀어 곡지에게 주며 베게 하였다고 한다). 성왕이 하늘을 우러러 탄식하며 눈물을 흘렸다. 허락하여 말하기를 "과인은 매양 뼈에 사무치는 고통을 참고 살아 왔지만 구차하게 살고 싶지 않다."고 말하고 머리를 늘여 베임을 당하였다. 고도는 참수한 후에 구덩이를 파고 묻었다(어느 책에는 신라가 성왕의 두골을 수습하여 두고 왕에 대한 예의로 나머지 뼈를 백제에 보냈다. 지금의 신라왕이 성왕의 뼈를 북쪽에 있는 관청의 계단 아래에 묻었는데, 이 관청을 도당이라고 한다고 했다). (『일본서기』 권19, 긴메이 천황 15년 12월)

조선시대의 야사를 보면 이런 이야기는 시간이 갈수록 사람들의 정서에 맞게 각색되고 부풀려지는 경향이 있다. 『일본서기』의 기록도 성왕의 머리를 도당 계단 아래에 묻었다는 이야기처럼 확인되지 않은 소문이 뒤섞여 있다.

그러나 가공을 하더라도 일부분은 진실을 담고 있는 경우도 많다. "과인은 매양 뼈에 사무치는 고통을 참고 살아 왔다."는 말은 국왕의 최후의 독백으로서는 어울리지 않는다. 위의 이야기가 완전한 창작이라면 성왕의 마지막 진술은 좀더 멋있고 특이한 말을 집어넣었을 것이다. 필자는 이 한 마디는 성왕의 진정한 육성이었다고 믿고 싶다. 전후 사정을 모르는 이야기꾼이 제멋대로 집어넣을 수 있는 대사가 아니기 때문이다.

성왕은 평생 동안 자신에게 주어진 사명을 감당하기 위하여 어렵고 끈질긴 투쟁을 했다. 귀족층의 속좁은 이기주의, 일본의 배신, 백제의 운명에 대한 중압감이 그의 평생을 짓눌렀다. 그로 하여금 한성 공격을 서두르게 했던 불안감도 옳았다. 한강 유역의 쟁패에 백제의 운명이 달려 있었던 것이다. 아직도 통일까지는 많은 시간이 남아 있다. 앞으로도 삼국은 수많은 전투와 역전의 순간을 맞이해야 할 것이다. 그럼에도 불구하고 이때와 같은 극적인 역전과 전세의 변화는 다시는 일어나지 않았다. 백제와 신라의 운명은 이 전투에서 이미 결정 났던 것이다.

성왕이 살해되고 나서 여창이 지휘하는 백제군에게도 엄청난 비극이 시작되었다. 백제군은 예상치 못한 김무력의 증원군에 의해 완전히 포위되었다. 태자도 포위망에 갇혀 위기를 맞았다. 마침 이때 태자의 휘하에 축자국조筑紫國造라는 활 잘 쏘는 용사가 있었다. 축자국조는 이름이 아니고 관직명이다. 축자는 쓰쿠시 즉 지금의 규슈 후쿠오카 지역을 말하고, 국조는 관직(구니노미얏코라고 읽는다)으로서 그는 왜국에서 파견한 원병의 일원이었다(규슈 지역은 일찍부터 삼국민이 정착한 곳으로, 왜인이 아니라 백제 이민자였을 가능성도 크다). 그는 가만히 앞으로 전진하여 공격해 들어오는 신라 기병 중에서 최고의 용사를 겨냥하고 쏘았다. 이 한 발이 얼마나 강했던지 화살이 안장과 갑옷을 함께 꿰뚫었다. 돌격대장을 잃은 신라군이 당황하자 축자국조는 앞으로 돌격하면서 활을 난사하였다. 그의 분전으로 작은 활로가 열렸고, 태자와 몇 명의 장군들이 겨우 달아날 수 있었다. 태자는 이 공로에 감사해서 그에게 안교군鞍橋君이란 칭호를 주었다고 한다.

그러나 대부분의 병사들에게는 이런 행운이 따르지 않았다. 퇴로가 막힌 병사들은 무참히 살육을 당했다. 건국 이래 전례가 없는 엄청난 손실이었다. 대신인 좌평 4명이 살해되고, 병사는 무려 2만 9천 600명이 전사했다.

구진벼루에 서 있는 성왕의 비

● 신라는 성왕의 머리를 도당 계단 아래에 묻었을까?

고대의 사람들이라고 해도 인간의 본성과 감성에서 현재의 우리와 특별히 다른 것도 없다. 과학적 상식이 조금 부족하고, 운전을 하거나 TV를 켤 줄 모른다는 것만 빼고는. 수천 년 전에 쓰여진 연애편지나 서정시를 보라!

그러나 한편으로는 우리의 상상을 초월하는 야만적, 이질적 행동을 드러내기도 한다. 전쟁이 끝나면 적의 시체나 해골을 모아 탑을 쌓고 ― 오늘날 좋은 풍경을 말하는 경관이라는 단어가 여기서 유래했다 ― 성 개방시대라는 현대인보다 더 개방적인 성생활을 하고, 근친혼과 동성애가 유행하고, 지배층은 괴기할 정도로 품위 유지와 장식에 신경을 쓰지만 말과 행동을 보면 품위의 뜻을 알고나 있는지 의심스러울 때도 있다.

하지만 이런 차이는 인간성의 차이가 아니라 환경과 물질, 과학기술의 차이에 기인한 것이다. 예를 들어 우리는 단두대를 잔인한 처형 방식이라고 하지만 그 당시로는 최신 기술을 이용한 나름 인도적인 방법으로 구상한 것이다. 조선시대에 굶주리는 빈민들에게 푸는 구호식량은 정말 째째했지만, 그것은 물자와 식량이 부족하고, 무엇보다 운송수단이 부족했기 때문이다. 당시에는 그 정도가 하층민의 식사 수준이기도 했다. 문란한 결혼풍속과 성마른 행동은 평균 수명이 짧았던 탓도 크다. 고대는 40세면 환갑에 해당하는 나이였다. 그러니 짧은 인생 동안 목표를 이루고, 주어진 것을 누리기 위해서는 물불 가리지 않고 질주해야 했다.

그러므로 옛날 이야기에서 무언가 특이하고 괴이한 기사를 보았을 때는 잔혹하다든가 비인간적이라고 비난하기 전에 그 배후에 있는 사회적, 환경적, 물질적 조건의 차이를 먼저 찾아야 한다. 그리고 그런 것을 고려할 필요 없이 오직 인간의 본성, 감정과 관련된 부분이라면 그들의 정서도 우리의 상식과 다를 바 없다는 마음가짐으로 상황을 정리해야 한다. 그렇다면 성왕의 머리를 도당 계단 밑에 묻었다는 이야기의 진위는 어떻게 해석해야 할까? 도당이란 조선시대의 의정부와 같은 곳으로, 대신들이 정사를 논의하는 곳이다. 그러므로 그 계단 아래 성왕의 머리를 묻었다는 것은 신라 대신들이 성왕의 머리를 매일 발 아래 두고 밟고다녔다는 의미다. 백제인에게는 정말 참기 힘든 모멸감을 주는 행위다. 그런데 이것은 백제왕을 모욕하는 것으로 끝나지 않고, 왕의 권위 자체를 우습게 만드는 행위이기도 하다. 옛날 전쟁중에 적국의 왕이나 고관 귀족을 사로잡았을 때 특별한 경우가 아니면 죽인 후에라도 우대를 해준 것은 기사도 정신이 넘쳐나서가 아니라 죽은 후에까지도 그들을 모욕하는 것이 자신들의 권위를 추락시키는 결과를 초래하기 때문이다.

정말로 도당으로 출근하는 대신과 사무원, 시동과 청소부까지 그 계단을 오르내리는 광경을 본다면 제일 섬뜩했을 사람은 신라의 왕과 왕족이다. 그래서 『일본서기』에서도 이 기사를 하나의 소문으로 처리했지만, 이 이야기는 후대 사람들 또는 일본에 살고 있던 백제 유민들이 분노가 사무치다 보니 유통하게 된 것이라고 보아야 한다.

주

제1장

1) 도미야 이따루(富谷至) 저, 임병덕·임태희 공역, 『유골의 증언』, 서경문화사, 1995.

2) 노태돈, 「고조선 중심지 만주인가 평양인가」, 『역사비평』 1991년 가을, 170쪽.

3) 노태돈, 위의 글, 173쪽.

4) 웨난 지음, 심규호·유소영 옮김, 『부활하는 군단』, 일빛, 2001.

5) 司馬遷, 『史記』 列傳, 李廣傳.

6) 유엠 부찐, 『고조선』, 국사편찬위원회, 1986 ; 박선희, 「열국시대의 갑옷」, 『사학지』 33, 단국사학회, 2000.

제2장

1) 북부여가 원래의 부여로서 고구려를 건국한 졸본부여 지역에서 부여를 북부여라고 보았다는 설도 있다. 위치에 대해서도 보통은 부여를 농안으로 보지만, 다양한 학설이 있다(송기호, 「부여사 연구의 쟁점과 자료해석」, 『한국고대사연구』 37, 2005. 3, 24~34쪽). 주몽의 본향인 부여는 북부여와 동부여가 있다. 이 두 부여의 관계와 위치에 대해서는 여러 가지 논란이 있다. 『삼국사기』에서는 해부루가 북부여에서 동부여로 이주했고, 해부루의 아들 금와왕 때 주몽이 동부여를 탈출한 것으로 되어 있다. 반면 〈광개토왕비문〉과 〈모두루 묘지명〉에는 주몽이 북부여 출신이라고 되어 있다. 이에 대해서는, 고구려가 나중에 동부여를 점령하여 속국으로 삼기 때문에 자신들이 동부여 출신임을 감추기 위해 북부여 출신임을 내세웠다고 보는 견해도 있다. 그러나 〈광개토왕비문〉에서 주몽을 북부여 출신이라고 한 것은 그가 해부루가 떠난 후 북부여를 다스린 해모수의 아들이라는 사실을 강조하기 위한 것일 수도 있다. 그렇게 보면 광개토왕비의 북부여 출신설이 『삼국사기』 동부여설과 모순되는 것은 아니다.

2) 시엄수(施掩水)는 엄시수(掩施水)의 오기로 보이며, 『후한서』에는 '엄체수(掩滯水)', 〈광개토왕비문〉에는 '엄리대수(掩利大水)'로 되어 있다. 강(江)을 뜻하는 amur의 변형으로 보아 현재의 아무르(Amour, 黑龍) 강으로 비정한 견해가 있으나, '큰 강'을 뜻하는 의미로서 현재의 송화강(松花江) 또는 그 지류를 가리킨다고 보는 견해가 일반적으로 받아들여지고 있다. 본문에서는 본계시 근방의 혼강을 언급했으나 주몽이 북쪽에서 남하했다면 좀더 북쪽에 있는 혼하나 소자하일 가능성도 있다.

3) 『삼국사기』 권13, 고구려본기1, 유리명왕 28년 8월.

4) 耿鐵華, 서일범 번역, 「염모묘지와 중원고구려비」, 『고구려연구』 10, 고구려연구회, 2000, 562쪽. 비문의 번역에 의하면 염모는 평생 광개토왕을 따라 종군해서 부여, 모용씨, 백제와의 전투에 참전했고 광개토왕이 죽은 후 얼마 되지 않아 사망했다고 한다.

5) 우태를 씨족장이나 부족장의 명칭이 아닌 왕 직속의 관료적 존재라고 보는 견해도 있다(武田幸男, 「高句麗官位制とその展開」, 『朝鮮學報』 86, 1978).

6) 노태돈, 『고구려사 연구』, 사계절, 1999, 27쪽. 이 밖에도 초기 고구려의 주도권이 소노부에 있었다고 보는 견해에 대해서는 김철준, 『한국 고대사회연구』, 일지사, 1975 참조.

7) 이병도는 소노부라는 명칭 자체가 송노부 즉 송양이 스스로를 낮춘 말인 송노(宋奴)가 변한 말이라고 보았다(이병도, 『한국고대사연구』, 박영사, 1976, 359~360쪽). 한편 송양국의 위치는 오녀산성 쪽이 아니라 환인에서 통화 쪽으로 가는 강변의 평야, 현재 돈화 성산자산성이 있는 비류수와 부이강이 만나는 삼각지대의 벌판이라고 보는 견해도 있다(문안식, 『백제의 흥망과 전쟁』, 혜안, 2006, 19쪽 주 15).

8) 『삼국지 위서』 동이전.

9) 기획편집위원회 편, 『고구려 유적의 어제와 오늘-도성과 성곽-』, 동북아역사재단, 2009, 42쪽.

제3장

1) 온조를 소노부 계열로 보고, 계루부가 고구려의 왕권을 장악하는 때는 태조왕 때이므로 온조의 남하는 주몽이 아닌 태조왕 때라고 보는 설이 있다. 그러나 초기 주몽설화와 고구려 초기 계보가 후대에 계루부 왕권을 정당화하기 위해 조작된 것이라 해도 온조를 소노부 계열로 보고 그 남하가 태조왕 때라고 볼 만한 증거도 부족하다. 국가가 형성되기 이전 부족사회에서는 분열과 이탈, 이주가 더 자유로웠으므로 온조계가 꼭 소노부가 아니라도 이탈할 가능성은 얼마든지 존재한다.

2) 권오영, 「초기백제의 성장과정에 관한 일고찰」, 『한국사론』 15, 1986, 31쪽.

3) 카이사르 저, 박광순 옮김, 『갈리아 전기』, 범우, 2006, 41쪽.

4) 서울역사박물관, 『풍납토성-잃어버린 왕도를 찾아서』, 2002, 24쪽.

5) 위의 책, 29~32쪽.

6) 노중국, 「백제의 귀족가문연구-목협씨 세력을 중심으로-」, 『대구사학』 48, 1994, 5~6쪽.

7) 『일본서기』 권5, 스진(崇神) 천황 17년 7월.

8) 이 책에서 인용한 『일본서기』 기사는 대체로 전용신 역, 『완역 일본서기』(일지사, 1989)

의 번역문을 사용하였다. 다만 일부는 필자가 편의에 따라 의역을 하거나 수정하였다.

9) 『삼국유사』 권1, 신라시조 박혁거세왕.

10) 『삼국유사』 권1, 제4 탈해왕.

11) 천관우, 「삼한의 성립과정」, 『사학연구』 26, 1976.

12) 『삼국사기』 권2, 나해왕 19년 7월. 이 사건은 백제본기에는 초고왕 39년(204)의 사건으로 기록되어 있다.

13) 아사오 나오히로 외 저, 이계황·서각수·연민수·임성모 역, 『새로 쓴 일본사』, 창비, 2003, 39쪽.

14) 『일본서기』 권8, 주아이(仲哀) 천황 8년 9월, 146~149쪽.

15) 노중국, 「4세기 가야제국과 백제의 관계」, 『부대사학』 30, 2006. 8, 169쪽.

16) 『삼국유사』에는 212년 사건으로 기록되어 있다.

17) 『삼국사기』 권2, 신라본기 나해이사금조에는 가야라고만 기록했다. 그러나 열전8 물계자전에는 아라국으로 되어 있다.

18) 『삼국사기』 권48, 열전8 물계자전.

19) 『삼국사기』 권2, 나해이사금 17년(212년).

20) 노중국, 「백제의 귀족가문연구-목협씨 세력을 중심으로-」, 『대구사학』, 48, 1994, 12쪽.

21) 『일본서기』 권10, 오진(應神) 천황 25년조 ; 노중국, 위의 글, 17~18쪽.

22) 이 기사에 대해서는 의심하는 견해도 있고, 석우로의 생존 연대가 잘못되었다고 보는 견해도 있다. 석우로의 아들인 흘해왕은 석우로가 죽은 지 60년이나 지난 후에 즉위하기 때문이다. 석우로 이야기를 아예 설화로 보는 견해도 있다. 그러나 『삼국사기』 연대는 고대 기록인 탓에 연대에 오차가 있는 경우가 왕왕 보인다. 연대에 조금 오차가 있다고 해서 석우로 기사를 모두 부정할 필요는 없을 듯하다.

23) 『삼국사기』 권24, 백제본기2 고이왕 13년.

24) 김철준, 「고구려 신라의 관계조직의 성립과정」, 『한국고대사회연구』, 지식산업사, 1975, 124쪽.

25) 『삼국사기』에는 그것이 민중왕의 평소 지시에 따른 것이라고 했다.

26) 『삼국사기』 권15, 고구려본기3 태조왕 80년 7월.

27) 『삼국사기』 권15, 고구려본기3 태조왕 69년 봄.

28) 『삼국지 위서』 동이전 고구려.

29) 여호규, 「3세기 전반 동아시아 국제정세와 고구려의 대외정책」, 『역사학보』 194, 2007. 6, 5쪽.

30) 여호규, 위의 글, 23쪽.

31) 『삼국사기』 동천왕 12년조에는 천 명을 보냈다고 했는데, 원 사료인 『삼국지 위서』 동이전에는 수천 명으로 기록되어 있다.

32) 여호규, 앞의 글, 30쪽.

33) 田中俊明, 서길수 옮김, 「고구려의 북방진출과 광개토왕비문」, 『광개토호태왕비 연구 100년』, 학연문화사, 1996, 513쪽.

34) 장항, 『백전기법』, 국방부전사편찬위원회, 군사문헌집 3, 보전(步戰), 1985.

35) 여호규는 이 전투가 벌어진 지역이 소위 양맥 지역인 태자하 유역이라고 보았다. 이곳은 고구려가 일찍이 점령해서 영토화한 지역이며, 고구려의 방어체제도 잘 갖춘 지역이었다. 동천왕이 5천의 기병으로 성급하게 추격한 것도 이런 사정 때문이라고 보았다. 그러나 동천왕의 예상과 달리 위의 분할정책이 효과를 발휘해서 양맥 지역의 주민들이 동요했고, 고구려군에게 협조하지 않음으로써 패배하게 되었다는 것이다(여호규, 앞의 「3세기 전반 동아시아 국제정세와 고구려의 대외정책」, 32~33쪽). 이러한 추정은 충분히 가능하다. 그러나 동천왕과 관구검의 세 차례 전투는 비교적 단기간에 이루어진 것으로서, 전략적 관점보다는 전술적 관점에서 분석하는 것이 더 타당하다고 생각된다.

36) 이병도, 『국역 삼국사기』, 을유문화사, 1977, 265쪽.

37) 목멱산과 대성산성은 다른 곳이라는 견해도 있다. 또 동황성의 위치도 집안 동쪽의 길림성 동태자 유적이라고 보는 설도 있고, 이때의 평양을 지금의 평양이 아닌 강계를 말한다고 보는 견해도 있다. 한국정신문화연구원, 『역주 삼국사기(3) 주석편(상)』, 1997, 487쪽.

38) 북쪽 길과 남쪽 길에 대해서는 현재 대략 네 가지 설이 제시되어 있다. 이 설에 대한 개요는 한국정신문화연구원, 위의 책, 486쪽 참조.

39) 이도학, 「한성 후기의 백제 왕권과 지배체제의 정비」, 『백제논총』 2, 백제문화개발연구원, 1990, 285쪽.

40) 문안식, 앞의 『백제의 흥망과 전쟁』, 161쪽.

제4장

1) 여호규, 「고구려 중기의 무기체제와 병종구성」, 『한국군사사연구』 2, 1999, 14쪽.

2) 델브뤼크 저, 민경길 역, 『병법사 1』, 한국학술정보(주), 2009, 202쪽.

3) 김성태, 「고구려병기에 대한 연구」, 『고구려연구』 12, 고구려연구회, 2001, 12쪽.

4) 델브뤼크, 앞의 『병법사 1』, 198쪽.

5) 프랑크 족의 법령(리부리아 법 Lex Ribuaria). 델브뤼크, 앞의 『병법사 2』, 2쪽.

6) 강현숙, 「고분 출토 갑주와 마구로 본 4, 5세기의 신라, 가야와 고구려」, 『신라문화』 32, 2008.

7) 이기훈, 『전쟁으로 보는 한국역사』, 지성사, 1997.

8) 델브뤼크, 앞의 『병법사 3』, 266쪽.

9) 김기웅, 「삼국시대의 무기 소고 - 고고학자료를 중심으로 -」, 『한국학보』 5, 일지사, 1976 ; 군사편찬위원회, 『군사사논문선집 - 고대편 -』, 657쪽.

10) 위의 주.

11) 이정집, 이적, 『무신수지』, 국방부전사편찬위원회, 군사문헌집 5, 1장, 장재각론(將才各論), 치기구(治器具).

12) J.F. Verbruggen, *THE ART OF WARFARE IN WESTERN EUROPE during the middle ages*, Boydell Press, 2002, 74~75쪽.

제5장

1) 『삼국사기』에는 광개토왕이 392년에 즉위했다고 했으나 〈광개토왕비문〉에는 391년으로 되어 있다.

2) 『삼국사기』에 이 원정은 광개토왕 1년(391년) 9월의 일로 기록되어 있지만, 7월과 10월에는 백제 땅에서 싸우고 있었다. 이 기간 동안 거란과 백제를 왕복하기란 불가능하다. 〈광개토왕비문〉에 의하면 거란 원정은 광개토왕 5년(395년)의 사건이었다.

3) 비문에는 이 부분의 글자가 지워져 있어 전쟁의 대상을 알 수 없다. 그러나 이 전역에서 정복한 성에 사구성, 누성(婁城)이라는 명칭이 보이는 것으로 보아 백제로 판단된다(이도학, 「광개토왕비문에 보이는 전쟁 기사의 분석」, 『광개토호태왕비 연구 100년』, 학연문화사, 2000, 761쪽).

4) 기원전 480년 페르시아가 그리스를 침공했을 때 페르시아 해군 지휘관들의 건의에 따라 수륙병진책을 사용했다(헤로도투스 저, 천병희 역, 『역사』, 도서출판 숲, 2009, 7장 756쪽).

5) 이도학 씨도 〈광개토왕비문〉의 전쟁 기사를 분석한 후 비문에서 가장 비중 있게 다룬 것은

남진경영이라고 보았다. 다만 그 이유에 대해서는 필자와 달리 보고 있는데, 비문의 핵심인 전쟁 기사는 고구려 최대의 라이벌인 백제를 염두에 둔 전승기념비요, 백제 군대에 피살된 고국원왕(광개토왕의 조부)의 오랜 원한을 말끔히 씻었음을 과시하고 더불어 양국 간의 정치적 역학관계의 재정립을 노리는 정치선전문이라고 하였다(이도학, 「광개토왕비문에 보이는 전쟁 기사의 분석」, 『광개토호태왕비 연구 100년』, 학연문화사, 2000, 765쪽).

6) 평양 천도는 장수왕 15년에 이루어졌다. 이때 천도한 지역이 안학궁과 대성산성으로 추정된다. 이 밖에 귀족층의 거주지와 도시 시설도 건축해야 했을 것이다. 이는 많은 시간을 요하는 작업이므로 평양 천도를 위한 준비와 도시 건설은 이미 광개토왕 때 결정되어 진행되었을 것이라는 주장도 있다(임기환, 「왜 고구려는 평양으로 천도하였나」, 『내일을 여는 역사 1』, 서해문집, 2000. 1, 17쪽).

7) 이하 북연과 이 시기 고구려와의 관계에 대해서는 지배선, 「북연에 대하여(Ⅲ)」(『동양사학연구』33, 1990)를 주로 참조했다.

8) 지배선, 위의 글, 36쪽.

9) 『십국춘추집보』 권100, 북연록3 풍홍전(지배선, 앞의 글, 38쪽에서 재인용).

10) 『삼국사기』 권3, 눌지마립간 28년 4월.

11) 『일본서기』 유랴쿠(雄略) 천황 8년(462년)조에는 신라가 조공을 끊은 지가 8년째라고 했다. 이를 역산하면 454년경이 된다.

12) 『일본서기』 권14, 유랴쿠 천황 8년 2월.

13) 『일본서기』 권14, 유랴쿠 천황 9년 3월. 이 기사를 8년 3월의 오기라고 보고 있다.

14) 성주탁, 「신라 삼년산성 연구」, 『백제연구』 7, 충남대학교 백제연구소, 1976, 24쪽.

15) 성주탁, 위의 글, 12쪽.

16) 보은군·충북대학교 중원문화연구소, 『삼년산성-기본 자료 및 종합보존정비안-』, 2001, 47쪽.

17) 문안식, 앞의 『백제의 흥망과 전쟁』, 207쪽.

18) 『삼국사기』 백제본기와 『삼국유사』에서 비유왕은 구이신왕의 아들이라고 했다. 그러나 주에는 그를 전지왕의 아들로서 구이신왕의 이복동생이라고 보는 설도 있다고 했다. 구이신왕은 23세에 죽었으므로 비유왕이 구이신왕의 아들이라면 즉위할 때 나이가 10세 미만이다. 그런데 비유왕은 용모가 아름답고 말솜씨가 좋아 사람들이 추대했다고 한다. 어린아이에게 이런 평가가 붙기는 어려우므로 비유왕의 이복동생이 맞다고 본다(이도학, 「한성말 웅진시대 백제왕계의 검토」, 『한국사연구』 45, 한국사연구회, 1984, 7쪽).

19) 『삼국사기』 권25, 백제본기3 비유왕 7년, 8년.

20) 천관우, 「삼한의 국가형성(하)」, 『한국학보』 3, 1976, 138쪽 ; 이도학, 「한성말, 웅진시대 백제왕위계승과 왕권의 성격」, 『한국사연구』 50·51합, 1985, 3~4쪽 ; 문안식, 『백제의 흥망과 전쟁』, 219쪽.

21) 『일본서기』 권14, 유랴쿠 천황 2년 10월 백제신찬의 기사.

22) 『삼국사기』 권25, 백제본기3 개로왕 15년 8월, 10월.

23) 이 배경에 대해서는 제법 많은 연구가 있다. 이 설들에 대한 연구사적 정리는 박진숙, 「장수왕대 고구려의 대북위외교와 백제」, 『한국고대사연구』 36, 2004. 12, 210~211쪽 ; 이성제, 「고구려의 서방정책과 대북위관계의 정립」, 『실학사상연구』 26, 2004, 10~13쪽 참조.

24) 『삼국지 위서』 동이전 고구려 ; 『삼국사기』 권18, 고구려본기 장수왕 54년.

25) 『삼국지 위서』 동이전 고구려 ; 강문호, 「북위 문명태후 집정기의 한중관계」, 『신라문화』 24, 2004, 258~259쪽.

26) 『삼국사기』 권18, 고구려본기 장수왕 54년.

27) 『삼국지 위서』 물길전(勿吉傳) ; 이성제, 「고구려의 서방정책과 대북위관계의 정립」, 『실학사상연구』 26, 2004, 20쪽.

28) 『삼국사기』 권25, 백제본기3 개로왕 18년.

29) 강문호, 「북위 문명태후 집정기 한중관계」, 『신라문화』 24, 2004, 266~267쪽.

30) 문안식, 앞의 『백제의 흥망과 전쟁』, 223쪽.

31) 이도학, 「한성말 웅진시대 백제왕위계승과 왕권의 성격」, 『한국사연구』 50·51합, 1985, 4쪽.

32) 이도학, 위의 글, 7쪽.

33) 『삼국유사』에는 문주왕의 아들, 『일본서기』에는 동생으로 기록되어 있다.

34) 『일본서기』 권14, 유랴쿠 천황 20년.

35) 『삼국사기』는 개로왕의 살해 기사만 실었지만 『일본서기』에서는 『백제기』를 인용하여 왕후와 왕자가 다 잡혀 살해되었다고 했다(『일본서기』 권14, 유랴쿠 천황 20년 겨울).

36) 이도학, 「한성말 웅진시대 백제왕위계승과 왕권의 성격」, 『한국사연구』 50·51합, 1985, 14쪽.

37) 이도학, 위의 글, 14쪽.

38) 『일본서기』 권14, 유랴쿠 천황 23년 4월.

39) 이기백, 「웅진시대 백제의 귀족세력」, 『백제연구』 9, 1978.

제6장

1) 『일본서기』 권19, 긴메이(欽明) 천황 6~7년.

2) 거칠부는 만년인 진지왕 원년(576년)에 국무총리 격인 상대등이 되었다. 『화랑세기』에 의하면 거칠부의 아들 윤황이 진흥왕과 사도태후의 딸인 월륜공주와 결혼했다. 진지왕은 이 월륜공주와 남매간이다. 또 딸 윤궁은 미실의 심복이 되고, 윤옥은 미실의 아들인 미생의 첩이 되었다고 한다(김대문 저, 이종욱 역, 『대역 화랑세기』, 소나무, 2005, 183쪽).

3) 『일본서기』 권19, 긴메이 천황 16년조.

4) 성주탁, 「신라삼년산성 연구」, 『백제연구』 7, 충남대학교 백제연구소, 1976, 154쪽.

5) 『일본서기』 권19, 긴메이 천황 15년 12월. 『일본서기』에는 이 전투가 12월 9일에 벌어졌다고 기록되어 있다. 그러나 다른 기록을 보면 전투가 7월에 벌어진 것이 분명하다. 12월은 백제에서 사신이 와서 관산성 전투의 소식을 전해준 날짜일 것이다.

6) 『삼국사기』 권4, 신라본기4 진흥왕 14년 7월.

7) 주보돈, 「울진 봉평신라비와 법흥왕대 율령」, 『한국고대사연구』 2, 한국고대사연구회, 1989, 120쪽.